Klaus Mehnert:
China nach dem Sturm
Bericht und Kommentar

Mit neuem Kapitel
›Ein Jahr danach‹

Deutscher
Taschenbuch
Verlag

dtv

Ungekürzte Ausgabe
Februar 1973
Deutscher Taschenbuch Verlag GmbH & Co. KG, München

Umschlaggestaltung: Celestino Piatti
Foto: Klaus Mehnert (Schulschluß in einer Pekinger Mittelschule)
Gesamtherstellung: C. H. Beck'sche Buchdruckerei, Nördlingen
Printed in Germany · ISBN 3-423-00882-2

Das Buch

Ein Stadtdirektor leert Latrinen; eine Volkskommune, deren Häuser und Reisterrassen von einem Unwetter zerstört worden sind, weigert sich, Hilfe von außen anzunehmen; keiner, dem einfiele, höhere Löhne zu fordern – was ist das für ein Land, dessen Bewohner äußerst hart arbeiten, allein »um Ehre einzulegen für den Vorsitzenden Mao und das sozialistische Vaterland«? Klaus Mehnert ist im Frühjahr 1971 einige Wochen durch das noch weithin völlig unbekannte China nach der Kulturrevolution gereist; das vorliegende Buch enthält die Eindrücke und Informationen, die er in dieser Zeit gesammelt hat. Es ist gegliedert in einen Berichtteil und einen Kommentarteil, der auch Erläuterungen chinesischer Leitbegriffe und Dokumente enthält. Dieser Bericht » ist eine ausgezeichnete journalistische Arbeit, scharf beobachtend, genau beschreibend, wie China heute aussieht, was sich in der ›Kulturrevolution‹ veränderte, was geblieben ist«. (Neue Zürcher Zeitung)

Der Autor

Klaus Mehnert wurde 1906 in Moskau geboren, ist seit 1961 Professor für politische Wissenschaften an der TH Aachen und erhielt dank seiner Freundschaft mit dem in Peking im Exil lebenden Prinzen Sihanouk als erster deutscher Journalist die Genehmigung zu einer solchen Reise. Damit besuchte Mehnert China bereits zum fünften Mal; vorausgegangen waren Aufenthalte in den Jahren 1929, 1936, 1957 und während des Zweiten Weltkriegs.
Weitere Werke: ›Peking und Moskau‹ (1963), ›Maos Zweite Revolution‹ (1966), ›Peking und die Neue Linke‹ (1969), ›Maoismus – etwas Neues unter der Sonne?‹ (1970).

Inhalt

Diese Reise machten möglich

Prinz Norodom Sihanouk, Staatschef von Kambodscha,
der das Visum beantragte,
Ministerpräsident Tschou En-lai, der es gewährte,
die Herren Li Tsching-ping und Tao Hsiang-tschen,
meine unermüdlichen Reisebegleiter,
viele Hunderte Chinesen, die ihre Zeit opferten,
um sich von mir befragen zu lassen,
Kultusministerium, Senat und Fakultät der
Rheinisch-Westfälischen Technischen Hochschule,
die mich für ein Semester freigaben,
die vielen, die während meiner Abwesenheit
für den Fortgang der Arbeit in Aachen sorgten.

Ihnen allen danke ich.

»Der Verfasser hätte es vorgezogen, seine theoretischen Studien durch Beobachtungen an Ort und Stelle zu überprüfen und zugleich seine Bekanntschaft mit den Chinesen zu erneuern, unter denen er auf zahlreichen Reisen im Verlaufe von drei Jahrzehnten fünf Jahre gelebt hatte und für die er in vieler Hinsicht Bewunderung und überdies eine freundschaftliche Gesinnung empfindet. Zu seinem Bedauern hat ihm die Regierung in Peking seit 1957 kein Einreisevisum erteilt. In dem Maße, in dem sich die Verhältnisse in China verbessern, werden die dortigen Behörden, so hofft er, selbstsicher genug sein, um die Grenzen den Freunden Chinas zu öffnen.«

(Aus: ›Klaus Mehnert, Peking und die Neue Linke‹. Stuttgart 1969, S. 5.)

Vorwort

Während dieser zweiunddreißig Tage im Frühjahr 1971 habe ich China nur angeritzt. Aber immerhin habe ich von seinen rund zehn Millionen Quadratkilometern unvergleichlich mehr gesehen als die amerikanischen Astronauten von den siebenunddreißig Millionen Quadratkilometern des Mondes. In gewisser Weise befand ich mich in einer ähnlichen Lage: China ist seit der Kulturrevolution fast so unbekannt wie bis vor kurzem der Mond, und die Publizisten, die China bis zu diesem Frühjahr bereisen konnten, lassen sich ebenso wie die Astronauten, die den Mond betraten, an den zehn Fingern abzählen. Berichte über die Stationen einer Reise durch China sind also nicht minder berechtigt als solche über jeden Schritt auf dem Mond – ja, noch viel mehr, denn für die nächsten Jahrzehnte der Menschheit sind die Zustände in China wichtiger.

Ich habe diese zweiunddreißig Tage so intensiv wie möglich genutzt; sie sind in gewisser Weise ein einziger langer Tag gewesen, mein »längster Tag«. Doch sind sie nur das letzte Blatt im Buch meiner Erfahrungen und Beobachtungen, die vor zweiundvierzig Jahren begannen.

Das erste Mal kam ich nach China, als ich im Jahre 1929 – nach einem Jahr als Austauschstudent in Kalifornien – den Rückweg über Ostasien nahm; damals besuchte ich im Auftrag des Weltstudentenwerks zwei Monate lang chinesische Hochschulen. Das zweite Mal 1936, als ich aus der Sowjetunion über China nach Amerika fuhr, nachdem Joseph Goebbels den drei deutschen Zeitungen, deren Korrespondent ich in Moskau gewesen war, meine Berichte zu veröffentlichen verbot. Das dritte Mal während des Zweiten Weltkrieges; in Erwartung des baldigen Eintritts Amerikas in den Krieg gegen Deutschland, dessen Bürger ich geblieben war, hatte ich meine Lehrtätigkeit an der University of Hawaii aufgegeben und war nach China übergesiedelt. Ich blieb fünf Jahre, vorwiegend in Schanghai als Dozent an dortigen Hochschulen und Redakteur der Zeitschrift ›The XXth Century‹, bis zur Rückkehr in die zerstörte Heimat 1946. Das vierte Mal kam ich 1957 für die Dauer eines Monats als Journalist und Rundfunkkommentator; Einreise mit dem Schiff in Schanghai, Ausreise durch die Mongolei in Richtung Sowjetunion und Deutschland. So ist die neue Reise im Frühjahr 1971, kurz vor dem Beginn der

»Pingpong-Diplomatie«, schon mein fünfter Aufenthalt in China, ungerechnet häufige Besuche in Hongkong und mehrere Reisen nach Taiwan.

So wertvoll aber für mich die Möglichkeit war, meine jüngsten Eindrücke mit den früheren aus vier Jahrzehnten zu vergleichen, diese Erinnerungen haben in dem vorliegenden Buch nur an wenigen Stellen Erwähnung gefunden. Es beschreibt das China von 1971, das China nach dem Sturm der Kulturrevolution, von deren destruktiven Zügen, um das vorwegzunehmen, äußerlich kaum noch Spuren zu erkennen sind. Wie im Dorf Dadschai die Einwohner ihre Felder nach der Zerstörung durch Wolkenbrüche in emsiger Tag- und Nachtarbeit wieder in Ordnung gebracht haben, so hat sich das China nach dem Auslaufen der Kulturrevolution in gewaltiger Kraftanstrengung wieder voll funktionsfähig gemacht.

Als ich aufbrach, lag mir nichts so fern wie der Gedanke, ein Buch über China zu schreiben. Ich wußte, daß ausländischen Publizisten seit dem Höhepunkt der Kulturrevolution 1967 längere Reisen ins Innere kaum genehmigt worden waren, und erwartete, daß ich außer der Hauptstadt Peking und der Messestadt Kanton, die ohnehin auf Ausländer eingestellt sind, allenfalls noch die Hafenstadt Schanghai besuchen würde. Das hätte dann gerade für ein paar Aufsätze und Rundfunk- oder Fernsehberichte gereicht. Statt dessen wurde mir fast alles gezeigt, was ich auf meinen Wunschzettel gesetzt hatte (auf die beiden Ausnahmen gehe ich später ein).

Kein Zweifel, ich habe nur gesehen, was ich sehen sollte. Aber ich wurde ja nicht mit verbundenen Augen zu den Besichtigungen gefahren; jede wache Minute habe ich Eindrücke in mich aufgenommen. Das ist gewiß nicht viel, aber Studium aus der Ferne *und* Augenschein an Ort und Stelle – das ist besser als nur Studium aus der Ferne. Sogar ein Mao-Zitat, das man längst kennt, klingt anders, wenn man es aus dem Mund eines Steine schleppenden Bauern im Innern Chinas hört, und die Rolle von Maos Frau, Tschiang Tsching, in der *Politik*, über deren Auf und Ab man im Ausland häufig spekuliert und die auch mich beschäftigt hatte, stellt sich ganz anders dar, wenn man im Lande selbst ihren immensen Einfluß im Bereiche der *Kultur* beobachtet. Welch verschiedene Proportionen die Dinge haben, je nachdem von wo aus man sie betrachtet, merkte ich bei der Rückkehr; in Hongkong und in Europa stellten mir die Experten Fragen, auf die ich in China nie gestoßen war (»Wo ist Tschen Po-ta?« – »Was macht Kang Scheng?«), und schauten nur flüchtig hin, wenn ich meine durch mühsames Fragen erworbenen Kenntnisse über die Einnahmen und Ausgaben einer Teebrigade auf dem Tisch ausbreiten wollte.

Dem guten journalistischen Grundsatz, Bericht und Kommentar zu trennen, bin ich auch hier gefolgt. Im ersten Teil berichte ich, was ich beobachtete. Im zweiten fasse ich zusammen, führe ich die Gedanken aus, die sich mir auf Grund des Augenscheins aufgedrängt haben, und nehme ich Stellung. Darf man das nach nur zweiunddreißig Tagen? Wir können, finde ich, nicht ohne Urteile über China auskommen. Man muß also den Mut haben, sie zu fällen (und zu revidieren, wenn sie sich als falsch erweisen). In diesem Teil habe ich zahlreiche Vorstudien verwertet, fremde, was entsprechend vermerkt wird, und eigene (›Maos Zweite Revolution‹, 1966; ›Peking und die Neue Linke‹, 1969; ›Maoismus – etwas Neues unter der Sonne?‹, 1970).

Im vierten Teil sind einige Erläuterungen, um den Fluß der Berichte und Kommentare nicht zu belasten, stichwortartig zusammengefaßt. Und schließlich bringt der letzte Teil aus der fast unendlichen Fülle von Dokumenten eine kleine Auswahl, und zwar nur solche, die als »Illustrationen« zu den vorausgegangenen Teilen dienen.

In der leidigen Frage der Schreibweise chinesischer Wörter bin ich im wesentlichen dem bei meinen früheren Büchern geübten Brauch gefolgt, das Lautbild ohne Verwendung phonetischer Hilfszeichen wiederzugeben. Die deutschen Sinologen mögen mir vergeben und auch die Pekinger Schriftgelehrten, die eine überaus komplizierte und dem breiten Publikum unverständliche Umschrift erfunden haben; wer würde, wenn er Beijing liest, vermuten, daß damit Chinas Hauptstadt gemeint ist? Ohnehin habe ich möglichst nur die Namen aufgenommen, die zum Verständnis des Textes notwendig sind, und von chinesischen Ausdrücken nur drei: für die Währung den Yüan (= 1,50 DM), bestehend aus 100 Fen, und für die Flächenmaße das Mu (15 Mu = 1 Hektar); das chinesische Pfund entspricht wie das deutsche einem halben Kilo. Das j ist wie bei Journalist zu sprechen, das y vor einem Vokal wie unser j (Yangtse, Yüan).

Sehr herzlich danke ich allen, die in konzentrierter Arbeit zur raschen Fertigstellung dieses Buches beigetragen haben, vor allem meinen engsten Mitarbeitern, die wieder dabei waren: Ruth Henning für ihre nie erlahmende Hilfe bei der Fertigstellung des Manuskriptes; Hans Schneider (Freudenstadt) für seine urteilssichere Mitwirkung bei der Ausarbeitung des Textes; Dr. Hannspeter Hellbeck (Hongkong) und Dr. Joachim Glaubitz (München), den Kennern der chinesischen Sprache und Gegenwart, für zahlreiche wertvolle Hinweise; meinen Assistenten Dr. Winfried Böttcher und Dr. Günther Unser (Aachen) für die sorgfältige Durchsicht des Manuskriptes; allen Arbeitern und Angestellten der Deutschen Verlags-Anstalt für ihre zügige Arbeit.

China/Deutschland, Frühjahr/Sommer 1971 *Klaus Mehnert*

Vorwort zum 200. Tausend

Diese neue Auflage enthält ein Zusatzkapitel ›Ein Jahr danach‹ (S. 247 ff.). In ihm wird die chinesische Entwicklung zwischen den Frühsommern 1971 und 1972 nachgetragen und – aufgrund einer Reise durch dreizehn asiatische Staaten (Februar bis Mai 1972) – die Einstellung der Nachbarn zu Chinas Rückkehr in die Weltpolitik dargestellt.

Afghanistan/Deutschland, Juni 1972 *Klaus Mehnert*

Berichte

Die folgenden Berichte wurden im Entwurf schon während der Reise durch China geschrieben, unter dem frischen Eindruck des Erlebten abends im Hotel oder im Eisenbahnabteil mit der Schreibmaschine auf den Knien. Verwertet wurde von den Niederschriften aber nur, was aktuellen und politischen Bezug hat; das rein Touristische ist weggelassen. Der Stoff ist also nach Erlebnissen gegliedert, nicht nach Sachkomplexen. Der Leser kann auf diese Weise an den einzelnen Etappen der Reise teilnehmen, auch an meinen Fragen und den mir gegebenen Antworten, und selbst sehen, auf welche Weise ich zu bestimmten Ergebnissen gelangte, etwa zum Verständnis des Lohnsystems, wie es mir von Ort zu Ort in der erlebten Wirklichkeit schrittweise klarer wurde.

SOWJET-
UNION
MONGOLISCHE VOLKSREPUBLIK
HEILUNGKIANG
INNERE MONGOLEI
KIRIN
HOPEI
LIAONING
Peking
Tientsin
KOREA
Dadschai
NINGHSIA
Yenan
SCHANSI
SCHANTUNG
KANSU
Sian
KIANGSU
SCHENSI
HONAN
Nanking
Schanghai
HUPEI
ANHWEI
SETSCHUAN
Wuhan
Hangtschou
TSCHEKIANG
HUNAN
KIANGSI
Tschangscha
KWEITSCHOU
FUKIEN
TAIWAN
KWANGSI
Kanton
Hongkong
KWANGTUNG
VIET-NAM
Reiseroute des Autors:
mit Bahn und
mit Flugzeug

Das Visum

Meine jüngste Reise nach China hat eine lange Vorgeschichte. Vor fünfzehn Jahren erhielt ich einen Brief mit einer ungewohnten Briefmarke. Er kam aus Phnom Penh und trug die Unterschrift des Staatschefs von Kambodscha, des Prinzen Norodom Sihanouk. Man habe ihn, schrieb er, auf mein kurz zuvor erschienenes Buch ›Asien, Moskau und wir‹ aufmerksam gemacht, das eine objektive und sachlich zutreffende Darstellung Kambodschas enthalte; bei meiner nächsten Indochina-Reise möge ich ihn besuchen.

Ein Jahr darauf war ich das erste Mal mit ihm zusammen, danach noch oft; wir trafen uns auch in Europa. So entwickelte sich eine persönliche Freundschaft, die den Staatsstreich in Kambodscha im Frühjahr 1970 und die Übersiedlung des Prinzen nach Peking überdauerte.

Bei meinen früheren China-Reisen war das Visum nie ein besonderes Problem gewesen, auch 1957, in der Ära der Hundert Blumen, hatte ich es ohne langes Warten erhalten. Dann wurde es anders. China durchlebte schwere Erschütterungen – den Großen Sprung Vorwärts, die anschließende Wirtschaftskrise, die inneren Kämpfe zwischen den »Zwei Linien« (Maos und seiner Gegner), die Große Proletarische Kulturrevolution, und die Behörden in Peking wollten, vermute ich, keine neugierigen und zudem noch landeskundigen Beobachter bei sich sehen. Ich ließ mich nicht entmutigen und stellte unverdrossen von Zeit zu Zeit einen neuen Antrag. Lange ohne Erfolg.

Als sich 1969, nach dem Ende der Kulturrevolution, die Lage in China wieder normalisierte, erhielt ich auf meinen erneut gestellten Visumantrag zum ersten Mal eine Antwort, die zwar noch negativ, aber freundlich und nicht endgültig klang; an sie knüpfte ich 1970 wieder an.

Mitte Januar 1971 kam ein Telegramm aus Peking, das mir einen Besuch bei der Botschaft der Volksrepublik China in Paris nahelegte. Ich erfuhr, daß Prinz Sihanouk sich inzwischen bei der Regierung in Peking um ein Visum für mich bemüht hatte. Nach dem Ende des Wintersemesters flog ich nach Ostasien, und am 6. März 1971 reiste ich nach China ein.

Prinz Sihanouk ist in Peking hoch angesehen; ich habe mich davon, wie später zu berichten sein wird, selbst überzeugt. Es ist daher nicht erstaunlich, daß die chinesische Regierung auf seinen Wunsch einem seiner Freunde den Besuch bei ihm genehmigte. Überraschend war für mich, auch für die Ausländer-Kolonie in Peking, daß ich dann darüber hinaus die Möglichkeit zu einer ausgedehnten Reise durch das Land erhielt.

Im April 1971 hat Peking eine Anzahl weiterer ausländischer Besucher ins Land gelassen. Als ich – einen Monat vor dem Beginn der Pingpong-Politik – in Peking eintraf, war das nicht vorauszusehen. Man fragte sich daher, ich tat es auch, warum ich nach jahrelanger Abschließung als einer von ganz wenigen Publizisten, und als erster deutscher, das Land bereisen durfte.

Sicher hat mitgespielt, daß die chinesische Regierung im Zuge ihrer raschen Rückkehr in die Weltpolitik eine bessere Information der übrigen Welt über China durch westliche Beobachter für wünschenswert hält. Möglich ist auch, daß sich diese chinesische Überlegung mit der Befürwortung meines Visumantrages durch den Prinzen in einer für mich glücklichen Stunde auf irgendeinem Schreibtisch des Außenministeriums in Peking kreuzte, vielleicht auf demselben, in dem schon meine zahlreichen früheren Anträge lagen, aber auch meine gelegentlichen Rundfunkkommentare, in denen ich mich für die Normalisierung der Beziehungen zwischen Bonn und Peking eingesetzt hatte. Irgendwann im Winter 1970/71 muß in Peking eine Grundsatzentscheidung zugunsten einer leichten Öffnung der Türen gefallen sein, und ich war der erste, der sie passierte.

Ob bei der Entscheidung, mir eine großzügig bemessene Reise durch das Land zu ermöglichen, auch der Gedanke einer freundlichen Geste der Bundesrepublik gegenüber mitspielte, weiß ich nicht. Ein guter Kenner Chinas sagte mir in Peking:

»Die Chinesen treiben Politik auf lange Sicht; sie ärgern sich zwar, daß ihr so tut, als gebe es China nicht. Aber sie vergessen nicht, daß ihr der nach Rußland stärkste Staat in Europa seid.«

Wie auch immer, im chinesischen Teisebüro in Honkong erhielt ich zum Preise von rund zweihundert DMark eine Fahrkarte samt Liegewagenplatz Hongkong–Peking – es war soweit.

Die ersten zweitausend Kilometer

Als mich der brave Hotelportier pünktlich um sechs Uhr weckte, kam ich mir vor wie ein Astronaut, für den der »Countdown« begonnen hat: noch vier Stunden bis zur Überschreitung der chinesischen Grenze ... Eine Minute später war ich aufgestanden, denn ich hatte noch viel zu tun: Ehe mir im China-Reisedienst die Fahrkarte ausgehändigt worden war, hatte ich durch meine Unterschrift die Kenntnisnahme einer mir vorgelegten Erklärung bestätigen müssen. Es komme vor, hieß es dort, daß in Hongkong Reisenden in die Volksrepublik China ihnen nicht gehörende Gegenstände ins Gepäck gesteckt würden; jeder sei dafür verantwortlich, daß er nur eigene Sachen mit sich nehme. So kurz vor dem lange vergeblich erstrebten Ziel wollte ich auf keinen Fall riskieren, daß es im letzten Augenblick noch Ärger gab. Was auch immer der Sinn der empfangenen Warnung sein mochte, zu meinem Countdown gehörte nun auch eine gründliche Selbstinspektion meines Gepäcks.

Um acht Uhr setzte mich das Taxi an dem unmittelbar am Hafen gelegenen Bahnhof ab; dort sollte ich mich in einem besonderen Raum für Chinareisende melden. Ich fand ihn unschwer, denn einige andere Europäer standen schon vor seiner Türe; sie musterten mich ebenso neugierig wie ich sie. Zum Schluß waren wir zu zwölft.

Um 8.25 Uhr wurde die Sperre geöffnet, ein Strom drängender, Lasten schleppender Chinesen schwemmte unser Trüppchen auf den Bahnsteig. Die meisten von ihnen freilich fuhren nur zu einer der sieben Stationen diesseits der Grenze. Im Wagen erster Klasse saßen wir zwölf Fern-Reisenden, dazu eine Schar blonder englischer Schülerinnen auf einem Ausflug zum nahegelegenen »Tempel der tausend Buddhas«.

Niedliche Chinesenkinder aus einer englischsprachigen Schule gingen durch den Zug und sammelten Geld für ein Hospital. Ich steckte ihnen eine Münze in die Büchse und erhielt dafür eine kleine Plakette – noch eine ohne Mao-Kopf, wie er alle Plaketten zierte, die mir die nächsten vier Wochen vor Augen kommen sollten. Dann und wann schaute der Mann vom China-Reisedienst in blauer Uniform und weißer Mütze in die Abteile, ob seine Schäfchen auch noch alle beieinander waren.

Draußen zog die südchinesische Landschaft vorüber – Reisfelder, Dörfer, Pagoden, wimmelnde Menschenmengen. Als wir an der Endstation aus dem Wagen kletterten, sah ich schon in etwa hundert Meter Entfernung die überdachte Brücke, die über den Grenzfluß führt; neben ihr wehte die rote Fahne. Zugleich setzte drüben der Lautsprecher ein und dröhnte den Ankommenden die feierlichen Rhythmen von ›Der Osten ist rot‹ entgegen.

Die Abfertigung auf der britischen Seite dauerte nur wenige Minuten. Ich hatte gerade Zeit, ein paar Worte mit dem britischen Grenzsoldaten zu wechseln, der blond, rosig und gelangweilt auf einem Feldstühlchen saß, und die Waren der Hökerweiber am Zugang zur Brücke zu betrachten. Ein Weiblein, das allerlei Kram feilbot, winkte mich heran und zeigte grinsend auf ihren Vorrat an Klo-Papier. Die muß es ja wissen, dachte ich, und kaufte eine Rolle. Später war ich ihr dankbar für den Tip.

Und nun erschien auch schon ein Mann mit Mao-Plakette; Anzug und Ballonmütze waren grau. In gutem Englisch hieß er uns folgen. So marschierten wir über die oft beschriebene Brücke. Die Prozedur im Zollhaus dauerte annähernd zweieinhalb Stunden. Es war wie ein immer wieder stockendes Fließband, das uns zwölf aus der einen Welt in die andere trug. In jedem Raum, den wir passierten, standen gepolsterte Armsessel mit weißen Überzügen, hingen Mao-Bilder und Mao-Zitate.

Im ersten Raum mußten wir Formulare über unser Gepäck ausfüllen. Dann wurden wir einzeln aufgerufen und jeder in seinen eigenen Zollraum geführt. Mein Zöllner sah nur kurz auf mein Visum und winkte mich durch, ohne auch nur ein einziges Gepäckstück zu öffnen. Dann Gesundheitskontrolle. Dann Geld-Registrierung und -Wechsel. (Ich hatte DMark und Hongkong-Dollars bei mir, von denen man beliebig viele einführen kann; US-Dollars wurden vor der Pingpong-Ära nicht gewechselt. Für eine Mark bekam ich zweidrittel Yüan.) Dann ein längerer Marsch in einen besonders prunkvollen Wartesaal. Hier bestanden die Mao-Zitate aus großen Holzschriftzeichen auf dunkelrotem Samt.

Inzwischen hatten wir uns schon etwas kennengelernt. Die Hälfte der Gruppe bestand aus Diplomaten: der Geschäftsträger eines europäischen Staates mit seiner Frau auf der Rückkehr von einem Urlaub; ein jüngerer Mitarbeiter einer anderen westlichen Botschaft in Peking, ebenfalls mit Frau; zwei Kuriere, ein männlicher und ein weiblicher, an ihren Kuriersäcken leicht zu erkennen. Die übrigen: eine Dame, die einige Wochen bei ihrer in einer Botschaft in Peking tätigen Tochter verbringen wollte, zwei französische Touristinnen, der Chef einer großen französischen Firma samt seinem Mitarbeiter, und ich. Außer mir wollten alle ab Kanton das Flugzeug benützen; ich dagegen hatte auf die Bahnfahrt Wert gelegt, um von Anfang an möglichst viel von Land und Leuten zu sehen.

Um zwölf Uhr gab es – wieder in einem anderen Saal – ein chinesisches Mittagessen. Das Bier kam aus dem ehemals deutschen Tsingtao, das seinen Ruf in dieser Branche bis heute in ganz China bewahrt hat. Zurück in den Wartesaal mit den samtenen Mao-Zitaten. Mädchen mit weißen Schürzen und – wie fast überall – zwei kurzen schwarzen Zöpfen brachten uns Tee. Sie wußten einige Brocken Englisch und kicherten freundlich dazu, wie denn überhaupt alle Menschen, mit denen ich es von jetzt ab zu tun haben sollte, überaus liebenswürdig waren. Wie immer es während der Kulturrevolution gewesen sein mag (manche Reisende berichteten damals über eine feindselige Haltung ihnen gegenüber), jetzt stand das Barometer auf heiter. Als ich fragte, ob ich die Grenzbrücke fotografieren dürfe, hieß die Antwort: »Natürlich!« Noch kurz zuvor war das ebenso »natürlich« verboten.

Die Fahrt von der Grenze nach Kanton, der wichtigsten und größten Stadt Südchinas, dauert zwei Stunden. Wir zwölf hatten einen großen, sehr bequemen Wagen mit sechzig Polstersitzen für uns allein. Gespannt schaute ich durchs Fenster auf die hügelige Landschaft. Wie schon immer imponierte mir die Sorgfalt, mit der die Reisterrassen und Bewässerungsanlagen gebaut und gepflegt sind; schmale Pfade führen zwischen ihnen hin, auf denen Menschen in großen Hüten und meist dunklen Baumwollanzügen mit kurzen Schritten wippend Lasten an Bambusstangen tragen; auf dem Rücken träger Wasserbüffel dösen die Kinder. An den Hängen sah ich da und dort noch alte Gräber. Völlig neu und ein Produkt der Jahre 1969 und 1970 sind die vielen Höhlen in den Bergwänden – Luftschutzbunker, die damals in China wegen der Gefahr eines Krieges mit der Sowjetunion zu Hunderttausenden gegraben worden sind.

Wir sind in Kanton. Ich habe noch nicht einmal den Mantel an, als ich auch schon auf deutsch angesprochen werde: Ob ich der Herr aus Westdeutschland sei? Mit dem r in meinem Namen hat der Mann die üblichen Schwierigkeiten der Chinesen, aber es ist kein Zweifel, daß er mich meint. Er ist etwa fünfunddreißig Jahre alt, kommt vom China-Reisedienst und stellt sich als Tschang vor. Sein Deutsch ist fließend; er hat es, wie er sagt, auf der Schule gelernt. Als ich nach meinem Gepäck greifen will, haben es seine Leute, von mir unbemerkt, schon abtransportiert. Kaum habe ich Zeit, mich von meinen elf Reisegenossen zu verabschieden, und schon sitze ich mit Herrn Tschang und meinem Gepäck in einem Auto englischer Bauart.

Unter ständigem Hupen geht es zu dem am anderen Ende Kantons gelegenen Hotel. Es ist in dem schweren volksdemokratischen Stil gebaut, den man auch in Osteuropa finden kann. Sehr effektvoll ist die Eingangshalle angelegt: Kommt man aus dem hellen Tageslicht der Straße, sieht man sich im Halbdunkel, vor dem Hintergrund eines mächtigen roten Vorhangs, alsbald einem riesigen Mao aus Gips gegenüber. Im Hotelzimmer – es ist groß und etwas steif – lege ich mein Gepäck ab, dann kehren wir zum Auto zurück.

Kanton, heute eine Stadt von über zwei Millionen Einwohnern, trägt im Kern großenteils das Gesicht, das es in den zwanziger und dreißiger Jahren erhielt, als zahlreiche neue Straßen in die winkligen Stadtteile geschlagen wurden. Inzwischen haben eine Reihe von Parks es verschönt, und die Elendsviertel, einschließlich der berüchtigten Wohndschunken auf dem Perl-Fluß, sind verschwunden.

Die Straßen beleben sich zusehends, immer mehr Menschen kehren von der Arbeit zurück, sehr viele auf Fahrrädern. Gruppen von Schuljungen und -mädchen mit roten Fähnchen ziehen auf und bilden auf beiden Seiten ein Spalier, das die Radfahrer vom Autoverkehr in der Straßenmitte trennen soll. Aber so eifrig die Kinder auch ihre Fähnchen schwenken – bald wimmelt die ganze Straße von Radlern. Dieses Dominieren des Zweirads ist die für mich auffallendste Veränderung im Straßenbild.

Mich zieht es nach der kleinen Insel Schamian im Perl-Fluß, die heute Teil der Stadt ist, früher aber vor den Mauern lag. Vor über hundert Jahren hatten die Engländer und Franzosen sie als Sandbank in Besitz genommen und bald in ein Klein-Europa verwandelt, das auch heute noch manches von diesem Charakter behalten hat: ein Villenviertel, mit geraden, baumbestandenen Straßen und einer hübschen Uferpromenade, ein

Stück Kolonialwelt, das die Chinesen früher scheinbar gleichmütig hingenommen hatten, an dem sich aber heute – wie ich Äußerungen meines Begleiters entnahm – ihr hundert Jahre lang beleidigtes Nationalgefühl entzündet. Herr Tschang ist mehr darauf aus, mir die vom neuen China errichteten Bauwerke zu zeigen – die Hallen, in denen zweimal jährlich die weltberühmte Kantoner Messe abgehalten wird, die modernen Hotels, die Gebäude der Provinzverwaltung, die außerhalb der Stadt gelegenen neuen Fabriken.

Am Abend, wenige Minuten vor Abgang des Zuges, trafen wir auf dem Bahnhof ein. Zu meiner Überraschung fand ich, daß mir allein ein Vier-Personen-Abteil zur Verfügung stand, mit »weichen Plätzen«, zu denen Wolldecke, Kissen und Bettwäsche gehörten. Im ganzen Zug war ich, wie sich herausstellen sollte, der einzige Nicht-Chinese.

Man kümmerte sich ausgezeichnet um mich. Der für den weichen Wagen zuständige junge Schaffner brachte immer wieder Tee und heißes Wasser; der Chef des Speisewagens achtete darauf, daß ich bei den Mahlzeiten einen Fensterplatz erhielt, und veranlaßte seinen Koch, nachdem er in mir einen Liebhaber der chinesischen Küche entdeckt hatte, sich selbst zu übertreffen und mir unter anderem einen ausgezeichneten Fisch in süß-saurer Sauce zuzubereiten. Nur den hervorragenden bernsteinfarbenen Wein, den man hierzulande heiß trinkt, konnte er nicht präsentieren, was ihn noch mehr zu schmerzen schien als mich. Heißes Wasser und becherartige Tassen (mit Deckel gegen den Staub) gab es auch in den anderen, zum Teil überfüllten Waggons.

An den Karren der Händlerinnen, die auf den Stationen Fladen, gelegentlich auch Apfelsinen, anboten, bildeten sich immer gleich geordnete Schlangen von Kauflustigen. Von den Mitreisenden in meinem Waggon sah ich kaum etwas. Offenbar saßen sie meist hinter geschlossener Türe in ihrem Abteil, auch auf den Stationen kam kaum einer zum Vorschein. Viel Militär in grünen Uniformen war mit im Zuge; da seit 1965 sämtliche Rangabzeichen abgeschafft sind, kann man die Offiziere von den Mannschaften an der Kleidung nicht mehr unterscheiden, allenfalls am höheren Alter und dem stärker geprägten Gesicht.

In einem Nachbarabteil reiste ein jüngerer Diplomat, 31 Jahre alt. Sein Lebenslauf, den er mir in fließendem Französisch erzählte, war merkwürdig normal: Zwölf Jahre Schule, sechs Jahre Hochschule, dann im Außenministerium (kurze Auslandsaufenthalte, noch kein Auslandsposten), kein Militärdienst, kein Einsatz im Dorf. Dagegen ist seine Frau im Zuge der Daueraktion »Intellektuelle Jugend aufs Land« kürzlich in die Provinz gefahren, er weiß nicht, für wie lange. Das zweijährige Kind ist bei der Großmutter in Peking, er selbst wohnt allein.

An das Dröhnen der Lautsprecher, das andere Chinafahrer aus dem Westen so sehr beklagen, hatte ich mich bald gewöhnt. Es gibt ja auch einen Abstellknopf (man muß ihn nur finden, er ist unter dem Tischchen versteckt). Vom Gang allerdings und aus den Nachbarabteilen bekommt man auch dann noch einiges ab, Nachrichten, ganze Leitartikel, politische Vorträge; zum Teil vom Rundfunk, zum Teil Musik von Platten, die in der Sendezentrale des Zuges aufgelegt werden.

Während der ersten Nacht durchquerten wir die Provinz Kwangtung, dann Hunan, die Heimatprovinz Maos. Gegen Morgen erreichten wir ihre Hauptstadt Tschangscha. Die Kürze des Aufenthaltes (zehn Minuten) hinderte mich daran, die heilige Stätte dieser Stadt zu besuchen: das Lehrerseminar, das Mao in den Jahren 1913 bis 1918 durchlief und dem er einen großen Teil seiner – auch klassischen – Bildung wie seiner emotionalen Entwicklung verdankt. In Tschangscha heiratete er die Tochter seines Lieblingslehrers; ein Jahrzehnt später wurde sie von der Regierung Tschiang Kai-scheks hingerichtet.

Wir fuhren nun durch hügeliges Land, vorbei an Tausenden und Abertausenden von Reisterrassen. Neu waren, vermutlich, viele der Staubecken, die der größeren Gleichmäßigkeit der Wasserverteilung während des Jahres dienen. Dann und wann tauchten kleine Fabriken auf; was sie produzierten, war nicht zu erkennen. Um vierzehn Uhr näherten wir uns der Großstadt Wuhan, die aus drei früher selbständigen Städten besteht. Durch den Yangtse-Strom hat sie mit den Weltmeeren Verbindung; früher sah sie die Flaggen vieler Länder an ihren Kais.

Besonders gespannt war ich auf die Brücke, die hier im Jahre 1957 mit russischer Hilfe über den Yangtse gebaut worden ist. Sie ist weniger wegen ihrer Schönheit als wegen ihrer Länge (über anderthalb Kilometer) und Höhe (über 80 Meter) bekannt. Kein Chinese, der nicht betonte, daß die Yangtse-Brücke bei Nanking, die nach dem 1960 erfolgten Abzug der

Russen ohne fremde Hilfe errichtet wurde, viel schöner und besser sei.

Großartig der Blick von der Brücke auf den breiten, braunen Strom mit seinen vielen Dschunken und Booten. Weitgedehnte Industrieanlagen; einige Hochöfen, aber keine Hochbauten. Die Wohnhäuser in schlechtem Zustand; viele Dächer, auf die wir vom Bahndamm herabblicken, reparaturbedürftig. Auf den Straßen ein Gedränge von Menschen, und wieder Fahrräder in Massen, kaum Autos.

Die Landschaft wird herber. Die Hügel wachsen zu Bergen, die ein langer Tunnel durchquert. Als ich am zweiten Morgen erwache, blicke ich auf eine Schneelandschaft. Auch im Zuge ist es empfindlich kalt geworden. Doch nun dauert es nicht mehr lange: Pünktlich um 8.30 Uhr sind wir in Peking.

Wiedersehen mit Peking

Als wir morgens in Peking eintrafen, herrschte reger Betrieb. Auf vielen Bahnsteigen liefen gleichzeitig Züge ein. Gepäckträger gab es nicht, und ich war froh, meinem Grundsatz treu geblieben zu sein, nicht mehr Gepäck mitzunehmen, als ich notfalls auch allein einen Kilometer weit tragen kann. Fast so lang war der Weg auch tatsächlich über den Bahnsteig, durch eine Unterführung, quer durch eine weite Halle. Die Einheimischen schleppten ihre Siebensachen an den traditionellen Tragestangen durch das Menschengewühl. Aber ich sah auch viele Soldaten mit sauber gepacktem Tornister auf dem Rücken.

Seit einigen Jahren hat Peking einen neuen Hauptbahnhof – einen wuchtigen Bau im Stil der Mao-Epoche. Ein ganzer Stadtteil wurde niedergerissen, um für ihn und den weiten Platz davor Raum zu schaffen. Dieser Platz grenzt auf der Gegenseite an die neue Ost-West-Achse. An ihr liegt sowohl das Hotel Peking, zu dem der Wagen mich brachte, als auch – ein kleines Stück weiter – das Tor zum Himmlischen Frieden, die berühmte Tribüne der chinesischen Führung bei den großen Paraden und gleichzeitig der Eingang zum alten Kaiserpalast. Der ältere Teil des Hotels stand schon bei meinem ersten Besuch vor 42 Jahren; er dient inzwischen anderen Zwecken. Neben ihn ist zu Beginn der fünfziger Jahre ein riesiger Flügel angebaut worden, in dem sich auch Fest- und Versammlungsräume befinden.

Ich verließ das Hotel gleich wieder zu einem ersten Gang zum Paradeplatz. Das Tor zum Himmlischen Frieden ist ein großartiges Bauwerk, vollkommen in der Harmonie seiner Formen und Farben. Am Nachmittag leuchtet es dunkelrot gegen den nördlich-blauen Himmel. Hinter der Mauer, im Südwesten der alten Kaiserstadt, nicht weit vom Tor, lebt Mao.

Der weite Platz, dem viele Häuser weichen mußten, ist meist menschenleer; nur an Fest- und Demonstrationstagen füllen ihn Menschenmassen von Hunderttausenden, manchmal Millionen. (Ich selbst habe keinen dieser Umzüge erlebt und kenne sie nur aus chinesischen Filmen.) Die beiden neuen Großbauten, die den Platz nach Osten und Westen einfassen, das Museum und die Halle des Volkes, sind nicht jedermanns Geschmack – massig-volksdemokratisch, Zeugen der Macht, nicht der Schönheit, weder eine Fortführung alter Kunstformen, noch ein Durchbruch zu Neuem. Auf anderen Gebieten, davon wird im Kapitel über Maos Frau noch die Rede sein, regen sich kräftige neue Impulse; im Bereich der Architektur habe ich sie im China von heute noch nicht wahrgenommen. Eindrucksvoll dagegen fand ich das Denkmal für die Gefallenen der Bewegung in der Mitte des Platzes; es knüpft an die Schrifttafeln der klassischen Vergangenheit an und steigert sie ins Monumentale.

Wenige Schritte vom Peking-Hotel geht, im rechten Winkel zur Ost-West-Achse, die Hauptgeschäftsstraße ab, die Wangfutsching. Für die Europäer und Amerikaner, die einst in Peking lebten oder zu Besuch weilten, war sie als die Morrison Street bekannt, und jeder Rikscha-Kuli wußte, was gemeint war, wenn man ihm diesen Namen sagte. Heute erinnert sich kaum noch jemand an ihn, und der Fremde muß nach dem chinesischen fragen, wenn er Auskunft erhalten will, obgleich man sie vor einigen Jahren offiziell in Volksstraße umgetauft hat, da sich in ihr der Verlag der ›Volkszeitung‹, der wichtigsten Zeitung Chinas, befindet.

Vor 42 Jahren war die Morrison Street für mich der Inbegriff der chinesischen Straße – mit Läden und Restaurants, mit wogenden Menschenmengen, mit unzähligen Rikschas und Pferdewagen und mit einem wunderbaren Basar; in ihm gab es alle Wunder des Fernen Ostens, Lädchen aller Art mit Stoffen und Lackwaren, mit echten und falschen Edelsteinen, mit Märchenerzählern, Zauberkünstlern und Schwertschluckern.

Die erste große Veränderung war schon 1957 zu sehen: Nicht weit vom Basar, auf der Westseite der Straße, war ein sechsstöckiges Warenhaus entstanden. Wie damals ging ich auch jetzt gleich hinein. Das Warenangebot ist merklich größer geworden und das Gedränge weniger beängstigend. Das Haus hat seine Monopolstellung verloren, denn es gibt heute in der Volksstraße eine ganze Anzahl Geschäfte mit ähnlichem Angebot. Auch aus dem Basar ist eine Art von ebenerdigem Warenhaus geworden – für mich in seiner Nüchternheit eine Enttäuschung, für die Bevölkerung aber eine große Verbesserung, da das weite Gelände von einem Netz geräumiger überdachter Einkaufsstraßen durchzogen ist.

Im Jahre 1957 war ich im Hochsommer dagewesen, und ich hatte (mit Verlaub zu sagen) so stark geschwitzt, daß die Hotelwäscherei nicht nachkam; ich wollte mir also zwei weitere Sporthemden kaufen. In jenem Warenhaus erklärte man mir damals, ich bedürfe dazu eines Bezugscheins. Um ihn zu erlangen, mußte ich im Außenministerium einen entsprechenden Antrag stellen, der nach einigen Tagen genehmigt wurde; ich bekam meinen Bezugschein für zwei Hemden und schließlich auch die Hemden selbst (sie haben sich übrigens sehr gut getragen).

Nun wollte ich sehen, wie es 1971 in Peking mit Hemden steht. Ich versuchte also mein Glück im gleichen Warenhaus. Wieder gab es ein Hindernis, denn Baumwollwaren sind noch immer bezugscheinpflichtig (man bekommt rund sieben Meter pro Kopf und Jahr, 0,75–1,00 Yüan das Meter); aber man bedeutete mir, daß Ausländer im »Freundschaftsladen« um die Ecke ohne Bezugschein kaufen können. Dort bekam ich denn auch meine Hemden – weiß, bügelfrei, mit langen Ärmeln und schließbarem Kragen, für elf Yüan, also den Gegenwert von sechzehn Mark fünfzig; eine blaue Wollkrawatte kaufte ich mir gleich dazu, zum Preis von 4,20 DM.

Am unergiebigsten waren die Buchhandlungen. In der speziell für Ausländer eingerichteten, die aus zwei großen Räumen besteht, war in den hohen, die ganzen Wände umlaufenden Regalen nichts zu finden außer Maos Werken in zwei Dutzend Sprachen, dazu Broschüren mit seinen – oder Lin Piaos – Reden oder aktuellen politischen Themen, ebenfalls in zahlreichen Sprachen – nichts darunter, was ich nicht schon längst in Deutschland besäße, einschließlich des Bildbandes über das Musterdorf Dadschai. Das Antiquariat ein paar Häuser weiter war besser bestückt, hier sah ich allerdings nur technische Lehrbücher, vorwiegend russische.

Im Laufe der folgenden Wochen notierte ich mir noch eine Reihe von Preisen; übrigens fand ich, daß sie sich in den verschiedenen Teilen des Landes, auch zwischen Stadt und Land, kaum unterschieden.

Kleidung: Der allgemein getragene, nur gegen Bezugschein erhältliche Baumwollanzug, in Dunkelblau oder anderen gedeckten Farben, von 15 Yüan (22,50 DM) aufwärts; wattierte Jacken, das Volksbekleidungsstück im Winter, von 12 Yüan aufwärts; dieselben mit Kamel- statt mit Baumwolle gefüttert: 42 Yüan; eine Jacke aus Wollstoff 57,70 Yüan, mitsamt den dazugehörigen Hosen 87,70 Yüan. Schuhe aus Segeltuch mit Gummisohle, das meistgetragene Schuhzeug, von 3 Yüan aufwärts; Lederschuhe von 10 Yüan aufwärts. Relativ teuer im Vergleich zum sonstigen Preisniveau fand ich Socken, 2,50–3,00 Yüan.

Nahrungsmittel (jeweils in Kilo): Reis zwischen 0,25 und 0,35 Yüan (= 37,5 bis 52,5 Pfennig), Speiseöl 1,50 Yüan. Beim Metzger: Schweinefleisch 2,00, Hammel 1,20, Schweinerippen 1,90, Wurst 2,40, Schinken 2,90–5,50 Yüan. Am Obststand: Äpfel 0,80 und Mandarinen 1,00 Yüan. Am Getränkestand: ein Glas Milch 0,14 Yüan, eine Tasse Kaffee (zum Kosten reichte die Zeit nicht) 0,10 Yüan. Dosen mittlerer Größe: Rindfleisch 1,45, Fisch 1,20, Champignons 1,00, Erbsen 0,80, Marmelade 1,45 und Ananas 2,45 Yüan. Alkoholika: Maotai, der beliebteste und härteste Schnaps, angeblich 60prozentig, die 0,6-Liter-Flasche für 4,20 Yüan (6,30 DM), also unvergleichlich billiger als im großen Nachbarland, das im Kampf gegen den Alkoholismus den Wodka-Preis ständig heraufsetzt; dort kostet eine 0,6-Liter-Flasche zur Zeit den Gegenwert von 16 DM.

In den Gaststätten ißt man billig. Auch im Speisewagen der Eisenbahn habe ich gewöhnlich nur zwischen 1,50 und 2,50 Yüan (2,25–3,75 DM) für eine chinesische Mahlzeit bezahlt, für den heißen Reiswein dazu 1 Yüan. Ähnliche Preise zahlte ich im Hotel. In einfachen Speisehallen kann man Reis und Gemüse schon von 0,10 Yüan an haben.

Sonstige Industrieprodukte: Transistor-Radios chinesischer Herkunft, die man viel in Gebrauch sieht, auch auf dem Lande, von 20 Yüan (30 DM) aufwärts; ein Fernsehapparat (mit einem Schirm etwa im Format DIN A 4) 430 Yüan; eine Nähmaschine 145, ein Fahrrad 120–150, ein Hilfsmotor dazu 130, ein Motorrad 600–670, eine Armbanduhr 100–120 Yüan. Schließlich Schreibwaren, nicht unwichtig für unsereinen: 100 Bogen Schreibmaschinenpapier 0,34, ein Notizheft in Postkartengröße 0,08 Yüan.

Während der Reise nach Yenan löste sich später das Farbband meiner Reiseschreibmaschine endgültig in seine Bestandteile auf. Da ich nicht auf eine lange China-Reise gefaßt gewesen war, hatte ich kein Ersatzband aus Deutschland mitgenommen. Doch der örtliche Reiseleiter in Sian, dem ich ein Stück des alten Bandes als Muster mitgab, setzte seinen Stolz darein, mir zu helfen; innerhalb einer Stunde brachte er mir genau das richtige Band, chinesischer Produktion, zum Preis von 2,75 Yüan. Ich schrieb einen großen Teil dieses Manuskripts damit.

Relativ am billigsten ist das Dach über dem Kopf, das freilich auch nicht viel mehr ist, meist ein einzelner Raum, in dem, in drangvoller Enge, mehrere Menschen zusammen leben; man zahlt dafür zwischen 2 und 3,50 Yüan monatlich.

Preise sagen freilich erst dann etwas aus, wenn man sie mit Löhnen vergleicht. Der Durchschnittslohn in der Stadt beträgt, wie mir in verschiedenen Landesteilen versichert wurde, rund 60 Yüan im Monat, nach dem staatlichen Wechselkurs sind das also 90 DM.

Für mich persönlich wurde der Aufenthalt in Peking, zumal im Vergleich zu früheren Besuchen, eine Enttäuschung – aus einem einzigen Grunde: Seine weltberühmten Sehenswürdigkeiten waren, mit wenigen Ausnahmen, unzugänglich. Der umfriedete »Kohlenhügel« mit seinem großartigen Blick über die Stadt – geschlossen; die Verbotene Stadt, wo bis 1911 die Kaiser residiert hatten und wo ich noch 1957 frei herumspaziert war – geschlossen (erst einige Wochen später wurde sie für die Tischtennis-Gäste und Diplomaten geöffnet, zum ersten Mal seit Beginn der Kulturrevolution, also seit 1966); ihr Vorgarten, der bis zum Tor zum Himmlischen Frieden reicht – geschlossen; die Parks westlich davon mit ihren Seen, Schlössern und Pagoden (1957 ebenfalls noch zugänglich) – geschlossen; Konfuzius-Tempel, Halle der Klassiker, Lama-Tempel, Glokkenturm, Trommelturm – alles geschlossen; sogar das Museum des »chinesischen Gorkij«, des Dichters Lu Hsün, wurde nicht gezeigt, auch nicht das Historische Museum noch das Museum der Volksbefreiungsarmee. Um so glücklicher war ich, daß wenigstens der Himmelstempel und der Sommerpalast besichtigt werden konnten; davon soll mehr unter dem Titel ›Beim gelben Kaiser‹ berichtet werden.

Übrigens bekam ich auch das neueste Bauwerk der Hauptstadt, die Untergrundbahn, nicht zu sehen, obgleich ich darum bat. Ich traf auch keinen in Peking lebenden Ausländer, der sie gesehen hätte, obgleich sie offiziell am 1. Oktober 1969 eröffnet wurde; ironisch wurden Zweifel geäußert, ob es sie überhaupt gebe. Inzwischen ist sie einigen Ausländern vorgeführt worden.

Ein Tagesausflug war ins Gebirge im Nordwesten der Stadt vorgesehen. Herr Tsao freilich, mein tüchtiger Fahrer, dem ich an dieser Stelle für seine gleichbleibende Freundlichkeit, seine unerschütterliche Ruhe und sein oft stundenlanges Warten Dank sage, machte ein bedenkliches Gesicht, weil es in der Nacht geschneit und gegen Morgen gefroren hatte; aber dann fuhren wir doch los. Das westliche der beiden Nordtore Pekings steht noch, aber die Mauer zu beiden Seiten ist abgetragen; als einsamer Turm ragt es aus einem Platz, von dem viele Überland-Busse abgehen. Ringsherum sind die einzelnen Abfahrtstellen markiert, und an jeder sitzen Gruppen von Menschen mit Kindern und Hühnern, mit Sack und Pack, und warten auf ihren Bus.

Die Straße führt noch ein kurzes Stück nach Norden, dann fast schnurgerade nach Nordwesten, etwa parallel zu der 1909 eröffneten Bahn in die Innere Mongolei. Ist man über die Vororte hinaus, so fährt man durch eine gemischte Agrar- und Industrielandschaft. Einzelne große Fabrikkomplexe stehen zu beiden Seiten, manche glaube ich 1957 noch nicht gesehen zu haben; sie liegen jeweils in einigem Abstand von der Straße, dazwischen Dörfer und Felder. Diese hatten sich äußerlich weniger verändert, als ich erwartet hatte. Neu und wie kleine Triumphbögen sind die rotbemalten, mit Mao-Bildern und -Zitaten versehenen Tore, die in die Dörfer führen, neu auch die Verwaltungsgebäude oder Lagerräume und da und dort Werkstätten oder kleine Fabriken. Die Bauernhäuser aber sahen großenteils so aus, wie ich sie von früher her in Erinnerung hatte. In einigen Dörfern sind langgestreckte, einstöckige Häuser dazugekommen.

Auf den Feldern starke Arbeitskolonnen, in die bekannten wattierten Jacken gekleidet, viele Frauen darunter (an Kopftüchern zu erkennen). Es war die Zeit des Düngens. Von den im Laufe des Winters angefahrenen Misthaufen wurde Ladung um Ladung aufs Feld gebracht, selten auf Pferdewagen, meist auf hohen Schubkarren im Ein-Mann- oder Eine-Frau-Betrieb. In China mit seinem intensiven Ackerbau ist Naturdünger immer sehr wichtig gewesen und fleißig gesammelt worden. Auf unserer stark befahrenen Straße (vereinzelte Lastautos und Busse, viele Karren, von Mauleseln oder Pferden gezogen) sah ich Männer auf Fahrrädern mit Körben daran von einem Roßapfelhäufchen zum anderen eilen, um den kostbaren Dünger für ihr Dorf zu bergen. Die Straße ist gut asphaltiert und meist breit genug für drei, manchmal sogar für vier Fahrzeuge. Im Bereich der Fabriken drängte sich der Verkehr; später kamen wir rasch voran.

Peking samt seiner weiteren Umgebung liegt in einer Ebene, die im Westen und Norden unvermittelt in Berge übergeht. Man hat daher von der Straße aus diese Berge voll im Blick, ohne daß Vorhügel die Sicht stören. Im äußersten Nordwesten der Ebene liegt Nankou; gleich dahinter ragen die Berge auf, durch die der Süd-Paß (= Nan kou) durch die Große Mauer in die Mongolei führt.

Früher war Nankou ein kleines Städtchen gewesen, das seine Bedeutung dem Paßverkehr verdankte und von Karren und Kamelen erfüllt war. Seither ist es kräftig gewachsen, man sieht Fabrikgebäude, und wo sich einst der holprige Karawanenweg hinzog, liegt nun die breite Ausfallstraße.

Wo aber die Berge beginnen, sahen wir uns um Jahrzehnte zurückversetzt. Die Straße wurde schmal, die spärlichen Häuser schienen so zeitlos wie die Maulesel und Pferde vor den Karren. Nur sind an die Stelle der Kamele die Laster getreten. Vor uns schoben sich einige vorsichtig durch die vereisten Windungen nach oben. Wer ausweichen mußte, tat es im ersten Gang.

Dann öffneten sich die ersten Blicke auf die Große Mauer, und schließlich erreichten wir sie und die Paßhöhe. Als ich das mächtige Tor durchschritt, fuhr mir der scharfe Wind aus der Mongolei entgegen und warf mich fast um. Auf der Mauer, auf die ich kletterte, hat sich in zweiundvierzig Jahren nichts verändert, nur Mao-Zitate gibt es auch hier.

Bei der Rückkehr nach Peking gab mir der Hoteldiener einen Umschlag mit einer Miene, als überreiche er mir ein Staatsdokument. In gewisser Weise war es eines. Es trug das Staatswappen der Volksrepublik China und enthielt die Einladung zu einem Bankett. Unterschrift: Tschou En-lai, Ministerpräsident.

Zu Gast bei Tschou En-lai

Das Bankett in der Großen Volkshalle gab die Regierung der Volksrepublik China zu Ehren des Prinzen Sihanouk anläßlich des einjährigen Bestehens seiner neuen Regierung, die er – nach dem Staatsstreich in Kambodscha – in Peking gebildet hatte.

Mit der Einladung erhielt ich die Nachricht, wenn ich wolle, könne ich das Bankett filmen; Radio Peking sei bereit, mir eine Kamera-Mannschaft zur Verfügung zu stellen. Ich nahm dankend an, und schon nach einer Stunde waren die Fernsehleute bei mir im Hotel, um die Einzelheiten zu besprechen. Ich sagte ihnen, mir liege daran, die Gesamtatmosphäre des Banketts und die Hauptakteure, die Gastgeber und kambodschanischen Gäste, ins Bild zu bekommen. Vor allem bäte ich, die Mitglieder des Politbüros aufzunehmen, und zwar nicht mit Fotografier-Gesichtern, sondern möglichst ungezwungen, beim Plaudern oder Essen. Die Männer nickten verständnisvoll und erfüllten meinen Wunsch genau. (Der Streifen ist später im Zweiten Deutschen Fernsehen gezeigt worden.)

Vierzehn Tage darauf erhielt ich eine zweite Einladung in die Große Volkshalle. Diesmal war das Zentralkomitee der Kommunistischen Partei Chinas der Gastgeber. Anlaß: der Besuch hoher Gäste aus Nordvietnam (darunter Parteichef Le Duan), Südvietnam und Laos. Dieser zweite Empfang bot jedoch kein wesentlich anderes Bild als der erste und hatte auch eine ähnliche Besetzung. Die Große Volkshalle bedeckt ein Areal von fünf Hektar. Der von den Gästen benützte Eingang liegt nach Norden. Eine breite Freitreppe führt in die Vorhalle mit Säulen und Marmorboden; hier könnten allein einige tausend Menschen untergebracht werden. Auch die Garderoben befinden sich hier. Über eine zweite, mit roten Teppichen belegte Treppe gelangt man in das Hauptgeschoß. Beim Emporsteigen hat man ein riesiges Gemälde vor sich, das einen Sonnenaufgang über dem Gebirge zeigt; es ist 1959 entstanden. Als Motto trägt es die Worte aus einem Mao-Gedicht: »Wie schön ist die Landschaft unseres Vaterlandes!« Farbdrucke eben dieses Bildes zieren die Wände unzähliger Empfangsräume und Amtsstuben.

Direkt über der Vorhalle liegt dann der aus vielen Pressefotos bekannte Festsaal. Die Bühne an der Südseite war schon mit Mikrofonen bestückt. Vor der Bühne ein langer Tisch mit zweiundzwanzig Gedecken, alle mit der Richtung zum Saal hin aufgelegt, damit jedermann Prominenz und Ehrengäste auch richtig zu sehen bekam. Ihnen gegenüber standen einige gepolsterte Hocker – für die Dolmetscher, wie sich herausstellte.

Um mir die Tischkarten am Ehrentisch in Ruhe anzusehen, war ich mit dem Dolmetscher etwas früher gekommen. Mit Ausnahme von Mao natürlich und auch Lin Piao, der kaum je ausgeht, war die erste Garnitur der chinesischen Führung stark vertreten, jedenfalls soweit sie in diesen Monaten öffentlich in Erscheinung trat (also nicht Tschen Po-ta und auch nicht Kang Scheng, die beiden Politbüro-Mitglieder, die sich in der Kulturrevolution als besonders radikal erwiesen hatten).

Im Saal standen insgesamt 34 Tische; meiner trug die Nummer 6. Links von meiner Tischkarte lag die Kang Mao-tschaos, des bei Sihanouk akkreditierten Botschafters der Volksrepublik China, der nach dem Staatsstreich in Kambodscha dem Prinzen nach Peking folgte und dort in gleicher Funktion tätig ist. Rechts von mir fand ich den Namen eines Leitartiklers der Pekinger ›Volkszeitung‹, die in China die Rolle spielt wie in Rußland die ›Prawda‹. Am Tisch saßen noch der Verkehrsminister Yang Tschie und der General, der die Leitung des in China von der Armee betreuten Sportwesens innehat.

Inzwischen hatte sich der Saal gefüllt. Es waren an die vierhundert Menschen, viele in Uniform; sie behielten in der Regel für die ganze Dauer des Banketts ihre Mützen auf dem Kopf. Unter den Ausländern zahlreiche Kambodschaner, dazu die Vertreter der Staaten, die Sihanouk nach wie vor als Staatschef anerkennen (heute 24), sowie einiger Länder, die zwar ihre Botschaften in Phnom Penh gelassen haben, aber zu Sihanouk freundliche Beziehungen unterhalten, darunter Frankreich.

Unter den Klängen einer starken Militärkapelle, die an der Nordseite des Saales saß, betraten dann, von den Gästen stehend begrüßt, die Hauptpersonen den Raum, voran Tschou En-lai mit Sihanouk, und nahmen am Ehrentisch Platz. Aber kaum saßen sie, mußten sie sich wieder erheben, um stehend sechs hintereinander gespielte Nationalhymnen anzuhören, die kambodschanische und die chinesische sowie die Nordkoreas, Nordvietnams, Südvietnams (Befreiungsfront) und von Laos.

Während der ganzen Zeit hatte ich Gelegenheit, die Hauptakteure aus der Nähe zu beobachten. Auf Prinz Sihanouk werde ich noch zurückkommen. Tschou En-lai sah ich zum dritten Mal; früher war ich ihm auf der Genfer Konferenz von 1954 und bei meinem Aufenthalt in Peking 1957 begegnet, auf einem Empfang im Peking-Hotel anläßlich des polnischen Nationaltages. Er ist gealtert, kein Wunder nach den besonders anstrengenden letzten dreizehn Jahren, die 1958 mit dem Großen Sprung eingesetzt und seine Nerven wohl noch mehr als die der meisten Chinesen strapaziert haben; doch sieht er nicht älter aus, als es seinen 72 Jahren entspricht. Er trug einen grauen Anzug mit der hochgeschlossenen Mao-Jacke. Im Vergleich zu den mehr bäuerlichen Gesichtern der an seinem Tisch sitzenden Militärs sind seine Züge schärfer geprägt, geistiger. Manchmal schienen seine Gedanken weit weg zu sein. Die Arbeitslast ist ungeheuer. Mit welch zahllosen Kleinigkeiten sich dieser Mann befaßt, mag man daraus ersehen, daß dreimal Fragen, die meinen Besuch betrafen, ihm selbst vorgelegt wurden. In seinen Augen brennt keine Flamme, sie schauen klug drein, fast weise, und – vielleicht bildete ich mir das auch nur ein – eine Spur skeptisch. Ein Volkstribun ist er nicht, aber ein Staatsmann, sicher einer der bedeutendsten unserer Zeit. Seine Rede später war ohne jede Rhetorik; er las sie ab. Manchmal hob und verstärkte er die Stimme, routinemäßig; es war das Signal zum Klatschen.

Außer Tschou En-lai saßen noch zehn Mitglieder bzw. stellvertretende Mitglieder des Politbüros am Tisch, unter ihnen nur ein einziger reiner Zivilist – Yao Wen-yüan, einer der Männer mit der steilsten politischen Karriere der letzten Jahre, die er seiner Feder und Linientreue verdankt. Rückblickend wissen wir, daß er schon in den fünfziger Jahren publizistisch in Erscheinung getreten ist, schon damals übrigens als gestrenger Kritiker ideologischer Abweichler.

Aber sein eigentlicher Aufstieg begann im November 1965 mit einem Aufsatz in einer Schanghaier Zeitung, der zunächst wie eine fachgebundene, nämlich literarisch-historische Polemik aussah, wenige Monate später aber als ein Startsignal für die Kulturrevolution zu erkennen war. Zusammen mit Maos Frau und einigen wenigen anderen gelangte er in den inneren Führungskern der Kulturrevolution. Seine Aufsätze haben noch mehrere Male wichtige Wendepunkte der Politik markiert, so die Übernahme des Erziehungswesens durch die Arbeiter im Sommer 1968; auch ist er einer der Parteisekretäre Schanghais, der größten Stadt des Landes. Auf einem häufig abgedruckten Foto vom Parteitag 1969 sah man ihn bei der Stimmabgabe an neunter Stelle hinter Mao. Sein ungewöhnlich rascher Aufstieg zum – heute vermutlich jüngsten – Vollmitglied des Politbüros trug ihm im Ausland sogar den – in China selbst stets entschieden dementierten – Ruf ein, Maos Schwiegersohn zu sein.

Auf den ersten Blick hätte ich übrigens in Yao nicht den Mann des Geistes vermutet; es war lehrreich, den Neu-Intellektuellen der Mao-Schule neben dem achtzigjährigen Alt-Intellektuellen Kuo Mo-jo zu sehen, der ebenfalls am Ehrentisch saß. Absolvent der Kaiserlichen Universität zu Tokio, wo er den Doktorgrad erwarb, Historiker, gefeierter Literat, Präsident der Akademie der Wissenschaften in Peking seit deren Gründung im Jahr 1949, aber auch – seit 1954 – Stellvertretender Präsident des Nationalen Volkskongresses, der einzige Intellektuelle der alten Schule in der Führungsspitze, freilich nicht im Politbüro.

Von den Politbüro-Mitgliedern am Tisch trugen außer Tschou En-lai und Yao noch zwei Zivil. Doch der eine, ein Mann mit harten Zügen, ist Soldat seit frühester Jugend (und seit 1924 Mitglied der Partei), Marschall Ye Tschien-ying, heute einer der Vorsitzenden des mächtigen Militärausschusses im Zentralkomitee der Partei. Der andere, Li Tsien-nien, hat gleichfalls als Soldat begonnen, sich aber später der Verwaltung und der Wirtschaft zugewandt und dürfte heute – er bekleidet das Amt seit 1954 – der am längsten amtierende Finanzminister der Welt sein; außerdem ist er, der in seinem Auftreten an Tschou En-lai erinnert, Stellvertretender Ministerpräsident und hat zudem in der letzten Zeit auch vielfach die Funktion eines Außenministers ausgeübt.

Der erste Mann unter den aktiven Soldaten war Huang Yung-scheng, seit 1968 Chef des Generalstabs. Auch er sah – wie Yao Wen-yüan – anders aus, als ich ihn mir vorgestellt hatte: Nach seinem Lebenslauf ist der 1908 geborene General ein von der Pike auf gedienter Soldat mit einer nur bescheidenen Schulbildung, doch hat er den Kopf eines Generalstäblers. Die meiste Zeit saß er ernst und zurückhaltend auf seinem Ehrenplatz neben dem lebhaften Prinzen, nur einmal gewann ihm seine schöne Nachbarin zur Rechten, die Prinzessin, ein geradezu jugendliches Lächeln ab.

Die übrigen dem Politbüro angehörenden Militärs waren die drei Stellvertretenden Stabschefs Wu Fa-hsien (von der Luftwaffe, früher Politkommissar), Li Tso-peng (von der Marine) und Tschiu Hui-Tso (Chef des Nachschubwesens), ferner die

Generäle Li Te-scheng und Tschi Teng-kuei (Oberbefehlshaber und Provinzchefs in Anhui bzw. Honan) und Wang Tung-hsing, der in den fünfziger Jahren Chef von Maos Leibwache war und später Aufgaben im Sicherheitsdienst übernahm.

Das militärische Element dominierte also eindeutig an diesem Tisch – wie im Politbüro insgesamt, auch in den Zentralbehörden der Provinzen.

Die vielen Gänge des Menüs brachten kalte Vorspeisen, zahlreiche warme Gerichte, darunter den hochgeschätzten Mandarin-Fisch, und ein mir bislang unbekanntes, sehr delikates Gemüse, das man mir als »Senfherz« verdolmetschte, als Nachspeise den »Reis mit den sieben Schätzen« (Rosinen und ähnlichen Zutaten) und Obst. Zum Trinken gab es einen süßlichen Rotwein in kleinen Gläsern und den hochprozentigen Maotai.

In China ist Alkohol nie im Übermaß genossen worden, jetzt trinkt man noch weniger. So kam es, daß ich, der ich ein höchst mäßiger Trinker bin, bald in den Ruf außerordentlicher Trinkfestigkeit geriet. Botschafter Kang, mit dem ich schon einmal bei einem Essen am gleichen Tisch gesessen hatte, berichtete über meine »erstaunliche Kapazität«, und es blieb mir nun nichts anderes übrig, als meinem neuerworbenen Ruf Ehre zu machen und bei jedem Toast, wenn die anderen nur an ihrem Rotwein nippten, zum aufmunternden Kanpei, Kanpei! (Austrinken!) ein Glas Maotai zu kippen und dieses dann – nach chinesischer Sitte den Tischgenossen zugewandt – umzudrehen, um auf die Weise zu beweisen, daß es auch wirklich leer war.

Mit dem Botschafter war die Unterhaltung sehr leicht, wir hatten eine Anzahl gemeinsamer Freunde in Phnom Penh und auch in Belgrad, wo er Geschäftsträger gewesen war; er war es auch, der mir erzählte, daß das Außenministerium eine eigene 7. Mai-Schule in der südlichen Provinz Kiangsi unterhalte, und daß er hoffe, eines Tages als Schüler dorthin zu gehen.

Der Zeitungsmann war unjournalistisch schweigsam. Der sportgewaltige General war sichtlich enttäuscht, daß ich mich auf dem Gebiet des Tischtennis als wenig sachkundig erwies und nicht einmal den Namen der deutschen Stadt wußte, wo vor Jahren die Tischtennis-Weltmeisterschaften ausgetragen worden waren. Sollte er etwas von der bevorstehenden Pingpong-Diplomatie gewußt haben, so ließ er jedenfalls nichts davon merken. Mit dem Verkehrsminister tat ich mich im Gespräch leichter nach den Erfahrungen, die ich mit seiner Eisenbahn schon gemacht hatte.

Als wir halb durch das Menü waren, kamen die Reden Tschou En-lais und Sihanouks. Der rührige Stab des Prinzen hatte je eine chinesische, französische und englische Fassung vervielfältigt, außerdem wurden sie Absatz für Absatz von einem Dolmetscher übersetzt, die Tschous ins Französische, die des Prinzen ins Chinesische. Wie in früheren Verlautbarungen bekannte sich Tschou En-lai zur Unterstützung des einzigen legalen Staatschefs von Kambodscha. Es sei richtig, sagte er weiter, daß der Prinz den Kampf seines Volkes von Peking aus leite. Unter Sihanouks engen Bindungen an China hob er das von diesem in den sechziger Jahren gedichtete und komponierte Lied ›Sehnsucht nach China‹ hervor, das, wie Tschou sagte, heute in ganz China populär sei (was ich im Laufe meiner Reise bestätigt fand); später wurde es von der Militärkapelle intoniert, eine charmante, ein wenig melancholische Melodie mit kambodschanischen und chinesischen Anklängen, angenehm auch für das westliche Ohr.

Der Prinz hielt seine Rede mit dem bei ihm gewohnten Elan. Er dankte China für die großartige Hilfe und schilderte dann die Erfolge des Kampfes in Kambodscha, wobei er, wie er es gerne macht, westliche Presseorgane als Kronzeugen zitierte. Unter anderem brachte er eine längere Passage aus einem Bericht des dpa-Korrespondenten Joachim Bargmann aus Hongkong. Die Zitate dienten ihm als Beweis für die Beteiligung kambodschanischer Guerillas am Kampf gegen die Truppen Lon Nols und der Südvietnamer.

Um 21.15 Uhr erhoben sich Gast und Gastgeber. Die Ehrengäste verließen als erste den Saal, die anderen folgten, hinaus in eine kalte und klare Vorfrühlingsnacht, auf den Platz vor dem Tor zum Himmlischen Frieden.

Der einzige Ausländer

Überall wohin ich kam, machte ich – von Peking und Schanghai abgesehen – dieselbe Erfahrung: Stets war ich der einzige Ausländer. Einmal ging ich, um die Menschen in ihrer Freizeit zu sehen, in den Zoo; es war in Nanking. Der Zoo liegt auf einer Insel in einem weiten See und ist über eine Brücke zu erreichen. Sein Stolz sind ein riesiger Panda aus dem Himalaya und ein Schwarm possierlicher Affen. Aber an diesem Nachmittag hatten die Affen und der Panda Ruhe, denn nicht sie waren die Attraktion, sondern ich. Immer wieder mußte ich lachen, wenn sich die Menschen bei meinem Näherkommen verblüfft von den Käfigen lösten und statt der Affen mich anstarrten.

Rund fünftausend Kilometer bin ich mit Bahn und Auto durch China gefahren, ohne einen einzigen Ausländer zu sehen. Selbst 1957 war das anders. Damals lebten noch Tausende von Sowjetberatern mit Familien im Lande, auf die ich in der Bahn oder in den Hotels ständig stieß; erst recht war vor der Errichtung der Volksrepublik der Ausländer nichts Außergewöhnliches. Tausende von Kaufleuten bereisten damals das Land und brachten Waren aller Art zu den ›Vierhundert Millionen Kunden‹, darunter ›Öl für die Lampen Chinas‹, um an die Titel zweier westlicher Bestseller jener Zeit zu erinnern. Generationen von Missionaren, europäischen und amerikanischen, gelangten bis ins tiefste Innere, oft mit großen Familien.

Im Zeitalter der Touristik gibt es auf der Erde kein unzugängliches Land – außer China. In China kam ich mir so auffällig vor wie ein Kahlkopf unter den Beatles, wie ein Nackter unter Bekleideten. Nirgends kam mir das so zum Bewußtsein wie in Schanghai. Die dortige Nanking Road war schon immer und ist auch heute noch die Ladenstraße Chinas mit den größten und besten Geschäften. Von früh bis spät wimmelt es hier von Menschen. Es gibt nur wenige Autos, und so gehört die Straße ganz den Fußgängern – und den Radfahrern.

Früher war Schanghai eine kosmopolitische Stadt. Auf dem – in den Yangtse mündenden – Huangpu lagen zahlreiche Schiffe aus aller Welt, deren Besatzungen sich laut bemerkbar machten. Außerdem lebten hier ständig fünfzigtausend Ausländer, über die Hälfte davon Russen, Weißrussen, die einst vor den Roten nach China geflohen waren und sich in China niedergelassen hatten, in Harbin vor allem und in Schanghai. Es gab eine »Französische Konzession«, wo die Straßen französische Namen trugen (wir wohnten damals in der »Avenue Joffre«), und eine Internationale Niederlassung, es gab viele ausländische Schulen (die deutsche hieß bis 1945 Kaiser-Wilhelm-Schule), Krankenhäuser, Theater, Kinos, Klubs (darunter zwei deutsche), Banken, sogar Rundfunksender und Zeitungen (die deutsche: ›Ostasiatischer Lloyd‹) und natürlich Geschäfte, eine ausgezeichnete deutsche Apotheke darunter.

Man hätte damals keine Stadt der Welt nennen können, in der ein Ausländer weniger auffiel; kein Mensch drehte sich nach ihm um, schon gar nicht auf der Nanking Road oder auf der Prachtstraße am Huangpu-Kai, dem Bund.

Das ist jetzt völlig anders. Auf dem Bund zogen mir die Menschen scharenweise nach, die Jungen drängten sich vor, um den Fremden besser sehen zu können, und manches Kind griff erschrocken nach der Hand der Mutter. Zweimal wurde ich gefragt, ob man mich fotografieren dürfe (man durfte). In den Läden der Nanking Road bildete sich, wohin ich kam, gleich ein Kreis von Schaulustigen, die ihre eigenen Einkäufe vergaßen, um mich bei den meinen zu beobachten. Einmal, als ich durch eines der großen Warenhäuser ging, um Preise zu notieren (es steht schon seit Jahrzehnten am gleichen Platz), sah ich ein Paar Schuhe ausgestellt, die mir gefielen; sie waren vorn breit, und ich habe einen breiten Fuß. Der Preis stand daneben: 18,70 Yüan. Ich bat, mir meine Größe zu zeigen.

Meine chinesischen Begleiter versuchten, mich zurückzuhalten. »Wenn Sie Schuhe kaufen wollen«, sagten sie, »tun Sie das im Freundschaftsladen, der ist speziell für Ausländer eingerichtet, dort können Sie sich in aller Ruhe statt in diesem Gedränge Schuhe aussuchen. Sie finden dort auch besondere Export-Qualität.«

Aber ich ließ mich nicht beirren. »Exportschuhe sind für mich uninteressant. Ich möchte Schuhe aus dem Warenhaus, Schuhe, wie auch Sie sie kaufen. Übrigens sehen diese gut aus, ich glaube nicht, daß sich Ihre Schuhindustrie mit ihnen blamieren wird.«

Also ließen sie mich gewähren. Ich bekam ein Paar in meiner Größe gebracht und schaute mich nach einer Sitzgelegenheit um, wo ich sie anprobieren könnte. Die einzige nahe Bank war von chinesischen Käufern besetzt, aber kaum erkannten diese meinen suchenden Blick, da stoben sie auch schon auf und stellten sich in den Kreis der Schaulustigen. Da war nun auch wirklich etwas geboten: Ein Europäer! Der im chinesischen Warenhaus Schuhe kauft! Der sie anprobiert! Und was dem Ganzen die Krone aufsetzte: Der sie dann gleich anbehält (sie saßen nämlich tadellos, und ich habe sie seither viel getragen). Gerade weil Schanghai früher eine Stadt der Fremden war, fiel mir hier besonders auf, wie sehr heute dort der Fremde als Sensation empfunden wird.

Im gleichen Warenhaus hatte ich noch etwas zu tun. In der Schanghaier Industrieausstellung, von der noch zu sprechen sein wird, hatte ich einen Kleinmotor für 130 Yüan gesehen, der sich mit wenigen Handgriffen an ein Fahrrad montieren läßt.

»Habt ihr das nur auf der Ausstellung oder auch schon auf dem Markt?« hatte ich gefragt.

»Diesen kleinen Hilfsmotor kann man kaufen, zu dem hier genannten Preis.«

»Wo?« wollte ich wissen.

»In den großen Warenhäusern.«

Nun bestand ich darauf, ihn zu sehen. Maschinen seien im Untergeschoß, hieß es. Und tatsächlich, da standen in Reih und Glied Fahrräder und auch die Hilfsmotoren, zu 130 Yüan das Stück.

»Werden die auch gekauft?« erkundigte ich mich.

»Bis jetzt wenig, aber wir haben sie auch noch nicht lange.«

Ich fragte meine Begleiter, ob sie schon jemand mit einem solchen Motor am Fahrrad gesehen hätten. Sie verneinten.

»Und wenn ihn sich einer für sein Fahrrad kauft, woher bekommt er dann sein Benzin?« wollte ich weiter wissen.

Begleiter und Verkäufer waren ratlos. Alle wußten, wo man Benzin für Dienstwagen bekommt, aber sie kannten keine öffentliche Tankstelle und auch keinen Menschen, den man hätte fragen können, der also einen privaten Wagen oder ein privates Motorrad besäße. Einer hatte eine Idee:

»Einmal im Jahr zerlege ich mein Fahrrad und wasche die Teile in Kerosin, ehe ich sie wieder zusammensetze. Ich weiß einen Laden, wo ich mir jeweils eine Flasche Kerosin kaufe. Vielleicht könnte man da auch das Benzin für den Hilfsmotor bekommen?« Die Motorisierung ist offensichtlich Chinas Problem nicht.

Als ich 1941 aus Amerika nach Schanghai kam, hatte ich mir für die ersten Tage, bis ich eine Wohnung fand, ein Zimmer in einem Hotel am Bund genommen. Dreißig Jahre später wollte es der Zufall, daß mich das chinesische Reisebüro im gleichen Hotel unterbrachte, das jetzt freilich Friedens-Hotel heißt. Ein Ausländerhotel ist es immer noch, und da es kaum Ausländer gab, war es so gut wie leer. Abgesehen vom Restaurant im achten Stock war nur ein einziger Stock, der fünfte, in Benützung, aber auch das ist stark übertrieben, denn außer mir und meinen Begleitern wohnte in den rund fünfzig Zimmern des Stockwerks nur ein knappes Dutzend Gäste – die Besatzung eines pakistanischen Flugzeugs (es gibt eine Fluglinie Karatschi–Schanghai), ein albanisches Ehepaar, vier hochgestellte Koreaner und ein gestrandeter Seemann von einem griechischen Schiff.

Der Seemann hatte sich das Bein gebrochen, hatte eine Weile im Krankenhaus gelegen und wartete nun im Hotel auf seine volle Genesung. Er langweilte sich grenzenlos in seiner Einsamkeit und erzählte mir bei den Mahlzeiten von seinen Nöten. Um sich die Zeit zu vertreiben, hatte er fotografieren wollen. Gleich habe ihm eine wütende Menge den Apparat aus der Hand gewunden, den Film herausgerissen und ihn selbst auf die Polizei gebracht. Erst nach zwei Stunden sei er wieder freigekommen. »Nie mehr Foto!« sagte er emphatisch. Und auch sonst sei in Schanghai für einen Ausländer nichts los. »Viele Mädchen«, erklärte er mir, »aber nix . . .« Das von ihm gebrauchte Wort machte deutlich, was nix war. Auf der Reeperbahn sei das eine andere Sache.

In einem Land, in dem der Fremde ein Phänomen von äußerster Seltenheit ist, verliert die mir seither oft gestellte Frage »Konnten Sie sich in China frei bewegen?« ihren Sinn. Es lag einfach an meinem Äußeren, daß ich keinen Schritt tun konnte, ohne daß mir hundert oder tausend Augen folgten. In der Sowjetunion steht es einem jeden unter den Hunderttausenden von ausländischen Touristen frei, ob er durch Kleidung und Gebaren auffallen will oder nicht. In China hat er keine Wahl – er tut es in jedem Fall.

Während sich dort die Bevölkerung dem Fremden gegenüber recht differenziert verhält, bis zu dem Punkt, wo der oder jener Russe von ihm Hemden oder Beatplatten kaufen oder auch Westgeld einwechseln will, entsteht in China alsbald ein Solidarisierungseffekt; nicht mehr als Feindseligkeit wie in den Jahren der Kulturrevolution, sondern als spontane Reaktion: Achtung, ein Fremder!

Unter diesen Umständen wäre es reine Illusion, zu meinen, man könne in China in die Massen eintauchen und ihren Puls fühlen, was in der Sowjetunion durchaus möglich ist. Es wäre daher sinnlos, sich dem Geleit des Reisedienstes entziehen zu wollen. Wäre ich nicht überall mit Begleitern aufgetreten, wäre ich noch mehr aufgefallen und hätte mich ständig ausweisen müssen, was meine Begleiter sehr viel einfacher für mich besorgten.

Während der Reisen hatte ich (abgesehen von der Fahrt Kanton–Peking) bis zu fünf oder sechs Begleiter bei mir, mindestens aber zwei: den Dolmetscher Li Tsching-ping und den jungen Diplomaten Tao Hsiang-tschen. Als erster meldete sich Herr Li. »Ich bin Ihr Dolmetscher und komme vom China-Reisedienst«, stellte er sich vor. Obgleich er in Peking wohnte, siedelte er in ein Zimmer auf demselben Stockwerk meines Hotels über und stand nun Tag und Nacht zur Verfügung. Einen Tag später zog Herr Tao zu ihm, ursprünglich Geschichtslehrer, jetzt – in unserem Sprachgebrauch – Attaché im Außenministerium. Herr Li sprach sehr gut Englisch, Herr Tao recht gut Deutsch. Die Abwicklung des Programms, vor allem der Reisen und Besichtigungen, lag in erster Linie in der Hand des Herrn Li. Viele Stunden verbrachte er am Telefon, damit auch wirklich alles klappte, und alles klappte vorzüglich.

Ich wäre durchaus bereit gewesen (hätte es sogar vorgezogen), mit »den Massen« in überfüllten, nachts kaum beleuchteten Waggons zu reisen. Aber Herr Li sorgte stets dafür, daß ich ein Vier-Betten-Abteil im Schlafwagen für mich allein erhielt. Wie er das machte, weiß ich nicht, denn manche Reise wurde kurzfristig angesetzt. Kaum waren wir im Zuge, verhandelte er mit dem Schaffner, der mir dann prompt Tee in einer kleinen Tüte und immer wieder heißes Wasser in der Thermosflasche brachte. Danach verschwand Herr Li im Speisewagen, um über die Mahlzeiten zu verhandeln.

Es erleichterte natürlich allen Beteiligten das Leben, daß ich so gerne chinesisch esse. Den Köchen im Speisewagen schien es ein Vergnügen zu bereiten, einem »fremden Gast« – so wird der ausländische Reisende bezeichnet – ihre Künste vorzuführen. Jedenfalls kochten sie (für meine Begleiter und mich zusammen) jeweils ein eigenes Menü, so daß ich in den Zügen besonders gut zu essen bekam, meist besser als in den Hotels, die für größere Kundschaft zu kochen hatten.

Hätte ich mir meine Reisebegleiter selbst ausgewählt, ich hätte keine besser geeigneten und persönlich angenehmeren finden können. Beide stellten sich völlig auf mich und meinen Arbeitsrhythmus ein. Sie verstanden rasch, daß ich jede Minute als kostbar und unwiederbringlich ansah, daß ich in der knappen Zeit soviel wie nur irgend möglich sehen wollte, daß ich meine Besichtigungen lieber zu Fuß als im Auto machte und nach einer jeden das Bedürfnis hatte, ein paar Stunden an der Schreibmaschine zu sitzen. Sie zogen sich dann still zurück, waren aber sofort wieder da, sobald ich sie brauchte, etwa wenn es galt, bei der Niederschrift eine Erinnerungslücke in gemeinsamer Gedächtnisanstrengung auszufüllen.

Herr Li hat alle Fragen übersetzt, die ich den Gesprächspartnern vorlegen wollte, auch wenn sie ihm manchmal nicht behagten, etwa wenn ich fragte: Sind Sie in der Kommunistischen Partei? Seit wann? Oder wenn ich mich bei Frauen nach ihrem Alter erkundigte. Aber er zögerte nie; er sah wohl auch, daß meine Neugier immer sachlich begründet war.

Beide Begleiter waren gebildete Leute, beide hatten eine Vorstellung von der Außenwelt, auch wenn sie sie nicht bereist hatten, und das bei beiden vorhandene Vertrautsein mit den Lehren Maos leistete mir ebenso gute Dienste wie die besonderen Geschichtskenntnisse des Herrn Tao. Sie waren auch souverän genug, mir nicht ständig Propagandareden zu halten; sie verstanden, daß ich gekommen war, um mich mit eigenen Augen zu informieren, nicht um bekehrt zu werden. Arbeitsstunden kannten sie nicht; sie waren »immer im Dienst«. Wären sie umständlich oder stur gewesen, ich hätte kaum die Hälfte sehen und hören können.

Für Aufenthalt und Reisekosten zusammen wurde mit dem Reisedienst ein Pauschalpreis vereinbart. Das war mir sehr recht, denn so brauchte nicht über jedes Essen und jede Autofahrt einzeln abgerechnet zu werden. Herr Li freilich mußte genau Buch führen; am Ende jeder Reise hatte er eine ganze Buchhaltung aufgebaut. Ich nannte die Art der Bezahlung die Dadschai-Methode. Im Dorf Dadschai erhält nämlich, wie unten näher dargelegt wird, jeder Bauer einen festen Tageslohn, wobei vorausgesetzt wird, daß er dafür sein Bestes leistet. So sagte auch ich: Ich zahle Ihnen diesen festen Betrag und unterstelle, daß Sie mir dafür die bestmöglichen Beobachtungsbedingungen schaffen. Das hat sich bewährt. (Der Klarheit halber sei vermerkt, daß ich, wie in früheren Fällen, auch diese jüngste Asienreise selbst finanzierte.)

Als ich nach Peking kam, wußte ich mit Sicherheit eines: ich werde den Prinzen Sihanouk sehen und mit ihm ein Fernsehinterview machen. Würde man mir danach die Heimreise nahelegen? Oder würde ich noch einige Tage länger bleiben können? Nur in der Stadt Peking? Oder könnte ich auch Ausflüge in ihre nähere Umgebung machen? Oder gar Reisen in andere Provinzen?

Für alle Fälle hatte ich in Peking gleich dem Reisedienst eine Wunschliste vorgelegt, die das Maximum meiner Wünsche enthielt. Man nahm sie schweigend zur Kenntnis, und ich hatte keine Ahnung, wie man sich entscheiden würde. Nur ein einziges Mal, schon gegen Ende meines Peking-Aufenthaltes, sah ich einen der leitenden Herren des Reisedienstes; im übrigen geschah alles – für mich unsichtbar – hinter den Kulissen.

Anfangs hatte ich das noch nicht begriffen; ich meinte, man würde mit mir, wenn überhaupt, einen langfristigen Plan besprechen. Unbefangen hatte ich daher Einladungen zu Mahlzeiten verschiedener Botschafter angenommen. Nur eine einzige konnte ich einhalten. Denn wenn ich mich eben auf den Weg machen wollte, erschien Herr Li und sagte: »Jetzt fahren wir dort und dort hin«, und ich mußte schleunigst abtelefonieren. Später habe ich einfach keine Einladungen mehr angenommen, weil mir das kurzfristige Absagen allzu peinlich war.

Die größte Peinlichkeit freilich kam erst an meinem letzten Abend in Peking. Um meine Unhöflichkeiten ein wenig gutzumachen, hatte ich einige der westlichen Diplomaten zu einem Peking-Enten-Essen in das dafür bekannteste Restaurant in der Südstadt gebeten. Zwei Stunden vorher erhielt ich jene zweite Einladung zum Bankett bei Tschou En-lai in der Großen Volkshalle. Es fiel mir schwer, meine Gäste telefonisch wieder auszuladen, doch diese bekundeten bei einer solchen Seltenheit wie einer Einladung des Zentralkomitees der Partei ihr volles Verständnis – eine Nachsicht, für die ich heute noch dankbar bin.

Auch ich selbst bekam manchmal erst später Aufschluß über die Gründe plötzlicher Änderungen der Reisedispositionen. Eines Tages sagte Herr Li: »Heute abend fahren wir nach Nanking und dann weiter nach Schanghai und Hangtschou.« Ich war hocherfreut, packte meine Siebensachen und sagte eine Abendeinladung ab. Am Nachmittag berichtete Herr Li, wir würden doch nicht fahren. Obgleich er mein enttäuschtes Gesicht sah, gab er mir keine Erklärung (möglicherweise wußte er selbst sie auch nicht). Während wir in den nächsten drei Tagen andere Besichtigungsfahrten unternahmen, zerbrach ich mir immer wieder den Kopf über die Gründe dieser Programmänderung – bis ich die Einladung zum ersten Bankett in der Großen Volkshalle und bei der Gelegenheit auch die Mitteilung bekam, man habe vor ein paar Tagen den Plan der Reise nach Süden abgeändert, um mir die Möglichkeit zur Teilnahme an diesem Bankett zu geben. (Die Reise wurde zu einem späteren Zeitpunkt nachgeholt.)

Allein diese eine Programmänderung muß eine Menge von Telefonaten und Telegrammen ausgelöst haben, denn jede Reise war stets auf das genaueste vorbereitet. Immer wurde ein großer Apparat in Bewegung gesetzt. Traf ich irgendwo ein, in Sian zum Beispiel oder in Schanghai, dann standen schon örtliche Vertreter am Bahnhof, immer mit zwei Autos, obgleich mir eines durchaus genügt hätte. In den Fabriken, Dorfbrigaden, Schulen usw. wurde ich am Tor von den jeweiligen Vorsitzenden der Revolutionsausschüsse oder ihren Stellvertretern und anderen »verantwortlichen Personen« begrüßt. Im Empfangsraum war schon der heiße Tee bereit. Theaterkarten, Mahlzeiten, Filmvorführungen – alles ging wie am Schnürchen, es gab in der ganzen Zeit nicht eine einzige Panne.

Insgesamt sind gewiß Hunderte von Menschen für mich in Bewegung gesetzt worden. Das Ausmaß der Mühe, die man sich mit einem Einzelreisenden machte, und das Privileg, erste Schwalbe eines vielleicht doch bevorstehenden Sommers zu sein, kam mir in Dadschai besonders zum Bewußtsein. Es war die Zeit intensiver Frühjahrsarbeit, außerdem mußten an dem Tag Tausende von Besuchern aus ganz China, die von Dadschai lernen wollten, durchgeschleust werden. Aber von morgens um vier bis nach Mitternacht waren die beiden Stellvertretenden Vorsitzenden des Revolutionsausschusses nur für mich da.

Derartiges wird man, wenn mehr Reisende kommen, nicht durchhalten können. Etwas besorgt schauten die Herren vom Reisedienst in den einzelnen Städten drein, wenn ich ihnen (ohne zu ahnen, daß wenig später die Pingpong-Diplomatie ausbrechen würde) im Hinblick auf die Zukunft sagte: Eines Tages würden sie nicht einen »fremden Gast« zu betreuen haben, sondern Tausende, vielleicht Hunderttausende. Sie konnten sich das offensichtlich nicht vorstellen.

Nur in zwei Städten wird der Ausländer nicht allgemein bestaunt: in Kanton, wo zweimal im Jahr Tausende von ausländischen Messebesuchern auftauchen, und in Peking mit seiner Diplomatenkolonie. Diese führte schon immer – vor allem aber während der Kulturrevolution – ein Ghetto-Dasein. Wie einst im alten Gesandtschaftsviertel der Kaiserstadt, ist man auch heute in einer anderen Welt, wenn man in den Diplomatenvorort Sanlitun kommt. Alle neu zuziehenden Botschaften erhalten nur dort Baugelände, wenn es auch noch ein paar Diplomatenhäuser näher an der Stadt gibt. Die Grundstücke sind ummauert und haben chinesische Posten am Tor. Wohn- und Diensträume sind meist unter einem Dach. Der Garten dient bei entsprechendem Wetter für Empfänge.

Den wenigen ausländischen Diplomaten, die ich besuchen konnte, verdanke ich interessante Gespräche. Es sind nachdenkliche Beobachter unter ihnen, die etwas zu sagen haben. Von ihnen erfuhr ich, das Auslaufen der Kulturrevolution habe sich auch darin ausgewirkt, daß die Beziehungen zu chinesischen Diplomaten etwas persönlicher geworden sind. Vor allem seit dem Herbst 1970 seien die Gespräche mit ihnen freier geworden, einige hätten auch schon Einladungen zum Diner angenommen, wobei sie jeweils als Gruppe erschienen. Als bemerkenswerte Lockerung galt, daß die vier skandinavischen Repräsentanten (einschließlich Finnlands also) die Genehmigung zu einer Reise nach Nanking und Hangtschou erhalten hatten. Sie – mit ihren Damen – und zwei schwedische Botschaftssekretärinnen, die ich in Hangtschou traf, waren die einzigen Ausländer, die ich außerhalb der Großstädte überhaupt zu sehen bekam.

Das enge Zusammenleben in Sanlitun führt dazu, daß alle Neuigkeiten sehr schnell die Runde machen – weit schneller als in einem Dorf, das die Einrichtung der Cocktail-Party nicht kennt. So war man auch stets genau über alle meine Unternehmungen informiert. Obgleich ich mich – außer beim Prinzen Sihanouk – in Peking bei niemandem angemeldet hatte, war bei meiner Ankunft alles schon im Bilde, waren doch meine Reisegenossen auf der Fahrt Hongkong–Kanton mit dem Flugzeug längst vorher eingetroffen. Manche waren ein wenig neidisch, daß ein kurzfristig Eingereister weit mehr zu sehen bekam als die seit langem in China lebenden Diplomaten, aber sie ließen es mich nicht entgelten und sahen in den mir gewährten Reisemöglichkeiten Anzeichen einer Lockerung, die eines Tages auch ihnen zugute kommen würde. Und sie hatten recht damit.

Ostblock-Diplomaten habe ich nicht kennengelernt, nur einige Ostblock-Journalisten, auf dem ersten Bankett beim Ministerpräsidenten. Übrigens hat die Sowjetunion – als eine von wenigen Mächten – ihre Botschaft noch innerhalb der ehemaligen Stadtmauern, auf dem schönen und großen Gelände im äußersten Nordosten, auf dem sich einst die orthodoxe

Mission und die russische Kirche befunden hatten. In den Tagen ihrer Freundschaft mit der Volksrepublik hat sie dort eine pompöse Botschaft errichtet. Vor ihrem Tor spielten sich während der Kulturrevolution die heftigen antisowjetischen Demonstrationen ab, in deren Verlauf sie einige Tage von der Außenwelt abgeschnitten war. Damals wurde auch die zur Botschaft führende Straße in »Straße des Antirevisionismus« umgetauft.

Am häufigsten sah ich den italienischen Geschäftsträger und den chilenischen Botschafter; beide hatten noch keine Residenzen und wohnten, wie ich, im Peking-Hotel. Selbst in diesem Repräsentationshotel der Hauptstadt waren nur wenige Zimmer von Ausländern belegt. Im Speisesaal sah ich einen Tisch voll Kubaner, einen anderen mit Nordkoreanern und auch zwei albanischen Herren, von denen der eine mich immer auf deutsch begrüßte.

Die Weltpresse war in der Weltmetropole entschieden unterrepräsentiert; von Journalisten aus Ostblockstaaten abgesehen, waren Pressevertreter nur aus fünf Staaten ständig in Peking, aus der Bundesrepublik (dpa), Frankreich und Jugoslawien, aus Japan und Kanada. Wenn sich Chinesen darüber bei mir beklagten, daß das China-Bild der Weltpresse so falsch sei, sagte ich: »Ihr seid selbst daran schuld. Warum laßt ihr so wenige Journalisten ins Land?«

Noch weit mangelhafter freilich als das China-Bild der übrigen Welt ist die Kenntnis der Chinesen vom Ausland. Presse und Rundfunk befassen sich fast ausschließlich mit inneren Vorgängen. Ein Ereignis wie der XXIV. Parteitag in Moskau wurde in China fast völlig ignoriert. Ich jedenfalls fand – von einem winzigen Kreis in Peking abgesehen – keinen Chinesen, der auch nur wußte, daß er stattfand. Dabei ging er aus vielen Gründen China mindestens soviel an wie den Westen, der sich tagelang ausgiebig mit ihm befaßte.

Da das Rundfunkgerät in meinem Zimmer nicht sehr empfangsstark war (ich erwischte nur manchmal ein paar Fetzen Russisch und gab es dann auf), erfuhr ich von den Vorgängen in der Welt nur, was ich in Sanlitun oder im Peking-Hotel zu hören bekam. Zwar liegen in allen Hotels auf jedem Stockwerk Stöße von Broschüren und Zeitschriften aus (mit dem Vermerk: »Bitte bedienen Sie sich!«), aber es sind durchweg chinesische Erzeugnisse, wie die wöchentlich in vielen Sprachen erscheinende ›Peking Rundschau‹, natürlich völlig auf

China selbst konzentriert, und die anderen Zeitschriften enthalten – zum Teil hervorragend bebilderte – China-Berichte, aber keine Weltinformationen. Eine ausländische Zeitung habe ich während der ganzen Zeit nur ein einziges Mal gesehen: im Hotel in Schanghai. Es war eine alte Nummer der albanischen ›Zeri i Popullit‹.

Es gibt außer den Vätern des Marxismus, unseren beiden Landsleuten Marx und Engels, sowie Lenin und Stalin, und natürlich in weitem Abstand zu ihnen, nur einen einzigen Mann aus dem Westen, dessen Name häufig und mit dem Ausdruck der Verehrung genannt wird. Es ist der kanadische Kommunist Norman Bethune; er war 1938 nach Yenan gekommen, hatte als Chirurg unter verwundeten Rotarmisten gewirkt und war im folgenden Jahr an einer Blutvergiftung gestorben, die er sich bei einer Operation zugezogen hatte. Mao widmete ihm damals einen kurzen Gedenkartikel, der von ihm später zusammen mit der Geschichte vom törichten alten Mann unter die ›Drei ständig zu lesenden Aufsätze‹ aufgenommen wurde. In Kanton habe ich im Volkspark eine ganze ihm gewidmete Ausstellung gesehen. Andere Ausländer, Nixon, Chruschtschow oder Nehru zum Beispiel, sind eher negative Schlagworte als lebende Menschen.

Auch nach dem Ende der Kulturrevolution leben also die Chinesen noch immer in einer abgesonderten Welt.

Lernt von Dadschai!

Es gibt heute in der Welt wenige Frauen, die Hunderten von Millionen Menschen so bekannt sind wie die beiden, mit denen ich einen langen Tag zusammen war, Sung Li-ying und Kuo Feng-lien. Außerhalb des chinesischen Einflußbereichs aber hat so gut wie kein Mensch je ihre Namen gehört. Doch ich will der Reihe nach erzählen.

Der Schaffner hatte mich kurz vor vier Uhr geweckt, und ich war noch schlaftrunken, als ich kurz darauf mit meinen Begleitern auf dem windigen Bahnsteig der Station Yangtschuan stand. Aber schon eilten im Halbdunkel einige Gestalten herbei, die mich herzlich begrüßten, voran eine Frau in mittleren Jahren mit dunkelrotem Kopftuch, kaum mehr als 1,60 Meter groß, die trotz ihrem wattierten hellblauen Anzug zierlich wirkte und mir eine schmale, aber kräftige Hand reichte. Von den Männern trug einer die Armeeuniform samt der Mütze mit dem roten Stern. Auf dem Perron standen für uns zwei Autos. Auf das Hupen der Fahrer öffnete sich prompt das Tor vom Bahnsteig auf den Platz vor dem Bahnhof, und wir fuhren hinaus in die nächtlichen Straßen, wie üblich in chinesischen Städten zwischen langen grauen Mauern mit Toren, hinter denen erst die Häuser liegen.

Yangtschuan ist mit 300000 Einwohnern die drittgrößte Stadt der Provinz Schansi, Mittelpunkt eines reichen Kohlen- und Erzgebiets. In den Vororten fuhren wir an Fabriken vorbei. Die asphaltierte, baumbestandene Straße stieg, erst langsam, dann steiler. Wir kamen durch dunkle Dörfer; der Scheinwerfer strich über Mauern, Bäume, Tore, dann wieder über freies Land; soweit die Lichter reichten – tiefer Lößboden, genau wie er uns einst in der Geographiestunde auf Bildern gezeigt worden war, von Rissen und tiefen Schluchten durchzogen. Einmal kam uns ein Lastwagen entgegen, sonst sahen wir nur von Zeit zu Zeit Karren, von Eseln gezogen und meist mit großen Kohlebrocken beladen, die im Scheinwerferlicht glitzerten. Bis Dadschai waren es fünfundvierzig Kilometer.

Jetzt erfuhr ich auch, woher mir das Gesicht der Frau bekannt schien: Es war Sung Li-ying selbst, Stellvertretende Vorsitzende des Revolutionsausschusses von Dadschai, die in Berichten über diesen landwirtschaftlichen Musterbetrieb unzählige Male abgebildet worden ist. (Von Revolutionsausschüssen wird noch viel die Rede sein; eine Erläuterung findet sich im Schlußteil des Buches.) Von Frau Sung erhielt ich schon während der Fahrt einige Grundinformationen: Das Dorf Dadschai bestand, als die japanische Besatzung 1945 abzog, aus einem Grundbesitzer, vier reicheren und rund siebzig armen Bauernfamilien. Im Laufe der Jahre schlossen sich diese letzteren, nach der Zerschlagung des Großgrundbesitzes, zu immer strafferen Kollektivformen zusammen, zum Schluß zu einer »Landwirtschaftlichen Produktionsgenossenschaft höheren Typs«. Treibende Kraft in dieser Entwicklung war Tschen Yung-kui, aus der Schicht der armen Bauern stammend.

Im Sommer 1958, in den Wochen des »Großen Sprunges«, hat Dadschai mit seinen Nachbardörfern eine Volkskommune organisiert. Aus der Produktionsgenossenschaft wurde eine Produktionsbrigade (kurz: Brigade), eine von einundzwanzig, aus denen diese Volkskommune besteht. Die Brigade Dadschai umfaßt 83 Familien mit 420 Köpfen, davon rund 150 Vollarbeitskräften, mit knapp 100 Zugtieren, 150 Schweinen, etwa 400 Schafen, auf 796 Mu (15 Mu = 1 Hektar) ackerbaulich genutzten Bodens; sie besitzt außerdem einige tausend Obst- und Nußbäume.

Die Jahre nach dem Großen Sprung seien auf Grund ungünstiger Witterungsverhältnisse schlecht gewesen, berichtete Frau Sung. 1962 ging es wieder bergauf, dann aber kam – im August 1963 – das große Ereignis im Leben von Dadschai, eine Naturkatastrophe. Ein Wolkenbruch von sieben Tagen zerstörte fast alle sorgsam gebauten Terrassen und vernichtete das Dorf bis auf wenige Häuser. Wie das vor sich ging, habe ich später beim Begehen der Felder sowie aus Aufnahmen und einem Film besser verstanden.

Auf den Trümmern ihrer Habe, fuhr Frau Sung fort, sei die Brigade in heftige Diskussionen über die weitere Zukunft geraten. Die einen wollten die vom Staat und anderen Brigaden und Kommunen gebotene Hilfe annehmen, die anderen, unter Führung Tschens, beriefen sich auf das Wort des Vorsitzenden Mao, man müsse ohne Hilfe von außen und aus eigener Kraft durchkommen. (Sie zitierte aus dem Gedächtnis den ersten Satz des XXI. Kapitels im ›Roten Büchlein‹.) Diese Linie habe gesiegt, und so sei es zu Dadschais » drei Weigerungen« gekommen: Die Brigade weigerte sich, Geld, Lebensmittel, Material von außen anzunehmen. Innerhalb kürzester Frist sei es gelungen, die Folgen der Katastrophe zu beseitigen, und das Jahr 1964 habe eine doppelte Anerkennung für das Geleistete erbracht: Im März verkündete Mao »In der Landwirtschaft – lernt von Dadschai!«, und an seinem eigenen Geburtstag, am 26. Dezember 1964, empfing er Tschen in Peking. Ich hatte schon lange die genaue Quelle der heute millionenfach zitierten Mao-Parole über Dadschai gesucht und hoffte, sie nun zu erhalten. Aber in diesem Punkt blieb Frau Sung vage; meines Wissens wurde die Parole auch erst im Herbst 1966 verbreitet.

In dem folgenden Kampf zwischen den »Zwei Wegen« (Mao und Liu Schao-tschi, siehe die dazugehörende Erläuterung) habe sich die Brigade, manchen Kritikern im Innern und auch vielen Angriffen von außen zum Trotz, fest auf die Seite Maos gestellt, erst recht während der Kulturrevolution (voll entfaltet ab August 1966). Schließlich habe sie, zusammen mit vielen

Gleichgesinnten, die politische Führung des ganzen Kreises, in dem Dadschai liegt, an sich gerissen. Am 1. Februar 1967 wurde ein Kreis-Revolutionsausschuß gegründet; zu seinem Vorsitzenden machte man Tschen, der schon Vorsitzender des Brigade-Revolutionsausschusses von Dadschai war und inzwischen zum Vollmitglied des Zentralkomitees der Partei aufgerückt ist. Seither sei es nicht nur in der Brigade, sondern im ganzen Kreise rasch aufwärts gegangen, und der »Geist von Dadschai« habe sich über ganz China verbreitet.

Als wir durch das rote, mit Schriftzeichen bemalte Tor der Brigade fuhren, war es noch dunkel. Bis zum Tagesanbruch erhielten wir Betten im Gästehaus. Zum kräftigen chinesischen Frühstück, anderthalb Stunden später, traf ich die nächtlichen Bekannten wieder, dazu eine junge Frau, die sechsundzwanzigjährige Kuo Feng-lien, wie Frau Sung Stellvertretende Vorsitzende des Revolutionsausschusses, außerdem Sekretärin des Kommunistischen Jugendverbandes von Dadschai und politische Instrukteurin der Miliz-Kompanie des Dorfes. Sie ist auf ihre Art eine chinesische Dorfschöne, kräftiger gebaut als Frau Sung, mit gesundem, regelmäßigem Gesicht, energischem Händedruck, zwei kurzen schwarzen Zöpfen, sehr redegewandt und gut informiert. Frau Sung erschien neben ihr noch zierlicher. Später sah ich das knapp einjährige Söhnchen von Frau Kuo und eines der vier Kinder von Frau Sung, eine Zweiundzwanzigjährige, die die Züge der Mutter geerbt hatte. Der Mann von Frau Kuo dient in der Armee, der von Frau Sung arbeitet im Dorf. Von den übrigen Anwesenden beteiligte sich der Uniformierte, der aus der Provinzhauptstadt gekommen war, am meisten an der Unterhaltung, gelegentlich auch ein untersetzter Mann aus dem Revolutionsausschuß des Kreises, gleichfalls ein Mitglied des Empfangskomitees. Doch die beiden Frauen dominierten.

Bei diesem Frühstück wurde ich erst einmal als »fremder Gast« begrüßt. Der Parteisekretär Tschen befinde sich zur Zeit auf einer Reise durch mehrere Provinzen; er habe seine beiden Stellvertreterinnen beauftragt, sich um mich zu kümmern. Frau Kuo entschuldigte sich, daß sie nicht am Bahnhof war; sie habe ihr Kind versorgen müssen.

Dann gingen wir auf die Felder. Es war ein wolkenloser Tag, und das Gelb des vorfrühlingshaft-kahlen Lößbodens hob sich gegen das helle Blau besonders kräftig ab.

Gleich hinter dem Dorf führt ein schmaler Weg steil bergauf

bis zu einem Punkt, der einen weiten Rundblick bietet. Denn Dadschai liegt am Fuß eines langgestreckten Berges, des Tigerbergs, der freilich mit der Oper, von der noch zu sprechen sein wird, nur den Namen gemein hat. Sieben tiefe Lößschluchten führen von ihm aus durch das Gebiet der Brigade hinab in die Ebene; in die Hauptschlucht, die größte von ihnen, schmiegt sich – an ihrem Ausgang – das Dorf. Jetzt war alles trocken, aber in der Regenzeit schießen reißende Ströme über Terrassen und Schluchten, wie bei der Katastrophe vom August 1963.

Am Abend sah ich einen Film über die Folgen der Katastrophe. Die Terrassen waren weggeschwemmt worden und zu steilen Hängen geworden, sogar ein Teil der tiefen Wohnhöhlen war vernichtet, da unter der Gewalt des Wassers die zehn bis zwanzig Meter starken Deckschichten in die Schlucht gestürzt waren.

Später zeigte man mir Aufnahmen der Schluchten, wie sie vor und wie sie nach der Naturkatastrophe ausgesehen hatten. Vorher waren sie schmal, tief in die Lößhänge eingeschnitten und erweiterten sich nur stellenweise zu Mulden. Sie waren von kleinen und großen Steinbrocken übersät, die die jährlichen Sturzwasser zurückgelassen hatten. Seit 1963 hat man die Schluchten stark verbreitert, indem man die Lößmauern zu beiden Seiten in sie hineinstürzte; mit dem so gewonnenen Löß und den roh behauenen Steinen des Flußbettes wurden in den Schluchten neue und viel breitere Terrassen angelegt. Das erhöht auch die Sicherheit des Dorfes: Im Fall von Regengüssen kann sich das Wasser besser ausbreiten, es schießt nicht mehr zerstörend durch eine enge Schlucht. (Das neue Dorf ist an der alten Stelle entstanden, aber es sieht völlig anders aus: Es besteht jetzt aus langgestreckten Bauten, die aus schweren Steinquadern errichtet sind und einer Sturzflut trotzen können.)

Auch jetzt waren in der Vorfrühlingszeit – die Feldarbeit beginnt in diesem rauhen Klima erst später – die meisten Brigademitglieder mit dem Reparieren alter oder beim Bau neuer Stützmauern und Terrassen beschäftigt: Steine wurden behauen und an Tragestangen zu den Stützmauern geschleppt, Lehmbrei wurde angerührt und zwischen die Steine gegossen, Erde herangeschafft. An fast senkrecht abfallenden Schluchtwänden arbeiteten Männer mit Spitzhacken; die von ihnen gelösten Lößbrocken donnerten in die Tiefe, zersprangen auf dem Wege und wurden unten von anderen Brigadieren in Körbe geladen, die sie, an langen Tragestangen aufgehängt, in schnellem, federndem Schritt zur neu entstehenden Terrasse trugen.

Von oben erkannte man sehr deutlich die zwei Typen von Terrassen, die man in den Lößgebieten Chinas millionenfach finden kann. Die einen sind in den Schluchten angelegt, die anderen auf den Rücken zwischen ihnen. In den Schluchten sind sie, nach der Art von Staudämmen, deren Funktion sie ja zum Teil ausüben, im Bogen gegen den Fluß gebaut, auf den Hügeln dagegen müssen sie den Hanglinien folgen. Etwa die Hälfte der Stützmauern besteht aus schweren Feldsteinen, großenteils zu Quadern behauen. Die andere ist noch aus Lehm gebaut, der in feuchter Form zugeschnitten, glattgeschlagen und dann von der Sonne zu einer festen Masse getrocknet wird. Die Lehmmauern widerstehen dem Wasser weniger gut als die steinernen und müssen häufiger repariert oder ganz erneuert werden. Daher will man sie im Lauf der Zeit alle durch Steinmauern ersetzen.

Die jahrtausendealte Erfahrung der Chinesen im Terrassenbau kennt noch viele Wege, um die Verheerungen durch die Sturzfluten in Grenzen zu halten. So wird die Stützmauer jeder Terrasse immer ein Stück höher gezogen als diese selbst, damit sich dahinter bei starkem und plötzlichem Regen ein Stausee im kleinen bildet, aus dem ein Teil des Wassers durch die Spalten im Erdreich nach unten absickern kann. Mühsam ausgehobene unterirdische Speicherkammern nehmen das Überschußwasser auf und geben es in Trockenzeiten zur Bewässerung ab.

Einige maschinelle Einrichtungen hat man sich inzwischen angeschafft: kleine Bulldozer, mit denen die Erde auf den Terrassen geebnet wird; die Mini-Traktoren, die man mit den Händen führt statt auf ihnen zu sitzen, waren in dieser Jahreszeit noch nicht im Einsatz, es sind, ich sah sie später, auch nur ganz wenige. Beträchtliche Kosten hatte die Anschaffung elektrischer Pumpen verursacht, sie kosten je etwa 300 Yüan. Ferner hatte man zwei elektrisch betriebene Seilbahnen gebaut, die – Skiliften gleich – Steine zum Terrassenbau, Erde oder Dünger beförderten. Die eine brachte gerade Dünger auf eine Bergterrasse, als wir vorbeikamen, und der Stolz auf die eigene Seilanlage war unverkennbar, als man mich auf die kleine Eselkarawane der Nachbarbrigade jenseits des Tales aufmerksam machte, die den Mist noch in Körben bergauf schleppte.

Auf halber Höhe des Tigerbergs zeigte man mir den drei Meter tiefen künstlichen Teich und die Kanäle, die der Bewässerung dienten, beim weiteren Rundgang den Pferdestall (an einem Nordhang, da Pferdemist »warm« sei und sich besser für Nordhänge eigne) und den Schweinestall (aus dem entgegengesetzten Grunde an einem Südhang), den zweistöckigen kreisrunden Futterspeicher aus Stein, eben fertig geworden, ein paar alte Wohnhöhlen, in denen jetzt das Futter für die Schweine lagerte, die Schule und das Krankenhaus.

Es fällt auf, wie sehr den Dorfbewohnern beim Bau der neuen Wohnhäuser noch die alten Höhlenwohnungen vor Augen standen: Die lange Außenmauer sieht wie eine Schluchtwand aus; in sie sind Öffnungen für die Türe (oft auch mit einem Fenster daneben) gebrochen. Im Vergleich zu den geräumigen »Höhlen« von Yenan, in denen Mao und seine Freunde lebten, sind die von Dadschai klein, entsprechend auch die Öffnungen schmal. Geht man durch die Türe, meint man auch wirklich, in eine Höhle zu treten, denn weitere Fenster oder Türen im Innern gibt es nicht. Immer war links der Kang, das breite, gemauerte, von unten heizbare Bett. Im übrigen schmale Tische, ein paar Stühle, da und dort (so bei Frau Sung) eine Nähmaschine und, entlang der hinteren Innenwand, meterhohe Steinkrüge mit Getreide aller Art, *dem* Privatbesitz des Einzelnen; in kleineren Krügen auch Nudeln und Erbsen. An den Wänden zahllose Bilder. Viele zeigen Mao; in einem Raum, dessen Besitzer sich offenbar darauf spezialisiert hat, sah ich ihn in mehr als fünfzig Variationen; ferner sehr viele Gruppenfotos aus der Brigade selbst, auch Aufnahmen von Verwandten. In manchen Wohnräumen bedecken die Bilder die ganze Wand.

Jeder Familie steht eine »Höhle« zu; bildet sich eine neue Familie, hat diese Anspruch auf einen eigenen Wohnraum. Frau Kuo zeigte mir mehrere, ihr Söhnchen auf dem Arm. Meine Frage, ob man in der Zeit des Großen Sprunges, als die Kommune gegründet wurde, für Männer und Frauen getrennte Schlafhäuser eingerichtet habe, wurde überall mit einem entschiedenen Nein beantwortet. Das habe es weder in Dadschai noch in sonst einer ihnen bekannten Brigade gegeben, immer habe jede Familie für sich allein gewohnt.

Da ich nirgends einen Herd sah, fragte ich nach dem gemeinsamen Eßraum. Allgemeines Erstaunen. Den gebe es nicht. Zur Zeit des Großen Sprunges habe man es zwar damit versucht, aber es habe sich nicht bewährt; seither koche jede Familie für sich selbst; das sei besser, da gebe es keinen Streit.

»Und wo?«

Man führte mich zu den nahegelegenen, aber von den Wohnhäusern getrennt gebauten Küchenräumen. Außer der Kochstelle enthalten sie auch Platz für zusätzliche Vorräte. In dem des Parteisekretärs stehen Gastgeschenke, die er aus aller Welt erhalten hat.

Da und dort gackerten Hühner vor den Wohnungen.

»Gehören die den Leuten privat?«

»Ja.«

»Sonst noch irgendwelche Tiere in Privatbesitz? Schweine? Ziegen?«

»Nein.«

»Gärten?«

»Schon längst nicht mehr. Die Brigade von Dadschai hat sie 1963 abgeschafft, die übrigen Brigaden unserer Volkskommune folgten im Laufe der Zeit. Heute gibt es im Kreis – im Unterschied zu anderen Teilen des Landes – keine privaten Gärten mehr.«

»Sind sie verboten?«

»Nein, aber die Brigade-Mitglieder arbeiten so intensiv in der Brigade-Wirtschaft, daß sie weder Zeit noch Kraft für eine eigene Landwirtschaft haben.«

Stolz ist man auf die drei gutgeführten Läden der Brigade – mit Recht, dergleichen ließ sich früher in einem abgelegenen chinesischen Dorf nicht finden. Im ersten gibt es Kleidung und Schuhwerk; den zweiten würde man bei uns ein Gemischtwarengeschäft nennen, hier wird vielerlei feilgeboten – von elektrischen Artikeln bis zu Obst; der dritte ist eine Buch- und Schreibwarenhandlung. Oberhalb des Dorfes liegt das Krankenhaus, das Wohnhaus des ehemaligen Grundbesitzers, das durch drei neue Gebäude erweitert wurde. Ich frage meine Begleiterinnen, wie es mit der Aufklärung über Empfängnisverhütung stehe; 1957 hätte ich eine Kampagne für sie erlebt. Diese Aufklärung gebe es, sagen sie, und Abtreibung sei legal und kostenlos.

»Wurde davon im Dorf Gebrauch gemacht?«

»Gewiß, in mehreren Fällen.«

Die Mahlzeiten, zu denen ich eingeladen wurde, bestanden nach chinesischer Sitte aus vielerlei Gerichten, mit ein paar Ausnahmen aus eigenen Erzeugnissen der Brigade bereitet, aus Weizen, Mais, Gemüse, Eiern, Fleisch. Sogar der Fisch war aus eigener Zucht. Als Nachtisch: eigenes Obst und verzuckerte Walnüsse von eigenen Bäumen. Alkoholische Getränke standen nicht auf dem Tisch.

Mir boten die Mahlzeiten die beste Gelegenheit, mit den Tischgenossen über alle mich interessierenden Fragen zu sprechen. An erster Stelle stand dabei die Lohnfrage. Ich hatte zwar mittlerweile verstanden, daß sie für die Führungskräfte von Dadschai mit deren starkem Engagement relativ unwichtig ist, trotzdem wollte ich Genaueres wissen, nicht zuletzt, weil der »Geist von Dadschai« auch auf diesem Gebiet Maßstäbe gesetzt hat. Völlige Klarheit hatte ich über die Methode trotz vielfacher Bemühung nicht gefunden, da die chinesische Literatur vor konkreten Angaben und erst recht genauen Zahlen zurückscheut; jetzt glaube ich, weiß ich, wie sie in Dadschai gehandhabt wird.

Bis 1963 wurde nach der täglichen Arbeitsleistung entlohnt, so wie das bis heute im sowjetischen Kolchos überwiegend üblich ist. Für die einzelnen Arbeiten (auf dem Feld, im Schweinestall etc.) waren Normen festgelegt, für deren Erfüllung oder Über- bzw. Untererfüllung jedem Mitglied eine bestimmte Zahl von Punkten für den betreffenden Tag gutgeschrieben wurde, dem alten Trudodenj-System im sowjetischen Kolchos entsprechend. Im großen Enthusiasmus nach der Naturkatastrophe von 1963 hielt man das für viel zu umständlich und zeitraubend, zudem glaubte man, ohnehin jedem zutrauen zu können, daß er im Rahmen seiner Leistungsfähigkeit sein Bestes tun würde. So hat sich ein neues System herausgebildet.

Es gibt zehn Lohnkategorien: Ein voll arbeitsfähiger, kräftiger Mann kommt in die oberste, das heißt, er erhält pro Arbeitstag zehn Punkte. Eine Frau hat weniger Kräfte als ein Mann, also bekommt sie weniger Punkte, eine unverheiratete sieben, eine verheiratete, die Familienmitglieder zu versorgen hat, sechseinhalb. Doch sind Ausnahmen möglich. Eine alleinstehende Frau, die nachlässig ist, könnte in ihrer Punktzahl unter die Verheiratete absinken. Auch nach oben hat man eine Ausweichmöglichkeit geschaffen: Der am härtesten Arbeitende, nach seiner besonderen Fähigkeit zum Lastenschleppen Genosse Eisenschulter genannt, erhält pro Tag zehneinhalb, der berühmte und tüchtige Vorsitzende des Revolutionsausschusses Tschen sogar elf Punkte. Meine Führerinnen dagegen sind beide mit den sechseinhalb Punkten der Verheirateten in die Lohnskala eingesetzt.

»Bei uns hat man«, sagte ich, »hundert Jahre darum gekämpft, daß Frauen den gleichen Lohn erhalten wie Männer. Finden Sie nicht, daß es unsozial ist, Frauen so viel weniger zu zahlen?«

»Aber bei verheirateten Frauen«, erwiderte man mir, »geht doch ein Teil ihrer Arbeitskraft in die Familie, also in individuelle Aufgaben. Soll das Kollektiv für Arbeiten bezahlen, die nicht für das Kollektiv geleistet werden?«

Das mochte man gelten lassen. Aber hinsichtlich der unverheirateten Frauen, die ich in schwerer Arbeit auf den Feldern gesehen hatte, blieben sie bei ihrer Erklärung, daß diese ja infolge geringerer Körperkraft nicht so viel leisten können wie die Männer.

Einmal im Jahr wird auf Vollversammlungen für jeden einzelnen die Lohnkategorie festgelegt. Erst schlägt er selbst für sich eine Punktzahl vor, dann wird beraten und endlich beschlossen, ob ihm diese oder eventuell eine höhere bzw. niedrigere zugesprochen werden soll; diese Einstufung gilt dann bis zur Überprüfung im folgenden Jahr.

Mehrfach war erwähnt worden, daß bei der Einstufung das »politische Bewußtsein« berücksichtigt werde, und ich habe diesen Begriff in den folgenden Wochen noch oft zu hören bekommen. Natürlich wollte ich verstehen, was damit gemeint ist. »Man kann objektiv feststellen«, sagte ich, »ob einer stark oder schwach ist, ob er ganz oder – wegen der Versorgung von Familienmitgliedern – nur teilweise für die Brigadearbeit zur Verfügung steht. Aber wie mißt man bei Ihnen das politische Bewußtsein?«

Dafür gebe es, erklärte man mir, verschiedene Kriterien: das politische Interesse, also auch der Grad der Beteiligung an Mao-Studien; die Anteilnahme an den öffentlichen Angelegenheiten der Brigade; die »Arrangierung des persönlichen Lebens« (also eine moralische Kategorie); den allgemeinen Arbeitseifer, einschließlich der Qualität der geleisteten Arbeit. Leider habe ich weder in Dadschai noch sonst irgendwo an einer Versammlung teilgenommen, die die Lohneinstufungen diskutiert; ich mußte mich also mit dieser Erklärung begnügen.

Aber ich hatte noch eine andere Frage auf dem Herzen. »Wie ist das denn«, fragte ich, »wenn man so berühmt ist wie Sie in Dadschai, haben Sie da nicht manchmal das Bedürfnis, sich ein wenig auf Ihren Lorbeeren auszuruhen? Vielleicht nicht gerade Sie selbst, aber die Reih-und-Glied-Bauern im Dorf?«

Gewiß, hieß es, man sei Versuchungen ausgesetzt. Es habe zum Beispiel lange Diskussionen um die Frage gegeben, ob man die Anbaufläche noch erweitern soll; denn natürlich habe man erst einmal die am relativ günstigsten gelegenen Hänge und Mulden in Terrassen verwandelt; von jetzt ab erfordere jede weitere immer größere Mühe. Schließlich habe man ja ohnehin schon mehrere tausend einzelner Terrassenfelder, deren Bestellung die Kräfte der Brigade voll in Anspruch nehme. »Wir haben uns dann doch für den Bau weiterer Terrassen entschieden.«

Und ein zweites Beispiel wurde genannt: Eine übergeordnete Verteilungsstelle hatte den Läden der Brigade, um Dadschai zu belohnen, ein besseres Warensortiment zugeteilt als anderen im Kreise. Und es hätten sich, fügte man entrüstet hinzu, in Dadschai tatsächlich Leute gefunden, die sich darüber freuten und gleich zu kaufen anfingen, nicht nur für sich selbst, sondern auch für andere.

»Kleiner Anfall von Konsumgesinnung?« fragte ich, aber man verstand mich nicht. Die Parteizelle habe alsbald erkannt, daß es sich hier um einen gefährlichen Fall verringerter Wachsamkeit handle, der die Tür für bürgerliche Ansichten, ja Korruption öffne; man vermutete sogar die Hand des Klassenfeindes und eine Intrige des Schuftes Liu Schao-tschi. Also habe man die Frage vor die Vollversammlung gebracht und mit deren Zustimmung diesen verdächtigen Praktiken ein Ende bereitet.

Ich wandte mich wieder den Löhnen zu. Jeder Arbeitspunkt entspricht 15 Fen (1 Yüan = 100 Fen). Für einen Arbeitstag werden also dem kräftigen Mann 1,50 Yüan gutgeschrieben, den verheirateten Frauen je nicht ganz 1 Yüan und so fort. In Dadschai arbeiten verheiratete Frauen im Durchschnitt weniger als 300 Tage pro Jahr für die Brigade, Männer über 300 Tage. Nehmen wir einen Durchschnitt von 300 Tagen an, so erhalten pro Jahr die starken Männer rund 450 Yüan, Frau Sung und Frau Kuo je rund 300 Yüan. Für dieses Geld kaufen sie sich Lebensmittel zum Verbrauch und als Reserve für ihre Tonkrüge sowie andere Gegenstände des täglichen Gebrauchs. Aber ihre Bedürfnisse sind so gering, hörte ich, daß sie auch noch Geld sparen können.

»Sparen?« fragte ich. »Was macht man damit?«

»Man legt es auf die Bank von China, die in der Brigade eine Filiale hat.«

»Zahlt die Bank Zinsen?«

Alle bejahten.

»Wie hoch ist der Zinssatz?« fragte ich weiter.

Ratlose Gesicher. Man diskutierte ein Weilchen, einer meinte, vier Prozent, andere widersprachen. Zum Schluß bekannten sie beschämt, sie wüßten es nicht. Diese kleine Episode bewies mir deutlicher als manche andere, daß das Geld – jedenfalls in den Köpfen dieser Aktivisten von Dadschai – seinen Vorrang eingebüßt hat und daß sie sich auf andere Weise belohnt fühlen, durch ihren das ganze Land erfüllenden Ruhm zum Beispiel. In einem russischen Kolchos hätten mir alle, erst recht die führenden Leute, genau sagen können, daß die Staatssparkasse drei Prozent Zinsen zahlt.

Ich erkundigte mich nach den angesammelten Sparbeträgen. Frau Sung nannte 750 Yüan für die ganze Familie, die junge Frau Kuo 400 Yüan.

»Mit ihrem Mann zusammen?« fragte ich sie.

Sie prustete vor Lachen: »Nein, ich habe meinem Mann gesagt, ich halte es mit dem Vorsitzenden Mao: Jeder muß auf eigenen Füßen stehen!«

Ich war noch nicht zufrieden: »Sie haben etwas Geld gespart, Sie haben einen besseren Wohnraum und einige Zentner Getreide in Ihren Tonkrügen. Aber Ihr Lohn ist in den acht Jahren des Aufstiegs von Dadschai praktisch gleichgeblieben. In derselben Zeit haben Sie dank einer erstaunlichen Anstrengung fast ausschließlich durch die Arbeit ihrer Hände den Wert der Brigade – mit neuen Terrassen und Bewässerungsanlagen, mit Obstgärten, einer Nudelfabrik und was nicht noch allem – gewaltig erhöht; davon habe ich mich ja durch unsere Besichtigungen selbst überzeugen können. Empfinden Sie nicht auch die krasse Diskrepanz zwischen den zusätzlich geschaffenen Werten und den gleichgebliebenen Löhnen?«

»Aber es ist doch unser eigener Betrieb, der mehr wert ist als früher«, wurde mir bedeutet, »der mehr produziert, in dem es sich besser leben läßt! Das kommt doch uns allen zugute! Außerdem arbeiten wir nicht für uns . . .«

»Sondern?« fragte ich.

». . . um Ehre einzulegen für den Vorsitzenden Mao und das sozialistische Vaterland.« Diese Worte sollte ich noch oft hören; manchmal hieß es auch: für »das chinesische Vaterland«.

Wir wandten uns wieder prosaischeren Dingen zu. Das Einkommen der Brigade besteht aus den Verkäufen an den Staat. 1970 hat man 730000 Pfund (auch das chinesische Pfund entspricht einem halben Kilo) Getreide aller Art (einschließlich Mais) geerntet, davon 240000 Pfund an den Staat verkauft. Die übrigen 490000 Pfund blieben für Saatgut, Eigenverbrauch und Brigadereserve (»für den Fall eines Krieges oder einer Naturkatastrophe«, hatte man mit einem Mao-Wort erklärt, als man mir den vollen Speicher zeigte). Der Staat zahlt pro Pfund 8 Fen bei Mais, 14 Fen bei Weizen. Bei einem Durchschnitt von 10 Fen hätte also die Brigade 1970 aus dem Verkauf von Getreide an den Staat 24000 Yüan eingenommen. Erhebliche Einnahmen hatte sie ferner aus dem Verkauf sonstiger Produkte an den Staat, ihrer Schweine zum Beispiel, vor allem ihrer Äpfel und Nüsse, sowie ihrer in der eigenen Fabrik aus eigenem Mehl hergestellten Nudeln, ferner aus Lebensmittelverkäufen an die Mitglieder.

Bei den Ausgaben standen die Löhne an erster Stelle. Pro Kopf (also die Nichtarbeitsfähigen eingerechnet) seien jedem Dadschaier im Jahre 1970 durchschnittlich 140 Yüan ausgezahlt worden; die gesamte Lohnsumme des Jahres hatte demnach bei 420 Personen rund 59000 Yüan betragen. Dazu kamen die Ausgaben für Investitionen, Elektrizität, Treibstoff usw.

Es ist bekannt, daß Mao (ganz im Unterschied zu Stalin) die Bauern finanziell nur gering in Anspruch nimmt. Die Dadschaier berichteten, die Brigade habe dem Staat früher eine von diesem auf Grund der Agrarfläche und Arbeitskräftezahl festgelegte Menge Getreide kostenlos liefern müssen, zuletzt 80000 Pfund. Seit 1963 aber bezahle der Staat jedes Pfund Getreide und erhebe von der Brigade keine Steuern. (Zur Frage der Steuern siehe die Erläuterung ›Kollektivierung des Dorfes‹.)

Die Schule hat die Brigade mit eigenen Kräften gebaut, Lehrer und laufende Ausgaben zahlt der Staat. Sie ist in einem langgestreckten Steinbau untergebracht, jede Klasse hat ihren eigenen Zugang von draußen. Überall herrscht mustergültige Disziplin. Die Klasse springt auf, wenn der »fremde Gast« in der Türe erscheint, klatscht und betrachtet dabei mit unverhohlener Neugierde den seltenen Vogel – selten auch hier in Dadschai, trotz mancherlei Besuchern aus fremden Welten. Die durchweg jungen Lehrer geben bereitwillig Auskunft über den gerade behandelten Stoff und über ihren eigenen Werdegang. (Die Lehrerausbildung geschieht meist in der Kreisstadt.) Dann zieht der erneut beklatschte und mitklatschende Gast eine Klasse weiter. Besonders niedlich sind natürlich die Erstkläßler, die eine temperamentvolle Lehrerin haben. Kaum hat der Gast diese begrüßt, singen sie auch schon mit ihren hohen Stimmen das Lied vom Steuermann und von den Gedanken Maos, mit deren Hilfe die Revolution weiterzuführen sei. Der Kindergarten spielt im Freien und singt mir ›Der Osten ist rot‹ vor, und in der Krippe werden von zwei Frauen mittleren Alters die Kleinsten betreut.

Als ich fragte, ob im Zuge der großen Aktion »hinunter ins Dorf und hinauf in die Berge« auch nach Dadschai Jugendliche aus der Stadt gekommen seien, war die Antwort ein emphatisches Nein. Man erhalte zwar viele Bewerbungen, lehne diese aber allesamt ab. Dadschai habe das Gröbste hinter sich, die Jugendlichen sollten besser dorthin gehen, wo noch wirkliche Schwierigkeiten zu überwinden seien.

Wie weit der Ruhm Dadschais ins Land gedrungen war, hatte ich schon beim ersten Rundgang vor Augen geführt bekommen. Da sah ich plötzlich auf einem etwa einen Kilometer entfernten Lößrücken eine blaue Kolonne mit roten Fahnen, achthundert bis tausend Menschen.

»Was ist denn das?« fragte ich neugierig und überlegte schon, ob ich nicht hinüberlaufen und ein Bild aufnehmen sollte.

»Das sind unsere Gäste«, lautete die gleichmütige Antwort. »Wir haben täglich bis zu fünftausend Besucher aus ganz China, die von Dadschai lernen wollen.«

In der Tat erkannte ich bald, daß dies keineswegs ein ungewöhnliches Ereignis war, denn den ganzen Tag über stießen wir auf solche Marschkolonnen. Erkundigte ich mich bei ihnen nach ihrer Herkunft, so nannten sie mir die Namen vieler, zum Teil tausend Kilometer oder weiter entfernter Provinzen Chinas. Manche hatten weite Strecken zu Fuß zurückgelegt; sie trugen ihre Schlafdecken zusammengerollt auf dem Rücken oder hatten sie zu kleinen Pyramiden gestapelt im Dorf gelassen. Manche waren auch mit Autobussen gekommen. Insgesamt sei, so wurde mir berichtet, Dadschai, seit Mao es zum Modell ernannt hatte, seit 1964 also, von viereinhalb Millionen Menschen besucht worden.

Sein Erfolg erwies sich am Ende stark genug zur Überwindung auch der traditionellen Feindschaft zwischen den Nachbardörfern Dadschai und Wutschiaping – das erste im wesentlichen von der Kuo-Sippe, Wutschiaping dagegen von der Wang-Sippe bewohnt. Ursprünglich hatten sich die beiden Dörfer zu einer Genossenschaft zusammengetan. Aber es gab Reibereien; die Bauern im wohlhabenderen Wutschiaping murrten, man hätte sich nicht mit einem armen Bergdorf vereinigen sollen. Bei ihnen war eben, berichtete man mir in Dadschai, der böse Geist von Liu Schao-tschi am Werke. Man trennte sich wieder.

Dann kam der steile Aufstieg Dadschais zu Ehre und wirtschaftlichem Erfolg. Die Nachbarn sahen ihn mit scheelen Augen, erzählten sogar, die Dadschaier hätten ihn mit gefälschten Produktionsziffern vorgetäuscht, und brachten eine Untersuchung in Gang, die – selbstverständlich ohne Resultat – vom damals Liu Schao-tschi-hörigen Parteikomitee der Provinz vorgenommen worden sei. Es kam so weit, daß die Leute von Wutschiaping denen von Dadschai Felsbrocken auf die Straße wälzten, um ihnen den einzigen Weg nach draußen zu versperren. Doch Dadschais Aufstieg erwies sich als unaufhaltsam. Die von Liu beeinflußte Führung verlor im eigenen Dorf den Boden unter den Füßen und wurde abgesetzt. Der »Geist von Dadschai« konnte auch in Wutschiaping Einzug halten.

Der neue Bürgermeister hat mir dort, als ich ihn besuchte, selbst die Geschichte seines Dorfes erzählt; nun sei man endlich auf dem richtigen Wege. Dann zeigte er mir die im Bau befindlichen, nach Dadschaier Vorbild langgestreckten Wohnhäuser seiner Brigade, verfehlte aber nicht, darauf zu verweisen, daß sie wesentlich länger seien als die von Dadschai, habe doch Wutschiaping zweieinhalbmal soviel Einwohner, und daß das Holzgitter über jedem der zahlreichen Eingänge sein besonderes, sich nirgends wiederholendes Ornament bekommen habe. (In Dadschai, wo diese Langhäuser schon länger standen, hatte man überall noch das gleiche Muster verwandt.)

Lohnende Stunden verbrachte ich auch in der Ausstellungshalle der Kreisstadt Hsiyang. Meine beiden Damen ließen sich nicht abhalten, mich auch hier zu begleiten, obwohl sie doch die Ausstellung in- und auswendig kannten und Frau Sung überdies mit dem Schlaf kämpfte, denn sie war seit zwei Uhr früh auf den Beinen. Vor der Halle war das gesamte Personal der Ausstellung mit ›Roten Büchlein‹ angetreten, darunter einige junge Mädchen, die erst den Tee brachten und mich dann abwechselnd durch die sieben Abteilungen führten.

Die Ausstellung gab mehr her, als ich erwartet hatte. Ihre Großaufnahmen, Tabellen, Modelle, Zeichnungen füllten bei mir manche Informationslücke. Da sie das ganze Kreisgebiet umfaßte, berichtete sie nicht ausschließlich (wiewohl vorrangig) über Dadschai. Denn der »Geist von Dadschai« hat sich mittlerweile allen anderen Brigaden und Kommunen des Kreises mitgeteilt; sie durften nicht hinter dem großen Beispiel zurückbleiben, das ihn berühmt gemacht hat.

Der spektakulärste Erfolg der gemeinsamen Anstrengungen ist die Bändigung der größeren Flüsse. Überall waren sie vor der Regulierung einen großen Teil des Jahres über fast trocken gewesen, um dann für einige Wochen zu wilden, alles mit sich reißenden Fluten anzuschwellen. Man hatte daher früher auf die landwirtschaftliche Nutzung der weiten Täler verzichtet – die Fluten würden ja doch alles vernichten. In den letzten Jahren aber hat man die Flüsse teilweise in neugegrabene Betten umgeleitet und so das frühere Bett samt dem Überschwemmungsgebiet in Felder verwandelt. Auch wurden viele Kilometer lange Steindämme errichtet, die zur Zeit meines Besuches auf trockenem Boden standen, in der Regenzeit aber den Fluß in ein begrenztes Bett zwingen. Mit solchen Methoden hatte man im Kreis mit relativ geringem Kosten-, wenngleich mit riesigem (billigem) Arbeitsaufwand dreißigtausend Mu Ackerland gewonnen, fast das Vierzigfache der gesamten Ackerfläche von Dadschai. Später überquerten wir auf meine Bitte eines dieser Flußtäler: Mitten im breiten Talgrund liefen etwa hundert Meter voneinander entfernt parallel die beiden grauen Quadermauern, rechts und links von ihnen lagen, so weit das Auge reichte, sauber bearbeitete Felder.

Es mag sein, daß es in der langen Geschichte Chinas in Zeiten einer starken, den Frieden sichernden Dynastie hier schon einmal solche Dämme gegeben hatte – für die jetzt lebende Generation sind sie neu; diese ist stolz auf sie und genießt die Vorteile und Ehren, die sie ihr einbringen. Auch im Terrassenbau hat Dadschai ansporneund gewirkt. Zehntausende von Terrassen im Kreis sind verbessert, repariert, umgebaut worden, mit dem Ergebnis höherer Erträge und größerer Sicherheit gegenüber Dürre und Flut.

In jeder der sieben Abteilungen der Ausstellung wurde die Besichtigung von einem der Mädchen mit einem Mao-Zitat eingeleitet, das auf rotem Grunde am Eingang zu lesen war. Mit der Linken lehnte sie sich auf ihren Zeigestock, mit der leicht angehobenen Rechten wies sie wie eine Tänzerin auf die Mao-Worte, sie im Tonfall einer Schauspielerin rezitierend. Dann ging sie zur Erklärung der Bilder und sonstigen Ausstellungsgegenstände über. Besonders hilfreich waren einige Reliefs der Markung von Dadschai mit dem Tigerberg und den sieben Schluchten, vor dem August 1963 und nach dem heutigen Stand.

Dazwischen wurden Geschichten aus dem Leben des Kreises eingeflochten, von dem treuen Rossewart Tschao (über den ich unter ›Heldenverehrung‹ berichte) und auch von negativ gezeichneten Gestalten wie dem Sohn des Grundbesitzers, der sich »unter Verheimlichung seines Klassenursprungs« auf die Hochschule geschmuggelt hatte (die also dem Klassenfeind nach wie vor verschlossen bleibt), aber von Dadschai-Leuten entlarvt und aufs Dorf zurückgeschickt wurde. Dort habe er, von Haß vergiftet, schließlich den Verstand verloren.

Als eine der »Lehren von Dadschai« gilt, daß die Führungskräfte, die Kader also, den Massen nahe bleiben müssen. Daher wird der Parteisekretär auf den Bildern nicht nur fleißig bei der Feldarbeit gezeigt, sondern auch im vertrauten Gespräch mit »den Massen« – einer alten Bäuerin, einer Gruppe Kinder, einem Hirten, dem er selbst zum Schutz gegen die nächtliche Kälte eine warme Decke auf die Alm bringt. Auch meine beiden Begleiterinnen erscheinen in ähnlicher Hilfsbereitschaft.

Stark herausgestellt wird die Hilfe der Armee, die einzige Hilfe von außen, die, so versichert man, angenommen worden sei. Sie schickte eines Tages eine Abteilung, die den künstlichen Teich anlegte, von dem oben die Rede war. Vor allem aber habe sie auch den rechten Geist mitgebracht. Denn die Dadschai-Brigadiere täten ihre Pflicht wie Soldaten, nicht um Arbeitspunkte zu sammeln (auch der Sold des Soldaten stehe ja in keinem Zusammenhang mit seinen jeweiligen Leistungen), sondern in Erfüllung der Weisungen des Vorsitzenden Mao.

In der fünften Abteilung wurde die Möglichkeit von Kriegen erwähnt und auf die Notwendigkeit hingewiesen, für sie gerüstet zu sein. Man sah auf Bildern die Miliz – Bauern bei der Arbeit, mit den Gewehrpyramiden am Feldrand; den mit Lebensmittelreserven gefüllten Brigade-Speicher; eine Demonstration gegen die Revisionisten (= die Führer der Sowjetunion). Während der abschließenden Unterhaltung mit den Mitarbeitern der Ausstellung drückte ich meine Hoffnung aus, der Kreis Hsiyang werde im Frieden seiner Aufbauarbeit nachgehen können. Nicht ohne Heftigkeit erwiderte der Ausstellungsleiter, das hänge nicht von China ab. China werde niemanden angreifen und die Atombombe nicht zuerst einsetzen, wenn es aber angegriffen würde, werde es den Gegner vernichten.

Der Zug zurück nach Peking verließ Yangtschuan gegen ein Uhr früh, wir brachen also kurz nach elf Uhr nachts auf. Frau Kuo ließ sich mit Rücksicht auf ihr Kind überreden, daheimzubleiben, Frau Sung aber blieb unerschütterlich bei ihrem Entschluß, uns zu begleiten. Fast hätten wir den Zug versäumt, da wir in einen Schneesturm gerieten, aber dann kamen wir doch noch gerade zurecht.

Das letzte, was ich aus dem Fenster sah, waren die beleuchteten Schriftzeichen IN LANDWIRTSCHAFT LERNT VON DADSCHAI. Ich streckte mich auf meiner Bank aus und fragte mich: *Was* soll China von Dadschai lernen? Es bedurfte keines langen Nachdenkens, die Antwort war nun klar: Arbeiten, arbeiten und nochmals arbeiten bis zur Erschöpfung – nicht um des Lohnes willen (der ist ohnehin gerade ein Taschengeld), sondern »um Ehre einzulegen für den Vorsitzenden Mao und das sozialistische Vaterland«.

Die Kaderschule vom 7. Mai

Je weiter wir uns von Peking nach Nordosten entfernten, desto schlechter wurde die Straße. Der Wagen quälte sich mühsam durch den Schlamm, und zweimal dachte ich, wir blieben ganz stecken. Aber schließlich war dann doch das rote Tor in der Ferne zu sehen. Auf seinem Querbalken stand zu lesen: »Es lebe die Direktive des Vorsitzenden Mao vom 7. Mai«; die Längsbalken waren mit dem ständig zitierten Liedanfang vom Steuermann Mao beschriftet. Wir fuhren noch durch einen neu gepflanzten Wald, dann erkannte ich auf einer kleinen Anhöhe eine Gruppe grauer Häuser und nun auch schon das Empfangskomitee mit dem ›Roten Büchlein‹ in der Hand.

Man führte uns in einen einfachen Raum zum üblichen Tee,

an den Wänden hingen außer Mao-Bildern zwei Landkarten (eine China- und eine Weltkarte, eine Seltenheit) und überdies zwei große Plakate, von Schriftzeichen bedeckt, die Direktive Maos vom 7. Mai 1966 und seine Erklärung vom 4. Oktober 1968. Ich brauchte sie mir nicht übersetzen zu lassen, denn es handelt sich um zwei bekannte Grunddokumente der Kulturrevolution (sie finden sich unter den Dokumenten im Anhang).

Die Direktive vom 7. Mai 1966 wandte sich gegen das Spezialistentum und forderte (vereinfachend ausgedrückt), jeder müsse in allen Sätteln gerecht sein. Die Erklärung vom 4. Oktober 1968 rief die »Kader«, also die Funktionäre, Beamten, Manager etc. aller Art zur körperlichen Arbeit auf. Zwar hatte ich in den Jahren seither eine Reihe von Aufsätzen aus Peking über die Schulen vom 7. Mai gelesen, auch einige westliche Analysen, und doch bislang keine klare Vorstellung über diese Institution gewinnen können. Ich will erzählen, was ich vorfand:

Bei jener ersten Tasse Tee erzählten mir einige der Gründer dieser Schule deren Vorgeschichte. Am zweiten Jahrestag der Abfassung jener Direktive vom 7. Mai war in der Provinz Heilungkiang (= Amur), im hohen Norden des Landes also, die erste »Schule vom 7. Mai« gegründet worden mit dem Ziel, in ihr die Kader der Provinz zur Handarbeit und zum einfachen Leben zurückzuführen und auf diese Weise »den Massen näherzubringen«. Zunächst war diese Schule wohl ein Experiment wie viele andere, die in dem großen China ständig da und dort auf den verschiedensten Gebieten gemacht werden. Aber dann passierte zweierlei. Meine Gastgeber berichteten:

»Am 5. Oktober 1968 lasen wir in der ›Volkszeitung‹ die Erklärung des Vorsitzenden Mao vom Vortage über die Notwendigkeit der körperlichen Arbeit für Kader und gleichzeitig einen groß aufgemachten Bericht über die Erfahrungen der ersten ›7. Mai-Schule‹ in der Provinz Heilungkiang. In einem redaktionellen Kommentar der ›Volkszeitung‹ wurden alle Kader – mit Ausnahme der allzu alten oder schwachen – aufgefordert, sich längere Zeit der Körperarbeit zu unterziehen. Dabei war ausdrücklich auch von jungen Kadern die Rede, die in Gefahr sind, nur noch vom fernen Schreibtisch aus zu regieren und zu Bürokraten und hohen Herren zu werden; sie sollten sich gleichfalls an der Heilungkiang-Schule ein Beispiel nehmen, um den proletarischen und revolutionären Geist nicht zu verlieren.«

Einige meiner Gastgeber, damals Kader in Peking-Ost, hätten sich daraufhin zusammengesetzt (spontan, wie sie sagten) und den Beschluß gefaßt, für die Kader von Peking-Ost eine Schule nach dem Modell von Heilungkiang zu schaffen. Man habe einen Gründungsausschuß gebildet und einen Platz für die Schule gewählt (wo wir uns jetzt befanden), in einem sandigen und wenig fruchtbaren Gelände etwa dreißig Kilometer nordöstlich von Peking. Bereits in den folgenden Wochen sei ein Teil der Prominenz von Peking-Ost hierher übergesiedelt.

Peking-Ost liegt östlich der Nord-Süd-Achse der Hauptstadt. Die »Schüler« entstammen vorwiegend der städtischen Administration; auch zahlreiche Lehrer, viele junge darunter, wurden einbezogen. Große Betriebe des Stadtteils aber oder Verwaltungseinheiten von überregionaler Bedeutung, wie etwa die Ministerien, hätten eigene Schulen dieses Typs ins Leben gerufen.

»Müßten Sie sich nicht eigentlich Schule vom 4. Oktober statt vom 7. Mai nennen?« fragte ich.

Man gab zu, daß es die Erklärung vom 4. Oktober war, die zur Errichtung dieser Schulen im ganzen Lande geführt habe, aber da man dabei das Modell der Heilungkiang-Schule befolgt und diese sich nach der Direktive vom 7. Mai genannt habe, sei es bei diesem Namen geblieben. Weiter wurde berichtet:

Anfangs lebte man in einem Dorf in äußerster Primitivität bei den Bauern, schlief also auch auf demselben Großbett, dem Kang, und arbeitete mit ihnen auf den Feldern. Dann aber errichtete die Schule eine Ziegelei und baute sich eigene Häuser, grub eigene Brunnen. Die Kommune, zu der das Dorf gehörte, gab ihr den bisherigen Friedhof als Grundstück für die Siedlung und eine größere sandige Fläche für den Ackerbau. Deren Bearbeitung wurde nun in Angriff genommen. (Die Schule ist der Kommune nicht angeschlossen, doch stehe sie mit der unmittelbar neben ihr gelegenen Brigade dieser Kommune in gutnachbarlicher Beziehung; man helfe sich aus, lade sich gegenseitig ein, veranstalte gemeinsame Mao-Studienabende.) Man begann mit der Planierung des Bodens, trug im Zuge dieser Arbeit auch zwei Hügel ab und zog Bewässerungsgräben. 1969 wurde zum ersten Mal geerntet; seit der zweiten Ernte, 1970, ist die Schule bei Reis, Gemüse, Eiern, Fleisch schon Selbstversorger. Seit einem Jahr hat sie sich eine kleine metallverarbeitende Fabrik zugelegt.

Ich fragte nach der Größe der Schule. »Zur Zeit hat sie eine

Belegung von 1255 Männern und Frauen, etwa zu gleichen Teilen; rund tausend Menschen haben sie bereits absolviert. Rund fünfhundert der derzeitigen Teilnehmer sind Kader, über siebenhundert sind Lehrer und Kulturfunktionäre, Bibliothekare zum Beispiel.«

Damit stellte ich zunächst mein Fragen ein, um erst einmal durch eigenen Augenschein einen Eindruck vom Leben und Arbeiten der »Schüler« zu erhalten. (Man nennt sie so, obgleich sie ja sämtlich erwachsene Menschen sind, und der Einfachheit halber bediene ich mich desselben Ausdrucks.)

Erst gingen wir zu der Stelle, wo die Schüler einen Stichkanal von dem nahen Fluß zur Grenze ihres Territoriums gegraben hatten. Durch elektrische Pumpen wird das Wasser von hier aus in einen höher gelegenen zweiten Kanal geschafft, der in einem aufgeschütteten Damm verläuft und das Wasser auf die Felder der Schule verteilt. Der Mann im Pumpenhaus erklärte mir nicht ohne Stolz, daß mit Ausnahme einiger weniger Teile die ganze Anlage von den Schülern mit ihren eigenen Händen selbst geschaffen worden sei.

»Wie lange sind Sie schon hier?« fragte ich ihn.

»Zwei Jahre.«

»Und was waren Sie vorher?«

»Ein Kader in der Finanzverwaltung Peking-Ost.«

Diese beiden Fragen, um das gleich vorwegzusagen, stellte ich im weiteren Verlauf jedem, mit dem zu sprechen ich Gelegenheit hatte. Manche Schüler waren seit der Gründung hier, doch scheint ihre Tätigkeit für sie mittlerweile aus einem Schulungskurs ein Beruf geworden zu sein. Andere waren erst vor einigen Monaten gekommen. Unter den Lehrern waren viele Frauen. Unter den befragten Kulturfunktionären befanden sich ein Mann aus der Schulverwaltung und ein Bibliothekar, unter den städtischen Kadern: ein Gewerkschaftsführer; der Leiter der städtischen Industriebetriebe von Peking-Ost; eine Beamtin aus dem Gesundheitswesen; der Leiter einer Fabrik; zwei Funktionäre aus dem Kommunistischen Jugendverband.

Schon als wir in der Pumpstation waren, hörten wir lautes metallenes Hämmern aus nahegelegenen Bauten. Dort befindet sich die Fabrik. Sie stellt Metalleimer her, etwa von der Art, wie bei uns größere Mülltonnen aussehen, mit einem kräftigen Eisenhenkel. Fast alles geschieht dort in mühsamer und harter Handarbeit. Raum an Raum stehen und hocken Männer und Frauen, hämmern, löten, bohren. In einem Schuppen und zum

Teil im Freien stapeln sich die fertigen Produkte für den Pekinger Markt.

»Wie macht ihr es hier eigentlich mit der Entlohnung?« fragte ich.

»Die Schüler erhalten von uns nichts, aber ihr bisheriges Gehalt läuft weiter; viele haben ja Kinder zu versorgen.«

»Kommen keine Ehepaare hierher?«

»Nein.«

»Wie und wann sehen sich die Ehepartner?«

»Statt jeden siebten Tag einen Tag, geben wir alle zwei Wochen zwei Tage frei, da können dann die Schüler – mit Bussen – für ein Wochenende nach Hause fahren.«

»Gab es schon Ehen zwischen Schülern?«

»Ja, ein solches Ehepaar haben wir zur Zeit hier.«

Wir betraten die Küche. Ich werde den Anblick nicht vergessen: Um einen großen Tisch standen acht oder neun Männer in weißen Kitteln, die meisten bebrillt und mit Intellektuellengesichtern, vor sich einen Berg von Teig, aus dem sie schön vorschriftsmäßig die nach oben spitz zulaufenden Pekinger Knödel kneteten und auf große runde Gitter legten, die dann, mehrere Etagen auf einmal, in heißes Wasser getaucht wurden. Auch der »Küchenchef«, der über die Arbeit Bericht erstattete, sah wie sie aus (»Ich war Kader in der Verkehrsverwaltung Peking-Ost«). An einer Wand standen mächtige Kessel, in dem einen kochte die Kohlsuppe, an der ich später teilhatte.

»Unsere Schüler haben eine besondere Methode gefunden, mit deren Hilfe man große Hitze bei sparsamem Kohlenverbrauch erzeugen kann. Wir wollen Ihnen das zeigen.«

Ein paar Schritte hinunter in den Heizraum. Hier standen drei Männer, jeder vor einem kleinen Glasfenster in Augenhöhe, durch das er in den von ihm jeweils betreuten Feuerraum blickte. Etwa anderthalb Meter jenseits des Fensters sah man auf einem Rost ein Häufchen rot glühender Kohlen den Kesselboden erhitzen; sie wurden durch ein Gebläse von unten angefacht. Der Trick war, die Kohle jeweils nur in ganz kleinen Mengen zuzuführen, damit sie fast ohne Asche oder Schlacken verbrannte. Zu diesem Zweck mußte jeder Heizer mit einem Schäufelchen von Handgröße, das er an einem langen Eisenstab aus seinem Heizraum bediente, immer im rechten Augenblick, den er durch das Fenster zu erspähen hatte, von einem Kohlehaufen etwas frische Kohle nachführen (»nachschütten« kann man angesichts der winzigen Menge nicht sagen). Die drei waren mit ihrer Tätigkeit so angespannt beschäftigt, daß ich sie nicht mit Fragen behelligen mochte; der mir am nächsten stehende war wieder der Typ des Intellektuellen, er hätte ein Schuldirektor gewesen sein können.

In der Buchhandlung der Siedlung lagen Maos Werke und zahlreiche Broschüren aus, dazu die ›Volkszeitung‹, ferner selbsthergestellte Betriebszeitungen einiger 7. Mai-Schulen mit Berichten über ihre Erfahrungen, darunter auch dieser, die ich gerade besuchte, und jener ersten in Heilungkiang.

Als nächstes besichtigten wir die Schlafhäuser; sie waren einstöckig wie alle anderen Bauten der Schule. Jeder Raum war unmittelbar von der Straße durch eine Türe zugänglich, Türen in andere Räume gab es nicht. Belegt waren sie mit acht bis zwölf Personen. Die selbstgezimmerten Betten – Holzbretter auf Ziegelbeinen, dünne Matratze – standen dicht an dicht, gut »gebaut«, die gleichmäßig gefalteten wattierten Decken am Kopfende, darauf das Kissen. Ein Tisch, auch aus eigener Werkstatt. Der Fußboden – gestampfter Lehm. Ein Kanonenöfchen. An den Wänden Mao-Bilder und -Zitate. Auf dem einzigen Regal eine Mao-Büste und Mao-Bücher. Alles sehr sauber.

»Wie wird bei Ihnen die Wäsche gehandhabt? Gibt es eine Wäscherei für die ganze Schule?«

Abwehrende Bewegungen. »Natürlich nicht, jeder muß seine Sachen selbst waschen.«

»In einem besonderen Waschraum?«

»Nein, an der Pumpe. Selbstverständlich hätten wir auch eine Wäscherei einrichten können. Aber der Sinn ist ja, daß jeder alles selbst zu tun lernt, so auch das Kochen, an dem sich alle reihum zu beteiligen haben.«

Ein anderer sagte: »Früher konnten die Kader in schöne Restaurants gehen und ein gutes Essen einnehmen, ohne eine Ahnung zu haben, wie es in der Küche aussieht. Jetzt lernen sie, alle Speisen, von der ersten Vorarbeit an, selbst zu bereiten.«

Unerwartet für mich betraten wir nun einen Kindergarten, mit vielleicht zwanzig Kindern, von drei Frauen betreut. Aber dann verstand ich: Unter den Schülerinnen befanden sich ja auch Mütter, und um deren Kinder handelte es sich. Wenn sie alle zwei Wochen ihre Männer in der Stadt besuchen, nehmen sie die Kinder mit, und die Väter haben Gelegenheit, sie zu sehen.

Ein Tag ist lang, und so suchte ich auch einmal den Abort auf: Eine schulterhohe Mauer, über die man von außen die

Köpfe der Besucher sehen kann, umgibt zwei unmittelbar benachbarte offene Räume, einen für Frauen, den anderen für Männer, mit Löchern im Boden, unabgeteilt nebeneinander, auf einer Seite – für den Fall des schlechten Wetters – überdacht. Auch das also kollektiv und primitiver kaum möglich.

Nahe dabei das kleine Spital mit einigen – zur Zeit nicht belegten – Betten und einer Apotheke; sie enthält auch Arzneien aus Kräutern, die von den Schülern selbst gesammelt und präpariert wurden.

Im gleichen Auto, das uns hergebracht hatte, fuhren wir nun auf schlechten Straßen über die Felder der Schule. Wir sahen mehrere Gruppen von Schülern bei Erdarbeiten und beim Verteilen von Mist. Gut einen Kilometer entfernt liegt ein Vorwerk (so könnte man es vielleicht nennen). Hier waren an die fünfzig Männer und Frauen damit beschäftigt, den Rest eines Hügels abzutragen und mit dem Abraum die Mulden des umliegenden Geländes aufzufüllen. Etwa die Hälfte – vor allem Frauen und ältere Männer – bedienten hohe Schubkarren, die anderen füllten die Karren mit Erde. Die rund achtzig Meter vom Hügel zur Mulde wurden in raschem Tempo, von manchen im Trab, zurückgelegt. Von Zeit zu Zeit intonierte die Kolonne, ohne die Arbeit zu unterbrechen oder auch nur das Tempo des Laufens zu mäßigen, rhythmische Sprechchöre, zu denen jeweils drüben am Hügel eine robuste junge Frau in roter Jacke, gleichfalls Schülerin, mit lautem Zuruf das Zeichen gab.

Das Vorwerk hat ein eigenes Wohngebäude, in dem manche der hier Arbeitenden schlafen (die anderen in der Hauptsiedlung), ferner eine Hühnerzucht, einen Schweinestall (auch der Mann, der ihn versorgte, hatte ein Schuldirektor-Gesicht). Größter Stolz: der runde Lagerschuppen, bis oben mit selbstgeerntetem Reis gefüllt.

Zu Mittag aßen wir, zusammen mit dem Empfangskomitee, in dem Raum, in dem wir schon morgens gesessen hatten. Es gab mir zu Ehren zwei Spezialgerichte: mit Zucker gebackene Süßkartoffelschnitze und geröstete Erdnüsse. Alles andere, sagte man mir, esse man heute auch in der Speisehalle: die spitzen Knödel, die ich vorher in Arbeit gesehen hatte, Reis, Schweinefleisch (kleingehackt in brauner Sauce), Maisgebäck, kleine Stücke eines mir unbekannten Gemüses (überbacken), eine Mischung aus Rührei und gedämpftem Gemüse und eine Kohlsuppe mit kleinen Fleischkugeln.

Schon beim Eintreffen war ich gefragt worden, ob ich noch den Nachmittag bleiben und eine Amateuraufführung ansehen wolle. Natürlich sagte ich zu. Als sich das Essen dem Ende näherte, sah man schon ein Hin- und Herlaufen vor dem Empfangsraum. Stühle und Musikinstrumente wurden herbeigeschleppt. Dann bat man uns hinaus. Dort war inzwischen alles hergerichtet. Quer über die Straße, etwa fünfzehn Meter von einer Kreuzung entfernt, standen hundert oder mehr Stühle; die vorderen waren für den Gast und das Empfangskomitee, auf den anderen saßen schon Schüler. Links, noch diesseits der Kreuzung, war das Orchester mit seinen chinesischen Instrumenten aufgebaut. Die Kreuzung diente, wie sich gleich herausstellen sollte, als Bühne, die man von rechts oder links betreten konnte. Die einzige Bühnendekoration: ein kreisrundes Mao-Bild von knapp einem Meter Durchmesser, an einer Stange so gehalten, daß von dem Mann nur die Beine zu sehen waren. (Er wurde von Zeit zu Zeit abgelöst.)

Jetzt sprang eine quicklebendige kleine Person – sie war Lehrerin – auf die »Bühne« und rezitierte mit Schauspielerinnenstimme ein Mao-Zitat, wobei sie ihre Worte mit Bewegungen des Körpers, vor allem des Kopfes und der Arme, unterstrich. Abschließend wies sie stumm auf Maos Bild. Dann verschwand sie wieder in der »Kulisse«.

Nun setzte die Musik ein, und herein liefen vierundzwanzig junge Leute beiderlei Geschlechts, alle in blauen Anzügen, weiße Handtücher um den Hals und mit großen Strohhüten, die mit einer Schnur auf ihrem Rücken befestigt waren. Mit viel Schwung führten sie einen Tanz aus, der Lebensfreude und Treue zu Mao ausdrücken sollte, und sangen dazu eine schmissige Marschmelodie.

In den folgenden Szenen wurden die einzelnen Etappen der Geschichte dieser Kaderschule tänzerisch und mimisch dargestellt: Der Bau der Häuser. Die Planierungsarbeiten. Die Unterweisung durch die Bauern; ein Bauer erzählt den ergriffen lauschenden Schülern von den Leiden der alten Zeit. Das Säen und Ernten. Sehr eindrucksvoll und fast schon akrobatisch war die Szene, die unter dem Mao-Wort, man müsse zum Kriege vorbereitet sein, der Armee gewidmet war. Erst wurde der Kampf gegen die Japaner in Erinnerung gerufen, Armee und Volk in enger Verbindung gezeigt. Die Tänzer rückten zu geschlossenen Blöcken zusammen; aus ihnen reckten sich einzelne, Frauen darunter, als »Partisanen« hoch, spähten um sich,

»schossen« oder warfen »Handgranaten« und verschwanden blitzschnell wieder. Einmal sang die kleine Ansagerin nach chinesischer Manier mit ansprechender Stimme ein Mao-Zitat. Die letzte Szene brachte eine Mao-Apotheose und schloß mit einem kämpferischen Lebenden Bild.

Bei der Schlußbesprechung im Empfangsraum lag mir vor allem daran, die teilweise recht deklamatorischen Erklärungen, die man mir gegeben hatte, durch Beispiele illustrieren zu lassen. So war z. B. gesagt worden, die Schule habe die Aufgabe, bei den Schülern »erstens das revolutionäre Bewußtsein zu fördern, zweitens das Verständnis für die Arbeitenden zu entwickeln, drittens zu schwierigen Leistungen anzuspornen«.

»Was heißt das konkret?« fragte ich. »Können Sie mir das nicht an einzelnen Fällen verdeutlichen?«

Hier je ein Beispiel für jede der drei genannten Aufgaben, etwa in der Form, in der sie mir an jenem Nachmittag erzählt wurden:

»Das revolutionäre Bewußtsein fördern, das heißt, daß man nicht auf alten Verdiensten ausruhen darf, sondern immer Neues zur Revolution beitragen muß. Wir hatten hier gleich zu Beginn einen Mann, der schon 1934 der Partei beigetreten und also ein treuer Gefolgsmann des Vorsitzenden Mao war. 1949 hatte er eine hohe Stellung in Peking-Ost bekommen. Im Laufe der Zeit nahm er die Allüren eines großen Herren an; er entfernte sich von den Massen, saß hinter seinem Schreibtisch und erließ Anordnungen, die andere ausführen mußten. Schließlich trat ihm das revisionistische Gift ins Blut. Natürlich kritisierten ihn die Massen [in der Kulturrevolution]. Er sah ein, daß er sich ändern müsse, und kam zu uns. Hier ging er in sich. Er verstand, daß er auf das werktätige Volk von oben herabblickte wie ein Feudalherr oder ein Kapitalist, daß er im Grunde dessen Klassenfeind geworden war. Vor einiger Zeit ist er geläutert nach Peking-Ost zurückgekehrt.«

»Was das Verständnis für die Arbeitenden betrifft, so wollen wir Ihnen das Beispiel einer Ärztin erzählen. Sie arbeitete an einer Klinik in Peking. Da hatte sie es immer nur mit Stadtleuten zu tun. Über die Bauern aber rümpfte sie die Nase, die seien schmutzig, meinte sie. Auch sie wurde von den Massen kritisiert und kam zu uns. Das Leben hier fiel ihr nicht leicht, aber sie gab sich Mühe. Als eine Bäuerin krank wurde, zog sie zu ihr, um sie besser pflegen zu können. Sie selbst verrichtete jetzt die schmutzigsten Arbeiten und legte so ihre Vorurteile ab.«

»Das mit den schwierigen Leistungen schließlich müssen Sie so verstehen: Aus Liebe für den Vorsitzenden Mao und zum Wohle des chinesischen Volkes und des Sozialismus sollen wir bereit sein, auch die größten Strapazen auf uns zu nehmen und die widerwärtigsten Dinge zu tun. Was ist das Widerwärtigste? Das Leeren von Latrinen. Also muß jeder von uns das machen, und zwar nicht nur hier, sondern auch zu Hause in der Stadt. Wir hatten hier den Stellvertretenden Stadtdirektor von Peking-Ost. Ihn kannte dort natürlich jedes Kind. Daher war es für ihn besonders peinlich, in seinem alten Stadtbezirk, zu dessen Spitzenkadern er gehört hatte, nach einem Dreißig-Kilometer-Marsch, verstaubt und verschwitzt, die Latrinen auszuschöpfen. Er fürchtete, sein Gesicht ganz und gar zu verlieren. Aber er überwand sich und machte es wie die anderen; er leerte Latrinen und schob die übelriechenden Kübel auf seinem Karren die dreißig Kilometer hierher zurück, auf die Felder der Schule. Denn er hatte erkannt, daß Latrinenleeren nicht eine schmutzige Sache ist, sondern eine glorreiche. Auf diese Weise trug er dazu bei, die finsteren Pläne des Schuftes Liu Schao-tschi zunichte zu machen. Der hatte ja bei den Parteikadern das Gefühl kultiviert, etwas Besseres zu sein als die Masse, und das Bestreben gefördert, es den Beamten der alten Zeit an Vornehmheit gleichzutun. Die Massen lieben keine hochnäsigen Leute. Aber wenn einer brüderlich zu ihnen ist, sie nicht verachtet, für ihre Arbeit Verständnis zeigt und sogar Latrinen leeren kann, dann respektieren sie ihn, auch als Kader, und gönnen ihm das Auto, damit er dringende Arbeiten im Dienst des Vorsitzenden Mao rasch ausführen kann.

Das ist das Entscheidende in unserer Schule; hier gibt es keine Beamten, keine Ränge, alle sind Schüler, Arbeiter, in der Hitze des Sommers wie in der Kälte des Winters. Das tut nicht nur den alten Kadern gut, sondern auch den jungen, die nicht die schweren Zeiten der Unterdrückung und der japanischen Besatzung gekannt haben. In den 7. Mai-Schulen werden sie ideologisch gestählt, und wenn sie eines Tages Kader oder Lehrer werden oder was auch immer – die Massen werden von ihnen sagen: Die sind in Ordnung, die waren in einer Schule vom 7. Mai.«

Daß es in der Schule diszipliniert hergehe, habe mit Militärischem nichts zu tun. »Am Anfang war die Armee beteiligt, aber jetzt schon lange nicht mehr.« In der Tat habe ich während des ganzen Besuches keine Uniform gesehen.

Der Revolutionsausschuß der Schule war erst sehr spät gegründet worden, im Oktober 1969. »Wir waren ja aus den verschiedensten Behörden und Schulen hier zusammengekommen und mußten uns erst in gemeinsamem Leben und Arbeiten kennenlernen, ehe wir unsere Führung benennen konnten.« Das Parteikomitee entstand im November 1970. Wie auch anderwärts haben dieselben Leute die Führungspositionen in beiden Gremien inne.

Mit einem der jüngeren Leute, einem Mann aus der Kulturverwaltung von Peking-Ost, unterhielt ich mich etwas länger. Was denn sein Lieblingszitat aus dem ›Roten Büchlein‹ sei? (Er trug es bei sich in der äußeren Jackentasche.)

»Das erste Zitat im ersten Kapitel«, sagte er und zitierte: »Die Kraft, die unsere Sache als Kern führt, ist die Kommunistische Partei Chinas. Die theoretische Grundlage, von der sich unser Denken leiten läßt, ist der Marxismus-Leninismus.«

Ob er denn auch selbst etwas von Marx und Lenin gelesen habe? erkundigte ich mich. Er bejahte, und ich fragte ihn nach den Titeln je einer Schrift der beiden Autoren, die er besonders schätze. Die Antwort kam prompt: ›Das Kommunistische Manifest‹, von dem er wußte, daß es 1848 erschienen war, und ›Staat und Revolution‹.

Wo er denn diese doch nicht ganz einfachen Texte lese, wollte ich wissen.

»Im Schlafraum.«

»Einen allgemeinen Studierraum gibt es nicht?«

»Nein.«

Ob denn allen, die in die Schule kommen, klar sei, was sie dort erwartet? »Vielen nicht«, war die Antwort. »Wir erleben immer wieder, daß die Neuen meinen, sie kämen zu uns, um Landwirtschaft zu erlernen. Aber das ist nur ein untergeordneter Gesichtspunkt, wir wollen ja schließlich hier keine Berufsbauern ausbilden. Wenn sie begriffen haben, daß es nicht so sehr um die Bauernarbeit geht als um die Ideen Mao Tse-tungs, verfallen sie in den gegenteiligen Fehler, sie suchen sich abzukapseln und die Werke Maos zu studieren. Schließlich geht ihnen auf, daß sie nicht etwas mit dem Kopf lernen, sondern sich in ihrem Wesen verwandeln und die drei Richtlinien des Vorsitzenden befolgen sollen [Klassenkampf, Kampf um Produktion, wissenschaftliches Experiment, Rotes Büchlein, III. Kapitel]. Erst dann sind sie auf dem richtigen Wege.«

Ich erkundigte mich nach dem Gruppenstudium der Mao-Werke.

»Jeden Morgen eine halbe Stunde und drei Abende die Woche. Die anderen Abende sind frei.«

»Und was wird an den Studienabenden gemacht?«

»Mao studiert, der Schuft Liu kritisiert, Selbstkritik geübt.«

Auf die Frage nach der Zahl der Schüler vom 7. Mai in ganz China erhielt ich keine Antwort. Wahrscheinlich wußte sie auch keiner. In der Presse finden sich von Zeit zu Zeit örtliche Angaben; so meldete die Provinz Kwangtung über hunderttausend und die Provinz Honan – allein aus der Provinzverwaltung – zwanzigtausend 7. Mai-Schüler.

Ehe ich aufbrach, fragte ich, wie man sich die Zukunft vorstelle. Wenn man weiterhin einen Großteil der Schüler über Jahre hinweg behalte, sei der Durchlauf sehr gering und nur ein kleiner Bruchteil der Kader und Lehrer von Peking-Ost erhielte dann diese Schulung. »Genau wissen wir das auch noch nicht, es ist alles neu und im Stadium des Experimentierens. Wir machen auch noch zahlreiche Fehler. Aber wenn sich alles eingespielt hat, könnte es sein, daß nur ein kleiner Stab bleibt und im übrigen die Belegschaft häufiger, vielleicht alle drei Monate, wechselt.«

»Ist etwa an die Gründung einer zweiten 7. Mai-Schule für Peking-Ost gedacht, um den Durchlauf zu beschleunigen?«

Die Antwort war ein klares Nein.

»Aber wird die Schule auf die Dauer nicht überflüssig, wenn sich eines Tages alle Menschen gewandelt haben?«

Wieder eine klare Antwort: »Der Kampf zwischen den zwei Wegen wird auf unabsehbare Zeit weitergehen, also wird es diese Schulen noch lange geben.«

Volkskommune »Gelber Lehmhügel«

Die Volkskommune liegt im Kreise Fengtai, südwestlich von Peking. Den gelben Lehmhügel, nach dem sie sich nennt, traf ich nicht mehr an; er war, da er aus guter Erde bestanden hatte, abgetragen und in Weizenfelder verwandelt worden.

Die Mitglieder des Revolutionsausschusses, die mich am Tor erwarteten, führten mich über einige Höfe. Auf dem letzten standen vierzig, fünfzig Fahrräder. »Versammlung?« fragte ich.

Man nickte und fügte hinzu: »Diskussion über Frühjahrsarbeit, mit Selbstkritik.«

Um es gleich zu sagen: Als wir nach stundenlanger Besichtigung zurückkehrten, standen die Fahrräder immer noch da.

Wie üblich wurde ich erst einmal mit Tee bewirtet. Bei einer anderen Besichtigung hatte ich einfach heißes Wasser erhalten, denn Tee gilt auch jetzt noch nicht als selbstverständlich. Heißes Wasser dagegen ist immer zur Verfügung. China stellt Thermosflaschen in ungeheuren Mengen her; sie sind heute ein fester Bestandteil des Lebens wie einst in Rußland der Samowar. Im Hotel sorgte der Diener dafür, daß immer eine volle Thermosflasche mit ganz heißem Wasser auf dem Tisch stand; den Tee kaufte ich mir in einem Laden der Hotelhalle in kleinen Tüten; der beste, den ich sah, kostete 15 Yüan (= 22,50 DM) das Pfund, man kann aber auch schon Tee für 2 Yüan haben.

Zuerst gab man mir eine Grundinformation: Die Kommune wurde im Jahre 1958, als Zehntausende von Volkskommunen entstanden, durch Zusammenlegung einer Reihe von Dörfern gegründet; im Kreis Fengtai, der sehr dicht besiedelt ist, gibt es heute fünf Volkskommunen. Diese umfaßt insgesamt 34000 Menschen auf 45500 Mu Land (1 Mu = $^1/_{15}$ Hektar) und besteht aus elf Brigaden, die ihrerseits wieder in 106 Abteilungen aufgeteilt sind; sie besitzt fünf »Fabriken«, eine Klinik, dreizehn Elementar- und drei Mittelschulen, jede der elf Brigaden verfügt über eine Reparaturwerkstätte für die eigenen Maschinen (die ich nicht gesehen habe) und eine Sanitätsstelle.

Wir besuchten nur zwei einander benachbarte Brigaden, und auch dafür mußten wir längere Fahrten unternehmen. Es wurden mir gezeigt:

1. Eine Hühnerfarm. Die Hühner sind in niedrigen Lehmbauten untergebracht; diese sind nach Süden zu mit mannshohen Glasfenstern versehen, nach Norden niedrig und fensterlos, insgesamt über hundert Meter lang und beherbergen an die tausend Hühner und Hühnchen. Zwei Männer und eine Anzahl Mädchen betreuen sie.

2. Gewächshäuser. Die Anlage ist ähnlich, nur daß sie auch noch beheizt wird. Man zeigte mir die Gurkenzucht. Entlang dem Fenster, durch das die Frühlingssonne schien, ein grünes Geflecht von Ranken und Blättern, an dem die schmalen, langen Früchte hingen. Jede einzelne war mittels eines Fadens mit

einem baumelnden Steinchen beschwert, »damit die Gurke schön gerade wächst«. In diesem Gewächshaus sah ich einen alten Heizer, außerdem zwei Mädchen an den Gurken beschäftigt. Die Kommune verkauft viel Gewächshausgemüse nach Peking, auch Tomaten.

3. Ein Kaufladen. Ein heller Raum, etwa zwölf auf dreißig Meter groß, mit Ladentischen und Regalen an den Wänden. Das Warenangebot war reichhaltig: Kleidungsstücke, Schuhe, Schreibwaren, Süßigkeiten, Obst. Die Äpfel und Orangen waren nicht schlechter als in Peking; das Hemd, das ich mir in Peking erstanden hatte, sah ich hier mit dem gleichen Etikett, zum gleichen Preis.

Dies waren brigadeeigene Einrichtungen, dazu kamen noch einige, die der Kommune gehören:

4. Das Krankenhaus. Es besteht aus einer Gruppe von Häusern, liegt für sich allein, von Feldern umgeben, und wurde erst vor wenigen Jahren gebaut. Ich sah das Ambulatorium, die Apotheke (mit traditionell-chinesischen und westlichen Medikamenten), den Gebärraum, das Wöchnerinnenzimmer (mit einer jungen Mutter samt Kind), das Behandlungszimmer (eine Frau bekam ihren Arm mit einer Quarzlampe bestrahlt, eine andere wurde mit Wärme behandelt), den Operationsraum. Die Kosten trägt die Kommune aus ihren eigenen Einkünften, außerdem zahlt jedes Kommunemitglied einen Jahresbeitrag von 1 Yüan. Ich lernte einen Teil des Personals kennen: die Chefärztin mit feinem Intellektuellengesicht, einige kichernde Schwestern, den jungen Apotheker, der gleich begann, einen Vortrag über seine Bestände zu halten und mir vor allem die Fächer vorführte, die von Kommunefrauen gesammelte Kräuter enthielten; schließlich zwei »Barfußärzte«.

Die Barfußärzte waren nicht barfuß, es handelt sich lediglich um eines der vielen einprägsamen Neuwörter der chinesischen Sprache; mit diesem soll ausgedrückt werden, daß diese Leute ohne akademische Ausbildung sind. Mit ihrer Hilfe versucht man in China, überallhin ein Minimum an ärztlicher Pflege zu bringen, auch in die Dörfer. Hier traf ich ihrer zwei, eine Frau um die Dreißig und einen stämmigen Burschen Mitte Zwanzig, die ihre Ausbildung in diesem Krankenhaus erhalten hatten. Normalerweise sind sie draußen bei ihrer Brigade, wo sie an der allgemeinen Arbeit teilnehmen und nur, wenn nötig, als »Ärzte« in Aktion treten – als Sanitäter, würden wir vielleicht sagen.

Ich erkundigte mich, was sie alles heilen können. Knochenbrüche? Nur einfache Fälle, sagten sie, kompliziertere kämen ins Krankenhaus. Entbinden? Die junge Frau nickte, der Bursche machte ein zweifelndes Gesicht.

5. Eine Mittelschule mit 460 Schülern und 30 Lehrern. Auf dem Schulhof war eine Klasse beim Turnunterricht, genauer: beim Stafettenlauf. Auch an dieser Schule wird experimentiert, man meint, sechs Klassen seien für eine Mittelschule auf dem Land zuviel, und versucht es mit drei. Aber eine Entscheidung ist noch nicht gefallen.

Ich sah drei Klassen beim Unterricht. In einer Mathematikstunde waren die Schüler mit Bruchrechnungen beschäftigt. Die junge Lehrerin schrieb recht komplizierte und lange Gleichungen an die Tafel, fragte in die Klasse hinein, erhielt Antworten, schrieb weiter, alles mit großer Geschwindigkeit. In dem Raum für körperliche Arbeit herrschte ohrenbetäubender Lärm: Die Schüler machten Kehrichtschaufeln aus schwerem Blech, übrigens zum Verkauf für die Stadt; in einer Ecke war ein ganzer Berg der fertigen Produkte gestapelt.

In einer Klasse schließlich wurde Akupunktur unterrichtet, eine chinesische Heilmethode, die mit tiefen Nadelstichen arbeitet. Der Lehrer fragte, wo man bei den einzelnen Leiden die Nadel einzustecken habe, und die Schüler zeigten jeweils die Stelle an ihrem eigenen Körper. Dann rief er zwei Schülerinnen heraus, die eine war »Patientin«, die andere »Ärztin«. Die »Ärztin« desinfizierte erst ihre Finger und die Nadel mit Wattebäuschchen und Alkohol, dann stieß sie mit sicherer Bewegung die Nadel der »Patientin« in die Schläfe. Der Lehrer besichtigte das Werk, kritisierte und zeigte. Die »Ärztin« zog die Nadel wieder heraus und tupfte Alkohol an die Einstichstelle.

6. Von den »Fabriken« sah ich eine große Werkstätte, in der unter anderem an – wenn ich richtig gezählt habe – zweiundzwanzig Drehbänken Maschinenteile hergestellt wurden, zum Teil für den eigenen Bedarf, zum Teil für fremde Abnehmer. Ferner eine Mühle, die Weizen und Mais verarbeitet, einen selbst zusammengezimmerten Betrieb mit urtümlich einfachem Mahlwerk und elektrischem Antrieb, von weißbekitteltem Personal flink bedient.

Schließlich noch eine Traktorenstation, die mit zu den fünf Fabriken gezählt wurde. Hier war schon Feierabend, als wir eintrafen. Einige Arbeiter begrüßten uns mit ›Rotem Büchlein‹ in der Hand. Sie zeigten uns die in Reih und Glied stehenden Traktoren und Lastwagen, auch einen Jeep chinesischer Produktion, dazu eine Reparaturwerkstätte mit mehreren Räumen.

Der Ruf nach Schaffung zahlreicher kleiner und mittlerer Handwerks- und Industrie-Betriebe im Rahmen der ländlichen Kommunen ist nicht neu, wird aber in den letzten Jahren mit besonderem Nachdruck erhoben. Die fünf »Fabriken« dieser Kommune waren schon in deren ersten Jahren entstanden. Zur Zeit haben sie 700 Arbeiter, die alle aus der Kommune selbst hervorgegangen sind.

Dann fuhren wir noch über die Felder, die von einem verzweigten Entwässerungsnetz durchzogen sind. Wir überquerten Kanäle, die die Kommune in einer Länge von insgesamt hundertfünfzig Kilometern selbst angelegt hat. Dazu zahllose Gräben, breite und schmale. 400 elektrisch betriebene Brunnen seien in der Kommune gebaut worden. »Bei uns ist noch viel sandiger Boden [das war deutlich zu sehen], und wir haben seit alters her drei Feinde: Dürre, Überschwemmungen, Sandstürme. Mit unseren Kanälen und Gräben werden wir Dürre und Überschwemmungen zugleich besiegen. Schon heute sind wir fast soweit. 95 Prozent des Bodens sind heute bewässert, vor 1949 waren es nur 5. Früher ernteten wir 50 Kilo Getreide per Mu, jetzt 350. Gegen die Sandstürme pflanzen wir Bäume [die langen geraden Asphaltstraßen der Kommune sind durchweg Alleen], und in anderen Kommunen westlich von uns, wo die Stürme herkommen, tut man das auch. Aber es wird noch lange dauern, bis wir dieses dritten Feindes Herr werden.«

Wieder im Empfangsraum, stellte ich noch einige Fragen, zuerst nach den Finanzen der Kommune.

»Die Kommune erhält zwanzig Prozent des Einkommens der Brigaden. Davon zahlt sie die Steuern an den Staat, sechs Prozent vom Gesamteinkommen der Kommune, damit finanziert sie auch eine Reihe von Investitionen, zum Teil auf Brigadeebene. So baut zum Beispiel die Kommune die Schulen, dagegen kommt der Staat für das Gehalt der Lehrer wie auch für die Elektrizität auf. Der Staat gibt der Kommune manchmal auch Hilfe bei größeren Investitionen.«

»Wieso Steuern?« fragte ich. »In Dadschai hatte man mir gesagt, die Landwirtschaft zahle keine Steuern.«

»Getreide ist steuerfrei. Wir aber produzieren großenteils hochwertige Nahrungsmittel für die Großstadt Peking. Das ergibt relativ hohe Einnahmen, die zu versteuern sind.«

Ich hatte meinen ersten Besuch in einer Volkskommune mit besonderer Spannung entgegengesehen. 1957, bei meinem letzten Aufenthalt in China, hatte es diese Organisationsform der Landwirtschaft noch nicht gegeben. 1958 bestand das flache Land plötzlich nur noch aus Volkskommunen (die sich ihrerseits in Brigaden gliederten), wurde der Welt – nicht zuletzt den Russen – die Volkskommune als die Idealform der sozialistischen Landwirtschaft gepriesen. Nach den schweren Rückschlägen des Großen Sprunges war es dann um die Volkskommunen stiller geworden, als stünden sie nur noch auf dem Papier.

Der Besuch im »Gelben Lehmhügel« zeigte mir, daß die Volkskommunen existieren und zwischen den Brigaden und dem Kreis auch eine Funktion haben. Aber kein Zweifel, daß die Brigade die weitaus dynamischere Einheit ist. In ihr kennt jeder jeden, in ihr vollzieht sich das dörfliche Leben, wird diskutiert, gestritten, beschlossen. In Dadschai war das Wort Kommune kaum je gefallen, außer als man mir erzählte, man habe nach der Naturkatastrophe von 1963 deren Hilfsangebot abgelehnt. Je vitaler eine Brigade ist, desto mehr wird sie aus eigener Initiative unternehmen und in eigener Regie behalten wollen: Dadschai besitzt ja sogar sein eigenes Krankenhaus. Der Kommune möchte man nur überlassen, was über die Leistungskraft der Brigade hinausgeht und nur im größeren Verband rationell genutzt werden kann. Doch auch da sind die Grenzen fließend. Es gibt Brigaden, die sogar ihre eigene Mühle besitzen, und Dadschai hat sich, wie wir sahen, seine eigene Nudelfabrik gebaut.

Die Volkskommune – das sind ein paar Verwaltungsgebäude und einige wenige kommuneeigene Unternehmungen. Wenn ihre Kader ein konkretes Bild von der Arbeit der Kommune geben wollten, mußten sie sich immer wieder an die Einrichtungen der Brigaden halten. Es ist nur natürlich, daß sie selbst in der Vorstellung leben, alle wesentlichen Entscheidungen lägen bei ihnen. Aber es ist sicher kein Zufall, daß eben nicht eine Volkskommune, sondern eine Brigade dem ganzen Land als Modell vor Augen gehalten wird: Dadschai.

Ich stellte dann doch noch meinen Gastgebern im »Gelben Lehmhügel« einige Kontrollfragen, zuerst nach den Einkünften der Kommunemitglieder. Die Antwort lautete:

»Bei den Arbeitern in den Kommune-Fabriken liegen sie zwischen 30 und 50 Yüan im Monat (der Direktor der Maschinenteilfabrik erhält 40 Yüan, ein Lehrer etwa ebensoviel, die Ärztin auch), bäuerliche Arbeitskräfte bekommen 300 bis 400 Yüan im Jahr.«

»Wie erfolgt die Einordnung der Einzelnen in die Lohngruppen?«

»Durch Diskussion.« Über die Faktoren, die dabei berücksichtigt werden, habe ich in anderen Betrieben, in Dadschai vor allem, genauere Auskünfte erhalten. Was aber unter politischem Bewußtsein verstanden wird, ist mir nirgends deutlicher geworden als in der Geschichte, die mir hier ein Mitglied des Revolutionsausschusses erzählte:

»Wir haben in der Kommune eine Genossin Feng, die im Schweinestall arbeitet. Einmal ergab es sich, daß in derselben Nacht eine ihr anvertraute Sau und das ihr privat gehörende Schaf Junge bekommen sollten. Obwohl es ihr nicht leichtfiel, hat sie die Nacht gemäß den Lehren des Vorsitzenden Mao im Stall der Kommune verbracht, und als sie nach Hause kam, waren ihre beiden neugeborenen Lämmer mangels Versorgung tot. Sie war traurig darüber, aber von ihren Kindern wurde sie gelobt, weil sie das Gemeinsame über das Private gestellt hatte.«

Die Seidenfabrik und die Gleichheit

Hangtschou, das Marco Polo als Paradies auf Erden bezeichnet hatte, befindet sich heute noch im Zentrum der uralten Seidenkultur Chinas. Es lag also nahe, daß ich mir dort eine Seidenfabrik ansah. Auch hier war es nicht das Werk als solches, was mich in erster Linie interessierte, über dieses nur soviel: Es hat 1700 Arbeiterinnen und Arbeiter, 330 elektrisch betriebene Webstühle, die bis zu fünfzehn Farben in einem Arbeitsgang weben, und kann rund tausend verschiedene Muster und Farbzusammenstellungen herstellen. Zur Produktion gehören Brokate, seit der Kulturrevolution auch Muster politischen Inhalts – Porträts von Marx bis Stalin, eine ganze Serie von Mao-Bildern in Seide gestickt, darunter Mao und Prinz Sihanouk zusammen.

Nach der Besichtigung setzten wir uns im Empfangszimmer zusammen. Ich konnte meine Fragen stellen, während Marx,

Engels, Lenin und Stalin von der einen Wand und von den übrigen Wänden Mao zuschauten, alle aus purer Seide.

Zunächst wollte ich etwas über die Buchhaltung erfahren. Das war nicht ganz einfach. »Wie verhalten sich Einnahmen zu Ausgaben?«

»Diese Frage stellt sich für uns nicht. Der Staat gibt uns bestimmte Aufträge, nennt uns Planziele, stellt uns die Mittel zur Verfügung, und wir liefern ihm die Waren. Finanzielle Probleme wie in der kapitalistischen Welt kennen wir nicht.«

»Ich kann mir nicht vorstellen«, sagte ich, »daß das so einfach ist, denn dann hätten Sie ja überhaupt keine Übersicht.«

»Für uns ist unsere Produktion eine Frage der Quantität, der Statistik also, und nicht der Buchhaltung. In den vergangenen Jahren haben wir unser Planziel erfüllt, und damit fertig.«

Ich gab mich nicht zufrieden. »Es kann doch nicht sein, daß Sie dem Staat Waren liefern, ohne zu wissen, was die wert sind, und daß der Staat Ihnen Maschinen und Rohstoffe sowie Geld für Ihre Löhne gibt, ohne daß jemand darüber Buch führen und das eine gegen das andere aufrechnen würde. Wie hoch war Ihr Planziel 1970?«

»Viereinhalb Millionen Meter.«

Ich erinnerte mich der Preise für Seidenstoffe und Brokate, die ich in Läden gesehen hatte, und sagte auf gut Glück:

»Dann unterstelle ich einmal, daß der Staat Ihnen dafür rund neun Millionen Yüan gutschreibt.«

Meine Gesprächspartner schauten sich gegenseitig an, lachten und sagten, daß ich das tun könnte. Meine Zahl muß also der richtigen einigermaßen nahegekommen sein; jedenfalls gingen wir im weiteren Verlauf des Gesprächs immer von ihr aus. »Gut, dafür liefert Ihnen der Staat die nötigen Rohstoffe, dazu Elektrizität, Wasser usw., und gibt Ihnen Barmittel zur Bezahlung der Löhne. Geht das ungefähr so vor sich?« Man nickte.

»Nehmen wir weiter an«, sagte ich, »daß sich 1970 Ihre Ausgaben etwa die Waage hielten mit ihren Einnahmen aus Verkäufen an den Staat und daß Sie 1971 auf Grund von Einsparungen, der Erweiterung der Automation, von sonstigen arbeitssparenden Verfahren, kurz, auf Grund größerer Arbeitsproduktivität um zehn Prozent mehr produzieren, also insgesamt rund 5 Millionen Meter, wofür Ihnen dann der Staat statt wie bisher neun nunmehr rund zehn Millionen Yüan zahlen müßte. Nehmen wir das an. Könnten Sie dann über diese zusätzliche Million Yüan frei verfügen?«

Der Gedanke schien ihnen höchst merkwürdig. Sie schüttelten energisch die Köpfe. Nein, natürlich nicht; sie seien doch kein kapitalistisches Unternehmen, das auf Profit aus sei.

»Die Erhöhung der Arbeitsproduktivität ist aber kein kapitalistisches Prinzip, sondern so alt wie die Menschheit. Die Verbesserungen der Lebensbedingungen in den letzten tausend Jahren haben sich ja gerade dadurch ergeben, daß die Menschen mit den verschiedensten Methoden ihre Arbeitsproduktivität gesteigert haben.«

»Aber wir sind doch bemüht, die Arbeitsproduktivität zu erhöhen!« hieß es jetzt. »Und wir tun das auch mit Erfolg, wir produzieren heute rund 50 Prozent mehr Meterware als vor der Kulturrevolution.«

»Dann haben Sie 1965 nur 3 Millionen Meter hergestellt und entsprechend nur 6 Millionen Yüan vom Staat erhalten. Ihre Einnahmen müßten demnach 1970 um 3 Millionen Yüan höher gewesen sein als 1965.«

Ich wurde korrigiert. »In Metern ist unsere Produktion seit 1965 um 50 Prozent gestiegen, aber an Wert nur um 17 Prozent. Wir haben vor der Kulturrevolution erstens zu teuer gewirtschaftet und zweitens allzu viele Luxusstoffe hergestellt.«

»Nun«, sagte ich, »mir kommt es nicht auf genaue Zahlen an, sondern auf das Grundsätzliche. Ich unterstelle also weiterhin, daß Sie 1970 für 4,5 Millionen Meter 9 Millionen Yüan erhalten haben. 1965 verdienten Sie, wie Sie mir eben sagten, 17 Prozent weniger (wir rechneten mittlerweile alle auf irgendwelchen Zetteln), also 7,7 Millionen Yüan, und zwar für 50 Prozent weniger Ware, das heißt für 3 Millionen Meter. Damals erlöste also die Fabrik zweieinhalb Yüan für das Meter, jetzt nur zwei Yüan. Sie haben Ihre Meterproduktion erhöht, Ihren Preis pro Meter gesenkt, also eine Erhöhung der Arbeitsproduktivität erreicht. Was haben Sie von dieser Erhöhung Ihrer Produktivität gehabt?«

»Wir verdienen zwar heute pro Meter weniger als 1965, aber insgesamt mehr als damals, weil unsere Produktion gestiegen ist. Aus diesen Mehreinnahmen haben wir unseren Maschinenbestand verbessert, haben dazugebaut und ähnliches mehr.«

»Das kam der Fabrik zugute«, erwiderte ich. »Was hatte die Belegschaft davon?«

Schweigen.

»Hat sie von der von ihr zusätzlich geschaffenen Produktion irgend etwas für sich selbst gewonnen? Eine Lohnaufbesserung?« Entschiedenes Kopfschütteln.

»Hat sie, wenn nicht direkt, dann vielleicht indirekt etwas davon gehabt, etwa durch den Bau zusätzlicher Wohnhäuser oder einer größeren Küche für die Belegschaft?«

»Nein. Wenn wir neue Wohnhäuser brauchen, beantragen wir diese beim Revolutionsausschuß der Stadt Hangtschou, und der entscheidet dann, ob wir sie bekommen oder nicht.«

»Mit Ihrer gestiegenen Arbeitsproduktivität hätte das nichts zu tun?«

»Nein, nichts. Das ist ja gerade die große Lehre, die wir aus der Kulturrevolution gezogen haben, daß man nicht aus Eigennutz arbeiten soll, sondern um Ehre zu gewinnen für den Vorsitzenden Mao und unser sozialistisches Vaterland, und in dieser Wandlung unseres Bewußtseins liegt der Sieg der Linie des Vorsitzenden Mao über den getarnten Verräter und Schuft Liu.«

»Ich höre immer von der Bosheit dieses Mannes«, sagte ich. »Worin bestand sie?«

Er wollte, hieß es, den kapitalistischen Weg einschlagen.

»Wie hat sich das konkret in dieser Fabrik ausgewirkt?«

»Zum Beispiel so, daß seine Leute, die es auch bei uns in der Fabrik gab und die damals den Ton angaben, einzelnen Arbeitern Nebeneinnahmen für Sonderleistungen zuschusterten. Wer mehr produziert als der andere, erhielt außer seinem Lohn, der ihm auf Grund seiner Lohnkategorie zustand, noch zusätzliche Einkünfte. Auf dem Weg über die Anstachelung seines Egoismus, seines materiellen Interesses, sollte er zu größerer Leistung veranlaßt werden.«

»Handelte es sich bei diesen Nebeneinnahmen um große Beträge?«

»Sie gingen bis zu sechs Yüan.«

»Am Tag?«

»Nein! Im Monat!«

Ich war überrascht. »Wenn diese Nebeneinnahmen so gering waren, wozu dann diese ganze Aufregung?«

»Sie verstießen gegen die Gleichheit. Daß es verschiedene Lohnkategorien geben muß, sieht jeder ein; der arbeitskräftige Mann gehört in eine höhere Lohnkategorie als eine schwächere Frau, erst recht, wenn diese nicht ganz voll eingesetzt werden kann, da sie eine Familie zu versorgen hat. Unser Höchstlohn beträgt 82 Yüan, der durchschnittliche liegt natürlich darunter. Und wenn von zwei Leuten, die derselben Lohnkategorie angehören, der eine 60 und der andere 66 Yüan im Monat bekommt, so wird das als ungerecht angesehen. Diese revisionistische und kapitalistische Lohnmethode störte also die innere Einheit der Belegschaft. Es gab Diskussionen, warum der eine die 6 Yüan im Monat zusätzlich bekam und der andere nicht. Mancher erlangte die Nebeneinnahme, weil er mogelte: indem er pfuschte, produzierte er mehr Meter als der andere. Vielleicht machte er es so geschickt, daß es die Kontrolle nicht merkte, aber die Arbeitskollegen wußten es und ärgerten sich darüber, daß Pfuscherei auch noch belohnt wurde. Statt Betriebsverbesserungen zu diskutieren, stritt man sich über Löhne. Die Massen haben daher dieses Lohnsystem kritisiert, nur konnten sie sich lange Zeit gegenüber den Machthabern, die den kapitalistischen Weg eingeschlagen hatten, nicht durchsetzen. Erst im Sturm der Kulturrevolution wurden diese weggefegt.«

»Und was ist besser geworden, seit es für Sonderleistungen keine sechs Yüan mehr im Monat gibt?«

»Es ging nicht um die sechs Yüan, die sind in der Tat ein belangloser Betrag. Es ging um die Gesinnung, es ging darum, daß die Anhänger des getarnten Verräters Liu an den Egoismus appellierten. Der Egoismus ist schlecht, ihm haben wir den Kampf angesagt und ihn haben wir überwunden. Was dadurch besser geworden ist? Die Einheit der Belegschaft haben wir geschaffen. Es wird nicht mehr über Löhne diskutiert, sondern darüber, wo man einsparen, was man besser machen, wie man dem Staat möglichst viel Ware liefern kann. Wenn früher einer eine Verbesserung erfand, behielt er sie für sich, um mehr zu produzieren als die anderen und mehr zu verdienen als die anderen. Heute gibt er eine Erfindung gleich an alle weiter, denn für sich persönlich hätte er ja ohnehin nichts davon.«

Ich bat um Illustrationen durch Beispiele. Eine Frau sagte: »Vor Jahren hatten wir aus der Tschechoslowakei Webstühle importiert, die den Faden mit Düsendruck bewegten. Auf ihnen ließen sich aber nur ganz schmale Stoffe weben. Niemand machte sich Gedanken, wie man das verbessern könnte, denn das wäre ihm persönlich ja doch nicht zugute gekommen, und jeder war nur an etwas interessiert, was ihm den Bonus verschaffen würde. Kaum aber hatten wir den Egoismus überwunden, da griff eine Gruppe von sich aus diese Aufgabe auf, und jetzt können wir mit dem Düsenwebstuhl auch breite

Stoffe weben. Zunächst allerdings geht das nur einfarbig, aber es wird nicht lange dauern, da werden unsere Arbeiter auch dieses Problem lösen.«

»Sie lehnen also, wie Sie anfangs sagten, den Betriebsegoismus ab und erst recht, wie Sie mir eben erklärten, den individuellen Egoismus, und gewähren keinerlei Belohnung für höhere Leistungen. Glauben Sie wirklich, damit durchzukommen?«

»Ja. Wir gehen davon aus, daß jeder ohnehin innerhalb seiner Leistungsfähigkeit, und das heißt innerhalb seiner Lohnkategorie, das Maximum leistet.«

»Hand aufs Herz«, sagte ich, »gibt es in Ihrem Betrieb wirklich keinen einzigen, der mehr bekommt als den vorhin genannten Höchstbetrag von 82 Yüan? Auch nicht unter den Kadern und Technikern?«

Sie sahen sich an. »Doch, es gibt noch drei. Von ihnen bekommt einer sogar 100 Yüan. Er ist der einzige, und darüber gibt es nichts. Und auch das ist nur eine auslaufende Übergangserscheinung.«

»Was ist übrigens«, fragte ich, »aus den Liu-Anhängern geworden, von denen vorhin die Rede war?«

»Einige haben ihr politisches Bewußtsein gewandelt; sie haben Selbstkritik geübt und sind heute noch im Betrieb, manche sogar auf ihren alten Posten – mit Zustimmung der Massen. Die anderen sind nicht mehr da. Die Massen haben es ihnen besonders übelgenommen, daß sie immer auf Anregungen aus dem Ausland warteten und sich auf ausländische Patente und Methoden beriefen, statt die unerschöpfliche Schaffenskraft der eigenen Volksmassen zum Zuge kommen zu lassen.«

»Nun nehmen wir aber einmal folgenden Fall an«, sagte ich. »Sie haben einen Arbeiter namens Tschang; er ist gesund und kräftig, besitzt Intelligenz und langjährige Erfahrung, er ist fleißig und zuverlässig, er hält seine Maschinen in tadelloser Ordnung und hat noch nie Ausschuß produziert, auch sind seine Familienverhältnisse geordnet, kurzum, er ist der tüchtigste Arbeiter Ihrer ganzen Fabrik, aber – er hat einen Fehler: Er hält absolut nichts vom Vorsitzenden Mao und vom ›Roten Büchlein‹. Was ist dann?«

Jetzt sprachen alle auf einmal. Der Sinn ihrer Worte: »Dieser Fall kann gar nicht vorkommen. Wer die Ideen des Vorsitzenden Mao ablehnt, kann kein tüchtiger Arbeiter sein. Beides geht Hand in Hand.«

Ich sagte: »Sie kommen mir vor wie Soldaten im Kriege. Da erhält auch jeder einen gleich niedrigen Sold, gleichgültig ob er sich besonders hervortut oder nicht. Auch der Soldat wird nicht in Bargeld für Leistungen belohnt, etwa für die Zahl der Gegner, die er erschossen hat. Und doch gibt er sein Äußerstes, sogar sein Leben. Stimmen Sie diesem Vergleich zu?«

Sie nickten, er gefiel ihnen offensichtlich.

»Gut«, sagte ich, »das sind Soldaten im Kriege. Das Vaterland ist in Gefahr, Weib und Kinder müssen geschützt werden, und jeder weiß: Es wird einmal ein Ende nehmen. Sie wollen diesen Geist zu einer Dauereinrichtung machen. Wie aber wird es bei Ihnen in zehn, in zwanzig Jahren sein?«

»Wir sind überzeugt: genauso wie heute, wie seit der Kulturrevolution.«

»Wir wissen aus der Geschichte, daß kleine Minderheiten bereit sein können, sich ein ganzes Leben lang ohne den Gedanken an sich selbst für eine Idee einzusetzen, und daß sich ganze Völker für eine begrenzte Zeit ebenso verhalten können. Und Sie denken, daß dreiviertel Milliarden Menschen auf unabsehbare Zeiten so leben werden?«

»Ja. Wir glauben das fest.«

»Der Egoismus der Menschen«, sagte ich, »ist sicher kein sehr idealer Charakterzug. Aber seit Menschengedenken ist er der Motor der Entwicklung gewesen. Sie versuchen als erste, ihn im Maßstab eines ganzen und zudem riesigen Volkes völlig auszuschalten. Wenn Ihnen das gelingt, wäre das eine gewaltige Sache. Ich wünsche Ihnen Glück dazu. Aber die knapp fünf Jahre seit dem Beginn der Kulturrevolution sind viel zu kurz, um ein Urteil zu erlauben. Wiedervorlage im Jahre 1990.«

»Wir sind uns unserer Sache sicher«, sagten sie, als wir uns trennten.

Mit ähnlichen Problemen behelligte ich die Vertreter auch anderer Fabriken, die ich besuchte. Meine hartnäckigen Fragen nach dem Lohnsystem erweckten kopfschüttelnde Verwunderung und galten als typisches Symptom meiner kapitalistischen Mentalität; es gebe doch, sagte man, Wichtigeres als Löhne und Geld. Ich erwiderte dann, das Verhältnis von Arbeit zu Lohn sei ein Urproblem der Menschheit, mit dem sich auch Marx, Lenin und Stalin herumgeschlagen hätten, man möge also verstehen, daß ich mich für die neuen chinesischen Methoden interessiere. Die relativ konkretesten und klarsten Auskünfte erhielt ich in einer kleinen und daher überschaubaren Fabrik (820 Arbeiter, ein Drittel Frauen) nördlich von Peking. Meine Gesprächspartner waren zwei Arbeiter, beide Liu mit Namen, beide Mitglieder des Revolutionsausschusses, der jüngere dessen Sekretär, der ältere zuständig für Personalfragen und Ideologie. Für diese Fabrik ergab sich folgendes Bild:

Es gibt acht Lohnkategorien (das scheint auch im wesentlichen für andere Fabriken zu gelten), der Lohn für die unterste (1.) beträgt 40 Yüan, der für die höchste (8.) 100 Yüan. Die Einstufung erfolgt unter drei Aspekten: Erfahrung, Fertigkeit, politisches Bewußtsein.

Die *Erfahrung* wird im wesentlichen nach den Jahren der Tätigkeit in dem betreffenden Beruf gemessen. Aber auch zwei Arbeiter, die dieselbe Arbeit gleich lange ausführen, können sich in ihrer *Fertigkeit* unterscheiden, und dieser Unterschied wird gleichfalls berücksichtigt. Wie das *politische Bewußtsein* gemessen wird, habe ich nie genau erfahren, da ich an keinen Versammlungen teilnahm, auf denen es für jeden einzelnen durchgesprochen wird.

Ich erkundigte mich nun nach den Lohnkategorien der einzelnen Arbeiter, mit denen ich mich während der Besichtigung der Fabrik unterhielt. Ein alter Meister, seit seinem fünfzehnten Lebensjahr in diesem Beruf stehend, war in der achten Kategorie; die beiden Frauen, die bei ihm ausgebildet wurden, in der dritten bzw. vierten Kategorie; der ältere Liu in der siebten, der jüngere in der vierten (obgleich Sekretär des Revolutionsausschusses); der – nicht anwesende – Direktor der Fabrik in der achten. Die jeweils geleistete Arbeitsmenge wirkt sich auf den Lohn nicht aus, es gibt also keinen Stück- oder Akkordlohn. Vielleicht produziert der alte Meister weniger Stücke als die von ihm ausgebildeten Frauen, trotzdem ist er wegen seiner jahrzehntelangen Erfahrung und seiner großen Fertigkeit in der höchsten Kategorie.

»Wenn jemand ein schlechtes politisches Bewußtsein hat«, fragte ich, »wird er dann in eine niedrigere Lohnkategorie heruntergestuft?«

Spontan hoben beide Lius abwehrend die Hände. Nein, das gebe es nicht.

»Wie dann wirkt sich das politische Bewußtsein bei der Entlohnung aus?«

Der jüngere Liu erklärte: »Nehmen wir an«, sagte er, »daß Herr Meinade (so sprechen die Chinesen meinen Namen aus) und der Genosse Li (der Dolmetscher) beide in der Kategorie sechs sind; Herr Meinade hat ein gutes politisches Bewußtsein, der Genosse Li hat ein schlechtes. Dann wird Herr Meinade nach einer bestimmten Zeit, gewöhnlich zwei Jahren, in die Kategorie sieben aufrücken, während der Genosse Li in der sechsten bleibt. Alle zwei Jahre wird die Frage der Lohnkategorie für jeden Arbeiter aufs neue durchdiskutiert.«

Schließlich erkundigte ich mich noch nach einem Organisationsproblem. Wieder antwortete der jüngere Liu, ein Mann von wacher Intelligenz:

»Der *Revolutionsausschuß* dieser Fabrik wurde am 23. November 1967 gegründet, er besteht aus 13 Personen. Das *Parteikomitee* der Fabrik entstand [nachdem sich das alte bei der Kulturrevolution aufgelöst hatte] am 5. März 1970.«

»Wie verhalten sich Parteikomitee zu Revolutionsausschuß?« wollte ich wissen.

»Das Parteikomitee leitet den Revolutionsausschuß.«

»Besteht Personalunion?«

»Die führenden Mitglieder des Revolutionsausschusses sind auch Mitglieder des Parteikomitees.«

»Ist der Fabrikdirektor zugleich Vorsitzender des Revolutionsausschusses und des Parteikomitees?«

»Ja.«

»Erhält der Direktor in der achten Kategorie denselben Geldbetrag wie der Meister in der achten Kategorie, oder gibt es zwei verschiedenwertige Skalen, eine für Arbeiter und eine für administratives Personal?«

»Der Direktor erhält in seiner achten Kategorie denselben Betrag wie der alte Meister in seiner achten Kategorie.«

»Glauben Sie, daß das Nebeneinander von Revolutionsausschuß und Parteikomitee lange andauern wird, oder werden sich die beiden verschmelzen?«

Wieder der jüngere Liu: »Sie werden beide noch lange bestehen bleiben, weil sie verschiedene Funktionen ausüben, das Parteikomitee leitende, der Revolutionsausschuß administrative.«

Liu erzählte noch, daß Arbeiter und Arbeiterinnen auch über das Pensionsalter hinaus bei vollen Bezügen weiterarbeiten können und daß ihnen nach der Pensionierung siebzig Prozent ihres Lohnes weitergezahlt werden.

Auch bei diesem Gespräch – es dauerte weit länger, als es hier wiedergegeben werden konnte – wurde ich ausgiebig über die Vorzüge der Lehren Maos und die Missetaten des Liu Schao-tschi belehrt, auch an dieser Fabrik sei der Kampf zwischen den »Zwei Wegen« heftig gewesen. (Siehe die Erläuterung »Zwei Wege«.) Es gehe ja auch nicht nur um die Produktion, sondern in hohem Maße um die Umwandlung der Menschen und letzten Endes um die Revolution in aller Welt. Dazu trage bei, daß man an jedem Morgen vor der Arbeit eine halbe Stunde und an jedem Abend nach der Arbeit eine Stunde dem Studium der Ideen Mao Tse-tungs widme. Für viele Arbeiter, so fügten sie hinzu, sei das Mao-Studium zu einem festen und schon selbstverständlichen Bestandteil des Tagesablaufs geworden.

Die Tee-Brigade pflanzt auch Reis

Eine Landschaft genauso, wie man sie sich nach chinesischen Rollbildern vorstellt: Regenverhangene Reistäler; bizarre Hügel; geduckte Hütten; Menschen mit breiten Hüten, Regencapes aus geflochtener Borke, Tragestangen mit Lasten auf der Schulter balancierend.

Nach etwa fünfzehn oder zwanzig Kilometern Fahrt von Hangtschou nach Südwesten bogen wir in ein Seitental ein und fuhren nun ein schmales Flußtal hinauf. An einer Stelle sah ich viele Menschen im Regen an der Arbeit; sie waren dabei, neuen Ackerboden zu schaffen. Aus der Talwand brachen sie Steine, gruben sie Erde. Mit den Steinen errichteten sie einen Damm dem Fluß entlang, und mit der Erde füllten sie den Boden bis zum Damm auf. Auch sie arbeiteten unverdrossen, ohne sich um das rauhe Wetter zu kümmern, ihrer vierhundert, wie ich später erfuhr; Männer und Frauen.

Einen Kilometer weiter, wo das Tal schon sehr eng war, lag das Dorf Meitschawa. Im Empfangsraum wurden mir die ersten Erklärungen gegeben. Danach kam eine Besichtigung des Dorfes (darunter auch der Schule, des Kindergartens, wo mir die Kleinen zwei Kampflieder aus den neuen Opern ›Tigerberg‹ und ›Rote Laterne‹ vorsangen, des Ladens und zweier Wohnhäuser) samt der Umgebung und schließlich eine Unterhaltung, die sich über mehrere Stunden hinzog.

Anfänglich war nur die Stellvertretende Vorsitzende des

Revolutionsausschusses anwesend. Als später der Vorsitzende selbst dazukam, fragte ich ihn, ob es üblich sei, bei solchem Wetter Arbeiten im Freien zu machen, und wie sich das mit der Mahnung des Vorsitzenden Mao vereinigen lasse, stets über die Volksgesundheit zu wachen. Er sagte:

»Ich komme selbst eben von der Arbeitsstelle (damit bitte ich meine Verspätung zu entschuldigen), und ich war dort, um den Leuten zu sagen, sie sollten wegen des Dauerregens Schluß machen. Sie haben sich geweigert, mir zu folgen; die Zeit des Teepflückens beginnt in wenigen Tagen, und sie wollen unbedingt noch vorher die Arbeit beenden, an der Sie sie gesehen haben. Ich habe schließlich zugestimmt, aber nur unter der Bedingung, daß sie nachmittags nicht wieder im Freien arbeiten.« Gegen Mittag, als wir (in Regenmänteln und unter Schirmen) von der Besichtigung zurückkehrten, sahen wir die Vierhundert in langer Kolonne mit Hacken und Tragkörben ins Dorf einrücken, naß von Kopf bis Fuß und verdreckt von Fuß bis Hüfte. Da wir anschließend noch die Schule besuchten, kamen wir erst wieder auf die Straße zurück, als der Trupp schon eine Weile vorbeigezogen war. Sie führte den Fluß entlang, und mir fiel auf, daß das vorhin noch so klare Wasser jetzt völlig braun war. Den Grund mußte ich nicht weit suchen: Vierhundert Dorfbewohner wuschen sich und ihre verschmutzten Kleidungsstücke im Fluß.

Da und dort sah ich klatschnasse Frauen mit Kleinkindern im Arm durch den Regen laufen; sie hatten die Kinder in der Krippe abgeholt, in die ich auch schon geführt worden war, und trugen sie nun für die Mittagspause nach Hause.

Wir befanden uns in einer Brigade, die mit dreizehn anderen Brigaden einer südlich von Hangtschou gelegenen Kommune angehört. Der Vorsitzende des Revolutionsausschusses heißt Tsu, seine erste Stellvertreterin Tscheng. Die Brigade produziert in erster Linie Tee. Vor 1949 waren in Meitschawa rund 500 Mu Tee angepflanzt worden. Davon hatten sich vier Fünftel im Eigentum eines Grundbesitzers und einiger weniger Bauern befunden; die restlichen zwanzig Prozent hatten den übrigen Dorfbewohnern gehört, deren Gesamtzahl sich damals auf rund 750 belief. Seither haben sich die Teeanbauflächen durch neue Terrassen (auf 1 035 Mu) und die Bevölkerung (auf 1 340 Personen) etwa verdoppelt.

Auch die Pro-Mu-Produktion ist gestiegen: von 110 Kilo im Jahre 1965 auf 140 im Jahre 1970. Entsprechend nahm auch das Einkommen pro Familie zu: von 900 Yüan 1965 auf 964 Yüan im vorigen Jahr. Die Etappen der Kollektivierung entsprechen dem allgemeinen Rhythmus: 1952 wurde eine »Genossenschaft mit gegenseitiger Hilfe« geschaffen, 1955 die »Genossenschaft höheren Typs«, 1958 die Volkskommune; Meitschawa wurde ihr als Brigade eingegliedert. Das Einkommen der Brigade ist nicht zuletzt dadurch stark gestiegen, daß sie heute selbst feinste Teesorten marktfertig herstellt, da sie den ganzen Produktionsprozeß in der Brigade ausführen kann; u. a. hat sie 240 elektrische Öfen zum Teetrocknen.

Neu ist, daß die Brigade, die früher nur Tee anbaute, jetzt auch 150 Mu mit Reis bepflanzt. Diesen Boden hat sie neu dazugewonnen. Was ich unterwegs an Erdarbeiten gesehen hatte, diente der Schaffung weiterer Reisfelder.

»Wir haben beschlossen«, erzählte man mir, »noch einmal 150 Mu für den Reisanbau zu erschließen. Mit den ersten 150 Mu hatten wir zunächst viel Pech. In den beiden Jahren 1968 und 1969 ist uns die gerade erst geschaffene Reisanbaufläche von Fluten weggeschwemmt und vernichtet worden. Es gab Kleinmütige, die meinten, wir sollten den Reisanbau aufgeben, von dem wir Teebauern ohnehin nichts verstünden. Die Massen aber erinnerten sich an das große Wort des Vorsitzenden Mao: ›In der Landwirtschaft lernt von Dadschai!‹ Wie Dadschai nach seiner Flutkatastrophe von 1963, so haben wir nach den Flutschäden von 1968 und 1969 unsere Reisfelder wiederhergestellt, mit noch höheren Dämmen gegen mögliche Fluten. Seither ist alles gut gegangen. Im vorigen Jahr haben wir auf Grund der Erklärung des Vorsitzenden Mao vom 20. Mai, in der er sich mit den Völkern Indochinas solidarisch erklärte, zu Ehren des Kampfes dieser Völker besondere Anstrengungen für den Reisanbau gemacht und insgesamt 90000 Kilo Reis geerntet. Damit können wir schon einen guten Teil unseres Eigenverbrauchs decken.«

Ich erkundigte mich, warum sie unbedingt ihren eigenen Reis anbauen wollten. »Treiben Sie die Befolgung der Parole Maos, man solle auf eigenen Füßen stehen, nicht etwas zu weit? In Ihrem Tal wächst ein in ganz China berühmter Tee [das war immer wieder gesagt worden]. Wenn Sie sich schon die Mühe machen, zusätzlichen Boden urbar zu machen, warum dann nicht für Tee? Den Teeanbau haben Sie seit vielen Generationen in den Fingern, Sie machen ihn erstklassig, und das Klima bei Ihnen ist dafür ideal. Warum bleiben Sie nicht dabei und kaufen den Reis da, wo er viel besser gedeiht als bei Ihnen?«

»Wenn wir das täten, würden wir mit unserer Ernährung dem Staat zur Last fallen.«

»Nein«, sagte ich, »denn Sie würden dem Staat mehr kostbaren Tee liefern, den er, zum Teil im Ausland gegen Devisen, verkaufen könnte. Der Staat hätte davon also keinen Nachteil, sondern einen Vorteil.«

»Es geht aber nicht nur darum. Wir befolgen auch den Spruch des Vorsitzenden Mao, jeder solle Lebensmittelreserven anlegen für den Fall eines Krieges oder einer Naturkatastrophe.«

Hierzu hatte ich keine weiteren Argumente.

Meine nächsten Fragen bezogen sich auf die Finanzierung.

»Sie haben rund 1000 Mu mit Tee bepflanzt und ernten 140 Kilo pro Mu. Da man, wie ich von Ihnen gelernt habe, die Teesträucher nach zwanzig Jahren bis kurz über dem Erdboden zurückschneiden muß und es dann einige Jahre dauert, ehe man wieder Tee ernten kann, werden Sie vermutlich keine 140 × 1000 = 140000 Kilo geerntet haben, sondern weniger. Wie groß war die Ernte 1970?«

Die beiden Vorsitzenden hatten ihre Zahlen gut im Kopf: »110000 Kilo.«

»Und was hat Ihnen der Staat dafür bezahlt?«

»370000 Yüan.« (Der Staat zahlt je nach Qualität zwischen 1 und 10 Yüan pro Kilo.)

»Also betrugen Ihre Einnahmen 1970 rund 370000 Yüan. Und woraus bestanden die Ausgaben? Zunächst einmal aus den Löhnen. Sie haben rund 250 Familien und, wie Sie mir erzählten, entfielen auf jede Familie rund 1000 Yüan an Lohn. Also brauchten Sie 250000 für den Lohnfonds. Blieben 120000 Yüan. Was wurde aus denen?«

Jetzt kamen die Antworten etwas langsamer. Die beiden unterhielten sich ein paar Minuten. Das Resultat: 30000 Yüan waren Steuern (übrigens direkt an den Staat, nicht über die Kommune), 30000 gingen in Investitionen aller Art, 50000 in Betriebsmittel (Düngemittel, Elektrizität usw.), die restlichen 10000 Yüan auf das Konto »Verschiedenes«.

»In anderen Kommunen im Norden hat man mir erzählt, daß die Landwirtschaft keine Steuern zahlt. Ist es hier anders?«

»Die Antwort ist einfach: Einnahmen aus Getreideverkauf

werden nicht versteuert, wohl aber Einnahmen aus anderen Produkten, wie eben Tee.«

»Und wie wird der Lohn berechnet?« Es ergab sich, daß auch diese Brigade nach Arbeitspunkten bezahlt. Auch hier sind 10 Arbeitspunkte pro Tag normalerweise das Maximum. Herr Tsu bekommt alle 10 Punkte, Frau Tscheng 8 Punkte. Jeder Punkt gilt 14 Fen (in Dadschai 15 Fen), Herr Tsu erhält also für seine 10 Punkte 1,40 Yüan am Tag. Durchschnittliche Zahl der Arbeitstage pro Jahr ist 290. Demnach verdient Herr Tsu rund 410 Yüan im Jahr.

Dann fragte ich nach dem Verhältnis der Brigade zur Kommune. Im Rahmen der Kommune gebe es alles das, was die einzelne Brigade nicht habe, so z. B. eine Schule mit den beiden obersten Klassen der Mittelschule, ferner eine Kleinfabrik für die Herstellung von landwirtschaftlichen Geräten, ein Krankenhaus. Auch werde in der Kommune der Produktionsplan, für die ganze Kommune wie auch für die einzelnen Brigaden, aufgestellt. Er werde zwar auch in den Brigaden durchdiskutiert, dann aber als endgültig von der Kommune festgelegt.

Der Revolutionsausschuß besteht in dieser Brigade aus 17 Personen. Nach dem Drei-in-eins-Prinzip sitzen in ihm Vertreter der Streitkräfte (in diesem Falle vier Angehörige der innerhalb der Brigade bestehenden Miliz), der Kader (acht) und der Massen (fünf). Ich fragte, wie man Mitglied des Revolutionsausschusses wird. Nach einem längeren Gespräch schälte sich folgender Vorgang heraus:

Die Kandidaten werden von den Brigademitgliedern vorgeschlagen und auf Versammlungen diskutiert. Dabei scheiden manche aus, die Zahl der Namen verringert sich. Wenn sie überschaubar geworden ist, findet der Wahlakt statt. Jedes Mitglied der Brigade, d. h. jeder, der mitarbeitet (eine klare Altersgrenze besteht nicht), schreibt dann höchstens 17 Namen auf einen Zettel und steckt diesen in eine Wahlurne. Die 17 mit den meisten Nennungen gelten als gewählt.

»Wird, wer die meisten Nennungen hat, automatisch Vorsitzender?«

»Nein, die 17 wählen aus ihrer Mitte den Vorsitzenden und dessen Stellvertreter; in unserer Brigade haben wir deren vier.«

»Wann wurde euer Revolutionsausschuß gewählt?«

»Im August 1968.«

»Gab es danach Neuwahlen?«

»Nein, aber da wir nur für ein Jahr gewählt worden waren, fragten wir die Massen nach Ablauf dieser Frist, ob sie Änderungen in der Zusammensetzung des Revolutionsausschusses wünschten. Das war nicht der Fall, also blieben wir im Amt. Ein Jahr später geschah dasselbe, und so werden wir es auch weiter handhaben.«

»Erfolgt auch diese Bestätigung in geheimer Abstimmung?«

»Nein.«

Als ich nach der Zahl der Mitglieder in der Parteileitung der Brigade fragte, wich man aus. Das komme jeweils auf »die örtlichen Bedingungen« an. Durchweg fand ich, daß man sehr viel bereiter war, über den Revolutionsausschuß als über die Partei zu sprechen, vielleicht war die Rekonstituierung der Partei im Dorf noch nicht abgeschlossen. Natürlich habe die örtliche Parteileitung weniger Mitglieder als der Revolutionsausschuß, erfuhr ich schließlich. Ob alle ihre Mitglieder auch Mitglieder des Revolutionsausschusses seien?

»Nein, aber einige, um die einheitliche Leitung sicherzustellen.« Herr Tsu und Frau Tscheng gehören beide der örtlichen Parteileitung an.

»Und wie gelangt man in den Revolutionsausschuß der Kommune?«

»Die Brigade entsendet ihren (oder ihre) Vertreter. Unsere Brigade hat einen Mann im Revolutionsausschuß der Kommune, der auch in unserem Revolutionsausschuß sitzt. Die Entscheidung, wer in den Revolutionsausschuß der Kommune entsandt wird, fällen die Massen.«

»Ist auch diese Entscheidung geheim?«

»Nein.«

Das Gespräch wurde in einem schönen und großen Raum geführt, der keinen neuen Eindruck machte. Auch die Stühle waren altmodisch geschnitzt.

»War das früher das Haus eines reichen Bauern?«

»Ja. Er hat es sich durch die Ausbeutung der armen Bauern geschaffen. Also wurde es ihm im Zuge der Landreform weggenommen und dem Volk zurückgegeben.«

»Was ist aus ihm geworden?«

»Er lebt nicht mehr.«

»Und aus den andern?«

»Die leben auch nicht mehr.«

»Die Kinder sind zum Teil noch in der Brigade. Wir diskriminieren sie nicht, sie waren selbst nicht an der Ausbeutung beteiligt. Aber natürlich müssen sie nun wie alle anderen leben, ohne alle Privilegien.«

Noch einmal wurde vom grünen Tee der Brigade, ihrem Stolz und Hauptprodukt, nachgegossen. Dann brach ich auf.

Besuch in der »Morgensonne«

In Schanghai, wo ich einst mehrere Jahre gelebt hatte, interessierten mich einerseits die Veränderungen im alten Stadtkern, zum anderen die neuen Entwicklungen in der Umgebung.

Gleich am ersten Tag fuhren wir in einen neuen Vorort. Tsaoyang (= Morgensonne) liegt nordwestlich von Schanghai und ist der älteste unter den neuen Vororten; er wurde schon 1951 angelegt und seither ständig erweitert. Heute besteht er aus acht Bezirken mit insgesamt 68000 Menschen, die in 14700 Haushalten leben.

Die Bewohner sind vorwiegend Arbeiter der benachbarten Textilfabriken, die Häuser zwei- bis fünfstöckig. Dreizehn Krippen und Kindergärten sorgen für 2300 Kinder, in 14 sechsjährigen Elementarschulen lernen 15000 und in sieben dreijährigen Mittelschulen 17000 Schüler. Der Vorort hat ein Kino (auch als Theater zu verwenden), eine Kulturhalle für Veranstaltungen aller Art, einen Bücherladen, ein Krankenhaus (außerdem hat jeder Bezirk eine eigene Sanitätsstelle), ein Warenhaus (und je Bezirk eine Gemischtwarenhandlung, einen Reisladen und einen Gemüsemarkt), eine Badeanstalt, eine Post, eine Bank.

Von den meisten Einrichtungen konnte ich mir selbst einen Eindruck verschaffen: Das Warenhaus ist nicht viel anders bestückt als die großen Warenhäuser in der Stadt, wenngleich natürlich die Auswahl geringer ist. Es gab große Hürden von Äpfeln, Birnen und Mandarinen. In dem Reisladen sind drei verschiedene Qualitäten zu haben, zu 25, zu 28,6 und zu 32,8 Fen das Kilo. Durch eine gekrümmte Blechrutsche gleitet der schon abgewogene Reis in die von den Kunden mitgebrachten Säcke. Reis ist (wie Baumwolle, die ich schon nannte) rationiert, die Rationen sind auf einer Tafel vermerkt: Zehn- bis vierzehnjährige Kinder erhalten 12,7 Kilo im Monat, eine Frau, die gerade an der Reihe war und die ich nach ihrer Ration fragte,

14,5 Kilo. Die höchste Menge (für Schwerstarbeiter): 25 Kilo im Monat.

Im Krankenhaus ist Hochbetrieb in jedem Raum, den wir betreten. Die übrigen Patienten schauen zu, während einer von ihnen behandelt wird: Hier wird mit Akupunktur-Nadeln gearbeitet, dort werden Spritzen verpaßt, Tropfen in kranke Augen geträufelt, Medikamente aller Art ausgegeben.

Die Bank war sehr einfach eingerichtet. Schalter gab es nicht, die Angestellten saßen hinter einem langen Tisch. Hier erfuhr ich endlich von kompetenter Seite, daß der Zins für Sparguthaben dreieinhalb Prozent beträgt. Auf die Frage nach der durchschnittlichen Höhe der Ersparnisse konnte man mir keine Antwort geben.

»Gibt es Guthaben über tausend Yüan?«

»Ja.«

In der Krippe, wo die Ein- bis Dreijährigen betreut werden, tanzten und sangen mir die »Älteren« etwas vor. Ihre Tanzliedchen hatten durchweg politischen Inhalt: ›In Peking, da ist eine goldene Sonne‹ oder ›Wir haben den Vorsitzenden Mao gesehen‹ oder ›Die Strahlen des Vorsitzenden Mao sind tief in unsere Herzen gedrungen‹, jeweils mit den dazugehörigen Bewegungen. Ungemein niedlich – wie eben Kinder in diesem Alter sind – waren die Vier- bis Sechsjährigen im Kindergarten. Auch dort gab es am Schluß der Besichtigung eine Vorführung, zu deren Beginn ich von einer kleinen Ansagerin als »Großvater aus Westdeutschland« begrüßt wurde. Ich sah Szenen aus den neuen Opern, einen ›Tanz der unterdrückten Völker, die gegen den Imperialismus aufstehen‹, mit geballten Fäustchen und verzerrten Mienen, zwei Huldigungen vor Mao-Bildern, einen Soldatentanz.

Ein Tanzlied hieß ›Der Pfennig‹. Ein Mädchen tanzt allein und findet auf dem Boden einen Pfennig. Ein Junge tanzt vorbei. Sie fragt:

»Onkel, gehört dir der Pfennig?«

»Nein.«

Ein Mädchen tanzt vorbei. »Tante, gehört dir der Pfennig?«

»Nein.«

Ein Junge tritt auf, der einen Schutzmann darstellt.

»Onkel Schutzmann, ich habe diesen Pfennig gefunden, alle sagen, daß er ihnen nicht gehört. Also gebe ich ihn dir für den Staat.«

Der Schutzmann nimmt den Pfennig und bedankt sich.

Es war ein angenehmer Frühlingstag, von Zeit zu Zeit kam die Sonne durch, die Bäume zeigten sich im ersten grünen Schimmer, die Menschen auf der Straße und in den Läden schauten mich zwar sehr neugierig, aber auch recht freundlich an. Ich sagte meinen beiden Begleitern vom Revolutionsausschuß: »Könnte ich eine Wohnung sehen?«

Man führte mich in ein nahegelegenes Haus. Wir gingen durch den Korridor im Erdgeschoß, dann öffnete man mir eine Türe. In der blitzblanken Stube saß eine Frau in mittleren Jahren, die gleich Tee bereitete. (Ich hatte den Eindruck, daß ihr der Besuch des »fremden Gastes« nicht völlig unerwartet kam.) Frau Kuo ist 59 Jahre alt (sie war rundlich und gut beieinander), ihr Mann 66. Beide pensioniert. Er war zuvor Arbeiter in einer Textilfabrik, sie Arbeiterin in einer Seidenspinnerei (ihre Aufgabe dort: die Kokons aufzulösen). Das Pensionsalter ist für Frauen fünfzig, für Männer sechzig Jahre. Die Pension beträgt 70 Prozent des letzten Lohnes, in ihrem Falle 42 Yüan (von einem Lohn von 60 Yüan). Das Ehepaar hat einen Sohn, der seit einem Jahr mit seiner jungen Frau in einem anderen Haus des Vorortes wohnt. Für die Miete zahlen sie 3,10 Yüan im Monat, für Strom etwa 1 Yüan. Sie haben zusammen das eine Zimmer, außerdem mit zwei anderen Familien eine Toilette und eine Küche. Die Toilette hat Wasserspülung, in der Küche stehen auf drei verschiedenen Tischen drei Gaskocher.

Das Zimmer enthält ein breites Ehebett, einen Tisch, drei Stühle, eine Kommode, vier aufeinandergestellte Truhen für Kleidungsstücke und Hausgerät, die weißen Wände sind mit Mao-Bildern und -Sprüchen geschmückt.

Was sie denn mit ihrer freien Zeit mache?

Sie helfe viel in der Nachbarschaft aus, sagte sie, wenn jemand krank sei, wenn ein Kleinkind versorgt werden müsse, während die Mutter arbeite, und bei ähnlichen Gelegenheiten.

Ob diese Arbeit zugeteilt wird?

»Nein.«

Wie sie denn erführe, wo Not am Mann ist?

»Man weiß, was um einen herum vor sich geht und wo man gebraucht wird.«

Dreimal die Woche gebe es Mao-Studium. Teilnehmer seien die Angehörigen der drei zusammenlebenden Familien, die jeweils für eine bestimmte Zeit aus ihrer Mitte einen Studienleiter bestimmen.

Als wir wieder auf der Straße waren, sagte ich: »Könnte ich noch eine Wohnung sehen?«

Wir gingen ein Haus weiter. Auf dem Flur war eine Frau dabei, den Boden naß aufzuwischen. Sie führte uns in ihre Wohnung, die aus zwei Zimmern besteht; denn die Frau hat einen Mann und fünf Kinder. Frau Tsou arbeitet selbst nicht und bezeichnete sich als Hausfrau. Der Mann ist Arbeiter (er war abwesend, ebenso wie der Mann von Frau Kuo), der Älteste sei Hochschulabsolvent und Techniker, der in einer Fabrik arbeitet, der zweite bei der Armee, der dritte Lehrling; die beiden Jüngsten besuchten noch die Schule. Nur die drei Jüngeren wohnen daheim. In den beiden Zimmern war es nicht ganz so sauber wie bei Frau Kuo, man merkte, daß Jugend im Hause ist. Auf einem Regal sah ich eine Mao-Statue, an den Wänden Mao-Bilder, außerdem zwei Diplome, eingerahmt; das eine bescheinigt Vater Tsou den Rang eines Aktivisten in seiner Fabrik, das andere dem Zweitältesten seine Bewährung in der Armee. Freizeit hat Frau Tsou weniger, wegen der Kinder, sie nützt sie ähnlich, wie Frau Kuo es berichtet hatte.

In den Empfangsraum zurückgekehrt, bat ich um Auskunft über die Tätigkeit der Revolutionsausschüsse und Parteikomitees. Zunächst wurde mir der administrative Aufbau erklärt. Schanghai-Stadt hat auf 140 Quadratkilometern 6 Millionen Einwohner, Schanghai-Land auf 5760 Quadratkilometern weitere vier Millionen. Schanghai-Stadt besteht aus zehn Stadtteilen, einer davon umfaßt neun Vororte, von denen die »Morgensonne« einer ist. Da der Vorort wiederum in Bezirke unterteilt ist, gibt es also insgesamt vier Ebenen, von denen ich es hier nur mit den beiden untersten, dem Vorort und den Bezirken, zu tun hatte. Auf jeder Ebene hat jede Einheit ihren Revolutionsausschuß.

Manche Fragen stellte ich immer wieder. Also sagte ich: »Wie kommt ein Revolutionsausschuß auf der Ebene des Bezirks zustande?«

»Die Massen des Bezirks bestehen aus einzelnen Gruppen, jede umfaßt einen Wohnblock. In Gruppenversammlungen werden Kandidaten vorgeschlagen und mehrfach diskutiert, wobei sich die Zahl allmählich verringert. Zum Schluß, wenn sie übersehbar geworden ist, wird durch Handzeichen abgestimmt. Auf der Bezirksebene sind die Mitglieder des Revolutionsausschusses meist Hausfrauen und Rentner.«

»Und auf der Ebene des Vorortes?«

»Hier wird der Grundsatz ›Drei in eins‹ in doppelter Hinsicht angewandt. Einerseits müssen Armee, Kader und Massen vertreten sein, anderseits die ältere, mittlere und junge Generation.« Auf meinen Einwand, dieses zweite »Drei in eins« sei doch nach der Parteisatzung von 1969 nur für die Parteiorgane vorgesehen, wird geantwortet, man habe sich entschlossen, es auch für den Revolutionsausschuß zu gebrauchen.

Die zwei Armee-Vertreter im Revolutionsausschuß von Tsaoyang werden übrigens vom übergeordneten Stadtteil aus einer im Raum Schanghai stationierten Einheit entsandt, also nicht gewählt. Die weiteren achtzehn Mitglieder des Revolutionsausschusses werden so gewählt: Auf einzelnen Versammlungen in den Bezirken werden Wahlmänner bestimmt, und zwar für den ganzen Vorort rund fünfhundert, die dann in geheimer Abstimmung die achtzehn Mitglieder des Revolutionsausschusses wählen. Meine jetzigen Gesprächspartner sind zwei von ihnen. Die Frau ist die Leiterin einer Krippe, der Mann um die Dreißig ist ein Kader. Ehe er in den Revolutionsausschuß gewählt wurde, war er ein Kader im übergeordneten Stadtteil, daher kannte man ihn im Vorort.

»Ist der Revolutionsausschuß unterteilt?«

»Ja, wir haben zehn Abteilungen.«

»Welche?«

»Politik und Propaganda, Organisation, Versorgung, Kollektivbetriebe (z. B. Gemüseanbau oder Kleinfabriken), Jugend, Intellektuelle Jugend aufs Land, Erziehung, Kultur, Ladenkontrolle, Verwaltung.«

»Gehört jedes Mitglied des Revolutionsausschusses auch einer Abteilung an?«

»Nicht unbedingt.« Die Frau ist hauptamtlich mit ihrer Krippe beschäftigt und nimmt nur an dessen Plenarsitzungen teil oder an Veranstaltungen, bei denen sie speziell gebraucht wird; sie gehört also dem Revolutionsausschuß als »Vertreterin der Massen« an, der junge Mann dagegen als Kader; er leitet hauptamtlich die Organisationsabteilung des Revolutionsausschusses. Damit ich ihm nicht etwa Beamtenallüren zutraue, beeilte er sich hinzuzufügen, daß er sich häufig mit den Bewohnern der Siedlung unterhalte, um »von den Massen zu lernen«.

Auch hier fragte ich nach dem Verhältnis von Revolutionsausschuß und Parteikomitee. Den Revolutionsausschuß habe man seit April 1969, das Parteikomitee seit dem 16. Mai 1970.

Dem Parteikomitee gehören sieben Mitglieder an, darunter die Krippenleiterin, nicht dagegen der junge Mann.

Was das Verhältnis der beiden zueinander betreffe, so sei der Revolutionsausschuß ein Organ der Staatsmacht, da er nicht nur aus Parteimitgliedern bestehe, das Parteikomitee dagegen eben ein Organ der Partei. Gemäß der neuen Parteisatzung stehe der Partei in allen Fragen die Leitung zu, also auch auf der Ebene des Vorortes, während der Revolutionsausschuß als staatliches Exekutivorgan wirke.

»Welches Exekutivorgan gab es denn, ehe die Revolutionsausschüsse kamen?« fragte ich.

»Dafür gab es früher Administrativorgane.«

»Gibt es die jetzt nicht mehr?«

»Nein, dafür haben wir ja den Revolutionsausschuß.«

Revolutionsausschuß und Parteikomitee sitzen im gleichen Gebäude; denn die Parteisatzung von 1969 sieht die »vereinigte Führung« vor. Dieser Grundsatz bedeute aber nicht, daß nun in jeder der zehn Abteilungen des Revolutionsausschusses auch ein Mitglied des Parteikomitees sitzen müßte.

Meine letzten Fragen galten der Abteilung des Revolutionsausschusses, die speziell die Parole »Intellektuelle Jugend aufs Land« zu verwirklichen hat. Vor der Kulturrevolution hätten die Jugendlichen gezögert, in die Dörfer zu gehen, wurde mir berichtet. Seither aber habe sich das politische Bewußtsein wesentlich verbessert, und jetzt drängten viele aufs Land. Jeder wisse, daß es die Aufgabe aller sei, Revolution zu machen und den Losungen des Vorsitzenden Mao zu folgen. Bewerbungen würden von der zuständigen Abteilung des Revolutionsausschusses bearbeitet, dort falle dann auch die Entscheidung über die Zuweisung an einen der von der staatlichen Verwaltung genannten Arbeitsplätze.

»Kann der Einzelne auch Wünsche äußern, wohin er möchte?«

»Ja.«

»Wird dieser Wunsch berücksichtigt?«

»Manchmal.«

»Weiß er im voraus, für wie lange er geht?«

»Er fragt nicht danach, denn er hat nur eines im Sinn, dem Staat und dem Vorsitzenden Mao so gut wie möglich zu dienen. Die Entscheidung über die Dauer seines Aufenthaltes [manche bleiben ›für immer‹] fällt je nach den Bedürfnissen des Staates.«

Auf meine Bitte gingen wir noch in das Gebäude, in dem sich Revolutionsausschuß und Parteikomitee befinden. Wir sahen dort Amtsstuben, wie man sie überall sehen kann, Menschen hinter Schreibtischen, vor ihnen andere, die mit Fragen, Wünschen, Beschwerden gekommen waren. Etwas sahen wir kaum – Papier.

Die Schulen funktionieren wieder

Als ich – im Zentrum von Peking, in einer Nebenstraße – vor dem Schultor vorfuhr, wurden wir schon erwartet: zwei Zivilisten (eine Frau und ein Mann), dazu eine Militärperson (Rang nicht ersichtlich) und zwei Jungen mit roten Armbinden, Mitglieder der 1966 gebildeten Roten Garde also. Gleich hinter dem Tor, wo in den traditionellen chinesischen Häusern die Geistermauer stand, ein großes Bild von Mao. Links der Schulhof, geradeaus und zur Rechten die Schulgebäude. Eines sah wie eine ehemalige Kirche aus; alles aus grauem Backstein, wie so viele Bauten Pekings.

Man führte uns in einen Empfangsraum und setzte mich, wie sich das in China von alters her bei Gästen gehört, gegen die Rückwand, rechts den Dolmetscher. Auf der anderen Seite des Tisches nahmen die vier Vertreter der Schule Platz. Der Zivilist begrüßte mich, er sei, sagte er, ein Mitglied des Revolutionsausschusses (ich werde ihn der Einfachheit halber fortan Direktor der Schule nennen).

Dann stellte er die anderen vor: den Mann in Uniform, der nach dem Drei-in-eins-Prinzip auch dem Revolutionsausschuß angehöre, die Frau (Lehrerin für chinesische Sprache und Literatur, wie ich später hörte) und die beiden Jungen, Schüler der zweiten bzw. dritten Klasse. Der jeweils Vorgestellte erhob sich, machte eine knappe Verbeugung und setzte sich wieder, ich tat desgleichen.

Aus den dann folgenden Worten des Direktors sowie den Antworten auf einige meiner Fragen erfuhr ich, daß die Schule, ursprünglich eine britische Missionsschule, 1949 von den Kommunisten übernommen wurde. Heute ist sie eine sechsklassige Mittelschule und wird von den Absolventen der gleichfalls sechsjährigen Elementarschulen ihres Gebietes besucht. Die

1500 Schülerinnen und Schüler verteilen sich auf sechs Jahrgangsgruppen zu je rund 250. Unterrichtet werden insgesamt 12 Fächer, die so bezeichnet werden: Politik, Chinesisch, Mathematik, Physik, Chemie, Biologie, Landwirtschaft, Revolutionäre Kultur, Militärische Ausbildung, Geographie, Geschichte, Englisch. Zur Zeit experimentiere man – gemäß einer Weisung des Vorsitzenden Mao – mit einer Verkürzung der Schuldauer. Manche neigen zu fünf, andere wollen sich sogar mit nur vier Jahren Mittelschule begnügen. In jedem Jahr arbeiten die Schüler je einen Monat in der Industrie und in der Landwirtschaft. Die landwirtschaftliche Arbeit werde in der Umgebung von Peking abgeleistet, über die industrielle würde ich noch Näheres erfahren.

Inzwischen war, wie ich durch das Fenster sehen konnte, die Schülerschaft auf dem Hof angetreten. Wir gingen hinaus, gerade als die Gymnastik begann. Auf einer Art von Podium stand ein Lehrer vor einem Mikrofon und gab den fünfzehnhundert die Kommandos: »Arme strecken!« »Rumpf beugen!« usw. Zwischendurch wurden im Chor Mao-Zitate gesprochen. Als die Gymnastik zu Ende war, formierte sich das auseinandergezogene Feld wieder in dichte Kolonnen. Ich wandte mich schon zum Gehen, als ich lautes Klatschen hörte. Der ganze Sportplatz klatschte, und mir wurde bedeutet, das gelte dem »fremden Gast«. Ich klatschte mit, wie ich es bei Stalin gelernt hatte und wie es sich – das hatte ich mittlerweile gemerkt – heute auch in China gehört.

Als nächstes besuchte ich die vier Werkstätten der Schule. In der ersten wurden Kabel für Autos gewickelt, in der zweiten einige weitere Teile für Automobile fabriziert, in der dritten in fotochemischem Verfahren Schaltbretter für elektronische Anlagen hergestellt und in der vierten winzige Transistoren, zum Teil unter Mikroskop, zusammengelötet. In sämtlichen Werkstätten arbeiteten Schüler der zweiten Klasse; sie machen das einen Monat lang und werden dann in denselben Werkstätten von Schülern einer anderen Klasse abgelöst. Manche Schüler der zweiten Klasse, die ich nicht zu sehen bekam, arbeiten, so sagte man mir, während dieses Monats in den Fabriken, mit denen die Schule engere Verbindung unterhält.

In jeder Werkstatt wurde ich von einem Schüler begrüßt, der mir dann erklärte, worum es bei der jeweiligen Arbeit ging. Zu den Erklärungen gehörte stets der Hinweis, daß man in alledem die Lehren des Vorsitzenden Mao Tse-tung befolge; es gehe auch keineswegs nur um die Herstellung bestimmter Produkte, sondern um die Umwandlung des Bewußtseins. Früher habe die Schule das Buchwissen gepflegt, »jetzt aber führt die Politik das Kommando«.

Soweit ich das beurteilen kann, wurde die Arbeit sauber ausgeführt, jedes einzelne Stück wurde zudem in einem zum Teil recht komplizierten Verfahren auf seine Zuverlässigkeit geprüft. Die Maschinen und Apparate waren vielfach alt, einige auch selbst angefertigt – man betonte das durchweg mit Stolz, denn man folge damit der Weisung Maos, sich auf seine eigene Kraft zu verlassen. Das Unterrichtspersonal bestand nicht, wie ich erst gemeint hatte, aus Facharbeitern, sondern aus Lehrern, die sich entsprechend umgestellt hatten.

Aus weiteren Gesprächen mit Schülern und Lehrern erfuhr ich, daß in Geschichte und Literatur zwar auch die ältere Zeit behandelt werde, vorwiegend aber die Periode seit dem 4. Mai 1919; mit der großen Jugenddemonstration, die an jenem Tag vor dem Tor zum Himmlischen Frieden stattfand und der bald die Gründung der Kommunistischen Partei Chinas folgen sollte, hatte die jüngste Epoche in der jahrtausendealten Geschichte des Landes begonnen. Im Literaturunterricht hätten die Klassiker zwar einen Platz, sagte die Lehrerin, vorwiegend aber befasse man sich mit den Gedichten Maos und mit den Werken von Lu Hsün (den man im Westen, ich erwähnte das schon, den Maxim Gorkij Chinas genannt hat).

Eine Aufnahmeprüfung – wie vor der Kulturrevolution – gebe es nicht mehr, berichtete man. Wer die Elementarschule mit Erfolg bestanden habe, könne in die Mittelschule eintreten. Hier allerdings habe er sich dann laufend in kleinen Prüfungen und in einer Klassenabschlußprüfung zu bewähren.

Nach dem Rundgang saßen wir wieder in der alten Besetzung im Empfangszimmer, und ich hatte die Gelegenheit zu weiteren Fragen; sie ergaben: Der Revolutionsausschuß der Schule war schon sehr früh, im Frühjahr 1967, gegründet worden, er besteht – wie überall – aus der »Drei-in-eins-Allianz«, das heißt aus Vertretern der Armee, der Kader und der Massen. Von der *Armee* sind drei Mann an der Schule, sie bleiben zwar Soldaten, sind aber für die richtige ideologische Haltung der Schule zuständig; sie nehmen an allen Beratungen teil, erst recht an den Mao-Studien, an der Organisation von Märschen und Kampagnen. Die *Kader* sind hier die in der Verwaltung tätigen Personen, u. a. der Direktor, und die *Massen* sind die Lehrer und

Schüler; zu ihren Vertretern im Revolutionsausschuß gehörten die Lehrerin und die Schüler an unserem Tisch.

Lange unterhielten wir uns über das Problem der Notengebung. Es war nicht ganz einfach, die Methode zu verstehen (das lag nicht am Dolmetscher, der seine Sache sehr gut machte, sondern an der Sache selbst). Ich gebe wieder, was ich erfuhr: Es gibt fünf Noten, 5 ist die beste, 1 die schlechteste. Bewertungsmaßstab aber sind drei Faktoren: politisches Bewußtsein, Schulleistungen, Gesundheit. Dem Faktor Gesundheit bin ich nicht nachgegangen. Schulleistungen kann man ja wohl einigermaßen objektiv messen. Wie aber läßt sich, fragte ich, nicht zum ersten Mal auf dieser Reise, das richtige Bewußtsein erfassen?

Auszugehen sei davon, sagte man, daß ohnehin jeder Schüler allen genau bekannt sei. Außerdem werde in Klassenversammlungen über jeden Schüler diskutiert, dort werde dann das endgültige Urteil über die Note gesprochen. Um ein klares Bild zu erhalten, fragte ich die beiden Jungen, wie es ihnen denn beim Ende des vorigen Schuljahres dabei ergangen sei. Der Dreizehnjährige aus der zweiten Klasse erwiderte:

»Mir wurde als positiv angerechnet, daß ich in politischen Fragen aktiv bin, andererseits warf man mir drei schwache Punkte vor: Ich rede zu viel daher, ich neige dazu, die Lehren Maos mehr auf andere als auf mich selbst anzuwenden, ich sei undiszipliniert.«

Und der Vierzehnjährige aus der Dritten: »Man sagte, ich hätte Mao Tse-tungs Lehren sehr gut studiert, aber ich sei darüber überheblich geworden.«

Ob denn solche Beurteilungen auch ins Zeugnis kämen, wollte ich wissen. Manchmal ja, hieß es, manchmal nein. Genaueres darüber war nicht zu erfahren. In ihrem Schulwissen hatten beide je eine Fünf erhalten.

Da mehrfach versichert worden war, daß auch die Vermittlung von Sachwissen sowohl mit Praxis als auch mit Bewußtseinsänderung verbunden sei, fragte ich den Direktor, dessen Fach Mathematik ist, wie das vor sich gehe. Er gab je ein Beispiel:

»Für die Verbindung von Theorie und Praxis bedienen wir uns z. B. der meteorologischen Station unserer Schule. Dort verfolgen wir Temperatur, Wind und Regenfall. Daraus berechnen wir dann die monatlichen Durchschnittswerte. Das nennen wir praktisch angewandte Mathematik. Und zum

Zweck der Bewußtseinsänderung erklären wir zum Beispiel den Unterschied zwischen positiven und negativen Zahlen so: China hat keine Schulden, alles, was es produziert, ist demnach positiv, und der Wohlstand des Volkes steigt. Die amerikanischen Imperialisten und die sowjetischen Revisionisten dagegen machen große Schulden, um ihre Rüstungen zu finanzieren. Das sind negative Zahlen, mit diesen beiden Staaten geht es also bergab.«

Während der Übersetzung hatte ich Zeit, mich umzusehen. An der einen Schmalseite des Raumes hingen die Porträts zweier Deutscher und zweier Russen (Marx, Engels, Lenin, Stalin, letzterer in Marschallsuniform), gegenüber ein überlebensgroßes Porträt Maos, rechts und links von ihm bunte Drucke von Stationen seines Lebens. Durch das Fenster sah ich die ehemalige Schulkirche, jetzt ist sie ein Hörsaal. Dann und wann gingen Schüler in schweren Pelzkappen an den Fenstern vorbei. Darüber stand ein klarer, kalter Peking-Himmel.

Die Gesichter meiner Gegenüber entsprachen dem, was man hätte erwarten können: Die beiden Lehrer waren Intellektuelle; vor allem der Direktor, der schon seit sechzehn Jahren an dieser Schule als Lehrer wirkt, sieht aus, wie man sich einen Lehrer vorstellt. Der Mann in Uniform hatte ein etwas schwerfälliges Sergeantengesicht. Von den beiden Buben hatte der ältere die wacheren Züge; er folgte der Unterhaltung genau, wie man seinem Gesicht ansah, und schien auch Humor zu haben. Der jüngere erschien weniger beweglich; als ich ihn das erste Mal ansprach, vergingen einige Augenblicke, ehe er zu antworten begann. Dann aber redete er überraschend flüssig.

Jetzt wandte ich mich an den Soldaten: »Was wird aus den Absolventen Ihrer Schule?«

»Früher wollten alle Mittelschulabsolventen Beamte, Lehrer, Schriftsteller usw. werden. Heute werden sie gemäß den Bedürfnissen des Landes verteilt; dabei werden aber auch ihre eigenen Wünsche in Betracht gezogen.«

»Wie war die Verteilung des letzten Jahrgangs von Absolventen, also der letzten 250, die Sie entließen?« fragte ich weiter.

Er antwortete ohne Zögern: »Achtzig Prozent gingen in die Industrie, zehn Prozent aufs Land, vier Prozent in die Volksbefreiungsarmee, die übrigen ergriffen verschiedene andere Berufe.«

»Wie viele der zehn Prozent, die aufs Land gingen, wurden in abgelegene Gebiete entsandt?«

Wieder ohne Zögern: »Von der letzten Absolventengruppe niemand.«

Meine Frage, ob die Schule von oben Verteilungsquoten zugewiesen erhalte, bejahte der Mann. Überhaupt fiel mir auf, daß alle prompt antworteten, ohne zweifelnde oder fragende Blicke vom einen zum andern. Nur wenn die Rede auf die weitere Entwicklung der Schule kam, wurde durchweg betont, daß man noch am Anfang sei, daß man experimentiere; jeder von ihnen wisse, daß die Revolution der Erziehung die allerwichtigste aller Revolutionen sei.

Danach erkundigte ich mich bei den Jungen nach ihren Berufsplänen. Beide antworteten etwa gleichlautend: Sie seien zu jeder Arbeit bereit, zu der der Staat sie bestimme. Was ihre persönlichen Wünsche betreffe, so sagte der ältere, er wolle zur Armee, um das Vaterland gegen alle Feinde zu verteidigen, der jüngere, er werde die Arbeit in einer Fabrik wählen. Übrigens war nur er im Kommunistischen Jugendverband, dem nach seiner Auskunft etwa drei Prozent der Schüler angehören. Der Prozentsatz der Rotgardisten scheint größer zu sein; ich würde ihn – nach den roten Armbinden bei der Gymnastik – auf etwa zehn Prozent schätzen.

Zum Schluß fragte mich der Direktor, ob ich etwas über meine Eindrücke in der Schule sagen wolle. Ich hätte eine ähnliche Art von Schule, erwiderte ich, vor vierzig Jahren in der Sowjetunion gesehen. Auch dort sei damals eine enge Verbindung zwischen Schule und Fabrik gepflegt worden, habe man das Buchwissen im Vergleich zur praktischen Arbeit und zur Bildung des politischen Bewußtseins zurücktreten lassen; etwa ab 1934 seien dann Reformen eingeführt worden, in deren Verlauf sich die Sowjetschule wieder der traditionellen Lernschule angenähert habe und zu einer der straffsten Lernschulen der Welt geworden sei.

Jetzt meldete sich der Vierzehnjährige zu Wort.

»Stalin war ein großer Marxist-Leninist, aber er konnte sich nicht um alles kümmern, und so haben die Revisionisten, die es schon damals in Moskau gab, die Revolution verfälscht und das Buchwissen wieder eingeführt. In China aber wird auf Grund der Lehren des Vorsitzenden Mao und seines engsten Kampfgefährten Lin Piao immer die Politik das Kommando haben und nicht das Buchwissen. Die Hoffnungen, die sich die Imperialisten und Revisionisten auf die dritte Generation der chinesischen Revolutionäre machen, ist vergeblich. Ich bin zwar jung, aber meine kurze Erfahrung hat mich gelehrt, daß die Anwendung der Lehren des Vorsitzenden Mao Tse-tung immer zum Siege führt.« Er schloß unter Verwendung des aus der Zeit des Großen Sprunges (1958) stammenden Zitats: »Wenn Sie das nächste Mal nach China kommen, werden Sie sich davon überzeugen: Unter der Führung des Vorsitzenden Mao wiegt in China ein Tag so viel wie zwanzig Jahre.«

Nach diesem eindrucksvollen Schlußakkord brachten mich meine Gesprächspartner am Mao-Bild vorbei wieder ans Tor.

Die Möglichkeit zur Besichtigung einer Elementarschule ergab sich später in Nanking. Nach einem recht dichten Programm hatte man mir für die verbliebenen Stunden bis zum Abgang des Zuges einen Ausflug zum Mausoleum Sun Yat-sens außerhalb der Stadt vorgeschlagen. Aber ich hatte dieses in der Vergangenheit schon mehrfach besucht; einmal bin ich mit dem inzwischen verstorbenen Gesandten Martin Fischer, einem der Altmeister unter den deutschen China-Diplomaten, von dort zu Fuß in die Stadt zurückgewandert. Also bat ich darum, mir statt dessen eine Elementarschule zu zeigen, einen Schultyp, den ich in Ruhe noch nicht gesehen hatte. Man telefonierte herum, und dann fuhren wir in den Osten der Stadt.

Es regnete, das Empfangskomitee stand mit aufgespannten Schirmen am Tor. Ein Hof, um ihn herum einstöckige Gebäude. In einem größeren Raum gab es wie immer Tee zur Vorbesprechung. Die Erklärungen kamen von einer Frau in mittleren Jahren, der Schulleiterin Frau Li. Noch ein zweiter Lehrer war dabei und ein alter Arbeiter namens Wang. Der Revolutionsausschuß besteht hier aus fünf Personen, den dreien, die mich begrüßt hatten, und noch zwei weiteren Lehrern, die ich nicht sah.

Die sechs Jahrgänge umfassende Schule hat insgesamt 1200 Schüler und Schülerinnen in 25 Klassen (also knapp 50 pro Klasse) und 48 Lehrkräfte. Der Unterricht dauert täglich von 8.10 bis 11.30 und wieder von 13.30 bis 15 Uhr. Die Kinder kommen alle aus dem Stadtteil, in dem die Schule liegt. In den vier unteren Klassen heißen die Fächer: Politik, Muttersprache, Mathematik, Sport, Revolutionäre Kunst (Singen und Malen). In den Klassen V und VI kommen noch zwei Fächer dazu: Englisch und »Allgemeinkunde« (d. h. Geschichte, Geographie, Naturkunde). Entsprechend der Weisung des Vorsitzenden Mao, den Schulunterricht zu verkürzen, sei man dabei, den

Gesamtstoff versuchsweise in fünf statt sechs Jahren zu bewältigen. Die Hauptaufgabe des Schülers sei das Lernen, so stehe es in der Instruktion des Vorsitzenden Mao vom 7. Mai 1966. Von den zehn Schulmonaten pro Jahr (zwei Monate Ferien) verbringen jedoch die Schüler der Klassen V und VI je anderthalb Monate in praktischer Arbeit in Dörfern oder Fabriken, die der Klassen III und IV je einen und die beiden ersten Klassen je einen halben Monat. Außerdem habe man Schulwerkstätten.

»Auch diese Elementarschule«, erklärte Frau Li, »erlebte den Kampf zwischen den zwei Wegen. Der Schuft und antirevolutionäre Revisionist Liu hat die geistige Schulung überbewertet, die Kinder zu Bücherwürmern gemacht und dazu erzogen, Beamte werden zu wollen, um dann auf die handarbeitenden Menschen herabzuschauen. Im Verlauf der Kulturrevolution aber hat auch bei uns die revolutionäre Linie des Vorsitzenden Mao gesiegt, vor allem mit dem Eintreffen des Propagandatrupps.« (Über diesen gleich mehr.)

Dann kamen die Beispiele: von einer Lehrerin, die vorher nur Buchwissen verbreitete und jetzt den wahren Sinn der Erziehung in der Änderung des Bewußtseins verstanden hat, und von der achtjährigen Schülerin, die sich den Fuß verrenkte und nach Hause gebracht wurde, die aber abends trotz geschwollenem Fuß zur Probe der Theatergruppe zur Schule ging.

»Ihrer protestierenden Mutter erklärte die Kleine, der Vorsitzende Mao habe gesagt, man dürfe ›weder Not noch Tod fürchten‹, und außerdem das Beispiel des Matrosen in Erinnerung gerufen, der bei dem Gefecht mit zwei Kriegsschiffen Tschiang Kai-scheks trotz schwerer Kopfwunde den Kampf fortgesetzt hat.«

Nun zogen wir von Klasse zu Klasse.

Mit Ausnahme des Rechnens war der Unterricht in allen Fächern von den Ideen Mao Tse-tungs erfüllt. Bei den Zweitkläßlern, die lesen lernten, standen die vier Schriftzeichen für »andauernde Revolution« an der Tafel. In der Politik rezitierte man im Chor: »Die Revolution bis zum Ende führen.« Im englischen Schulbuch hieß das erste Wort mit lateinischen Buchstaben M-A-O.

Die Disziplin war ausgezeichnet. Alle saßen mit über der Brust gefalteten Armen an ihren Pulten, vor sich das Schulbuch, rechts davon das ›Rote Büchlein‹. Wer sich auf eine Frage des Lehrers meldete, tat dies nicht mit wildem Armgefuchtel, sondern indem er den rechten Unterarm hochstellte, die Handfläche ausgestreckt, den Ellenbogen auf dem Tisch, während sich der linke Unterarm auf den Tisch legte. Die auf den Lehrer konzentrierte Aufmerksamkeit war so intensiv, daß sie auch von so einem fremden Vogel wie mir nicht länger als ein paar Augenblicke abzulenken war. In der Rechenstunde waren schon die Zweitkläßler dabei, sich in die schwierige Kunst des chinesischen Abakus einzuarbeiten. Dann besuchten wir noch die Werkstätten, wo schon die Kleinen Holz- und Metallarbeiten aller Art ausführten, keine Spielsachen, sondern Maschinenteile, wenn auch natürlich ganz einfache.

Kinder sind immer eine Augenweide, gleichgültig welcher Hautfarbe, und fast jede Schulklasse ist ein erfreulicher Anblick. Daher habe ich Schulen immer besonders gerne besichtigt – zahllose Schulen in vieler Herren Länder. Ich glaube, daß ich allmählich einen Blick für Unterschiede und besondere Eigenarten gewonnen habe: Es gibt wache und stumpfe Schülerschaften, es gibt Schulen, in denen in erster Linie gepaukt wird, und andere, deren Ziel die Selbstentfaltung der Schüler ist, es gibt Klassen, die mitgehen, und wieder solche, in denen die Stunde bloß abgesessen wird. Der Eindruck der zehn oder zwölf Klassen in der Nankinger Elementarschule war eindeutig: Hier wurde ohne eine Sekunde Zeitverschwendung *gelernt*. Die Kinder saßen mit gespannten Gesichtern da, als wollten sie sagen: »Wo bleibt die nächste Frage? Ich will sie beantworten! Schneller, schneller!« Wurde ein Kind an die Tafel gerufen, so flitzte es von seinem Platz an die Tafel, schrieb, was nötig war, und eilte wieder zurück.

Ich habe nicht den Eindruck erhalten, daß die Beschäftigung mit Maos Lehren auf Kosten des eigentlichen Unterrichts geht. Man lernt zwar an Mao-Zitaten, aber man lernt. Daß es für die kindliche Psyche einen Unterschied macht, ob man mit MAMA und KUH oder mit MAO und REVOLUTION zu buchstabieren beginnt, möchte ich annehmen, für das Lesenlernen ist es vermutlich ohne großen Belang. Ich hatte auch nicht das Gefühl, in einer Experimentieranstalt zu sein, die »schwimmt« (dieses hat man sehr oft im Westen), sondern in einer straff und zielbewußt geführten Lernschule.

Als wir wieder im Empfangsraum eintrafen, wo ich mit einer Fortsetzung des Gesprächs rechnete, war dieser inzwischen umgebaut worden. An einer Seite saß ein kleines Orchester mit chinesischen Instrumenten (alle Kinder in Soldatenuniformen).

Ein Teil des Raumes war »Bühne«, eine Tür diente als Kulisse. Vor jeder der acht oder neun Nummern sprang ein Kind auf die Bühne und kündete die nächste Nummer an. Bei der ersten Ansage wurde der »Onkel aus Westdeutschland« persönlich apostrophiert. Dann brach ein kleiner Wirbelwind von Tanz und Gesang los. Die kleinen Soldatengestalten rannten oder marschierten über die Bühne, sie sangen, vom Orchester und einem neben ihm stehenden Chor begleitet, es gab Soloeinlagen einer Tänzerin, einer Sängerin und eines Sängers, alle nur Elementarschüler, einer winzigen Achtjährigen (eben jener mit dem verrenkten Fuß) mit einem chinesischen Instrument, das sie selbst samt Tisch auf die Bühne schleppte, das Ganze ohne Pause und in etwa fünfundzwanzig Minuten abgewickelt, mit sehr viel Temperament und offenbar auch mit viel Vergnügen an der Sache.

Es waren keine originalen Darbietungen, sondern kindliche Adaptionen aus den modernen Opern und Balletten; die beiden Solosänger zum Beispiel suchten die Helden aus der ›Roten Laterne‹ und aus dem ›Tigerberg‹ bis zu Grimassen und Augenrollen nachzuahmen. Und natürlich kam auch das getanzte Lied ›Der Osten ist rot‹, bei dem die Kinder alle riesige rote Papierblumen trugen. Die kleinen Solistinnen hätte ich am liebsten alle in den Arm genommen, aber ich brauchte noch jede verbleibende Minute zur Unterhaltung mit dem Arbeiter Wang. Ich ließ also die Kinder nach dem Schlußbild und dem gegenseitigen Beklatschen davonstieben und wandte mich ihm zu.

Im Sommer 1968 war der erste Propagandatrupp in eine Hochschule, die Tsinghua-Universität in Peking, eingezogen und hatte deren Führung übernommen; dasselbe geschah in den folgenden Wochen und Monaten an den meisten anderen Hochschulen, dann auch Schulen (siehe Erläuterung zum Stichwort ›Propagandatrupp‹). Wang war das erste Mitglied einer solchen Gruppe, mit dem ich mich unterhielt.

»Seit wann gibt es den Propagandatrupp hier?«

»Seit Ende 1968.«

»Wie viele Mitglieder hat er?«

»Vier.«

»Alle aus derselben Fabrik?«

»Ja, aus einem Autoreparaturwerk.«

»Für wie lange bleiben Sie hier?«

»Für ein Jahr, dann kehren wir in das Werk zurück und andere kommen an unsere Stelle.«

»Arbeiten Sie jetzt einen Teil der Zeit in der Schule und einen Teil in der Fabrik?«

»Nein, ausschließlich in der Schule.«

»Und wer macht derweil Ihre Arbeit in der Fabrik?«

»Die Arbeitskameraden; seit der Kulturrevolution ist die Arbeitsproduktivität ohnehin gestiegen.«

»Woher bekommen Sie Ihren Lohn?«

»Weiter von der Fabrik, deren Arbeiter wir auch während der Zeit in der Schule bleiben.«

»Was ist Ihre Aufgabe in der Schule?«

»Dafür zu sorgen, daß die Lehren des Vorsitzenden Mao befolgt werden.«

»Und wie erreichen Sie das?«

»Wir sind nur vier bei 1 200 Schülern, also müssen wir uns in erster Linie an die Lehrer halten, nicht an die Schüler. Wir studieren mit ihnen die Ideen des Vorsitzenden Mao. Damit befolgen wir seine Weisung, wonach die Arbeiterklasse die Führung auf allen Gebieten übernehmen muß.«

»Sind Sie in der Partei?«

»Ja.«

»Wie lange?«

»Über zehn Jahre.«

Ich hatte auch noch eine letzte Frage an Frau Li: »Wie viele Kinder sind im letzten Jahr durchgefallen und mußten die Klasse wiederholen?«

»Sechs von tausendzweihundert«, erwiderte sie. Unter dem Schurken Liu Schao-tschi seien es natürlich viel mehr gewesen, da man sich unter seinem Einfluß nur um die besonders Fähigen gekümmert und die anderen links liegengelassen habe.

Wieder Büchleinwinken und dann in schneller Fahrt (wobei ein Radfahrer leicht angekratzt wurde) zum Bahnhof. Genau eine Minute vor dem Eintreffen unseres Zuges langten wir alle etwas keuchend auf dem Bahnsteig an.

Schanghais Werksuniversität

Die Tage in China vergingen, und Punkt um Punkt meiner Wunschliste konnte ich abhaken. Aber einen wichtigen trug ich von einer Stadt zur anderen unerledigt mit mir; mir fehlte die Begegnung mit der neuen Universität. Um es gleich zu sagen: er ist bis zum Schluß unabgehakt geblieben. Das kam nicht ganz unerwartet; seit Jahren berichtet die chinesische Presse mehr über die Revolution an den Hochschulen als über ihre Arbeit. Die neue Form scheint noch nicht ganz gefunden zu sein. Daher hatte ich auf alle Fälle einen Ersatzpunkt in meine Liste aufgenommen: »Maschinenfabrik Nr. 1.« Je näher wir Schanghai kamen, desto neugieriger wurde ich, ob mir wenigstens dieser Wunsch erfüllt würde. Und dann war es soweit: »Morgen früh«, hieß es eines Tages in Schanghai, »fahren wir in die Maschinenfabrik Nr. 1.«

Sie liegt weit draußen vor der Stadt, im Nordosten, in einer häßlichen Industriegegend. Das Fabrikgelände ist so groß, daß wir diesmal nicht schon am Tor erwartet wurden, sondern vor einem Verwaltungsgebäude, in dem sich auch der Empfangsraum befindet. Dem Vertreter des Revolutionsausschusses, der zusammen mit drei Kollegen, darunter einer Frau, als Gastgeber auftrat, sagte ich gleich nach seinen einleitenden Begrüßungsworten:

»Seit ich vor bald drei Jahren an meinem Schreibtisch in Deutschland den Untersuchungsbericht vom 21. Juli 1968 über die Universitätsreform las, habe ich mich für die Entwicklung Ihres Werkes interessiert. Denn wenige Tage später erklärte der Vorsitzende Mao in einer Direktive, daß . . .«

An dieser Stelle wurde der Dolmetscher schon unterbrochen: Meine Gastgeber zitierten im Chor die Worte der Direktive, die ihre Fabrik zu einem Modell für die gesamte Hochschulreform erklärt und damit über Nacht in ganz China berühmt gemacht hatten: »Es kommt darauf an, die Ausbildung zu verkürzen, die Erziehung zu revolutionieren, der proletarischen Politik die Führung zu sichern und bei der Ausbildung von Technikern aus den Reihen der Arbeiter den Weg der Maschinenfabrik Nr. 1 in Schanghai einzuschlagen.« (Voller Wortlaut der Direktive unter den Dokumenten.)

»Darum bitte ich Sie zu verstehen«, fuhr ich fort, »daß mich bei meinem heutigen Besuch dieser Aspekt Ihres Werkes in erster Linie interessiert.«

Meine Gastgeber erklärten sich einverstanden, wenngleich ich den Eindruck hatte, daß sie mich lieber die ganze Zeit durch die Werkshallen geführt hätten; von ihnen aus gesehen ist natürlich die Maschinenproduktion die eigentliche Aufgabe der Fabrik und das Experimentieren mit neuen Ausbildungsformen nur eine Nebenerscheinung. Das Werk sei vor 1949 ein kleiner Betrieb gewesen, der nur primitivstes Gerät hergestellt habe, Bauernhacken zum Beispiel (eine solche lag auf dem Tisch), denn – so hieß es auch hier – die Imperialisten wollten keine echte Industrialisierung zulassen, um sich China als Markt für ihre eigenen Industrieerzeugnisse zu erhalten. Heute habe man sechstausend Arbeiter, die – in drei Schichten – Maschinen von höchster Qualität herstellten. (Einige davon hatte ich auf der Industrieausstellung in Schanghai gesehen.)

Dann wandten sie sich meinem Wunsch entsprechend ihrem Beitrag zur Hochschulreform zu. Schon lange seien sie mit den Fachleuten, die sie von der alten Universität erhielten, unzufrieden gewesen. Unter »alter Universität« verstanden sie, wie ich auf Befragen erfuhr, nicht etwa die Hochschule der Zeit vor dem Siege der Kommunisten, sondern die Universität vor der Kulturrevolution, vor 1966 also.

Was denn da so schlecht gewesen sei, wollte ich wissen.

»Die alte Universität«, erwiderten sie, »erzog engstirnige Spezialisten, die nach der Ausbildung nur an sich selbst, an ihre Karriere, ihr Einkommen, ihren Ruhm dachten.« Auf meine Bitte um ein Beispiel schilderten sie einen Elektroingenieur.

»Als er [vor der Kulturrevolution] zu uns ins Werk kam, verlegte er sich auf die Konstruktion von allen möglichen Geräten. Das eine sollte – durch eine besondere Behandlung der Kopfhaut – den Haarwuchs von Glatzköpfigen fördern, das andere mit Lichtstrahlen Ratten töten. Die Arbeiter kritisierten ihn: ›Warum willst du solche dummen Sachen konstruieren? Wir sind eine Fabrik für Industriemaschinen!‹ Darauf erklärte er: ›Bis jetzt hat noch kein Mensch in der Welt einen solchen Apparat für Haarwuchs und eine solche Rattenfalle erfunden. Wenn es mir gelingt, sie zu konstruieren, werde ich in der ganzen Welt berühmt werden und mit den Patenten viel Geld verdienen.‹ Diese Erklärung haben die Arbeiter total abgelehnt.«

»Was ist aus dem Rattenfänger geworden?« fragte ich.

»Er ist jetzt ein Arbeiter in unserem Werk und lernt, Theorie und Praxis zu integrieren.«

Was man brauche, sei das genaue Gegenteil jenes Elektroingenieurs, nämlich Techniker (bzw. Ingenieure) »aus dem Arbeiterstand« (ich werde der Einfachheit halber von Arbeiter-Technikern sprechen), die nicht für sich arbeiten, sondern – der Parole Maos folgend – »Dem Volke dienen«. Es sei natürlich nicht leicht gewesen, die richtige Linie gegen die falsche Linie des getarnten Verräters und Schuftes Liu Schao-tschi durchzusetzen, denn diesem Wandel hätten sich seine Anhänger, die chinesischen Revisionisten, widersetzt, auch sei es nötig gewesen, alte Gewohnheiten, wie übermäßige Hochachtung vor dem »Gelehrten«, zu überwinden. Im Zuge der Kulturrevolution habe aber die richtige Linie schließlich gesiegt, und man habe angefangen, seine eigenen Fachleute selbst im Werk auszubilden, in einer Kombination von Fabrikarbeit und Studium. Dann sei die große Ehrung und Ermutigung durch den Untersuchungsbericht vom 21. Juli 1968 erfolgt, der diese Versuche des Werkes dem ganzen Lande als beispielhaft hinstellte.

»Heute haben wir zwei Arten der Ausbildung von Arbeiter-Technikern. Entweder schicken wir Arbeiter mit dem richtigen politischen Bewußtsein und mit entsprechender praktischer Erfahrung auf eine Schule bzw. Universität außerhalb des Werkes, damit sie danach bei uns als Fachleute arbeiten. Oder wir geben tüchtigen Arbeitern die Möglichkeit, innerhalb des Werkes unsere im Herbst 1968 eröffnete eigene Universität zu absolvieren und danach bei uns Techniker, in einigen Fällen sogar Ingenieur zu werden.«

»Wie viele solche Fachkräfte haben Sie seit Beginn auf diese Weise bei sich ausgebildet?« fragte ich.

»230 Techniker und 10 Ingenieure, fast die Hälfte aller, die heute bei uns arbeiten.«

Ich bat, mir die Werksuniversität zu zeigen.

»Gerne, aber Sie werden dort jetzt nichts sehen, weil wir kurz vor dem Abschluß des Kurses stehen und die Studenten z. Z. ihre letzte Arbeit im Werk ableisten.«

Wir mußten auf dem weiten Gelände ein gutes Stück fahren, ehe wir zur »Universität« kamen. Sie bestand aus einigen barackenartigen Gebäuden (diese hatten früher anderen Zwekken gedient), in denen Schulbänke, schwarze Wandtafeln und Lehrerpulte zu sehen waren. Heizung gab es übrigens nicht, und in Schanghai kann das Thermometer im Winter wochenlang nur wenige Grade über Null anzeigen. Der eilig herbeigerufene Rektor war mit vierzehn Jahren als Lehrling ins Werk gekommen, mit achtzehn von dort auf die Schule geschickt worden und als Arbeiter-Techniker wieder ins Werk zurückgekehrt.

Auf meine Frage nach den Fächern, die in seiner Universität unterrichtet würden, nannte er: Politik, Militärwesen, Landwirtschaft, Mathematik, Mechanik, Elektrotechnik, Hydraulik, Konstruktion und Fertigung von Schleifmaschinen, Englisch. Die Lehrer seien »Arbeiter, revolutionäre Techniker und Ingenieure«. Während des Studiums seien vormittags Vorlesungen, nachmittags betrieben die Studenten Selbststudium und machten ihre Hausarbeiten. Zum Schluß seien Abschlußarbeiten vorzulegen. Wo denn die Studenten die Nachmittage der Selbstarbeit verbrächten, fragte ich.

»Hier«, sagte Rektor Wang und zeigte auf den Klassenraum.

Ob es nicht möglich sei, einige Studenten bei ihren Abschlußarbeiten zu sehen?

»Warum nicht?«

Wir fuhren wieder zu den Werkshallen zurück, wo sich auch die Konstruktionsbüros befanden. In dem einen arbeitete – zwischen anderen Kollegen – einer dieser Studenten des Werkes. Offenbar war er auf meinen Besuch nicht vorbereitet; er schaute etwas verwirrt auf seine Landsleute und gab erst Antworten, als diese ihn entsprechend beruhigt und ermuntert hatten.

Er ist Jahrgang 1941, seit 1958 im Werk, erst als Lehrling, ab 1961 als Arbeiter. Im Herbst 1968 wurde er in die neu eröffnete Werksuniversität aufgenommen. Die ersten drei Monate lernte er ausschließlich theoretisch. Dann folgten sechs Monate lang praktische Arbeit und Studium nebeneinander, dann wieder ein Jahr Vollstudium (mit nur gelegentlicher Arbeit in der Fabrik). Die letzten Monate arbeitete er im Konstruktionsbüro an seiner Abschluß-, vielleicht könnte man sagen Diplomarbeit, die natürlich im allgemeinen Rahmen der Produktion des Werkes lag. Nach deren Fertigstellung ist sein Studium abgeschlossen. Zusammen mit 51 seiner gleichfalls im Herbst 1968 in die Universität eingetretenen Kameraden gehört er zur ersten Gruppe ihrer Absolventen.

Sechs seiner Mitstudenten fanden wir in einem anderen Konstruktionssaal. Hier befragte ich eine junge Frau. Sie war 1956 nach Abschluß von neun Schuljahren ins Werk gekommen und ebenfalls gleich nach deren Eröffnung in die Werksuniversität eingetreten. Seither war ihr Leben wie das des zuerst Befragten verlaufen. Als ich mich nach den Lehrfächern auf der Universität erkundigte, nannte sie als drittes Fach nicht – wie der Direktor es getan hatte – Landwirtschaft, sondern einfach »Körperarbeit«. Was sie nach dem Abschluß plane? Sie sagte:

»Meine Klassenbrüder haben mich durch ihr Vertrauen auf die Universität gebracht. Dafür werde ich mein ganzes Leben lang der Mao-Linie folgen und jede Arbeit ausführen, für die mich der Staat einsetzt.«

Als nächstes wollte ich einen oder zwei der Professoren sehen. Man machte mich mit einem jungen Mann Anfang Dreißig bekannt. Dieser hatte 1964 die Tsinghua-Universität zu Peking absolviert (seit Jahrzehnten eine der führenden technischen Hochschulen des Landes) und wurde anschließend, gleichfalls in Tsinghua, für zwei Jahre (wir würden sagen:) Assistent. Im Zuge der Kulturrevolution arbeitete er dann zwei Jahre auf einem Dorf. »Danach wurde ich in dieses Werk nach Schanghai geschickt und hier von den Arbeitern warm willkommen geheißen, da ich zu ihnen nicht von der Universität kam, sondern von der körperlichen Arbeit im Dorfe. Sie haben mich dann bald zum Professor ihrer Werksuniversität ernannt.«

Ich sagte: »Sie kannten die alte Tsinghua-Universität, Sie wissen auch, daß sich dort seit der Kulturrevolution alles im Wandel befindet, und Sie kennen nun die Universität dieses Werkes. Wie, glauben Sie, wird Tsinghua in ein paar Jahren aussehen? Wie die Werksuniversität?«

»Die Ausgangspunkte sind nicht dieselben«, sagte der junge Mann, »dort früher Hochschule, hier früher und auch heute noch eine Fabrik, und auch in den Lehrfächern beträchtliche Unterschiede: in Tsinghua zahllose Disziplinen verschiedenster Richtung, hier im wesentlichen nur eine einzige technische Disziplin, Schleifmaschinen. Aber der Vorsitzende Mao hat in seiner Direktive vom 21. Juli 1968 gesagt, alle Hochschulen sollten dem Beispiel der Universität in diesem Schanghaier Werk folgen, daher nehme ich an, daß in allen wesentlichen Zügen das Tsinghua von morgen der Schanghaier Werksuniversität von heute ähneln wird. Ich habe gelesen, daß Tsinghua sich eine Fabrik zugelegt hat, wo Lastkraftwagen montiert werden, sogar in den Schulen sind ja Produktionsstätten eingerichtet worden. Ein wichtiger Unterschied wird freilich bleiben: Tsinghua wird vom Staat geleitet, die Werksuniversität vom Werk.«

Dann sprach ich mit dem Leiter des Konstruktionsbüros. Früher war er einfacher Arbeiter gewesen, hatte sich dann in

Kursen und durch fleißige Teilnahme an Drei-in-eins-Arbeiten zunehmend qualifiziert und war nun seit einiger Zeit auch Professor der Werksuniversität.

Schon mehrfach war mir der Begriff »Drei-in-eins-Arbeiten« begegnet, nun wollte ich Näheres wissen; es gibt in China heute mehrere Drei-in-eins-Einrichtungen, und es ist nicht ganz einfach, mit ihnen klarzukommen. In diesem Fall war darunter zu verstehen, daß in den Konstruktionsgruppen nicht – wie früher – Techniker (bzw. Ingenieure) allein beraten und beschließen, sondern außerdem auch Arbeiter und Kader. Arbeiter, Techniker und »revolutionäre [d. h. während der Kulturrevolution geläuterte] Kader« bilden also gemeinsam die Drei-in-eins-Gruppen für die Neukonstruktion von Maschinen und für ähnliche Aufgaben. Dies sei eine vorzügliche Methode, erklärte man mir, um aus Arbeitern Techniker zu machen und zugleich ihre Erfahrungen bei der Konstruktion zu nutzen. Auf diese Weise sei ja auch der Leiter des Konstruktionsbüros auf seinen Posten gekommen.

Ein anderer sei als ungelernter Arbeiter früher vorwiegend mit Aufräumarbeit beschäftigt gewesen, dann zum Facharbeiter und Techniker, schließlich zum Ingenieur aufgestiegen und seit einiger Zeit Chefingenieur des Werks. »Wir sagen heute nicht mehr Chefingenieur«, fügte man hinzu, »aber das ist die Funktion, die er ausübt.« Noch ein anderer Arbeiter-Techniker habe es zum Vizevorsitzenden des Revolutionsausschusses des ganzen Werkes gebracht und sei zudem Mitglied des Revolutionsausschusses von Schanghai.

»Wir haben es in China nicht leicht. Die Revisionisten haben alle Verträge über technische Hilfe zerrissen, und die Imperialisten wollen uns auch nur Böses. Da sind uns die erprobten alten Arbeiter mit ihrer jahrzehntealten Erfahrung eine große Hilfe, erst recht, wenn sie zusätzlich studiert haben. Natürlich müssen sie oft sehr lange experimentieren, ehe der Erfolg kommt. Um eine komplizierte Schleifmaschine, die dringend benötigt wurde, zu konstruieren, machte eine Gruppe unserer Arbeiter-Techniker im Verlauf von drei Jahren mehr als dreitausend Versuche; immer wieder studierten sie die Werke des Vorsitzenden Mao, vor allem sein Buch ›Über die Praxis‹ und seine dort enthaltene Mahnung ›Die Niederlage ist die Mutter des Erfolgs‹ sowie seine Weisung, von der Praxis zur Erkenntnis und von der Erkenntnis wieder zur Praxis zu gehen und so immer weiter [›Rotes Büchlein‹, XXII. Kapitel,

S. 247, 245]. Sie ließen sich durch ihre Mißerfolge auch nicht entmutigen, denn sie taten das alles ja nicht für Ruhm und Gewinn, sondern um Ehre einzulegen für den Vorsitzenden Mao und unser chinesisches Vaterland.«

Bei meinen sämtlichen Besichtigungen hieß es zum Schluß (auch das ist ein Symptom für die neue Situation, denn vor einigen Monaten, so erzählten mir Diplomaten in Peking, gab es das noch nicht): »Bei allen Bemühungen, den Weisungen des Vorsitzenden Mao zu entsprechen, gibt es bei uns doch noch manche Mängel; wir haben noch vieles zu verbessern.« Dann wurde gewöhnlich um Kritik gebeten und ein Beispiel genannt. In diesem Falle sagte der Mann vom Revolutionsausschuß: »Zum Beispiel ist unsere Produktion ungleichmäßig.«

»Was heißt das?«

»Das heißt, daß wir zu Beginn des Monats zu gemächlich arbeiten, um dann gegen Ende des Monats aus lauter Eile ins Schludern zu geraten.«

»Woher kommt das?« fragte ich sicherheitshalber, obgleich ich mir die Antwort denken konnte.

»Weil wir nach einem Monatsplan arbeiten, den wir jeweils bis zum Monatsletzten erfüllen müssen.«

»Von wem stammt der Plan?«

»Die Massen diskutieren ihn und machen Produktionsvorschläge für das nächste Jahr. Der Revolutionsausschuß des Werkes bearbeitet die Vorschläge und schickt sie an die entsprechende Abteilung des Revolutionsausschusses von Schanghai. Von dort bekommen wir sie als für uns verbindlichen Plan zurück.«

Nach diesem Besuch wunderte ich mich nicht mehr, daß mein Wunsch nach der Besichtigung von Hochschulen unerfüllt geblieben war. Es wird noch vieler Experimente bedürfen, wenn man wirklich nach dem Modell der »Nr. 1« ein Hochschulwesen aufbauen will, das Bedürfnisse einer modernen Industriemacht erfüllen soll.

Das ›Rote Büchlein‹ und das Lied vom Steuermann

Auf den langen Reisen mit meinen beiden chinesischen Begleitern entwickelte sich bei uns ein Spiel besonderer Art. Wenn ich, etwa bei der Lektüre des neuesten Heftes der ›Peking Review‹ auf ein wichtiges Zitat stieß, dessen genauer Ursprung mich interessierte, fragte ich:

»Herr Li und Herr Tao, wann und bei welcher Gelegenheit sagte der Vorsitzende Mao: ›Weniger Truppen, aber bessere und eine einfachere Verwaltung‹?«

Oft wußten sie beide oder wußte einer von ihnen die Stelle. Wenn nicht, begann ein eifriges Suchen. Beide hatten natürlich das ›Rote Büchlein‹ stets bei sich, in der äußeren Brusttasche ihrer Jacke. Aber nicht alle Zitate finden sich dort. Dann war Herr Li im Vorteil; wohin wir auch gingen oder fuhren, stets führte er die Werke Maos auf chinesisch (in einem Band von über 1400 Seiten) und auf englisch (in vier Bänden) in seinem Marschgepäck mit sich. Sobald er die Stelle in der chinesischen Ausgabe, in der er sich rascher zurechtfand, aufgeschlagen hatte, suchte er sie in der englischen, um sie mir dort zu zeigen. Den beiden Herren schien dieses Spiel Vergnügen zu bereiten; sie wurden ungeduldig, wenn ich eine Weile keine Suchaufgabe für sie hatte. Sie sind mir – mit einer einzigen Ausnahme – nie die Antwort schuldig geblieben.

Bei der Autofahrt von Sian nach Yenan, der heiligen Stätte, kamen wir an einem Dörfchen vorbei, dessen Mao-Denkmal selbst aus der Ferne auffallend groß erschien. Es war Lotschuan, wo Mao eine für den Krieg gegen die Japaner wichtige Konferenz des Politbüros abgehalten hatte. Es ergab sich eine Unterhaltung über Verlauf und Inhalt der Konferenz, und schon holte Herr Li die Mao-Bände und fand mit sicherem Griff – wenn auch wieder zuerst in der chinesischen Ausgabe – die Stelle: eine Erklärung Maos vom 25. August 1937, ›Selected Works‹, Band II, Seite 23.

Als wir bald darauf das Flüßchen Tschietse überquerten, das die Grenze des damals von den Kommunisten gehaltenen Nordteils der Provinz Schensi bildete, ging es ähnlich. Wir waren ausgestiegen, um uns die Beine zu vertreten. »Mao hat eine Rede gehalten«, sagte einer der örtlichen Reisebegleiter, »in der das Flüßchen Erwähnung fand.«

»Wo und wann?« fragte ich.

Gleich machten sich die beiden Herren an die Arbeit, und schon nach kurzem Suchen war das Zitat gefunden: die Rede vom 13. August 1945, ›Selected Works‹, Band IV, S. 23. Wir sahen dann auch gleich, daß in derselben Rede Maos Aufforderung an China steht, sich auf seine eigene Kraft zu verlassen. Das volle Zitat heißt:

»Worauf soll unsere Politik beruhen? Auf unseren eigenen Kräften, das heißt, daß wir uns aus eigener Kraft emporarbeiten müssen. Wir sind zwar nicht isoliert, denn die Länder und Völker der ganzen Welt, die den Imperialismus bekämpfen, sind unsere Freunde. Trotzdem legen wir Nachdruck auf das Schaffen aus eigener Kraft.«

Wie oft habe ich dieses Zitat auf meiner Reise zu hören bekommen! (Andere oft gehörte Zitate siehe in den Dokumenten.)

Nun sind die Herren Li und Tao besonders gut geschulte Leute. Wo sich Gelegenheit bot, suchte ich auch andere Gesprächspartner auf ihre Mao-Festigkeit hin zu prüfen, die Reiseführer in anderen Städten zum Beispiel, die dann unsere Reisegesellschaft vergrößerten. Einmal hakte sich das Gespräch an Maos Gedanken fest, Materie könne sich in Bewußtsein und Bewußtsein in Materie verwandeln. Diesmal errang ich den Such-Preis, denn wir fanden das Zitat etwa gleichzeitig, die beiden Herren im ›Roten Büchlein‹ (in der ersten Hälfte des XXII. Kapitels), ich in dem Bändchen mit Maos ›Four Essays on Philosophy‹, das ich mir gerade erstanden hatte (Peking 1968, erstmalig 1966, 136 S.) und auf dessen letzten Seiten – in dem Kurzbeitrag aus dem Jahre 1963 ›Where do Correct Ideas Come From?‹ – dieser Satz vorkommt.

Damit waren wir bei der Dialektik, und ich erwähnte, ich sei in Stuttgart auf dasselbe Gymnasium gegangen, das einst der große deutsche Philosoph Georg Wilhelm Friedrich Hegel besucht hatte. Es stellte sich heraus, daß Hegel nicht nur meinen beiden ständigen Reisebegleitern, sondern auch dem örtlichen Reiseführer ein Begriff war. Dieser wußte auch, daß Karl Marx aus Hegels Lehre den dialektischen Materialismus entwickelt hatte.

»Da Marx aber die Dialektik vorwiegend mit den Klassen verband«, sagte ich, »folgerten viele seiner Anhänger später, daß in Rußland mit der Revolution des Proletariats und der Vernichtung der Bourgeoisie, also mit der Beseitigung der beiden Hauptklassen, auch die Widersprüche, dieses Grundelement der Dialektik, verschwinden müßten.«

»Marx«, meinte der Reiseführer, »erlebte den Sieg des Proletariats nur in seiner Phantasie, er konnte daher nicht wissen, daß die Widersprüche auch nach diesem Sieg fortbestehen würden. Aber die Russen hätten es wissen müssen. Sie haben es nicht verstanden. Daher ist es so wichtig, daß der Vorsitzende Mao das Weiterbestehen der Widersprüche festgestellt und in seine Überlegungen aufgenommen hat, vor allem in seiner Schrift von 1957.«

Ich wollte sehen, wie weit seine Kenntnisse dieser Schrift gingen. Mir ist ihr Inhalt besonders geläufig, da sie 1957 gerade im Druck erschienen war, als ich mich in China aufhielt und dort alle Welt über sie sprach. »Mao unterscheidet allerdings zwischen zwei Arten von Widersprüchen . . .«, warf ich ein.

»Zwischen antagonistischen und nicht-antagonistischen«, ergänzte der Dolmetscher prompt.

»Es gibt Widersprüche einerseits zwischen dem Volk und den Feinden, andererseits Widersprüche innerhalb des Volkes«, interpretierte der Mann vom Reisedienst die beiden Fachausdrücke.

»In ihrer oberflächlichen und unmarxistischen Art glauben die Russen«, fuhr der Dolmetscher fort, »im Sozialismus könne es keine antagonistischen Widersprüche mehr geben. Aber wir wissen vom Vorsitzenden Mao, daß diese auch in einer sozialistischen Gesellschaft weiterbestehen, daß die Revolution also auch in der sozialistischen Epoche fortgesetzt werden muß. Unverständlich, daß die Russen das nicht einsehen. . .«

». . . und daß sie so tun, als gebe es bei ihnen einen Staat des *ganzen* Volkes, eine Partei des *ganzen* Volkes«, ergänzte der Reiseführer (so die Formulierungen im Programm der Kommunistischen Partei der Sowjetunion von 1961). »Diese Widersprüche wird es immer geben«, schloß er, »denn wo es keine Widersprüche gibt, gibt es keine Bewegung, ja kein Leben.«

Einmal fragte ich einen Reisebekannten, welches Mao-Zitat denn für ihn persönlich die größte Bedeutung habe. Er sagte:

»Immer, wenn ein Problem auftaucht, greifen wir zu den Gedanken des Vorsitzenden Mao, je nach dem Problem ist auch das in Betracht kommende Zitat anders. Ich selbst liebe besonders den ›törichten alten Mann‹.«

Diese Geschichte hatte Mao in seiner Schlußrede auf dem Siebten Parteikongreß am 11. Juni 1945 zur Unterstreichung des Willens zum zähen Durchhalten verwandt. Der »törichte«

Alte macht sich mit seinen beiden Söhnen daran, zwei hohe Berge, die vor seinem Haus standen, abzutragen. Von einem »weisen« Alten ob dieses unsinnigen Unterfangens verspottet, erwiderte er unverdrossen, daß nach ihm seine Enkel, Urenkel und so fort weitergraben und auf diese Weise schließlich den Berg abtragen würden. Mao fuhr an dieser Stelle fort: »Gott rührte diese Haltung des törichten Alten, und er schickte zwei Engel, die die Berge auf dem Rücken davontrugen.« (›Rotes Büchlein‹, S. 238f.)

»Auf meiner ganzen Reise habe ich keine Spuren von religiösem Leben gesehen; sie scheinen ausradiert zu sein. Wieso spricht Mao von Gott?«

»Der Vorsitzende Mao beendet seine Geschichte, indem er sagt, auch wir hätten zwei Berge vor unserer Türe, den Imperialismus und den [internen] Feudalismus, wenn wir zäh genug arbeiten, würden auch wir Gottes Herz rühren, dieser unser Gott aber sei das chinesische Volk, mit dessen Hilfe sich die beiden Berge abtragen ließen.«

Mein Gesprächspartner hatte also seine Lieblingsgeschichte gut im Kopf. Sie ist unter Maos Gleichnissen für das heutige China am meisten charakteristisch (und daher in die Dokumente aufgenommen).

Bei Besichtigungen habe ich oft gefragt, wann die Berufstätigen oder auch die Schüler ihr Mao-Studium betreiben. Meist, so erfuhr ich, morgens vor und abends nach der Arbeit bzw. der Schule. Im Hotel versammelten sich die Diener meines Stockwerks um sechs Uhr abends im Fernseh-Zimmer zu ihrer Mao-Stunde. Einer führte den Vorsitz (nicht immer derselbe), und alle saßen mit aufgeschlagenem ›Büchlein‹; ich hörte sie gemeinsam einen Spruch rezitieren, dann folgten Belehrungen und Unterhaltungen. Manchmal ging es ganz vergnügt bei ihnen her.

In den schönen Anlagen von Hangtschou sah ich Gruppen von Schülern, die einen Ausflug zu den Sehenswürdigkeiten der Park- und Seen-Stadt unternommen hatten, in Grüppchen auf dem Rasen sitzen, die Rucksäcke zu sauberen Pyramiden geschichtet, das offene Büchlein in der Hand, lesend oder skandierend.

Unvergeßlich ist mir der Eindruck, der sich jeden Morgen in Schanghai wiederholte. China lebt solide und legt sich früh schlafen. Dafür steht es früh auf. Spätestens um sieben Uhr früh beginnen die Lautsprecher zu dröhnen: ›Der Osten ist rot‹, und dann hört man auch schon die ersten rhythmischen Pfiffe und Rufe auf der Straße. Blickte ich aus meinem Fenster im fünften Stock des Friedens-Hotels in die schmale Straßenschlucht hinunter, so sah ich schon die morgendlichen Exerzitien. Aus dem Gebäude der Bank von China, die gegenüberlag, strömten die Angestellten, vom Direktor (so sagte man mir) bis zum jüngsten Boten. Zwei Mann mit Listen und Schreibstift standen bereit, um die Anwesenden abzuhaken. Ein Mann in Uniform, vermutlich ein Mitglied des Revolutionsausschusses, gab die Kommandos, zu denen die ganze Belegschaft die Straße auf und ab marschierte, einmal auch im Laufschritt. Zwischendurch holte jeder sein ›Rotes Büchlein‹ hervor und vertiefte sich in das jeweils vom Uniformierten durch ein elektrisches Megaphon verkündete Zitat.

Kaum waren die Bankleute in ihre Büros zurückgekehrt, erschien eine andere Gruppe und tat ungefähr dasselbe; erst ab halb neun wurde es ruhiger.

Immer marschieren Chinesen; zu jedem beliebigen Augenblick des Tages sind es sicher Millionen, ob sie zu einer Geländeübung marschieren oder aufs Land ziehen, um den Bauern bei der Feldarbeit zu helfen, oder auch nur um des Marschierens willen unterwegs sind. Und immer haben sie eine rote Fahne mit sich. Oft trägt überdies der Vordermann der Kolonne ein Mao-Bild vor sich her. Ist man zu einer längeren Unternehmung aufgebrochen, so hat jeder eine wattierte Schlafdecke auf dem Rücken, in Plastik – gegen Regen und Schnee – eingewickelt und nach Vorschrift sauber mit Schnüren verpackt, die zugleich als Tragriemen dienen. Viele haben eine kleine rote Tafel – von Postkartengröße und mit einem Mao-Zitat bemalt – an ihr Marschgepäck so angebunden, daß sie der Hintermann beim Marschieren ständig vor Augen hat.

Bestimmt wird der Marschrhythmus durch die Trillerpfeife des Leiters (meist in dem merkwürdigen Takt *eins*-zwei, *eins*-zwei-drei) oder durch anfeuernde Schreie aus der Reihe der Marschierer, die von der Kolonne mit rhythmisch gerufenen Mao-Zitaten beantwortet werden, oder auch durch ein gemeinsames Lied.

Vor allem drei Lieder habe ich wohl tausendmal gehört – auf der Straße, in der Eisenbahn über den Lautsprecher, im Fernsehen (als Hintergrundmusik, was auch immer gezeigt werden mag), als Einlage in Opern und Filmen, bei Schulaufführungen. Zwei können sich um den ersten Platz streiten.

Das erste, ›Der Osten ist rot‹, ist in den letzten Jahren sehr populär geworden, vor allem durch die Riesenrevue gleichen Namens, aufgeführt von einem Armee-Ensemble im Jahre 1964. Es folgt der Melodie eines Volksliedes aus Nord-Schensi (wo Maos Yenan liegt); den Text habe, so heißt es, ein dortiger Bauer in den Tagen des Bürgerkrieges verfaßt. Eine genauere Auskunft konnte ich nicht erhalten; es ist zum Volkslied geworden, dessen Verfasser und Herkunft wohl vergessen sind. Mir persönlich will es nicht recht einleuchten, daß jemand diesen Text, ›Der Osten ist rot‹, zu einer Zeit gedichtet haben sollte, wo die Guerillas gerade von Osten her, durch die Truppen Tschiangs oder die japanischen Divisionen, bedrängt wurden. Der volle Wortlaut dieses wie auch des zweiten Liedes ist unter den Dokumenten abgedruckt.

Von diesem, dem nicht minder populären Steuermann-Lied, kennt man meist zwei Zeilen:

> Für die Seefahrt braucht man den Steuermann, ...
> Um Revolution zu machen, braucht man die Ideen Mao Tse-tungs.

Melodie und Text stammen von dem sonst nicht besonders hervorgetretenen Komponisten Wang Schuang-yin. Zu Berühmtheit gelangte das Lied, als Lin Piao es 1967 auf Mao anwandte und in aller Mund brachte. Es hat einen schmissigen Marschrhythmus, während ›Der Osten ist rot‹ eher feierlich klingt.

An dritter Stelle kommt die ›Ode an das Vaterland‹. Sie hat der Soldat Wang Hsing im Korea-Krieg komponiert. Seine ersten Takte ähneln unserem Lied ›Im tiefen Keller sitz' ich hier‹; daran kann es der deutsche Hörer erkennen.

Häufig wird die ›Internationale‹ gesungen, einst das Lied der Pariser Kommune. Insgesamt habe ich sie in diesen 32 Tagen sicher so oft gehört wie in den Jahren 1934 bis 1936, die ich in der Sowjetunion lebte. Dort ist sie dann durch die Stalinsche Nationalhymne völlig verdrängt worden.

Bei vielen Gelegenheiten ertönt in vielfacher rhythmischer Wiederholung der Ruf: Mao tschuhsi wansui, Es lebe der Vorsitzende Mao (wörtlich: Mao, der Vorsitzende, zehntausend Jahre). Im Chor skandiert klingt es wie *Mau*tschi *wan*sui, *Mau*tschi *wan*sui. Während des Rufens wird der Rhythmus immer schneller. Dabei werden gewöhnlich Mao-Büchlein geschwenkt, zum Beispiel wenn sich beim Schluß einer Aufführung die Schauspieler noch einmal dem Publikum zeigen.

China-Beobachter im Westen und in Hongkong glauben, seit 1970 einen Rückgang der Bedeutung des ›Roten Büchleins‹ feststellen zu können; sie haben unter anderem darauf verwiesen, daß in ähnlicher Aufmachung ein Lin Piao-Büchlein und ein neues Mao-Büchlein (mit alten Beiträgen) erschienen ist. Ich habe diese auf meiner Reise vielfach aufliegen gesehen und natürlich Exemplare für mein Institut und mich erworben. Aber während buchstäblich jeder, der lesen und schreiben kann (und sicher auch mancher, der zu alt ist, um es noch zu lernen), das Mao-Büchlein ständig bei sich trägt, habe ich keinen gefunden, der Lin Piao griffbereit gehabt hätte. Ebensowenig kann ich die Meinung bestätigen, das alte, schon klassische ›Rote Büchlein‹ werde nun durch das neue rote Bändchen ›Fünf Schriften des Vorsitzenden Mao Tse-tung‹ verdrängt (dieses enthält außer den ›Drei ständig zu lesenden Schriften‹ noch ›Über die Berichtigung falscher Ansichten in der Partei‹ und ›Gegen den Liberalismus‹ aus den Jahren 1929 bzw. 1937) oder sei gar durch das Bändchen ›Die vier philosophischen Schriften‹ abgelöst worden (nämlich ›Über die Praxis‹, die beiden Widerspruch-Schriften und die schon erwähnte zweieinhalb Seiten lange Passage über die richtigen Ideen).

Als »das« Rote Büchlein wird nach wie vor das Zitaten-Buch verstanden, die »Mao-Bibel«, wie man es oft im Ausland nennen hört, das seit Beginn der Kulturrevolution in Massenauflagen erschien (siehe bei den Erläuterungen unter dem Stichwort ›Das Rote Büchlein‹). In Hotels wird es in Stößen angeboten, in den Schulklassen liegt es, was immer das jeweilige Unterrichtsfach sein mag, auf jedem Pult. Kommt man – angemeldet oder nicht – als Gast in eine Fabrik, Brigade, Schule usw., wird es alsbald hervorgeholt und mit kurzen, schnellen Schwenkbewegungen vor der Brust gehalten. Und – es wird auch gelesen, meditiert, memoriert. Wie manche Theologen ihr Neues Testament, manche Goethe-Verehrer ihren ›Faust‹ im Kopf haben, so im heutigen China Millionen Menschen ihr ›Rotes Büchlein‹. Insofern ist es gar nicht unberechtigt, wenn das erste Denkmal, das der Fremde gleich jenseits der Grenze zu sehen bekommt, von vier Riesenbänden der Werke Maos gekrönt ist.

Die Wirkungen (fast möchte man sagen: Wunderwirkungen), die dem ›Roten Büchlein‹ zugeschrieben werden, sind ohne Zahl. Im Ausland ist darüber gelächelt worden, in China spricht man davon mit aller Selbstverständlichkeit. Das reicht von der landwirtschaftlichen Praxis (siehe das Dokument über die Tomaten) bis in die Höhen der Wissenschaft. Ich denke an den 42-jährigen Arzt am Krankenhaus Nr. 6 in Schanghai, Dr. Tschen Tschung-wei, weltbekannt durch seine Erfolge (seit 1963) in der operativen Wiederanfügung durch Unglücksfälle abgetrennter Gliedmaßen. Während er mir von seiner Arbeit erzählte, hielt er – wie auch sein Assistenzarzt neben ihm – das ›Rote Büchlein‹ unablässig in der Hand, auch unterbrach er seine Darlegungen mehrfach durch Zitate daraus. (Daß seine Patienten mich in ihren Betten mit dem Mao-Büchlein winkend begrüßten, versteht sich von selbst.)

In ähnlichen Worten beschreibt ein Professor der Physik an der Universität Kirin, wie er durch das Studium Maos seine fachwissenschaftlichen Qualifikationen verbessert habe. Seine Darstellung (siehe das Dokument ›Erlöst durch Mao‹) ist lesenswert, da sie einen Vorgang schildert, der sich im Grundsätzlichen auch bei vielen anderen Intellektuellen seit Beginn der Kulturrevolution so abgespielt haben könnte. Auch der Weltmeister im Hochsprung, Ni Tschi-tschin, den ich beim Bankett in der großen Volkshalle traf, beteuerte, daß er seinen Sprung über die 2,29 Meter-Latte nur dem ›Roten Büchlein‹ zu verdanken hat.

Unverkennbar ist das Streben, jede eigene Handhabung »philosophisch« auszulegen und zu beweisen, daß man auf der Seite der richtigen Philosophie steht. Es findet seinen Ausdruck in Berichten wie dem eines Arbeiters der Tientsiner Textilfabrik Nr. 2 mit der Überschrift ›Wie ich mit Nutzen Philosophie studierte‹ (›China Reconstructs‹, Januar 1971, S. 29–31). Liu Schao-tschi und seine Agenten, schreibt der Verfasser, wollten nicht, daß die Arbeiter durch das Studium der wahren Philosophie zu besseren Arbeitsergebnissen kämen; das habe er gemerkt, als er – noch vor der Kulturrevolution – für drei Monate auf eine Parteischule geschickt und mit Vorträgen über die Philosophie des 17. bis 19. Jahrhunderts traktiert wurde. »Wir mußten dicke Bücher lesen«, berichtete er, darunter von Hegel und Feuerbach, »und uns über alle möglichen Fachausdrücke die Köpfe zerbrechen . . . Ich war verzweifelt, verlor meinen Appetit, schlief schlecht. Vorher hatte ich nie gewußt, was Nerven sind, jetzt kam ich dem Zusammenbruch nahe. Mir war schwindlig. Je mehr ich studierte, desto leerer fühlte ich mich, desto verwirrter wurde ich, desto weniger Energie hatte ich.« Erst als er sich den Werken Maos zuwandte, kam alles ins Lot.

Maos Heilige Stätten

Auf der zehnstündigen Autofahrt von Sian nach Norden, immer tiefer hinein in die Berge von Schensi, kam ich mir zunehmend vor wie auf einer Pilgerfahrt im Heiligen Land. Vor allem während der zweiten Hälfte, nachdem wir das einst von Maos roter Armee gehaltene Gebiet erreicht hatten, häuften sich die Hinweise auf die Jahre 1935 bis 1947, in denen er – nach dem »langen Marsch« – von hier aus den Krieg gegen die Japaner und gegen die Truppen Tschiang Kai-scheks geleitet hatte. Meiner Reisebegleiter bemächtigte sich eine steigende Spannung. Immer häufiger konsultieren wir das ›Rote Büchlein‹ und Maos ›Ausgewählte Werke‹, um Einzelheiten aus seinen damaligen Reden und Schriften in Erinnerung zu rufen.

Während wir ein schmales Tal hinabfuhren, sah ich plötzlich auf einem noch viele Kilometer entfernten Hügel die berühmte neunstöckige Pagode, die zu einem Wahrzeichen der großen Zeit geworden ist. Wie das Brandenburger Tor bei einem Deutschen bestimmte Gedankenassoziationen wachruft, so symbolisiert diese Pagode für die Chinesen Kampf und Sieg jener Jahre. Bald öffnete sich das Tal zur Ebene des Yen-Flusses. Vor uns lag Maos Stadt.

Die Unterbringung in Yenan war besonders gut. Statt eines bescheidenen Pilgerquartiers wurden mir zwei bequeme Zimmer zugewiesen; im Badezimmer gab es Tag und Nacht heißes Wasser (besonders angenehm nach einer langen Fahrt durch Lößstaub) und sowohl abends als auch morgens kräftig Dampf in die Heizung; wir befanden uns auf über 900 Meter Höhe, und die Nächte waren noch bitter kalt. Das Essen war vorzüglich.

Zwar wurde ich vor einer Besichtigung stets gefragt, ob ich ein anderes als das mir vorgelegte Programm wünsche, doch hatte ich den Eindruck, daß dieses nach einem erprobten Plan ablief; im Laufe der Jahre sind ungezählte Chinesen nach Yenan gepilgert, viele von ihnen zu Fuß und von weit her. Gezeigt werden die vier Wohnungen Maos, die er dort zwischen 1935 und 1947 innehatte, je eine Tschou En-lais und Lin Piaos, zwei Ausstellungen und drei Parteigebäude (zwei Versammlungshallen des Zentralkomitees und ein Bürohaus der Partei mit Vortragsraum); außerdem führt man den zum Steigen aufgelegten Gast (ich war es) zu der erwähnten Pagode, die einen ausgezeichneten Rundblick über das Yen-Tal und die Stadt gewährt.

Maos erste Wohnung lag in der Stadt. Dann zog er in eine Höhlenwohnung im Yangtschia-Tälchen, das ins Tal des Yen mündet, nahe der Stadt; hier lebte er fünf Jahre (1938–1943). Sein schönster Wohnsitz war der Dattelgarten, der in dem gleichnamigen Dorf liegt, etwa fünf Kilometer von der Stadt entfernt. Zum Schluß (Anfang 1945 bis Ende 1947) bewohnte er ein Haus näher der Stadt, auf dem Gelände, wo sich das Hauptquartier der Streitkräfte befand.

Stets hatte Mao drei Zimmer; in der Mitte liegt der Wohn- und Arbeitsraum, von dort führt links eine Tür in den Schlafraum. Das Empfangszimmer rechts hat einen eigenen Eingang. Das fast unverändert bewahrte Mobiliar ist sehr einfach. Das Doppelbett besteht aus Brettern mit einer dünnen Matratze. Zum Ausruhen dienten Klappstühle, mit grobem Leinen bespannt. In jeder Wohnung ein Schreibtisch, darauf je ein Exemplar der hier entstandenen Schriften. Alle vier Wohnungen haben ihren eigenen Fremdenführer, der jeweils mit ›Rotem Büchlein‹ an der Türe stand, als wir eintrafen.

In der Frühlingssonne sahen diese Behausungen ganz freundlich aus; bei schlechtem Wetter freilich und während der kalten Winter müssen sie recht trist gewirkt haben. Während in China Millionen Menschen in echten, ganz in den Berg gegrabenen Wohnhöhlen leben, sind die Höhlenwohnungen Maos und der anderen hohen Parteiführer nur mit ihrem rückwärtigen Teil in den Löß gegraben; der vordere, aus Lehmziegeln, ist davorgesetzt. Sie liegen an einem Platz aus gestampftem Lehmboden, einer Art Terrasse. Tschou En-lais und Lin Piaos Wohnungen ähneln denen Maos, nur sind sie etwas kleiner. Die Liu Schao-tschis, Ho Lungs und anderer in der Kulturrevolution gestürzter Größen werden natürlich nicht gezeigt.

Die Versammlungsräume waren weniger an sich interessant als durch die Ereignisse, die sich dort abgespielt hatten. In der Halle im Yangtschia-Tälchen war im April 1945 der Siebte Kongreß der Kommunistischen Partei Chinas abgehalten worden; in dem Vortragssaal des dahinter gelegenen Bürohauses der Partei hatte Mao im Mai 1942 seine noch heute stark nachwirkenden Reden über Literatur und Kunst gehalten; im Konferenzraum im Dattelgarten pflegte das ZK der Partei zu tagen. Ein paar hundert Meter entfernt ist die Steintribüne zu sehen, von der aus Mao am 8. September 1944 vor den versammelten Parteikadern seine Rede ›Dem Volke dienen‹ hielt; sie ist eine der ›Drei ständig zu lesenden Schriften‹.

Von den beiden Ausstellungen zeigt die erste Fotos und Erinnerungsstücke aus der Yenan-Zeit. Auf vielen Bildern ist Mao selbst zu sehen, auf anderen marschierende und arbeitende Soldaten, dazu Kleidungsstücke, selbstgefertigte Waffen, primitive Werkzeuge und Spinnrocken aus jener Zeit. Von den Parteigrößen fand ich – die Zahlen sind geschätzt – Lin Piao auf den Bildern etwa zehnmal, Tschou En-lai dreimal und die Frau Maos sowie den während der Kulturrevolution wieder sehr stark hervorgetretenen damaligen Sicherheitschef Kang Scheng je einmal. Maos Frau sieht auf dem Foto jugendfrisch und vergnügt aus. Von Mao sind einige Aufnahmen ausgestellt, die ich noch nicht kannte, ein paar zeigen ihn entspannt und sogar lachend, eines beim Pingpong-Spiel. Die zweite Ausstellung auf dem Gelände, wo sich früher die Militärakademie befand, wurde im Jahre 1966 eröffnet und steht weitgehend im Zeichen Lin Piaos.

Zweimal wurde ich mit Bauern bekannt gemacht, die sich noch Maos erinnern. Der eine, heute 67 Jahre alt, war damals Obmann des Dorfes Dattelgarten. Er erzählte, Mao habe ihm eines Tages gesagt: »Du bist hier der Obmann, also muß ich dir gehorchen.« Dabei lachte der Alte zufrieden. Der andere hatte in jenen Jahren seinen Acker nahe dem Hauptquartier der Armee, also nahe dem vierten Wohnhaus Maos. Er ist auf einem bekannten Foto festgehalten, auf dem Mao damals mit Bauern plauderte.

Natürlich ranken sich Geschichten um jeden einzelnen Ort in Yenan. Bei der Besichtigung des Raumes, in dem Mao vor Künstlern seine Vorträge über Literatur hielt, hieß es:

»Die Bauern freuten sich über den Besuch der Schriftsteller und Künstler und schenkten ihnen gekochte Eier. Diese aber warfen beim Essen die Eierschalen achtlos auf den Boden. Da sagte der Vorsitzende Mao: ›Wenn man Künstler finden will, braucht man nur den Eierschalen zu folgen.‹ Darauf gingen die Künstler in sich und zeigten mehr Respekt vor der Arbeit der Bauern.«

Und bei der Führung durch Maos Wohnung im Dattelgarten fehlte der Hinweis nicht: »Beim Licht dieser kleinen Öllampe hat der Vorsitzende Mao seine hervorragenden Werke geschrieben. Und während er beim Schreiben über den nächsten Satz nachdachte, drehte er den Docht tief herunter, um Öl zu sparen.« In größter Sparsamkeit zu studieren ist, nebenbei gesagt, ein beliebtes Motiv der alten chinesischen Literatur.

Alles in Yenan ist Teil der Legende geworden. Die Pagode aus der Sung-Zeit (Stauferzeit bei uns) hat naturgemäß ihre einst religiöse Bedeutung eingebüßt und ist nur noch Wahrzeichen der Stadt des Widerstandes; das anmutige taoistische Kloster auf dem Berggipfel gegenüber ist nur noch deshalb berühmt, weil dort in der Kampfzeit der Sender Maos stand, der schön geschwungene Pfauen-Berg, weil an seinem Fuße Maos erste Wohnung lag. Bei dem starken historischen Bewußtsein der Chinesen möchte ich annehmen, daß Yenan noch lange ein Wallfahrtsort bleiben wird. Schließlich habe ich die Stadt des Konfuzius, Tschüfu, noch 1957 in voller Pracht gesehen – rund zweieinhalb Jahrtausende nach seinem Tode. Das Wort Heilige Stätte, das ich hier mehrfach benützte, stammt von den Chinesen; das Postkartenalbum, das ich in Yenan erstand, trägt die Beschriftung ›Yenan – Heilige Stätte der Revolution‹.

Die zweite Heilige Stätte besuchte ich später in Kanton. Hier hatte im Jahre 1925 die damalige linksstehende Stadtverwaltung einen aus dem 16. Jahrhundert stammenden Konfuzius-Tempel als Schulungsstätte für revolutionäre Bauernführer zur Verfügung gestellt; es war die Zeit der engen Zusammenarbeit zwischen der Kuomintang, der Partei Sun Yat-sens (und Tschiang Kai-scheks), einerseits, der Kommunistischen Partei anderseits. Da Mao zu den relativ wenigen Kommunisten gehörte, die aus dem Dorf stammten und mit Bauern umzugehen verstanden, wurde ihm die Leitung der Schule übertragen; allerdings bestand sie nur ein halbes Jahr, denn nach dem Bruch zwischen Kuomintang und Kommunistischer Partei wurde sie aufgelöst.

Während seiner Tätigkeit an dieser Schule hat sich Mao besonders intensiv mit dem Bauernproblem befaßt, hier hat er seine ersten wichtigen Arbeiten geschrieben, über die Klassen in China vor allem, wo er den Bauern – im Unterschied zu Marx – einen besonders bedeutenden Platz einräumt. Hier also begann, kann man ohne Übertreibung sagen, der Maoismus, dieser Bauern- (und später Partisanen-)Kommunismus, der dann in der Yenan-Periode seine weitere Ausprägung fand.

Heute ist das ganze Grundstück, inmitten der Stadt gelegen, ein Kult-Museum. Im Vorgarten steht ein riesiger lehrender Mao aus Marmor. Die Räume sind angefüllt mit Erinnerungsstücken. Ein besonderes Heiligtum ist auch hier das Zimmer, in dem Mao gelebt und gearbeitet hat – eine Pritsche, ein Schreibtisch, zwei große Tragekörbe, in denen er seine Habseligkeiten und Bücher zu transportieren pflegte; an der Wand ein Gemälde neueren Datums, das ihn sinnend am Schreibtisch zeigt. Ein Zimmer enthält die Fotografien von Verwandten Maos, die im Zusammenhang mit der Revolution ihr Leben verloren; einer seiner Söhne fiel im Koreakrieg. Die langgestreckten Nebengebäude, in denen einst die Schüler schliefen, sind heute Ausstellungsräume mit Zitaten und Bildern an den Wänden, darunter einem des jungen Tschou En-lai; er war damals einer der Instrukteure.

In einem der beiden Haupt-Tempel (der andere diente als Speiseraum) wurden die Vorlesungen gehalten; dort stehen lange Reihen einfacher Tische und Stühle, an der Schmalseite ein Podium mit Tisch, an der Wand ein Gemälde: der jugendliche Mao als Lehrer auf dem Podium vor seinen gespannt lauschenden Schülern.

Man kann bei alledem schon von einer Mao-Ikonographie sprechen. In ihr nehmen die Heiligen Stätten einen wichtigen Platz ein. Man sieht sie häufig abgebildet, manchmal einzeln, manchmal zusammenkomponiert. Am populärsten, scheint mir, ist Chinas »Bethlehem«: Maos Geburtsort Schaoschan. Ferner gibt es etwa drei Dutzend Mao-Porträts aus den verschiedenen Epochen seines Lebens, es sind Gemälde oder Fotografien, die oft den Gemälden als Unterlage dienten. Schließlich Bilder von Mao in Aktion, fast ausschließlich Gemälde, manchmal ebenfalls Fotografien nachgebildet, manchmal aus der Phantasie. Von diesen letzteren habe ich zwei am häufigsten gesehen. Das eine zeigt Mao am Strand von Peitaiho, einem Seebad nicht weit von Peking; mit wehendem Mantel kommt er auf den Beschauer zu, hinter sich das Meer. Das andere Gemälde, zur Zeit zweifellos das beliebteste, hielt seinen Einzug – anders kann man es kaum ausdrücken – im Sommer 1968.

Damals wurde mitgeteilt, das Gemälde sei schon früher von einem Malerkollektiv geschaffen worden, zunächst aber von bösen Leuten, Gegnern der Mao-Verehrung also, wütend unterdrückt worden. Das Kunstwerk habe schließlich den Sieg in diesem Ringen zwischen Gut und Böse davongetragen; denn: »Die breiten Massen der Arbeiter, Bauern und Soldaten ... unterstützten und ermunterten den Maler, diesen Pionier an der Kunstfront.«

Das Bild zeigt den jungen Mao 1921, also im Gründungsjahr der Kommunistischen Partei Chinas, auf dem Wege nach Anyuan, um dort einen Streik zu organisieren. Die linke Hand ist zur Faust geballt, unter dem rechten Arm trägt er einen alten Regenschirm. Dies weise, schrieb die ›Peking Rundschau‹ am 23. Juli 1968, »auf seine Eigenart hin, ohne Strapazen zu scheuen, für die Revolution hart zu arbeiten«. Flugzeuge trugen die Druckstöcke in die Provinzen, und überall, so wurde berichtet, begrüßten die Massen die fertigen Drucke mit grenzenloser Begeisterung.

Soweit Mao-Bilder, wie dieses, der Phantasie entstammen, zeigen sie einen ziemlich einheitlichen Stil, einen heroisierenden Naturalismus, der an die sowjetische Heldenmalerei der Stalinzeit erinnert und so gut wie keine Anklänge an die alte chinesische Kunst aufweist. Noch nie sind von einem Menschen zu seinen Lebzeiten so viele Porträts gemalt, gezeichnet, gedruckt, gestickt, in Stein gehauen, in Erz und Gips gegossen worden. In jener Fabrik in dem altberühmten Hangtschou sah ich Maschine neben Maschine Mao-Bilder in Seide sticken, die dann in Zehntausenden von Läden verkauft und an Millionen Wänden aufgehängt werden.

Auch im Alltag begleitet Mao sein Volk auf Schritt und Tritt. Ich sah sein Bild sogar auf Lokomotiven aufgemalt und – wie oft! – neben einer wehenden roten Fahne an einer im Boden steckenden Stange über den gebückten Rücken der arbeitenden Bauern, als sollte sein Bild nicht nur zur hingebungsvollen Arbeit beflügeln, sondern auch Dürre und Flutwasser abwehren.

Fast Talisman-Charakter haben auch die Mao-Plaketten, die praktisch jeder an seiner Kleidung über dem Herzen trägt, und an Ikonen-Ecken gemahnen die mit – oft bis zu ein oder zwei Dutzend – Mao-Bildern geschmückten Zimmerwände der Wohnungen. Familienbilder treten ganz zurück.

Das Straßenbild haben im alten Rußland selbst in seinen gläubigsten Zeiten die Ikonen niemals so beherrscht wie das Mao-Bild im China von heute. Kaum ein Hof, an dessen Eingangsmauer nicht Mao prangt, kaum ein öffentliches Gebäude ohne sein weit überlebensgroßes, oft von Glühbirnen eingerahmtes Bild. Fährt der Zug in einen Bahnhof, ist nicht der Stationsname das erste, was dem Reisenden ins Auge fällt, sondern ein Bild und ein Zitat des Führers. Die Fernseh-Nachrichten beginnen und enden mit dem Mao-Porträt, von dem wie Sonnenstrahlen Pfeile nach allen Seiten schießen, während das Lied von Mao, dem Steuermann, erklingt.

Mao ist allgegenwärtig.

Die Yangtse-Brücke und das Vaterland

»Wenn Sie Reisen machen«, sagte mir ein kluger Ausländer in Peking, »müssen Sie nicht nur das aufsuchen, was Sie sehen wollen, sondern auch das, was Ihnen die Chinesen selbst zeigen wollen.« Zu diesen Dingen gehörte die Brücke über den Yangtse bei Nanking. Für jemanden aus dem Westen ist eine Brücke eine Brücke, aber da die Chinesen sie mir zeigen wollten, widmete ich ihr einen halben Tag. Ich habe es nicht bereut.

Über die technische Seite nur wenige Angaben: Der Yangtse ist an dieser Stelle 1574 Meter breit und 45 Meter tief. Die Brücke ruht auf neun, jeweils 160 Meter voneinander entfernten Pfeilern, sie ist 60 Meter hoch, 19,5 Meter breit und zweistöckig, unten für die Eisenbahn (zweigleisig), oben für den Straßenverkehr. Der erste Zug fuhr am Jahrestag der Gründung des Staates, am 1. Oktober 1968; für den gesamten Verkehr wurde sie am 1. Januar 1969 freigegeben. Im Durchschnitt wird sie in 24 Stunden von 140 Zügen befahren.

Für das Verständnis des heutigen China ist es sicher wichtig zu wissen, daß die chinesische Technik eine solche Brücke zu bauen vermag, aber weit interessanter ist, finde ich, ein anderer Aspekt: Die Brücke ist gleichsam Chinas Assuan-Damm – mit einem entscheidenden Unterschied: »Wir haben sie ganz allein gebaut!« Sie ist also nicht in erster Linie ein Werk der Technik, sondern ein Symbol der nationalen Kraft. Unter den ganz wenigen Bildpostkarten, die ich in China sah, fand ich immer wieder Aufnahmen der Brücke, von allen Seiten fotografiert.

Die Brücke ist zum beherrschenden Bauwerk von Nanking geworden. Die Auffahrten zu beiden Seiten sind mehrere Kilometer lang, getrennt für die Züge und den übrigen Verkehr; man sieht sie schon von weitem, wie in die Luft gebaute Autobahnen. Auf der Stadtseite ist am Fuß der Brückentürme ein Volkspark angelegt worden, man kann von dort entweder mit Aufzügen oder über die Auffahrt zur Brücke gelangen.

Noch nach mehr als zwei Jahren herrschte Volksfestatmosphäre. Von weit her waren die Menschen, in Bussen oder zu Fuß, zu diesem technischen Wunder gekommen. Auch wir nahten uns ihr nicht wie einem profanen Gebäude, sondern wie früher einem Tempel oder einem Kaiserpalast. Die Brückentürme enthalten Prunkräume, zu deren Ausstattung viele Provinzen und Städte Wandbehänge, Bilder oder Statuen beigetragen haben und in denen man sich wie in einer Kathedrale bewegt.

Lifte brachten uns zum Bahngeleise, und wir ließen einen Zug mit Donnergetöse an uns vorbeirollen; Lifte brachten uns zur Plattform hoch auf dem Brückenturm mit einer prächtigen Aussicht auf Brücke, Fluß und Stadt und schließlich in einen Vortragssaal, ebenfalls in einem der Türme, wo ein Modell der Brücke steht und viele Zeichnungen und Fotos an den Wänden hängen, mit deren Hilfe dem Gast der Brückenbau erklärt wird.

Was ich zu hören bekam, war, abgesehen von den technischen Daten, die ausführlich ausgebreitet wurden, die Schilderung eines grandiosen Kampfes der gerechten Sache gegen die Mächte der Finsternis, in deren Verlauf schließlich das Gute, in der Brücke verkörpert, siegte. Da waren einmal, früher, die Imperialisten, wurde mir erklärt, denen an einer solchen Brücke nichts lag, da sie ja nicht die wirtschaftliche Entwicklung des halbkolonialen China wünschten, sondern sich einen unterentwickelten Markt für ihre Massenwaren erhalten wollten, und die deshalb den Gedanken eines Brückenbaus sabotierten; die amerikanischen Ingenieure gaben das Urteil ab, eine Brücke über den Yangtse könne man gar nicht bauen, dazu sei der Flußgrund nicht geeignet und die Strömung zu stark.

Dann waren da die russischen Revisionisten, die sich schäbig benommen hätten. Gewiß, sie hätten beim Bau der ersten Yangtse-Brücke bei Wuhan geholfen, aber die sei ja auch, wie ich mich hätte überzeugen können, lange nicht so schön, und vor allem hätten sie im Sommer 1960 sämtliche Verträge zerrissen, darunter auch den von 1959 über die Lieferung der Stahlträger für die Nanking-Brücke, die man damals in China noch nicht herstellen konnte, hätten alles liegen und stehen lassen und seien mit Sack und Pack abgereist. Nie wieder werde man sich auf das Ausland verlassen! Noch im gleichen Jahr sei aber der Entschluß gefaßt worden, ganz aus eigener Kraft diese zweite Yangtse-Brücke zu bauen, was in Moskau mit der Prophezeiung eines sicheren Mißerfolges beantwortet worden sei.

Der dritte Feind, der zu überwinden war, sei der Verräter und Schuft Liu Schao-tschi gewesen. In seiner sklavischen Haltung gegenüber dem Ausland und seiner Verachtung des chinesischen Volkes habe er die These vertreten, die Chinesen seien außerstande, ein solches Werk zu errichten, man müsse ausländische Experten heranziehen.

»Aber weder der Haß der amerikanischen Imperialisten«, fuhr der Brückenführer fort, »noch die Bosheit der sowjetischen Revisionisten, noch die Ränke Lius, dieses chinesischen Chruschtschow, haben das Werk verhindert. Zehntausende chinesischer Arbeiter folgten der Devise unseres großen Führers, des Vorsitzenden Mao, ›die Unabhängigkeit wahren, die Initiative in der eigenen Hand behalten und sich auf die eigenen Anstrengungen verlassen‹. Und sie gingen ans Werk. Sie übertrafen alle Planungen und brachen alle Rekorde. Die gewaltigen vier Türme an den beiden Enden der Brücke errichteten sie in je 28 Tagen statt der vorgesehenen Frist von 9 Monaten! Und dabei mußten wir ja bei Null anfangen, weil die Russen sämtliche Blaupausen mitgenommen hatten.«

Zum Abschluß marschierten wir über die Brücke, die Wagen waren ans andere Ende vorausgeschickt worden. Während unter uns die Züge und über uns von den Lichtmasten die Lautsprecher dröhnten, waren um uns kaum Autos, fast nur Fußgänger und Handkarren zu sehen. China steht im Zeitalter der Eisenbahn, noch nicht des Autos. Aber psychologisch ist das unwichtig; wichtig ist hier, was den Chinesen der technische Fortschritt aus eigener Kraft bedeutet.

Zu den Besichtigungen, die ich nicht auf meine Wunschliste gesetzt hatte, gehörte auch die Industrieausstellung in Schanghai. Ihre Aufgabe ist es, neue Spitzenleistungen der Industrie Schanghais vorzuführen; zu diesem Zweck wird sie ständig erneuert. Als Laien interessierte mich nicht in erster Linie was, sondern wie ausgestellt wird. Die Leistungsschau befindet sich in einem Gebäude, das ich 1957 als von den Russen erbauten, steingewordenen Ausdruck der sowjetisch-chinesischen Freundschaft kennengelernt hatte. Die Stalinbüste ist inzwischen durch einen monumentalen Marmor-Mao ersetzt, jedes

Sowjetemblem sorgfältig entfernt worden. Aber der Zuckerbäckerstil der Stalin-Architektur ist unverkennbar.

Die Ausstellung hat viele Abteilungen, von einem Riesenlastwagen (Ladekapazität 32 Tonnen) bis zu Spielwaren und Kunstgewerbe. Die Aufmachung ist wirksam und klar, die Maschinen und Geräte stehen nicht nur da, man sieht sie auch in Funktion; ich wurde ans Deutsche Museum in München erinnert. An jeder großen Maschine wartet schon ein Mädchen mit ›Rotem Büchlein‹, das gleich loslegt, um die Maschine und die Bedeutung der Ideen Mao Tse-tungs für ihre Konstruktion zu erläutern und einzelne Arbeitsgänge vorzuführen.

Durch die Worte der Mädchen zieht sich als roter Faden, in zahlreichen Variationen wiederholt, der auch bei der Nanking-Brücke hervorgehobene Generalgedanke: Das haben wir aus eigener Kraft geschaffen! Vor den Modellen der auf chinesischen Werften konstruierten Schiffe zum Beispiel wird erklärt:

»Der Schuft und versteckte Verräter Liu Schao-tschi hat gesagt, China sei viel zu rückständig zur Produktion moderner Schiffe. Seine Parole im Falle von Schiffen wie auch von anderen komplizierten Konstruktionen lautete: Besser [fremde Schiffe] mieten als kaufen, besser [im Ausland] kaufen als selbst bauen.«

Fast bei jeder Maschine sagte die Erklärerin: »Früher mußten wir diese Maschine importieren, und um die Devisen dafür einzubringen, mußten wir soundso viel Reis exportieren. Jetzt wird sie bei uns hergestellt; und auf diese Weise legen wir Ehre ein für den Vorsitzenden Mao und das sozialistische Vaterland.«

Oder: »Als die Sowjets 1960 plötzlich alle Verträge zerrissen und uns im Stich ließen, da hatten wir weder Experten noch Konstruktionspläne; es blieb uns nichts anderes übrig, als selbst alles zu erfinden. Dabei haben wir auf viele alte Erfahrungen und bodenständige Methoden zurückgegriffen.«

Sehr oft wurde der Mao-Satz zitiert: »Wir müssen haben, was die anderen [im Westen] haben, *und* wir müssen haben, was die anderen nicht haben.« Immer wieder hieß es: »Jeder einzelne Bestandteil dieser Maschine stammt aus einer chinesischen Fabrik.« Und im Zeichen der Kleinfabriken, deren Errichtung allenthalben forciert wird, hörte ich häufig: »Diese große und hochmoderne Anlage wurde in einer Kleinfabrik mit nur 200 Arbeitern ohne fremde Pläne produziert.«

Im Hinblick auf die Parole von den »Technikern aus dem

Arbeiterstand« wurde bei den meisten Erzeugnissen hinzugefügt: Diese seien von den chinesischen »Massen« entworfen und konstruiert worden, ohne Mitwirkung eines einzigen Hochschulabsolventen. Selten fehlte der Hinweis auf das Tempo der Arbeit.

»Die Hochschulabsolventen [dies war der übliche Ausdruck] hatten für die Konstruktion dieser Maschine drei Jahre vorgesehen, unsere Techniker aus dem Arbeiterstande haben sie zusammen mit unseren Arbeitern in acht Monaten hergestellt.«

Dem Patriotismus als einer starken Triebkraft im heutigen China begegnete ich allerwege; denn unter den in der Kulturrevolution ausgelösten Emotionen waren auch nationalistische stark beteiligt. Sie manifestierten sich negativ in Fremdenfeindlichkeit, positiv in einer gewaltigen Anstrengung für den Aufstieg des Vaterlandes. In Peking besuchte ich eine kleine Fabrik, die Transistorengeräte baut. Sie war 1958, zur Zeit des Großen Sprungs, als bescheidene Nachbarschaftswerkstätte entstanden und stellte lange Zeit nichts als primitive Waagen her, die nur aus Querstab und Hängegewicht bestanden. Unter dem Einfluß patriotischer Parolen aber wollten die Menschen in dieser Werkstatt, großenteils Hausfrauen, die hier – neben ihrer Tätigkeit in der Familie – arbeiteten, mehr für das Vaterland tun.

»Wir studierten die Anweisungen des Vorsitzenden Mao«, erklärte mir eine der Arbeiterinnen, Mitglied des Revolutionsausschusses, »und fanden die entscheidende Anregung im Kapitel III des ›Roten Büchleins‹, in dem berühmten Ausspruch, daß China arm ist, Armut aber zur Änderung, zur Tat, zur Revolution drängt.«

Sie fuhr fort: »Womit sollten wir uns dem Vorsitzenden Mao und dem chinesischen Vaterland nützlich erweisen? Damals lasen wir, daß das Vaterland eigene Transistoren brauche, um auf diesem Gebiet vom Ausland unabhängig zu werden. Wir wählten vier Arbeiter aus, darunter eine Frau, und schickten sie zur Ausbildung. Anfangs hatten sie es nicht leicht; die Arbeiterin wußte damals nicht einmal, wo bei einer technischen Zeichnung oben und wo unten ist. Aber sie gewöhnten sich an die geistige Arbeit. Während der ganzen Zeit produzierte unser Betrieb, um existieren zu können, weiterhin Waagen. Dann aber begann die Umstellung, und 1967 begannen die ersten Transistoren unsere nun rasch wachsende Fabrik zu verlassen, und inzwischen stellen wir auch kompliziertere Geräte her.«

Der Betrieb befand sich in einem ehemaligen Wohnhaus, das man noch etwas erweitert hatte. Die Gesamtzahl der Arbeiter beträgt 350. Als Laie vermag ich über die Geräte, die man dort herstellt, nichts zu berichten, aber soviel sah ich: Es handelt sich um komplizierte Gebilde mit jeweils Hunderten von Drähtchen, Röhrchen und winzigen Lötstellen. Die Frau, die 1966 nicht wußte, wo oben und unten war, wurde mir vorgestellt, sie lachte verlegen, ebenso einer der anderen vier; beide saßen an verwirrend kniffligen Apparaten.

Mehrfach wurde mir erklärt, daß dies alles nur möglich sei dank dem intensiven Studium der Ideen des Vorsitzenden Mao.

»Wann findet dieses Studium statt?« fragte ich.

»Wir haben einen achtstündigen Arbeitstag«, hieß die Antwort. »Davon widmen wir jeden Morgen die erste halbe Stunde dem Mao-Studium. Außerhalb der Arbeitszeit treffen wir uns an drei Abenden in der Woche für jeweils anderthalb Stunden.«

Ich erkundigte mich, ob es andere kollektive Veranstaltungen in der Freizeit gebe, zu denen jeder zu kommen habe.

»Nein. Wir haben einen Singkreis und einen Tischtennisraum im Betrieb, aber das ist natürlich völlig freiwillig. Außerdem gehen diejenigen, die daran interessiert sind, gelegentlich gemeinsam ins Kino oder ins Theater. Auch das ist Sache jedes einzelnen.«

In Nanking hatte ich ein ähnliches Erlebnis. Als Schwabe habe ich etwas übrig für »Fabrikle«, wie man in Württemberg sagt; auf ihnen beruht nicht zuletzt der Wohlstand und die Stabilität des Schwabenlandes, oft genug waren sie Keimzellen weltberühmter Großbetriebe. Maos Idee vieler kleiner Fabriken (wenn auch nicht gerade der zwei Millionen Hochöfchen des Jahres 1958) hat mir daher seit langem eingeleuchtet, und auch in Nanking bat ich darum, mir eine zu zeigen.

Wir fuhren von dem im Norden der Stadt, nicht weit vom Yangtse, gelegenen Hotel Nanking viele Kilometer weit in die Südstadt, auf breiten, baumbestandenen Straßen, dann durch winklige Gassen der Altstadt, wo wir mehrfach nicht rascher vorankamen als der handgeschobene Karren vor uns. Dann sah ich eine Gruppe von Menschen mit ›Roten Büchlein‹ in der Hand vor einem Tor stehen – das Empfangskomitee. Hinter dem Tor ein Hof, wie so oft bei alten chinesischen Häusern, um ihn die früheren Wohnräume. Das ehemalige Repräsentationszimmer war nun Empfangsraum; dort ließen wir uns nieder.

Im Zeichen des Großen Sprungs 1958 hatten einige junge Leute, dem Rufe Maos nach Kleinindustrialisierung folgend, mit primitiven Mitteln in diesem alten Haus eine kleine Werkstatt eingerichtet, die Reagenzgläser und ähnliche Glaswaren herstellte und allmählich auf einige Dutzend Mitarbeiter anwuchs.

»Ohne daß wir es damals klar erkannt hätten, standen uns zwei schlimme Feinde im Wege. Das eine war der Verräter und Volksfeind Liu Schao-tschi samt seinen Helfershelfern, der nur die Hochschulabsolventen förderte, ihren Ehrgeiz anstachelte und ihnen ein angenehmes Leben in Aussicht stellte, statt die Arbeiter hochzuschätzen und sich entfalten zu lassen; das andere waren die Sowjetrevisionisten, die ihr wahres Gesicht zeigten, als sie 1960 alle ihre Experten abberiefen. Dies härtete den Entschluß des chinesischen Volkes, sich nicht mehr auf andere zu verlassen. Erst recht waren wir empört, als die Moskauer Revisionisten unter Bruch der bestehenden Verträge die Lieferung von fest zugesagten Waren einstellten, darunter auch von Quecksilber-Schaltröhren.

Unsere junge Belegschaft war von dem Willen erfüllt, dem Vorsitzenden Mao und dem chinesischen Vaterland zu Hilfe zu kommen, und beschloß, sich dieser Produktion zuzuwenden. Wir besorgten uns einige sowjetische Schaltröhren, aber es war schwierig, sie zu kopieren, da wir keine Fachleute hatten. Auch die Labors, denen wir die sowjetischen Stücke zeigten, vermochten nicht herauszufinden, mit welchem Gas die Röhrchen bisher gefüllt wurden, und die Russen gaben uns erst recht keine Auskunft.

Natürlich fanden sich Leute unter uns, die dazu rieten, bei der Produktion der bewährten Reagenzgläser zu bleiben und nicht mit unsicheren Dingen zu experimentieren. Aber die Mehrzahl hielt an dem Versuch fest, und schließlich fanden wir das richtige Gas. Das war 1963.

Ein Jahr darauf brachen auch die tschechoslowakischen Revisionisten ihre Lieferverträge; damit fielen weitere wichtige Apparate aus, die uns Prag für die chinesische Kesselindustrie geliefert hatte. Dies weckte unseren Zorn und unsere Entschlossenheit, dem Vaterland diesen Ausfall zu ersetzen. Es gab da unter anderem einen Teil, bei dem es darauf ankam, ein Drähtchen – ein Drittel so dick wie ein Haar – durch ein sehr langes, dünnes und zudem gewundenes Röhrchen zu bringen. Von den Tschechen erhielten wir keinen Tip, wie das zu machen ist. Wochenlang zerbrachen wir uns die Köpfe, und natürlich studierten wir eifrig das ›Rote Büchlein‹. Dort fanden wir auch den weisen Ausspruch des Vorsitzenden Mao, man solle das Alte dem Neuen dienstbar machen – und eines Tages fiel einem von uns plötzlich eine uralte Geschichte ein. Sie erzählt von einem König, der ein von ihm sehr geliebtes, vielfach gewundenes Schmuckstück nicht an die Wand hängen konnte, weil es keinen Aufhänger hatte. Niemand wußte Rat, bis ein alter Mann auf die Idee kam, einer Ameise einen Faden an den Fuß zu knoten und sie dann in die Öffnung zu schieben. Die Ameise kroch immer tiefer, und jedesmal, wenn sie müde wurde, blies der Alte Rauch in die Windungen, wodurch die Ameise zum weiteren Krabbeln ermuntert wurde. Schließlich kam sie mitsamt dem Fädchen auf der anderen Seite wieder heraus. Wir versuchten es sofort auch mit einer Ameise, aber die Glasröhre gab ihren Beinchen keinen Halt, sie kam also nicht voran. Immerhin, wir hatten nun einen wichtigen Hinweis. Wir mußten nur etwas finden, was dazu gebracht werden konnte, sich – ebenso wie die Ameise – durch die Windungen zu bewegen und den Faden mitzuziehen. Und wir fanden es!«

Stolz führten sie mir die Methode vor, doch habe ich versprochen, sie nicht zu verraten. Sie ist verblüffend simpel.

Auf dem Rundgang sah ich die Arbeiter (meist Frauen), dicht gedrängt an einfachen, zu achtzig Prozent selbst hergestellten Apparaten winzige Präzisionsgeräte herstellen. Man versicherte mir, daß alle Werksangehörigen – bis auf einen Hochschulabsolventen, der aber erst seit kurzem mitarbeite – höchstens neun Jahre Schule hinter sich haben und ihre Leistungen der steten Anwendung der Lehren Mao Tse-tungs sowie eigenem Experimentieren verdanken.

Besonders Maos Spruch »Die Niederlage ist die Mutter des Erfolges« (XXII. Kapitel) und seine Maxime »Kämpfen, unterliegen, nochmals kämpfen, wieder unterliegen, erneut kämpfen und so weiter bis zum Sieg« (V. Kapitel) habe man sich zu Herzen genommen.

»Bei einem Produkt haben wir tausend Experimente gemacht, ehe wir Erfolg hatten, wir nannten es ›Produkt 1001‹. Heute stellen wir rund hundert verschiedene Produkte her, die der Staat früher sämtlich unter harten finanziellen Opfern von den Revisionisten [= Sowjetunion] importieren mußte, wodurch diese uns bei der Gurgel hatten und in Abhängigkeit halten wollten. Unser kleiner Betrieb ist stolz darauf, zur Überwindung dieser beschämenden Abhängigkeit beigetragen zu haben. Von manchen unserer Abnehmer haben wir gehört, unsere Produkte seien besser als die zuvor aus dem Ausland importierten.«

Immer und immer wieder also der Hinweis auf die patriotische Bedeutung der eigenen Leistung.

Auch Maos Frau ist überall

Das Theater liegt in der Südstadt von Peking, nicht weit vom alten Himmelstempel, und trägt den Namen des Stadtteils: Tientsiao, Himmelsbrücke. Es ist ein großer, hell beleuchteter, von außen schmuckloser Bau, vor dem sich Menschen drängten. Für die wenigen Autos hielten Uniformierte den Zugang offen.

Schon auf dem Vorplatz, erst recht im Gedränge an den Türen und im Vorraum, wo ich mich alsbald einer riesigen Statue des Führers, weiß vor rotem Hintergrund, gegenübersah, und weiter, den ganzen Abend über, fühlte ich mich ständig zurückversetzt – nicht etwa in frühere Aufführungen des chinesischen Theaters, sondern in meine ersten Moskauer Theaterbesuche nach der Revolution, in die Jahre 1929 bis etwa 1931. Wie damals umgab mich »das Proletariat«, »die Masse«. Es roch nach billigem Tabak, und die Menschen – damals und wieder an diesem Pekinger Abend – waren wie eben aus der Fabrik oder vom Straßenbau gekommen, nur daß sie hier die typischen wattierten – meist dunkelfarbigen – Jacken und Mäntel trugen. Auf den Köpfen Kappen der verschiedensten Art, sehr viele Pelzmützen darunter, oft, wie damals in Rußland, mit unbekümmert herabhängenden Ohrenschützern, auch hier die Männer in der Kleidung kaum von den Frauen zu unterscheiden, die Mädchen ohne den leisesten Versuch von Eleganz und erst recht natürlich ohne Schminke, auch hier der Mensch der industriellen Frühzeit, viele bäuerliche Typen darunter.

Wir hatten Plätze im oberen Rang mit einem guten Überblick: eine wogende Menge auf einfachen Klappsitzen, da und dort hellere Farbflecke: Soldaten in Grün, Matrosen in Graublau, keine Rangabzeichen, erst recht kein Grüßen von Vorgesetzten – es war die Masse, wie sie von Mao so oft beschworen wird. Eines fehlte: der besondere Geruch der russischen Schaftstiefel. Andererseits kannte man in Moskau keine Gesichtsmasken aus Gaze, die heute in China von so vielen getragen werden – ein Erbe der Japaner, deren Soldaten sich während der Besatzungszeit zum Schutz gegen Ansteckung dieser Masken bedienten. Manche benützen so große Tücher, daß nur ein schmaler Schlitz für die Augen bleibt.

Pünktlich um halb acht gingen die Lampen aus. In den Lichtkegel vor dem Vorhang trat mit zackigem Schritt eine Frau in Armeeuniform und rezitierte ein Mao-Wort. Sie schloß mit einem dreifachen »Lang lebe der Vorsitzende Mao«, in das die Zuschauer dröhnend einfielen. Der Vorhang öffnete sich.

Ich war sehr gespannt. Es gab das Ballett ›Die rote Frauenkompanie‹, eines der nur acht Stücke, die man heute auf den Bühnen Chinas zeigt und die sämtlich, wie jeder chinesische Theaterbesucher weiß, unter dem Einfluß der Frau Maos, Tschiang Tsching, zustande gekommen sind. (Mehr über Art und Umfang dieses Einflusses wird im weiteren Verlauf dieses Kapitels zu berichten sein.)

Vom ersten Augenblick an fühlte ich mich zurückgetragen in die Zeit der reinen Agitationsstücke der russischen Bühne mit ihrer Verherrlichung von Heldentaten des Bürgerkrieges. Das Ballett spielt in Südchina, genauer: auf der großen Insel Hainan, zu Beginn der dreißiger Jahre. Ein kurzes Vorspiel zeigt ein düsteres Verlies, ihm entflieht die junge Magd Tschinghua, die von ihrem Herrn, einem Großgrundbesitzer, wegen irgendeines Vergehens eingesperrt worden ist.

Im ersten Akt: ein nächtlicher Wald, die Häscher des Grundbesitzers suchen mit großen Papierlaternen nach dem Mädchen, schließlich entdecken sie es auch. Der Grundbesitzer (im europäischen Strohhut) kommt und läßt die Dienerin auspeitschen. Für tot gehalten bleibt sie liegen. So wird sie von zwei roten Partisanen gefunden und ins Leben zurückgeholt. (Wie viele Partisanen habe ich einst auf den Moskauer Bühnen in ganz ähnlichen Rollen gesehen!) Von ihnen erfährt sie, wo sich ihr Lager befindet.

Im Kontrast zur Düsternis des Vorspiels wie des ersten Aktes liegt der zweite in strahlendem Licht: das Lager der Partisanen. Eine frisch aufgestellte Frauenkompanie ist gerade beim Üben. Höhepunkt: ein Spitzentanz mit angelegtem Gewehr. Tschinghua trifft ein und berichtet im Tanz ihre Leiden als Magd des Grundbesitzers. Feierlich wird sie mit einem Gewehr ausgestattet und in die Frauenkompanie aufgenommen. Man beschließt, die Bauern und Mägde des Tyrannen zu befreien.

Dritter Akt, beim Grundbesitzer, also wieder im Halbdunkel. Er feiert Geburtstag im Garten vor seinem Hause; Geschenke werden angeschleppt; Besucher kommen; Tänzerinnen werden von Aufsehern mit Peitschen hereingetrieben und treten vor den Gästen auf. Dann begibt sich die Gesellschaft ins Haus, um weiterzufeiern. Jetzt erscheinen die Partisanen; sie stoßen den Wächter nieder und verstecken sich im Garten. Ohne etwas zu bemerken, verlassen die Gäste das Haus; der Grundbesitzer bleibt allein zurück. Überwältigt von Haß, schießt die junge Tsching-hua auf ihn, aber sie verletzt ihn nur am Arm, und er entkommt. Der Plan, ihn unschädlich zu machen, ist gescheitert.

Tsching-hua hat versagt. Aber im vierten Akt, der wieder in einem Partisanenlager unter heller Sonne spielt, geht sie in sich, vom Kompanie-Kommissar entsprechend belehrt. Gerade jetzt stürzt ein Melder herein: Die Regierungstruppen sind im Anmarsch, vom Grundbesitzer zu Hilfe gerufen.

Die Partisanen ziehen sich ins Gebirge zurück. Es kommt im fünften Akt zu einem erbitterten Gefecht. Der Kommissar entläßt seine Truppe und hält den Feind an einem Paß mit nur zwei Kameraden so lange wie möglich auf. Nach heldenhaftem Kampf fallen seine beiden Genossen, er selbst wird verwundet und gefangen.

Sechster Akt: Wieder beim Gutsbesitzer. Dieser versucht den gefangenen Kommissar zu überreden, den Kampf aufzugeben, andernfalls drohe ihm ein qualvoller Tod. Der Kommissar bleibt standhaft und wird, stolz aufgereckt, bei lebendem Leibe auf einem lodernden Scheiterhaufen verbrannt, während ein gemischter Chor im Orchesterraum die Internationale singt.

Inzwischen aber haben die Partisanen den Feind geschlagen. Sie stürmen herein und machen die Knechte des Grundbesitzers nieder; dieser selbst wird von Tsching-hua erschossen. Da findet man die Mütze des Kommissars, sieht die Brandstätte und versteht, was sich zugetragen hat. Vor der Opferstätte verneigen sich die Mitglieder der Frauenkompanie und alle anderen Partisanen. Wieder ertönt die Internationale, zu deren Klängen sich eine Gruppe nach der anderen aus dem Spiel löst und ruckartig zum Publikum hin Front macht. Volk strömt herbei, und in geschlossener, tiefgestaffelter Phalanx, unter einem entfalteten roten Banner rücken alle Akteure an den Vorderrand der Bühne. Vorhang und brausender Beifall.

Der Vorhang öffnet sich noch einmal, jetzt klatschen auch die Darsteller mit. Auf dem hellen Hintergrund erscheint der Kopf Maos mit Militärmütze gegen einen runden Hintergrund, von einem roten Strahlenkranz umfaßt. Wieder ein dreifaches »Lang lebe Mao Tse-tung!« und endgültiger Vorhang.

Was mich an das frühe revolutionäre Rußland erinnert hatte, war nicht nur das proletarische Publikum, es war die schwarzweißmalende Parteilichkeit der Handlung, das Pathos der Gesten, die unbekümmerte Glorifizierung der Gewalt. Damals in Moskau waren die Zeiten des avantgardistischen Theaters eines Wsewolod Meyerhold und Alexander Tairow schon im Abklingen, heroisierender Naturalismus beherrschte das Feld – die Kunst sollte den Massen keine Rätsel aufgeben, sondern sie handfest und überzeugend beeinflussen. So auch hier.

Wer ein naturalistisches Bühnenbild liebt, könnte sich kaum ein besseres denken. Der Wald im ersten Akt war wirklich ein Wald und der Sturm, der die Peiniger vertrieb, so echt, daß man ihn geradezu als Inbegriff aller Stürme bezeichnen könnte, die Landschaften bei den Partisanenszenen mit Berg und Wald unter blauem Himmel und zarten Wölkchen, mit einem Fluß, in dem sich Wellen kräuselten, waren so bezaubernd, daß das Publikum jedesmal in Begeisterung ausbrach, wenn sich der Vorhang teilte. Grandios die abendliche Gebirgslandschaft im fünften Akt, mit einem geradezu atemberaubenden Gewitter gegen Ende des Kampfes, als der Held, von Blitzen umzuckt, verwundet zusammenbricht.

Sowenig das alte chinesische Theater ein naturalistisches Bühnenbild kannte, sowenig kannte es das Ballett oder abendländische Instrumente. Das hat sich geändert. Schon das erste, was man sieht, wenn sich der Vorhang teilt, ist der Spitzentanz der jungen Magd. Der chinesischen Tradition dagegen entstammen vor allem die Kampfszenen. Im klassischen Theater Chinas waren die Schwertkämpfe, richtiger: Schwerttänze, ein besonders beliebtes Element. Diese möchten die Chinesen wohl auch heute nicht missen. So wurde in diesem Ballett – der Partisanengewehre ungeachtet – mit Schwertern und auch Hellebarden gefochten, die gleichfalls zu den klassischen Requisiten gehören. Auch eine bestimmte Art von Fußstößen beim Nahkampf ist mir von früher her in Erinnerung.

Das Orchester, das früher auf der Bühne saß, ist jetzt versenkt zwischen Publikum und Bühne untergebracht. In ihm fand sich, so weit ich sehen konnte, kein einziges altchinesisches Instrument, von einem besonderen Schlagzeug abgesehen, das traditionellerweise bei Kampfgetümmel oder starken Emotionen ertönt. Auch die Musik selbst hatte ihre dem westlichen Ohr fremde Sonderart eingebüßt; bei geschlossenen Augen hätte ich denken können, ich hörte eine Art von spätimpressionistischer europäischer Musik. Aber die Chinesen scheinen durchaus mit ihr zurechtzukommen. Die Leitmotive, vor allem das der Partisanen, sind offensichtlich populär; um mich herum wurde während der Aufführung mehrfach mitgesummt, auch noch beim Verlassen des Theaters und draußen auf der Straße.

Mit lautem Hupen bahnte sich unser Wagen den Weg durch die herausströmenden Massen. Das letzte, was ich beim Zurückblicken sah, ehe wir um die Ecke bogen, war wieder Mao in Supergröße, hoch im hell angestrahlten Giebel.

Mein zweiter Theaterbesuch führte mich in die Weststadt; der nach meinem Eindruck ziemlich neue Bau lag noch innerhalb der alten Stadtmauer, nahe dem früheren Mondtempel. Er führt den Namen »Konferenzhaus« und dient offenbar tatsächlich nicht nur als Theater; denn vor den Sitzen der Zuschauer sind schmale Pulte angebracht. Gegeben wurde ›Den Tigerberg mit Strategie erobern‹, am Namen schon als politisches Theater zu erkennen. Eine Abteilung der Volksbefreiungsarmee hat den Auftrag, im Gebirge Nordchinas eine letzte Hochburg der Tschiang-Truppen (hier durchweg als Banditen bezeichnet) auszuräuchern, die von einem ordensgeschmückten General, der »Geier« genannt, befehligt ist. Sein Hauptquartier, eine düstere Höhle auf dem Tigerberg, ist so gut wie uneinnehmbar, da es nur über einen einzigen, scharf bewachten Pfad zu erklimmen ist. Zwar hat die Bande des Geiers so unter dem einfachen Volk gewütet (man sieht sie noch Frauen und Kinder morden und Männer in Ketten abführen), daß dieses die Rotarmisten unterstützt. Doch ein Erfolg ist nur möglich, wenn es gelingt, einen der eigenen Leute in die Burg einzuschmuggeln.

Für diese schwierige Aufgabe wird der junge Yang Tse-jung ausersehen. Mit den Papieren eines gefangengenommenen Kuomintang-Mannes gelangt er verkleidet ins feindliche Lager. Von dort aus läßt er seinen Kameraden die Nachricht zugehen, wann sie angreifen sollen: während eines Festes, das zu einem allgemeinen Gelage der Bande führen wird. Doch der Geier ist argwöhnisch geworden und eben im Begriff, Yang zu entlarven, da stürmen die Rotarmisten herein und vernichten die Feinde.

Das Stück wird als »Peking-Oper« bezeichnet, weil hier – wie in der klassischen Peking-Oper – gesungen wird (die wichtigsten Arientexte finden sich im Dokumenten-Teil); es enthält aber auch Elemente des Balletts und der Akrobatik; diese sind für die meisten Europäer wohl eindrucksvoller als der ihnen fremde chinesische Gesang. Mir selbst gefielen drei Szenen am besten:

Zuerst der einsame Ritt des Helden durch einen verschneiten Wald zur Burg des Geiers. Yang trägt eine Mütze aus dickem Pelz, eine Jacke aus Tigerfell, eine schwarze Hose und hellbraune Schaftstiefel, dazu einen dunkelbraunen Ledermantel mit weißem Lammfellfutter, das im Schwung der Bewegung immer wieder effektvoll aufleuchtet. Er reitet, doch da ist kein Pferd; es wird – ganz im Stil der alten Peking-Oper – durch eine bloße Peitsche angedeutet. Yang »galoppiert« durch den Wald, über Hindernisse und Schluchten, bis das Pferd in wilden Sprüngen scheut; man hört das böse Knurren eines Tigers. Der Held springt vom Pferd und stellt sich dem (unsichtbaren) Untier. Mit zwei Pistolenschüssen streckt er es nieder. Von den Schüssen herbeigelockt, erscheinen die Leute des Geiers und staunen über ihres – vermeintlichen – Kameraden Heldentat.

Den Höhepunkt artistischer Pantomime fand ich in der neunten Szene: Die Rotarmisten jagen auf Skiern – die wiederum die Phantasie des Zuschauers hinzutun muß – im Schneesturm dem Tigerberg zu. Über der Uniform tragen sie einen weiten weißen Umhang, der im Fahrtwind fliegt, und über der rotbesternten Pelzmütze ein weißes Tuch, das die geländegerechte Tarnung vollkommen macht. So jagen sie über den Schnee, in kurzem Geschwindschritt oder in langen Sprüngen. Sie stürmen am links aufragenden Felsen empor, stoßen sich ab wie von einem Sprungbrett, fliegen in abenteuerlichen Saltos durch die Luft und verschwinden nach rechts, eine grünweiße Kaskade aus Menschenleibern. Gleich darauf »fahren« sie, dreifach gestaffelt, frontal nach vorn, die Umhänge – wie Flügel – waagrecht aufgespannt, doch jede Reihe in einer anderen Phase der Bewegung: die vorderste tief herabgehockt, über ihr die zweite im Sprung, Arme und Beine weit gespreizt, dahinter die dritte Reihe gerade aufgerichtet, alle zusammen in dreimal aufgestockter Front.

Nicht ebenso als Augenweide in Farben und Formen durchkomponiert, dafür von einer sich überstürzenden Dramatik war die Kampfszene im Schlußbild in der Geier-Höhle. Ich wüßte nicht zu sagen, ob sie dreißig Sekunden oder eine Viertelstunde gedauert hat. Zweikämpfe und Gruppenkämpfe lösten sich blitzschnell ab, in Saltos flogen die Streiter nach allen Richtungen, bis hinauf auf den Sitz des Burgherrn, des Geiers. Schwerter und Hellebarden, Dolche, Pistolen, Bajonette blitzten, wirbelten durch die Luft, wurden wieder aufgefangen. Das Auge vermochte kaum zu folgen, bis schließlich die Sieger in einer Schlußapotheose erstarrten, um dann, nachdem sich der Vorhang wieder geöffnet hatte, das ›Rote Büchlein‹ schwenkend, das zügige Marschlied anzustimmen, das von einem Teil des Publikums aufgenommen wurde:

> Für die Seefahrt braucht man den Steuermann, . . .
> Um Revolution zu machen, die Ideen Mao Tse-tungs.

Die Oper ›Rote Laterne‹ und das Ballett ›Das weißhaarige Mädchen‹ sah ich in der Filmfassung. Die ›Rote Laterne‹ erzählt das Schicksal eines kommunistischen Eisenbahners, der im Kampf gegen die japanischen Besatzer und deren chinesische Handlanger heldenhaft untergeht, während seine Tochter mit der symbolhaften roten Signallaterne in der erhobenen Hand die Revolution weiterführt. Diese Oper steht, wie ich meine, an Schwung und Ausdruckskraft dem ›Tigerberg‹ nach, doch ist sie beim einheimischen Publikum wegen ihrer vielen Arien sehr beliebt.

›Das weißhaarige Mädchen‹ hat im Inhalt vieles gemeinsam mit der ›Frauenkompanie‹: auch hier entflieht eine gequälte Magd dem bösen Grundbesitzer (samt seiner tyrannischen Mutter). Doch diesmal gelangt sie nicht zu den Partisanen, sondern verbirgt sich jahrelang in einer Höhle und ernährt sich von Opfergaben, die das Volk in einen nahe gelegenen zerfallenden Tempel bringt. Ihr Haar ist weiß, als sie schließlich von der siegreichen Roten Armee gefunden und befreit wird. In dieses Ballett weht eine kleine Brise von Liebe hinein: einer der Befreier-Soldaten ist der einstige Liebste des Mädchens.

Vom musikalischen Leben habe ich weniger miterlebt. Eines Abends ging ich in Schanghai ins Konzert. Auf dem Programm stand dreierlei. Als erstes ›Huangho‹ (= Gelber Fluß). Unter diesem Titel hatte Ende der dreißiger Jahre der Komponist Hsien Hsing-hai eine Kantate in acht Teilen geschrieben, die den Huangho als Symbol des ewigen China im Kampf gegen den japanischen Eindringling besang. Daraus ist nun im Zug der neuen Kulturpolitik ein Klavierkonzert aus vier Sätzen geworden: Schiffer auf dem Gelben Fluß, Ode an den Gelben Fluß, Der Gelbe Fluß brüllt, Verteidigt den Gelben Fluß.

Ich habe diese Musik inzwischen in China, außer im Konzertsaal von Schanghai, so oft gehört, daß ich sie bald so gut kannte wie die Sätze der ›Moldau‹ von Smetana, mit der sich das Konzert in gewisser Weise vergleichen läßt; nur ist es viel härter und kämpferischer. Doch ist der europäische Einfluß heute noch unverkennbar.

Der zweite Teil bestand aus Arien der neuen Oper ›Rote Laterne‹, gesungen zu Klavierbegleitung mit gelegentlicher Untermalung durch einige chinesische Schlagzeuge. Mit dieser Darbietung war 1968 der Flügel in China eingeführt worden, dieses Symbol bürgerlicher Musikkultur – ausgerechnet im Zuge der Kulturrevolution, die doch alles Fremde wütend bekämpfte.

Zum Abschluß gab man eine Konzert-Version der Oper ›Schatschiapang‹, mit Solisten, großem Chor und großem Orchester und mit einer Musik, die gleichfalls westlich klang.

Das alles ist an sich schon sehr bemerkenswert, erst recht aber, wenn man die Resonanz betrachtet. Auf dem Wege ins Konzert fuhr ich an mindestens tausend Fahrrädern vorbei, die rechts und links der Straße geparkt waren (schön ordentlich und jeweils nur wenige Zentimeter voneinander). In der Halle selbst aber war eine unabsehbare Menge, wie wir sie nur von großen Spielen in Fußballstadien kennen; sie hat Platz, sagte man mir, für zehntausend Menschen und war bis auf den letzten Sitz gefüllt. Das waren nun wirklich »Massen«, die hier saßen (die Karten kosten zwischen 15 und 40 Fen), und es mag sein, daß noch nie ein Klavierkonzert ein so gewaltiges Publikum gefunden hat, wie das in den letzten Jahren in China die Regel geworden ist, auch nicht in Europa, der Heimat des Klaviers, und nicht einmal in der Sowjetunion.

Die chinesische Bühne wird von den wenigen neuen Opern, Balletten, Konzerten bestimmt. Wo immer ich Amateuraufführungen sah (sogar im Kindergarten), stets brachten sie entweder Szenen aus ihnen oder Darbietungen, die in Thematik und Stil dem großen Beispiel nacheifern – bis zum ruckartigen Erstarren bei der Schlußapotheose. Noch mein letzter Abend in China, den ich im Kulturpark von Kanton verbrachte, bestätigte diesen Eindruck.

Im Freilichttheater, das dreitausend Menschen faßt, bot das Künstlerische Ensemble der Provinz Kwangtung eine Art Polit-Revue. Die ausverkaufte Vorführung hatte längst begonnen, als wir – geführt von dem an diesem Abend zuständigen Park-Leiter – auf einigen rasch in den Mittelgang gestellten Stühlen Platz nahmen.

Gerade lief, was man ein Polit-Ballett nennen könnte. Die Szene spielte im Maschinensaal einer Textilfabrik. Mädchen in Arbeitskleidung ahmten – im Spitzentanz! – die Bewegungen der Arbeiterinnen und selbst die der Spinnmaschinen nach. Eine kleine Story hatte das Stückchen auch: Wie aus Transparenten hervorging, suchte man in der Spinnerei nach einer bestimmten Kunstfaser, um vom Ausland, wo man sie bislang bezogen hatte, unabhängig zu werden. Erst glückte es nicht. Doch Maos Arbeiterinnen verzagen nicht, sie kennen ja sein Wort: »Kämpfen, unterliegen, nochmals kämpfen ... und so weiter bis zum Sieg.« Der große Wurf gelingt. Die Mädchen enden mit einem fröhlichen und beschwingten Tanz.

Kaum waren sie von der Bühne, marschierte ein Männerchor auf und sang das Loblied einer Volkskommune der Provinz, die erfolgreich von Dadschai gelernt und große Ernten eingebracht hatte. Danach wieder ein Ballett, diesmal Bauern und Bäuerinnen, die bei der – im Tanz dargestellten – Reisaussaat durch die frohe Botschaft zweier Arbeiter überrascht werden, deren Fabrik habe eine Reisaussaat-Maschine hergestellt.

Und noch einmal ein Ballett, diesmal in drei Szenen: Zwei Mädchen, Rotgardistinnen von fünfzehn und sechzehn Jahren, werden von einigen Mitgliedern der Miliz im Kampf mit Hellebarden ausgebildet. In der zweiten Szene sind wir am Meer. Ein bösartiges Reptil kriecht an Land: ein Froschmann, ein Agent aus Taiwan natürlich; beim Versuch, sich unerkannt unters Volk zu mischen, wird er von den Mädchen durchschaut. Mit einem von ihm für todsicher gehaltenen Mittel versucht er, sie zum Schweigen zu bringen: er bietet ihnen seine (amerikanische) Armbanduhr an. Voller Verachtung werfen sie sie zu Boden. In der dritten Szene gibt es die beliebten Kampfbilder wie im ›Tigerberg‹ – erst fechten die Mädchen allein (wieder im Spitzentanz) mit ihren Hellebarden gegen den pistolenbewehrten Unhold, dann kommen ihnen die Soldaten zu Hilfe. Der Bösewicht wird abgeführt. Ohne Pause lief das Programm ab. Wir hörten noch den – inzwischen verstärkten – Männerchor mit dem dröhnenden Gesang »Ganz sicher wird Taiwan befreit werden!«, dann gingen wir weiter.

In allen Einzelheiten hatten diese Darbietungen den großen Vorbildern geglichen, der Männerchor z. B. dem der Konzertversion von Schatschiapang, die ich in Schanghai gehört hatte, und zwar nicht nur in den musikalischen Motiven und Formen, sondern auch in der szenischen Gestaltung, mit der ruckhaften Art der Bewegungen, der Geste der erhobenen Arme (Handflächen nach oben), den optimistisch strahlenden Mienen. Auch in den Zentren der Provinzen bedient man sich also der verbindlich gewordenen Stilmittel.

Daß die neue Musik im Rundfunk völlig dominiert, braucht kaum gesagt zu werden. Ich hatte – ohne darüber Buch zu führen – den Eindruck, daß über jeden chinesischen Sender täglich mindestens eine der Opern ausgestrahlt wird. Wenn immer ich auf unseren Reisen fragte, woher die Musik stamme, die im Zuglautsprecher oder im Autoempfänger ertönte, wurde mir unweigerlich eine von ihnen genannt. Als ich die anderthalb Kilometer über die Yangtse-Brücke bei Nanking marschierte, sendete irgendeine Station, auf die die Lautsprecher der Brückenmasten eingestellt waren, das Klavierkonzert ›Huangho‹, und da es ihm an Fortissimi nicht mangelt, donnerte der ›Gelbe Fluß‹ nur so über die breiten Wasser seines mächtigen Rivalen.

Merkwürdig ist, daß ich bei den Mitreisenden keine Übersättigung von dieser einseitigen Kost erkennen konnte. Im Zug war ich der einzige, der gelegentlich den Abstellknopf bediente, überall sonst liefen die Lautsprecher in voller Stärke. Fuhren wir über Land, so war ich es, der den Fahrer bitten mußte, den Autoempfänger leiser zu stellen, weil ich ein Gespräch mit meinen Reisegefährten führen wollte, und sobald eine Oper zu Ende war, drehte er so lange an dem Gerät herum, bis er die nächste gefunden hatte. Dann lauschte er wieder zufrieden.

Doch der Stil reicht weit über die Mauern der überfüllten Theater, Konzertstadien, Freilichtbühnen und Rundfunksender hinaus. Wie im alten Griechenland alle Kunstgattungen von der Sagenwelt Homers und im Mittelalter von den der Heiligen Schrift entnommenen Motiven lebten, so ist das künstlerische Leben des heutigen China weithin von diesen neuen Bühnenwerken geprägt, deren Motive dem Besucher auf Schritt und Tritt begegnen.

Die meisten der gegenwärtig aufgelegten Briefmarken (ich habe deren vierzehn gezählt), fast alle Ansichtskarten, die ich auftreiben konnte, die gängigen Kalender auf jedem zweiten oder dritten Blatt zeigen Szenen aus diesen Opern und Balletten. Auf den Zeitschriften zieren sie die Umschlagseiten, gerahmt hängen sie an den Wänden von Hotels, Eisenbahnwaggons, Autobussen, Läden, Privatzimmern, man schenkt sie sich gegenseitig als Druck, als gestickten Wandbehang, als Schnitzerei (in Holz oder auch in Jade), und selbst an Zäunen und Mauern sind sie in Großformat als Plakate zu sehen. Auf der Industrieausstellung in Schanghai war eine Stahlsägemaschine in ständiger Aktion, doch sie sägte nicht etwa Maschinenteile, sondern die Silhouette der Heldin aus ›Das weißhaarige Mädchen‹.

Fast wäre ich versucht zu sagen: Ganz China ist wie Bayreuth oder Oberammergau zur Festspielzeit – ohne damit dem einen wie den anderen zu nahe treten zu wollen.

Aufsätze und illustrierte Berichte über das neue Theater waren mir in den letzten Jahren mehrfach in die Hand gekommen. Ich hatte gelesen, daß an die Stelle der 1300 Peking-Opern, die noch 1963 in einem in Peking aufgelegten Katalog verzeichnet waren, acht Stücke getreten waren – fünf Opern (›Tigerberg‹, ›Rote Laterne‹, ›Schatschiapang‹, ›Am Hafen‹, ›Überfall auf das Regiment ›'Weißer Tiger'‹), zwei Ballette (›Rote Frauenkompanie‹, ›Weißhaariges Mädchen‹), eine Symphonie (Konzertversion von ›Schatschiapang‹). Aber erst an Ort und Stelle wurde mir klar, was dieses Monopol bedeutet.

Die klassische Oper mit ihren Sagen- und Historiengestalten, diese von den Chinesen bis hinab zum Rikscha-Kuli so geliebte Form der Unterhaltung, und die in ihr verkörperte Geschichte Chinas sind völlig verdrängt. Wie immer man die neuen Stücke unter künstlerischen Aspekten betrachten mag, sie sind brillantes Agitationstheater, überdies – in ihrer Verbindung von Orchester, Gesang, Tanz, Pantomime und Akrobatik – ein neuer Typ des Gesamtkunstwerks der Bühne, der – jedenfalls was die Breite der Stilmittel betrifft – das Richard Wagners in den Schatten stellt. Auf die ungeheure Breitenwirkung dieses Theaters war ich nicht vorbereitet; erst der Ansturm der hier geschilderten Eindrücke bestärkte mich in dem Vorsatz, mich über dieses Phänomen an Ort und Stelle genauer zu informieren. Das war nicht ganz einfach. In China wird, fand ich, von Tschiang Tsching wenig gesprochen. Erwähnte ich ihren Namen, so begegnete ich zunächst erstaunten Blicken, dann aber unverhohlener Neugierde, etwa wenn ich erwähnte, daß in Hongkong über sie ein Buch auf chinesisch und englisch erschienen sei und daß ein deutscher Journalist an einem Manuskript über sie arbeite.

Den Theaterbesuchern war bekannt, daß in irgendeiner Weise Tschiang Tsching mit dem Dargebotenen verbunden war, aber meine Fragen erhielten nur unbestimmte Antworten, wohl kaum aus bewußter Zurückhaltung, sondern einfach aus Mangel an Information. Im Laufe der Wochen brachten mir meine chinesischen Bekannten dann aber doch einiges Material, das Aufschluß über die Frage versprach, welcher Anteil am Entstehen des neuen Stils Frau Tschiang Tsching gebühren könnte.

Es gibt viele Zeugnisse dafür, daß sie – von Hause aus Schauspielerin, die Mao in Yenan 1940 kennenlernte – schon frühzeitig eine Politisierung des chinesischen Theaters und Films forderte und nach Errichtung der Volksrepublik auch einiges in dieser Richtung unternahm, zuerst, wie es scheint, 1954 – als Mitglied eines Filmausschusses im Kulturministerium – in einem erfolglosen Angriff auf einen Film über den Boxerkrieg (›Peking Review‹ 1967/15, S. 5 ff.). Aber erst von 1963 an – parallel mit dem politischen Comeback ihres Mannes – begann sie ihre Vorstellungen durchzusetzen. Sie kamen von allem, was in China geschah, dem Begriff am nächsten, der in den folgenden Jahren so bedeutungsvoll werden sollte: dem der Kulturrevolution. Bei diesem Vorgehen stieß Tschiang Tsching auf den heftigen Widerstand des damaligen Kultur-Establishments. Erst im Juli 1964 gelang der Einbruch in diese Front, mit dem Opernfestival in Peking, auf dem damals einige noch kaum bekannte Bühnenwerke mit zeitgenössischen revolutionären Themen zum ersten Mal einer breiten Öffentlichkeit vorgeführt wurden, darunter der ›Tigerberg‹, zu jener Zeit noch unter dem Titel ›Eroberung der Banditen-Hochburg‹. Mao unterstützte ihre Bemühungen, indem er mehrere Aufführungen besuchte und einige Äußerungen dazu kursieren ließ: Das alte Theater, hieß es, behandle nur Themen der Vergangenheit oder Stücke ausländischer Klassiker, man sollte daher das Kulturministerium »in Ministerium für Kaiser,

Könige, Generäle und Kanzler, Gelehrte und anmutige Schönheiten« oder in »Ministerium für tote Ausländer« umbenennen. (Zitiert nach Lin Piaos Rede vor dem Parteitag 1969.)

Im Rahmen des Festivals fand auch eine Tagung der »Werktätigen im Theaterwesen« statt, auf der Tschiang Tsching eine Rede hielt. Die Opposition war noch so stark, daß diese erst drei Jahre später veröffentlicht wurde; heute ist sie eines der wichtigen Dokumente der Entwicklung, die zur Kulturrevolution führten (›Peking Rundschau‹ 1967/21, S. 8–10). Tschiang Tsching zeichnete ein in ihren Augen deprimierendes Bild: »Unsere Opernbühne«, sagte sie, »wird von Kaisern und Prinzen, Generälen und Ministern, Stubengelehrten und schönen Frauen, sogar von Geistern und Dämonen beherrscht ... Auch das Schauspiel wird von klassischen chinesischen und ausländischen Gestalten beherrscht«, während doch die Arbeiter, Bauern und Soldaten die dominierende Stellung auf der Bühne einnehmen müßten. Um Wandel zu schaffen, stellte sie eine Reihe von Richtlinien auf: Man müsse neue Stücke schreiben, alte entsprechend verändern, die negativen Gestalten negativer, die positiven Helden positiver darstellen ...

Nun – diese Rede kannte ich schon; mich interessierte mehr die Frage, was denn Tschiang Tsching praktisch, in der täglichen Arbeit des Theaters, für die Durchsetzung ihrer Richtlinien tat (und erreichte). Meine Gesprächspartner wußten darüber aus eigener Erfahrung nichts. Aber einer von ihnen trieb eine Broschüre mit dem Titel ›On the Revolution of the Peking Opera‹ aus dem Jahre 1968 auf, die Berichte von Theaterleuten aus jenen Jahren zusammenfaßt. Über Tschiang Tsching erfahren wir unter anderem:

Sie schlug bei der Bearbeitung der acht Stücke vor, neue Szenen einzufügen, um so bestimmte Wirkungen zu erzielen; sie »reorganisierte das Ensemble, änderte die Rollenverteilung und warf ihr Gewicht in die Waagschale der Gruppe, welche das neue Libretto schrieb«, worauf ein Stück nochmals umgeschrieben wurde; sie veranlaßte ein Schanghaier Ensemble, in eine bestimmte Gegend der Provinz Kiangsu zu fahren und dort einige Zeit unter Bauern zu leben, um von diesen Einzelheiten über die in der Oper (es handelte sich um ›Schatschiapang‹) dargestellten Revolutionskämpfe zu erfahren. Von ihren Bemühungen um die ›Rote Laterne‹ heißt es in einem der Berichte:

»In unserem Theater wollten die konterrevolutionären Revisionisten das Stück ›Der Drache schäkert mit dem Phönix‹ aufführen, in dem das wollüstige, ausschweifende Leben eines Herrschers der Feudalzeit gezeigt wird ... Da kam die Genossin Tschiang Tsching 1963 in unser Theater und rief uns dazu auf, statt dessen literarische und künstlerische Werke zur Verteidigung der Revolution zu schaffen. Persönlich leitete sie die Arbeit während unserer schöpferischen Proben an der ›Roten Laterne‹ und kämpfte mutig, um der Bourgeoisie die Herrschaft über die Bühne zu entreißen ... Dank ihren ständigen Erklärungen und Belehrungen begannen wir, die wesentliche Bedeutung der Charakterzeichnung des proletarischen Helden Li Yu-ho [des todesmutigen Eisenbahners] zu verstehen ... Unermüdlich arbeitete sie mit uns an der Darstellung des Heldencharakters von Li Yu-ho ... Sie führte einen energischen Kampf mit den konterrevolutionären Revisionisten um die Szene ›Kampf im Angesicht des Todes‹, diesen Höhepunkt der Oper ... Wir strichen die Einzelheiten der Folterung Li Yu-hos und seiner Mutter aus Ablehnung gegen Naturalismus und Sensationshascherei ... Zu guter Letzt überwand sie alle Hindernisse und Störungen und ließ die Gestalt Li Yu-hos, dieses Proletariers von heldenhafter Statur, auf der Bühne unseres sozialistischen Vaterlandes aufragen und in die Herzen der Millionen Zuschauer eingehen ... Viele Abänderungen in bezug auf Gesang, Text und Bewegungen nahm die Genossin Tschiang Tsching selbst vor ... Für immer werden wir jene Tage intensiver schöpferischer Probenarbeit an der ›Roten Laterne‹ in Erinnerung behalten, als die freundliche und liebenswerte Genossin Tschiang Tsching oft in unserer Mitte weilte, sich geduldig unsere Ansichten anhörte und uns ihre fundierten Anleitungen gab ... Wer kann die Energie abschätzen, die sie für die ›Rote Laterne‹ verausgabt hat!«

Eine neue Anerkennung ihrer Bemühungen erlebte Tschiang Tsching im Februar 1966, als sie – auf Einladung des Verteidigungsministers Lin Piao – in Peking ein »Forum über die Arbeit in Literatur und Kunst in den Streitkräften« leitete. Das Protokoll der Tagung (in seinen wichtigsten Abschnitten im Dokumententeil nachzulesen) konnte übrigens erst Ende Mai 1967 veröffentlicht werden, eine Verzögerung, die für die anhaltenden Spannungen im Kulturleben bezeichnend ist.

Den politischen Durchbruch in die Öffentlichkeit brachten die Großkundgebungen der Kulturrevolution. Tschiang Tsching war inzwischen Mitglied des fünfköpfigen Leitungsgremiums der Kulturrevolution geworden. Auf einer Massenveranstaltung am 28. November 1966 in der Großen Volkshalle, die der Literatur und Kunst gewidmet war und an der auch Tschou En-lai teilnahm, wurde ihre Ernennung zur Beraterin der Streitkräfte in Kulturfragen bekanntgegeben und erhielt sie nach ihrer Rede »donnernden Applaus« (›China Reconstructs‹ März 1967).

Eine weitere Ehrung gab es für Tschiang Tsching am 23. Mai 1967, als das fünfundzwanzigjährige Jubiläum der Yenan-Reden Maos über Literatur und Kunst mit einer Massenveranstaltung in Peking begangen wurde. Die beiden Hauptredner rühmten Tschiang Tschings Verdienste um das Entstehen der neuen Bühne; unter anderem wurde gesagt, sie habe »unter größten Anstrengungen eine Anzahl von revolutionären Vorbildern in Drama, Musik und Tanz aufgestellt, alle möglichen Geister und Ungeheuer [der Vergangenheit] aus der Arena der Literatur und Kunst vertrieben und die Heldenbilder der Arbeiter-, Bauern- und Soldatenmassen errichtet« (›Peking Review‹ 1967/22, S. 21).

Daß bei solchen festlichen Gelegenheiten aller Glorienschein auf das Haupt der Lebens- und Kampfgefährtin des Vorsitzenden Mao gesammelt wird und ihre Mitarbeiter im Dunkeln bleiben, ist verständlich. Ihre führende Rolle beim Sieg des politischen Theaters und ihre Verantwortung für den Untergang des traditionellen scheint jedoch festzustehen; sie beschränkte sich nicht auf das Erteilen von Richtlinien, sondern wirkte auch über die tägliche Arbeit mit den Ensembles. Wieweit ihr bei alledem auch künstlerisch die schöpferische Initiative zuzuschreiben ist, läßt sich schwer beurteilen. Immerhin dürfte die Streichung der Folterszenen in der von ihr maßgeblich bestimmten Neuaufführung der ›Roten Laterne‹ dafür sprechen, daß sie genügend künstlerischen Geschmack hat, um sich nicht jedem Exzeß des Agitationstheaters auszuliefern.

Bedauerlich finde ich es dagegen, daß sie ein hochgerühmtes, aber in meinen Augen abscheuliches Stück propagandistischer Kunst in ihrer – im Dokumententeil abgedruckten – Rede von 1966 gelobt hat: die Skulpturengruppe ›Zinseintreibung‹. Die 119 lebensgroßen Figuren wurden 1965 von einem Kollektiv von Künstlern und Amateuren in der Provinz Setschuan geschaffen und im früheren Herrenhaus eines Gutsbesitzers aufgestellt, der seine Bauern besonders schlecht behandelt hatte. Heute zeigt man sie im ganzen Lande in unzähligen Kopien und Formaten, bis hinab zu Elfenbeinfigurinen. In Kanton, wo ich sie sah, wurde für die Gruppe eine eigene Halle gebaut, in der sie so aufgestellt ist, daß der Besucher eine Strecke von hundert Metern an ihr entlanggeht.

Die lehmfarbenen Gestalten sollen die Erinnerung an die Leiden der chinesischen Bauern in der Zeit vor der Revolution wachrufen: Ausgemergelte Bauern schleppen ihren Pachtzins in Form von Getreide in die vollen Speicher des schurkischen Gutsbesitzers und werden auf vielfältige Weise gequält und erniedrigt: Die Körbe, in denen der offenbar als minderwertig befundene Reis gebracht wird, werden umgestürzt, die Aufseher benützen falsche Hohlmaße, die Bauern werden geprügelt, ihre Kinder als Sklaven weggeschleppt, wobei Soldaten (Tschiang Kai-scheks, natürlich) als Helfershelfer mitwirken. Kunst also im Dienst der Agitation, ja Appell an den Haß, der dann auch nicht ohne Wirkung bleibt: Im Besucherbuch steht: »Haß, Haß, Haß, Haß gegen die zehntausendfach verbrecherische alte Gesellschaft!«

Im übrigen lesen wir in der Presse nur sehr selten über Äußerungen, die Tschiang Tsching auf dem Gebiet der bildenden Kunst machte. Daß sie den 24jährigen Maler des Regenschirm-Bildes Maos »ermutigt« hat, mag vor allem persönliche Gründe haben. Sicher bezeugt ist anderseits Tschiang Tschings Initiative im Konzertleben Chinas: Sie sei es gewesen, die dem Klavier zum triumphalen Einzug in China verhalf. Die Zentrale Philharmonische Gesellschaft in Peking habe sich in den Händen von Prokapitalisten befunden und zunehmend den Orchestern in den USA und der UdSSR angenähert, bis Tschiang Tsching ihr im Januar 1964 einen Besuch abstattete und »die Flamme der Revolution auf dem Gebiet der symphonischen Musik entfachte«. Sie habe damals, in Ermangelung anderer Musik, den Vorschlag gemacht, die Oper ›Schatschiapang‹ auch in symphonischer Fassung zu komponieren.

Diese wurde am 1. Oktober 1965 erstmalig aufgeführt, doch ohne schon eine starke Wirkung nach außen zu haben, weil »die Revisionisten diese verhinderten«. Ebenso sei es ihnen gelungen, Tschiang Tschings Anregung, das Piano der revolutionären Kunst Chinas nutzbar zu machen, zweieinhalb Jahre zu verheimlichen. Erst nach dem Siege der Kulturrevolution, im Mai 1967, kam das Klavier zur Begleitung einer Arie aus ›Schatschiapang‹ öffentlich auf die Bühne. Aber auch dann »nahmen die konterrevolutionären Revisionisten ihre Niederlage nicht so ohne weiteres hin«. Sie sagten: »Wer Klavier spielt, ist ein Verbrecher«, sie forderten: »Man sollte das Klavier zerhacken«, und sie »wollten die Genossen von ihrem revolutionären Entschluß, das Klavierspiel einzuführen, abbringen«. Aber »mit der Unterstützung der Genossin Tschiang Tsching« blieben die Musiker fest; die »neue Form proletarischer Kunst« trat ihren Siegeszug durch China an (›Peking Review‹ 1967/28 und 1968/30).

Ich habe meine chinesischen Bekannten nach den Gründen für die Einführung des Klaviers gefragt; sie wußten keine klare Antwort. Vielleicht ist das Klavier für Tschiang Tsching vor allem das Mittel, nach dem traditionellen chinesischen Theater auch die traditionellen chinesischen Musikinstrumente zu verdrängen, die hinreichend verdächtig erscheinen, durch ihr bloßes Erklingen die alte, die abgeschriebene Welt neu zu beleben.

Mit der Wiederherstellung der Ruhe und Ordnung und dem Abklingen der Kulturrevolution sind die öffentlichen Auftritte Tschiang Tschings seltener geworden; an prominentester Stelle sah man sie zuletzt bei der Stimmabgabe auf dem Parteitag von 1969, wo sie – Mao eingerechnet – an sechster Stelle rangierte. Ob sie an der jüngsten Umarbeitung des ›Tigerbergs‹, im Herbst 1969, noch persönlich beteiligt war, bleibt offen.

Bedenkt man aber jene außerordentliche Breitenwirkung der neuen Bühnenkunst, die sich mit allen ihren Elementen in Tausenden von Theater- und Kinoprogrammen und sicher in Hunderttausenden von Amateuraufführungen in Schulen, Betrieben und Dorfgemeinschaften immer neu reproduziert, bedenkt man weiter, daß es außer diesen Modellen überhaupt keine gibt und die nachwachsende Generation auch keine anderen mehr kennt, dann kann man sagen, daß noch nie eine einzelne Frau einen solchen Einfluß auf Hunderte von Millionen Menschen ausgeübt, ja daß, wie Mao den Geist, so Tschiang Tsching den Stil des heutigen China entscheidend mitgeprägt hat und weiter prägt.

Beim Gelben Kaiser

Für die Autofahrt von Sian nach Yenan hatte ich dem Reiseführer zwei Sehenswürdigkeiten entnommen. Die eine war, nach etwa drei Stunden, die Höhlenwohnung, in der der »König der Medizin« gelebt hatte und die, so der Reiseführer, von der Straße zu sehen sein sollte. Da dieser Gelehrte in China als einer der größten Ärzte aller Zeiten gilt (sein Hauptwerk aus dem Jahre 652 enthalte über fünftausend Rezepte), wollte ich wenigstens aus der Ferne einen respektvollen Gruß zu seiner Höhle hinüberwinken. Aber es wurde nichts daraus, denn sie ist seit einigen Jahren durch ein Zementwerk verdeckt, dessen Qualm und Staub den Hügel einhüllt. Da meine Begleiter vor Dunkelheit unser Nachtquartier erreichen wollten, drang ich nicht auf den Abstecher und setzte meine Hoffnung auf die zweite im Reiseführer genannte Attraktion.

Die kleine Kreisstadt Huangling (Gelbes Grab) wird von vielen Reisenden auf dieser Strecke als Raststätte benützt. In dem vorwiegend für »fremde Gäste« reservierten Hotel waren wir die einzigen Passanten. Vor dem Essen hatte ich gerade noch Zeit zu einem Spaziergang durch den Ort: Der große Platz in seiner Mitte stand voller Laster, deren Fahrer Motoren und Reifen prüften. An einigen Ständen wurde Gemüse verkauft. Vor den Häusern saßen die Alten und schmauchten ein Pfeifchen.

Beim Essen rang ich um meine zweite Sehenswürdigkeit. Sie liege zu ungünstig, hieß es. Aber ich blieb hartnäckig, und so wurde beschlossen, am nächsten Morgen statt um sieben schon um sechs aufzustehen. Nach dem Frühstück brachen wir auf – zum Grab des Gelben Kaisers, des Huang-ti. Nach der Überlieferung ist Huang-ti der erste der fünf mythischen Urkaiser, die – im dritten vorchristlichen Jahrtausend – dem Volk der Chinesen die Grundkenntnisse der Zivilisation beigebracht haben sollen – das Rad, die Töpferei, die Metallbearbeitung. Ich wollte an einem Tag den Weg einer Geschichte von fünftausend Jahren durchmessen, vom Gelben zum Roten Kaiser Chinas – das war es, was mich so zäh auf meinem Wunsch nach diesem Abstecher bestehen ließ.

Wir fuhren erst ein Stück auf der Chaussee nach Norden und bogen dann auf eine steile Straße nach Westen ab. Auf halber Höhe des Talhanges sahen wir einen gut erhaltenen Tempel, in dessen Vorhöfen großartige uralte Bäume standen. An dem mächtigsten war auf einer Tafel zu lesen, neun Männer könnten seinen Stamm nicht umfassen (da wir nur zu sechst waren, konnten wir das nicht nachprüfen) und Huang-ti selbst habe ihn gepflanzt. Am Dach des Haupttempels besagten die Schriftzeichen, daß sich hier das Grab des Gelben Kaisers befinde. Die Halle selbst war leer, nach der Art konfuzianischer Tempel, bis auf eine Steintafel mit so alten Schriftzeichen, daß keiner meiner Begleiter sie zu entziffern vermochte.

Auch die Gläubigen selbst sind sich nicht einig darüber, wo denn nun das Grab eigentlich sein soll, in diesem Tempel oder in einem großen Grabhügel oben auf dem Berg. Auf meine Bitte fuhren wir also noch über eine sehr steile und kurvenreiche Straße durch den Wald bis zur Höhe. Dort stand vor einem künstlich geschichteten Hügel ein Pavillon mit einer hohen Steintafel aus dem Jahr 1957, in die in den Schriftzügen von Kuo Mo-jo die Worte eingemeißelt waren: Grab des Huang-ti.

Ich hatte es so eilig, daß ich an der Schwelle stolperte und hinfiel. Meine Begleiter als echte Chinesen ließen sich die Gelegenheit zu einem kleinen Spaß nicht entgehen. Da ich nun einmal, sagten sie lachend, dem Gelben Kaiser unbedingt meine Reverenz erweisen wollte, habe der mich gleich einen Kotau an seinem Grabe machen lassen! Daraufhin beschlossen wir, daß sich das echte Grab doch nur hier befinden könne, wo der Geist des Toten noch nach Jahrtausenden solchen Schabernack treibt.

Es war wohl nicht so sehr der Gedanke an das frühe Aufstehen gewesen, der meine Begleiter am Abend zuvor meinen Besuchsabsichten so wenig geneigt gemacht hatte, als vielmehr das Gefühl: Warum sich mit den alten Geschichten abgeben, wo doch die Errungenschaften der menschlichen Kultur nicht von einem Kaiser der Vorzeit – wenn es ihn überhaupt gegeben hat – hervorgebracht wurden, sondern von »den Massen«? Im Grunde sollte die Geschichte erst mit Mao Tse-tung beginnen.

Dieser ablehnenden – und wohl auch unsicheren – Haltung zur Vergangenheit begegnete ich immer wieder. Die beiden Typen von Institutionen, die ich trotz meinem wiederholten Drängen auf dieser Reise nicht zu sehen bekam, waren erstens Hochschulen (darüber sprach ich schon) und zweitens Museen. Es gab nur ein einziges, in das ich Zutritt erhielt, das Historische Museum in Sian. Es befindet sich in einem ehemaligen

Konfuzius-Tempel und gehe in seinen Anfängen auf das Jahr 1090 zurück, als dort aus Inschriften zum Teil erheblich höheren Alters der »Wald der Schrifttafeln« angelegt wurde. Der Grundbestand, über hundert, mehr als mannshohe Tafeln aus schwarzem Stein mit den 560000 Schriftzeichen der zwölf klassischen Schriften beidseitig eingemeißelt, stammt aus der Zeit der Tang-Dynastie, die etwa gleichzeitig mit den Karolingern in Europa regierte.

Ein Stein im Museum zu Sian berichtete auch von der zwölfjährigen Reise, die der Mönch Hsüan-tsang im siebten Jahrhundert nach Indien unternahm und von der er wichtige neue Texte des Buddhismus nach China mitbrachte. Der im Westen bekannteste Schatz im Walde der Schrifttafeln ist die zweisprachige Stele, die vom Eintreffen des nestorianischen, also christlichen Missionars Olopan in China und der Errichtung einer ersten christlichen Kapelle im Jahre 636 berichtet; an dieses steinere Dokument konnten später die Jesuiten anknüpfen, als sie im siebzehnten Jahrhundert eine neue christliche Mission begründeten.

Für mich als Nicht-Schriftgelehrten war der Teil des Museums am eindrucksvollsten, der Zeugnisse früher chinesischer Plastik enthält – Leoparden, ein Rhinozeros, Tiger und herrliche Pferde, hinreißend vor allem und weltberühmt, fast lebensgroß, die Pferde vom Grabmal des Tang-Kaisers Tai-tsung.

So schön dies alles war, mich interessierte das Museum vorwiegend unter heutigen Aspekten. Geführt wurde ich von zwei Museumsangehörigen, einem älteren Mann mit Gelehrtengesicht, der wenig sprach, und einer energisch dreinblickenden Frau in den Dreißigern. Sie war es, die immer wieder den Bezug zur Gegenwart herstellte. Vor den Pferden des Tai-tsung zum Beispiel richtete sie schwere Vorwürfe gegen die amerikanischen Imperialisten. Es seien einmal sechs Pferde gewesen, und die Amerikaner hätten alle sechs zu stehlen versucht. Um die Reliefs leichter transportieren zu können, hätten sie diese, wie man noch sehen könne, in mehrere Stücke zersägt. Da die Diebe aber »von den Massen« überrascht worden seien, hätten sie nur zwei Reliefs wegschaffen können, die heute schändlicherweise in den USA stünden. (Auf meine telegrafische Rückfrage antwortete mir das Museum der University of Pennsylvania in Philadelphia, wo sich die beiden Pferde befinden, die Regierung der Provinz Schensi habe sie 1919 über einen C. T. Loo an einen Eldridge Johnson verkauft, um Geld für Schulbauten zu beschaffen, und dieser habe sie 1920 der Universität geschenkt.)

Vor dem Stein des Indienfahrers Hsüan-tsang sprach die Dame von der Religion, die als »Opium für das Volk« von der herrschenden Schicht gefördert worden sei, um die Massen zu unterdrücken, und vor einem anderen mit dem Bilde des Konfuzius über dessen reaktionären Charakter. Wie immer man ihn heute beurteile, sagte ich, ob sie nicht glaube, daß man sagen könne, er sei zu seiner Zeit, also in der Mitte des ersten Jahrtausends vor unserer Zeitrechnung, fortschrittlich gewesen? Sie widersprach heftig. Konfuzius sei der Verteidiger des Zeitalters der Sklaverei und als solcher ein Günstling der herrschenden Klasse gewesen.

Wie man denn dann erklären wolle, fuhr ich fort, daß Konfuzius erst Jahrhunderte nach seinem Tode voll zu Ehren gekommen und bis in unser Jahrhundert hoch verehrt worden sei, als es längst kein Sklavenzeitalter, allenfalls den Feudalismus und schließlich sogar den Frühkapitalismus gegeben habe? Sie zögerte, dann sagte sie: »Weil Konfuzius für das Privateigentum war, und dieses auch nach der Sklavenzeit seiner Verteidiger bedurfte.« Das fand ich wenig überzeugend. »Meinetwegen«, erwiderte ich. »Aber wenn der Konfuzianismus der Erhaltung des Privateigentums und der Buddhismus der Verdummung des Volkes diente, warum dann dieses schöne Museum mit seinen tausend Schrifttafeln, die zum großen Teil eben vom Konfuzianismus und auch Buddhismus handeln?«

Nun kam eine längere Belehrung, die sich etwa auf die folgenden Sätze reduzieren läßt: Man bewahrt und pflegt diese Museumsgegenstände erstens »als negatives Beispiel« (diesen Grund nannte sie mehrfach und immer in denselben Worten), zweitens weil die Arbeiten an diesen Steinen von Menschen des einfachen Volkes, von den Massen also, ausgeführt wurden und wir an ihnen sehen könnten, welch große handwerkliche Fähigkeiten diese damals besaßen, und drittens, um den Patriotismus der Chinesen, den Stolz auf die große Vergangenheit ihres Volkes zu stärken. (Dieser dritte Grund wurde zögernd genannt.) Als ich mich aber schließlich erkundigte, aus welchen der Schriften Maos sie seine Einstellung zur Geschichte Chinas kenne, blieb die Antwort vage.

Weit besser als der Wald der Schrifttafeln im alten Konfuzius-Tempel oder das Grab des Gelben Kaisers paßt eine andere

Gedenkstätte aus alter Zeit in das Geschichtsbild, das vom Roten Kaiser bestimmt wird. Sie liegt vor den Toren von Sian, zwischen Fabriken und Wohnblocks, und zeigt – in großen Hallen – die Ausgrabungsstätte einer etwa 5000 Jahre alten Siedlung.

Im Jahre 1953 war man durch Zufall, bei den Ausschachtungen für die Fundamente einer Fabrik, auf sie gestoßen. Man baute die Fabrik an einer anderen Stelle und legte in den folgenden Jahren etwa ein Fünftel der Siedlung frei, die sich dort einst am Ufer eines kleinen Flusses befunden hatte. Seit 1958 ist das Museum dem Publikum zugänglich. Auf hölzernen Laufstegen spaziert man um die ausgegrabenen Fundamente des Dorfes; über vierzig Wohnstätten sind deutlich zu erkennen.

In einer weiteren Halle sind die Fundobjekte ausgestellt, Steinbeile, Fischhaken aus Knochen, Krüge. Bunte Zeichnungen und kleine Modelle sollen die Einordnung in der Vorstellungswelt der Besucher erleichtern. Hier gab es, so erklärte man mir, vor fünf Jahrtausenden keine tyrannischen Kaiser und tückischen Mönche, hier wirkten und lebten »die Massen« unter sich. Aus den weiträumigen, tief in den Boden eingegrabenen Lebensmittelspeichern könne man, da sie für einzelne Familien viel zu groß gewesen seien, auf eine kommuneartige Gesellschaft schließen (wobei aber die Familien getrennt, wenn auch nahe beieinander lebten). Ein größeres Haus, das einzige mit rechteckigem Grundriß unter lauter runden Hütten, deutet man als Versammlungsraum, in dem die Dorfangelegenheiten demokratisch besprochen wurden (also nicht als Kultraum; die Frage, ob nicht Idole gefunden worden seien, fand wiederum keine klare Antwort). Wenn der Direktor dieses Museums von den wackeren Urkommunisten sprach (das war freilich nicht sein Ausdruck), funkelten seine Augen vor Begeisterung.

Aber noch ein geschichtliches Denkmal hatte ich mir für Sian vorgenommen: in Lintung, etwa fünfzig Kilometer östlich der Provinzhauptstadt, am Fuß des »Berges des Schwarzen Pferdes« gelegen. Lintung ist seit alter Zeit berühmt durch seine heißen Quellen. Doch nicht auf sie war mein Interesse gerichtet; es galt dem historischen Ereignis, das sich dort am 12. Dezember 1936 abspielte und als »Sian-Zwischenfall«, auch als »Doppelzwölf« (»12. 12.«), in die Geschichte eingegangen ist.

Tschiang Kai-schek war damals nach Sian gekommen und hatte in Lintung bei den heißen Quellen Quartier genommen, um mit Tschang Hsüe-liang zu verhandeln, dem Sohn des langjährigen Beherrschers der Mandschurei, des Marschalls Tschang Tso-lin. Der »junge Marschall« hatte mit seinen Truppen 1931 vor den Japanern aus der Mandschurei weichen müssen, und ein Teil seiner Verbände lag nun ebenfalls in und um Sian im Quartier. Der Generalissimus Tschiang Kai-schek forderte von Tschang den Einsatz seiner Truppen gegen die Kommunisten, die sich nach dem Langen Marsch in der Umgebung von Yenan – also nur einige Kilometer weiter nördlich – eingenistet hatten, während dieser umgekehrt den Generalissimus zu überreden suchte, sich in erster Linie gegen die Japaner zu wenden und daher eine Allianz mit den Kommunisten einzugehen. Als Tschiang Kai-schek sich weigerte, entschloß sich der »junge Marschall« zu einem Handstreich:

Kurz nach Mitternacht ließ er, eben an jenem 12. Dezember 1936, das Gelände der heißen Quellen von seinen Soldaten umstellen. Tschiang Kai-schek wurde durch einen Feuerwechsel mit seinen Wachen aus dem Schlaf gerissen. Beim Versuch zu fliehen, wurde er gefangen und so lange festgehalten, bis er – mit dem aus Yenan herbeigeeilten Tschou En-lai – die Allianz mit den Kommunisten einging. Tschiang Kai-schek hat dem »jungen Marschall« dieses Verhalten nie vergeben und ihn später jahrelang eingekerkert, sogar noch auf Taiwan. Es war die schwerste Demütigung gewesen, die ihm vor der Flucht nach Taiwan dreizehn Jahre später widerfahren ist.

Mao seinerseits hat das Verhalten der Kommunisten kurz nach der Freilassung Tschiangs in der Erklärung vom 28. Dezember 1936 begründet: Tschiangs Zustimmung zu der Forderung, gegen die Japaner (statt gegen die Kommunisten) Krieg zu führen, und Tschiangs Befehl an seine Truppen, aus Schensi – und damit aus der Nähe von Yenan – abzuziehen, bedeute den Beginn der Abwendung Tschiangs von seiner bisherigen falschen Politik und sei ein Schlag gegen die japanischen Imperialisten (denen an einem langwierigen Bürgerkrieg zwischen Tschiang und den Kommunisten lag), wie auch gegen die verräterischen Feinde Tschiangs im eigenen Lager, die auf seine Beseitigung in Sian gehofft hatten, um ihre rein projapanische Politik betreiben zu können. Mao hatte hier in erster Linie Wang Tsching-wei im Auge, der Tschiang tatsächlich zwei Jahre später verließ und in dem inzwischen von den Japanern besetzten Nanking eine Gegenregierung zu der Regierung in Tschungking formierte; dorthin hatte sich Tschiang bekanntlich für den Rest des Krieges mit Japan zurückgezogen.

Auf diese Weise ist Lintung sozusagen zu einer negativen Heiligen Stätte der Kommunisten geworden. Man zeigte mir das Schlafzimmer Tschiang Kai-scheks in einem der Pavillons, Schußlöcher in den Fensterscheiben, das Fenster, aus dem er (»natürlich in Unterhosen«) sprang, eine Ecke, »wo man sein Gebiß fand«, die Mauer, bei deren Überklettern er sich am Fuß verletzte, die Richtung, die er am steilen Hang des Schwarzen Pferd-Berges einschlug. Heute führt eine steinerne Treppe etwa dem Fluchtweg entlang, bis zu einem schmalen Felsspalt, in dem der Generalissimus steckenblieb und gegen acht Uhr früh schließlich aufgestöbert und gefangen wurde.

Hier steht ein Bau, der aus zwei Gründen nicht herpaßt: erstens ist er einem griechischen Tempel nachgebildet und zweitens wurde er von einem Freunde Tschiangs (1946) errichtet – beides gleichermaßen grotesk. Vielleicht sollte der Tempel den Platz von seinem bösen Geruch befreien, darauf könnte der euphemistische Name hindeuten, den sein Erbauer ihm gab: Pavillon der Ehrlichkeit. Die Kommunisten haben diese Inschrift weggemeißelt und durch eine neue ersetzt. Über dem Portal steht jetzt: Pavillon der Gefangennahme Tschiangs.

Am ehesten läßt man sich offenbar die Denkmäler der Geschichte als Kulisse in Volksparks gefallen. Dazu gehört die siebenstöckige »Pagode der Großen Wildgans« im Süden von Sian. Der Lehm, aus dem sie errichtet wurde, ist so gelb wie ganz Schensi und ein großer Teil Chinas, ein prächtiger Kontrast zu dem wolkenlos blauen Frühlingshimmel. Massig und doch wunderbar proportioniert liegt die Pagode in einem wohlgepflegten Garten, der von vielen Menschen, zahlreichen Kindern darunter, besucht war. Um ein Teehaus hatten sich größere Gruppen von Besuchern zum Picknick gelagert. Auf der Holztreppe im Innern der Pagode herrschte viel Leben, ein klapperndes Hinauf und Hinab chinesischer Ausflügler. Das Erscheinen des Fremdlings ließ sie alle beim Treppensteigen außer Takt geraten; obgleich die Pagode die größte touristische Attraktion von Sian ist, war mein Anblick offensichtlich viel aufregender.

Volksparks sind auch die Anlagen des Himmelstempels in Peking und des Sommerpalasts im Nordwesten der Hauptstadt. Das weite Gelände des Himmelstempels war trotz schönem Wetter nur mäßig besucht; immer wieder stieß ich bei meinem Rundgang auf dieselben Gesichter. Aufs neue war ich hingerissen von der klaren Schönheit der Anlage. Ich erwähne nur, was mir an Veränderungen auffiel; es war zweierlei.

Da waren erstens die zahlreichen Bilder und Zitate Maos zwischen den Tempeln, die es 1957 noch nicht gegeben hatte. Schon bei den ersten Schritten durch eine lange Allee geht man auf eine riesige Bildwand zu, auf der man beim Näherkommen außer Maos Bildnis selbst noch die einzelnen Stationen seines Lebens erkennen kann: Geburtshaus, Langer Marsch, Höhlen von Yenan usw., die Heiligen Stätten des heutigen China also. Und wenn man sich vom nördlichen, dem größten Tempel, südwärts auf den mittleren, den eingeschossigen und, wie ich meine, vollkommensten der drei Tempel zu bewegt, erblickt man durch das Tor der ihn umgebenden Mauer wiederum schon von weitem ein überlebensgroßes Mao-Bild, das dort, wie man bald feststellt, nicht nur provisorisch angebracht, sondern an Steinquadern befestigt ist. Man könnte meinen, die Tempel seien gerade noch recht als effektvoller Hintergrund für Mao-Bilder.

Zweitens: chinesische Bauten sind nicht griechische Tempel oder romanische Kirchen, die, einmal errichtet, den Jahrhunderten trotzen. Vielmehr sind sie aus Holz (die Himmelstempel übrigens ohne Verwendung eines einzigen Nagels) und aus glasierten Ziegeln, die auch nicht für die Ewigkeit geschaffen sind. Man sieht ihnen also jeweils an, wieviel Pflege sie genießen.

Bei meinen vier ersten Besuchen in den Jahren 1929–1943 waren die Himmelstempel mäßig gepflegt; offensichtlich wurden keine großen Mittel für sie aufgewandt, es war freilich auch noch nicht allzuviel Zeit vergangen seit dem Ende der Dynastie, die für sie gesorgt hatte. 1957 dagegen waren sie in hervorragendem Zustand: Das neue China, das eben zur Macht gekommen war, legte offensichtlich Wert darauf, an die großen Zeiten seiner Geschichte anzuknüpfen und diese mit der Gegenwart zu verbinden. (Auch die Konfuziustempel, die ich 1957 in der Provinz Schantung besuchte, leuchteten damals in frischen Farben, ganz anders als bei meinem Besuch im Jahre 1929.) Jetzt aber fand ich die Tempel wieder etwa in dem Zustand meiner ersten Besuche: die bunten Farben waren verblichen, die Fensterstäbe zum Teil zerbrochen, von den glasierten Ziegeln an der Mauer um den südlichsten, den offenen Altar, fehlte ein Teil.

Von Joachim Bargmann, der während der Kulturrevolution dpa-Korrespondent in Peking war (heute in Hongkong), hörte ich, das Tempelgelände habe damals den Roten Garden als Lager gedient, und die Gebäude seien durch die Jugendlichen, die ja gegen alles Alte zu Felde zogen, schwer beschädigt worden. Inzwischen sind sie also restauriert worden, aber, so schien mir, mit halbem Herzen.

Wie rasch etwas, das vernachlässigt wird, aus dem Gedächtnis schwindet, dafür ein kleines Beispiel: In den Himmelstempeln finden sich einige architektonische Tricks, die früher jeder Pekinger kannte und mit denen er sich und seine Gäste beim Besuch der Tempel amüsierte. Der bekannteste ist mit dem mittleren der drei Tempel verbunden. Dieser steht in einem großen, kreisrunden Hof, den eine hohe Mauer umgibt. Flüstert man im Hof an einer beliebigen Stelle mit dem Gesicht nahe zur Mauer an die Wand hin, so kann, wer auf der entgegengesetzten Seite des Hofes steht, jedes Wort deutlich verstehen, es wandert an der Mauer entlang um den Tempelbau herum in sein Ohr. Als ich diesmal den Tempelhof betrat, hörte ich lautes Gebrüll und sah eine Anzahl Chinesen, die diese Schreie ausstießen, ratlos und enttäuscht herumblicken. Offensichtlich weiß man noch vage, daß es in diesem Tempel einen akustischen Trick gibt, hat aber keine Ahnung mehr, wie er funktioniert. Ich freute mich, daß ich es diesmal war, der Chinesen in ihrem eigenen Land einen chinesischen Trick beibrachte. Sie waren hochbefriedigt über die neugewonnene Kenntnis und wandten diese immer wieder an.

In weit besserem Zustand fand ich tags darauf den Sommerpalast nordwestlich der Hauptstadt. Trotz schneidender Kälte waren seine weiten Gärten voll von Besuchern. Denn für die Bevölkerung waren diese Anlagen, in denen es so viel zu sehen gibt, schon immer attraktiver als die strenge Dreiheit des Himmelstempels; man zieht auch heute die beschwerliche Busfahrt vor die Stadt dem ungleich kürzeren Weg zum Himmelstempel vor.

Ich selbst habe den Sommerpalast nie geliebt – seine sinnlos langen Galerien mit ihren postkartengroßen Wandbildern, die nachempfundenen Pavillönchen und Tempelchen, vor allem jenen geschmacklosen marmornen Dampfer, der unbeweglich im Palast-See liegt, dieses absurde Symptom der Torheit des

»alten Buddha«, wie man die allmächtige, reaktionäre Kaiserinwitwe der Jahrhundertwende nannte. Für ihn hat sie Millionen verpulvert, deren Fehlen beim Bau der chinesischen Flotte Japan 1894/95 zum leichten Sieg verhalf und damit zum Zusammenbruch des alten China beitrug.

Wenn ich den Sommerpalast trotz meiner Abneigung wieder besuchte, so hatte dies einen besonderen Grund: Im Frühherbst 1966, als die Kulturrevolution in China erst einige Wochen alt war, hielt ich mich in Hongkong auf und versuchte, soviel wie möglich über sie zu erfahren, auch von einem jungen Journalisten, der gerade von einer China-Reise zurückgekehrt war. Unter seinen dramatischen Schilderungen, die nicht nur ich von diesem seltenen Augenzeugen übernahm, war auch der Bericht über die Verstümmelung des Sommerpalastes, insbesondere der Galerien, durch die Roten Garden.

Im Frühjahr 1971 nun konnte ich keinerlei Spuren von Vandalismus erkennen; doch machten mir die Wandmalereien auch nicht den Eindruck der Restauration. Ist diese so perfekt, fragte ich mich, daß man sie nicht bemerkt? Oder hat mein damaliger Gewährsmann seine Schilderung erfunden? Mir jedenfalls ist dies eine Lehre, gegenüber Geschichten aus zweiter Hand noch skeptischer zu sein als bislang.

Für das Verhältnis der chinesischen Führung zur eigenen Geschichte ist auch der Zustand der Ming-Gräber ein Symptom. Die letzte Ruhestätte der Kaiser aus der Ming-Dynastie, der vorletzten Kaiserdynastie Chinas, liegt achtzig Kilometer nördlich von Peking in einer weiten, von Bergen umschlossenen Ebene. Seit langem waren sie eine touristische Attraktion, schon als Student hatte ich sie mir nach deutscher Manier in mehrtätigem Marsch, bei Bauern übernachtend, »erwandert«. Seit Beginn der Kulturrevolution waren Fahrten in ihre Nähe untersagt, und ich war einer der ersten, der sie wieder sehen durfte.

Mir lag vor allem an der Grabanlage des Kaisers Wan Li († 1620), denn diese war erst ab 1956 ausgegraben worden und bei meinem letzten Besuch noch nicht zu besichtigen. Die aus mächtigen Steinquadern tief unter einem Hügel errichteten Gewölbe und Kammern – im letzten Raum stehen die Särge des Kaisers und seiner beiden Frauen – sind elektrisch beleuchtet, für chinesische Besucher schon seit einem Jahr wieder zugänglich; allerdings ist während des Winterhalbjahres die ganze Anlage geschlossen. Daher mußte mein Besuch telefonisch angemeldet werden.

Ich wurde schon erwartet, von einigen Soldaten, die das Tor der weiten Anlage aufschlossen, und der Museumsführerin. Wieder spreche ich nicht von dem hohen touristischen und kunstgeschichtlichen Reiz der Besichtigung, nur von den Eindrücken mit politischem Bezug. Man hat aus dem Mausoleum mehr ein Lehrstück für die Gegenwart als ein Museum der Vergangenheit gemacht. Im »unterirdischen Palast«, wie die Chinesen das Grab nennen, und in den beiden Ausstellungspavillons zeigt man – außer den Grabfunden – allerlei Gegenstände aus der »Feudalzeit, in der das Volk versklavt war, während die Großen im Luxus lebten«; dazu zeitgenössische Dokumente, aus denen zum Beispiel hervorgeht, daß damals die Armen gezwungen waren, ihre Kinder zu verkaufen; das Gemälde eines Bauernaufstandes der späten Mingzeit und – über die ganze Breite eines der Pavillons hinweg – die figürliche Darstellung einer Szene der Unterdrückung beim Bau des Mausoleums.

Als ich den Inhalt der Vitrinen sah (edelsteinbesetzte Kronen, große goldene Schalen, viele Kilo Goldbarren), hielt ich es für selbstverständlich, daß wir Kopien vor uns hatten, und erkundigte mich nach dem Aufbewahrungsort der Originale. Aber meine Begleiter schworen alle Eide, dies seien die Originalstücke. In keinem anderen Lande der Welt würde man es wagen, Schätze im Werte von vermutlich vielen Millionen in den Glasvitrinen eines leichtgebauten Pavillons mit einfachen Fenstern und Türen Tag und Nacht liegenzulassen. In China kann man es – heute. Was finge dort einer auch mit Kaiserkronen und Goldschüsseln an?

Gerne wollte ich noch weitere Mausoleen sehen, erfuhr aber zu meiner Überraschung, daß – trotz der Bedeutung der Funde im Mausoleum von Wan Li – im Tal der Gräber seither keine Ausgrabungen mehr vorgenommen worden seien. Wir besuchten also nur die Tempel am Grab des Kaisers Yung Lo († 1424), die sich in gutem Zustand befanden. Auf dem Rückweg fuhren wir an dem Stausee entlang, dessen Damm im Zeichen des Großen Sprungs, fast ganz ohne Maschinenhilfe durch ein Massenaufgebot der Bevölkerung Pekings, errichtet worden war.

In die Vergangenheit zurück führte auch ein Besuch im ehemaligen Gesandtschaftsviertel von Peking. Hier hatte sich der Westen (einschließlich Japans) in der zweiten Hälfte des vorigen Jahrhunderts für seine Gesandtschaften eine eigene Welt geschaffen, die völlig für sich lebte und keinen chinesischen Gesetzen unterstand, eine ummauerte Welt, mit eigenen Kasernen und Truppen – zwei Steinwürfe vom Tor zum Himmlischen Frieden. Hier hatte sich eine Handvoll Ausländer 1900 gegen die von der chinesischen Regierung heimlich unterstützten Armeen der fanatischen »Boxer« gehalten, bis der Entsatz kam, und hier war, auch nach dem Sturz der Monarchie und dem allmählichen Umzug der Gesandtschaften in die neue Hauptstadt Nanking, ein Stück Westen im Herzen der alten Kaiserstadt geblieben. Als ich Ende der zwanziger Jahre zum ersten Mal nach Peking kam, befand sich auf dem Gelände der alten kaiserlich-deutschen Gesandtschaft noch eine deutsche diplomatische Vertretung, lagen in den Kasernen noch 1500 Mann fremder Truppen (keine deutschen darunter) und in den Tagen von Pearl Harbor 1941 waren es die dort stationierten japanischen Soldaten, die das Gesandtschaftsviertel abriegelten und die Amerikaner und Engländer gefangensetzten – alles, ohne daß China dazu ein Wort hätte sagen können.

In den vorausgegangenen Tagen hatte ich schon mehrfach Prinz Sihanouk im Gesandtschaftsviertel besucht; die chinesische Regierung hat ihm das Gelände der ehemaligen französischen Gesandtschaft als Residenz und Amtssitz zur Verfügung gestellt. Nun aber machte ich einen Gang vom einen Ende des Viertels zum anderen.

Das deutsche Nord-Hotel, das ganze Generationen deutscher China-Reisender beherbergt hatte, steht nicht mehr, so wenig wie das berühmte alte Stadttor Hatamen, neben dem das Gesandtschaftsviertel begann. Aber das einstige deutsche Lazarett ist heute noch ein Krankenhaus; Hunderte von Fahrrädern, der Patienten und ihrer Besucher, »parkten« davor. Auf dem Platz der deutschen Kaserne liegt heute das Hotel Hsin Tschiao, in dem gewöhnlich die Ausländer absteigen. Die Michaelskirche steht, doch konnte ich nicht erkennen, was jetzt in ihr untergebracht ist. Tor und Mauer der alten deutschen Gesandtschaft sehen noch so aus wie in den Tagen des Gesandten von Ketteler, der im Sommer 1900 durch die »Boxer« ermordet wurde.

Auf dem Grundstück der einstigen italienischen Gesandtschaft residiert heute das Parteikomitee von Peking und steht auch das Gebäude mit dem für mich so wichtigen China-Reisedienst.

Der »Internationale Klub« gegenüber ist immer noch international, doch habe ich ihn nicht besucht, so trist wurde er mir geschildert. Das allen »old China hands« bekannte Waggons Lits Hotel ist erhalten, längst dient es anderen Zwecken. Mit der Südmauer des Gesandtschaftsviertels ist auch das Wassertor verschwunden, das vom – heute nicht mehr vorhandenen – »Edelsteinkanal« durchflossen wurde und im Boxerkrieg eine romantische Rolle spielte. Das Gebäude der alten Deutsch-Asiatischen Bank steht; irgendwelche Büros sind darin untergebracht. Das Haus mit dem deutschen Fotogeschäft Hartung, das die ganze Ausländerkolonie zur Kundschaft hatte, ist verschwunden.

Ich hätte erwartet, das neue China habe das Gesandtschaftsviertel als Zeugen seiner Demütigung durch die westlichen Barbaren abgetragen. Aber es steht also noch. Nur sind die fremden Missionen – mit wenigen Ausnahmen – längst in das »Diplomaten-Ghetto« vor den Toren der Stadt verlegt worden.

Meinem chinesischen Begleiter bereitete dieser Spaziergang wenig Vergnügen. Er kannte sich in dem Viertel nicht aus und bekundete nur lauwarmes Interesse; vor allem war ihm wohl nicht klar, wie er sich gegenüber diesem für einen stolzen Chinesen peinlichen Relikt der halbkolonialen Vergangenheit seines Volkes verhalten sollte. Er schien froh zu sein, als wir schließlich am anderen Ende anlangten. Mir aber haben diese zwei Stunden deutlicher als alle anderen Erlebnisse gezeigt, wie ungeheuer sich die Welt in den letzten siebzig Jahren verändert hat – von der schmählichen Niederlage Chinas im Boxerkrieg 1901 bis zu dem von der Weltmacht Amerika so begierig ergriffenen Pingpong-Ball 1971.

Heldenverehrung

Seit alters her gibt es in China einen Tag im Frühjahr, an dem man »die Gräber fegt« und der Verstorbenen gedenkt. Das neue China hat für Ahnenverehrung nichts übrig, aber es hat jene Tradition für sich dienstbar gemacht, wie einst die christliche Kirche die heidnischen Bräuche in ihren Kalender einschmolz. In den Wochen vor und nach dem Tag des Gräberfegens wird im heutigen China der Märtyrer gedacht, die ihr Leben opferten für den Vorsitzenden Mao, für die Arbeiter-

und Bauernklasse, für das Vaterland. Es ergab sich, daß ich mich während dieser Periode der Heldenverehrung in mehreren Städten aufhielt; in allen erlebte ich dasselbe. Hier zwei Szenen:

Am letzten Tag in Hangtschou zeigte sich die Stadt und ihre schöne Umgebung zunächst von der schlechtesten Seite: Ein Dauerregen hüllte die Landschaft in graue Schleier, und das Thermometer zeigte nur wenige Grade über Null. Als wir morgens zu einer Fahrt in die Umgebung aufbrachen, konnte man schon sehen, daß es bis zum Abend so bleiben würde. Aber für diesen Tag war in den Schulen von Hangtschou Heldenehrung angesagt, und dabei blieb es.

Auf unserem Wege aufs Land überholten wir endlose Kolonnen von Kindern. Im ersten Glied wurden jeweils rote Fahnen und Papierkränze getragen, manchmal auch Mao-Bilder, dahinter marschierten die Schülerinnen und Schüler, einige wenige in Regenmänteln oder mit Schirmen; die weitaus meisten trugen nur ihre gewöhnliche Kleidung, kaum einer besaß eine Kopfbedeckung. Aber mißmutige Gesichter sah ich nirgends; die Kinder schauten drein, als sei es eine Selbstverständlichkeit, im kalten Landregen viele Kilometer zu einer Heldenehrung zu marschieren. Manche Gruppen sangen, manche riefen Mao-Parolen im Chor.

Eine Woche später in Kanton. Nicht weit vom Zentrum liegt ein weiter Park, dem lange Kolonnen von Jugendlichen, wieder mit roten Fahnen und mit Papierblumenkränzen, zustrebten. Ich schloß mich ihnen an. Der riesige Platz hinter dem Park war voll von ihnen. Von dort führt im rechten Winkel eine breite Straße durch einen neugepflanzten Wald zu einem grün bewachsenen, von einer Marmormauer umfriedeten Hügel. In ihm ruhen die Gebeine von – dies die offizielle Ziffer – fünftausend Toten, die 1927 bei der Zerschlagung der »Kommune Kanton« durch Tschiang Kai-schek umkamen. Das Grabmal war zum dreißigsten Jahrestag dieses Ereignisses errichtet worden. Auch hier wurden »Gräber gefegt«, Bäume gepflanzt, Wege gerichtet.

Nach meinen eigenen Erfahrungen graben sich solche Jugenderlebnisse tief ins Gedächtnis ein. Noch nach fünfundfünfzig Jahren fallen mir, wenn ich durch einen frühlingsgrünen Buchenwald gehe, unsere Schulausmärsche im Frühjahr 1916 ein, als wir in den Wäldern um Stuttgart und im Schönbuch die frischen Buchenblätter als »Laubheu« für die Pferde des Heeres sammelten. Und auch die Vorbilder, von denen man damals hörte, stehen mir deutlich vor Augen. Das erste Buch, das ich in einem Zuge las, war (wohl im gleichen Jahre) ein Ullstein-Bändchen ›Der Flieger von Tsingtau‹, in dem der junge Fliegeroffizier Günther Plüschow seine Abenteuer nach der geglückten Flucht aus dem von den Japanern belagerten – damals noch deutschen – Hafen schilderte. Bald kamen andere Helden jener patriotischen Jahre hinzu, die einen prägenden Einfluß ausübten. In dieser Erinnerung nehme ich durchaus ernst, was heute in China an Heldengeschichten die Jugend begeistert. Sie handeln, und das ist sicher kein Zufall, vorwiegend von jungen Soldaten.

In einem der Hotels lag zur Selbstbedienung der Gäste eine Broschüre aus, die ausschließlich Erzählungen dieser Art enthielt (›Fear Neither Hardship Nor Death‹ in ›Serving the People‹, Peking 1970, 98 S.). Hier eine Kostprobe aus ›Die heldenhafte Taucherabteilung‹:

Beim Bau der Yangtse-Brücke bei Nanking wurden Taucher der Marine eingesetzt. »Keiner hatte je in solcher Tiefe gearbeitet ... In seinem nagelneuen, in China hergestellten Anzug sprang der Taucher ins Wasser, und während es tiefer und tiefer ging, sagte er im stillen Maos Rede ›Dem Volke dienen‹ auf. Bei einer Tiefe von vierzig bis fünfzig Metern wurde er ganz kalt. Die Kameraden lasen ihm von oben des Vorsitzenden Mao Lehre vor: ›Sei entschlossen, fürchte kein Opfer, überwinde jede Schwierigkeit, um den Sieg zu gewinnen.‹ Sofort fühlte er sich wärmer. Er tauchte bis ganz auf den Grund, ging dort einige Stunden seiner Arbeit nach und erfüllte seine Aufgabe mit Erfolg.«

Eine andere Erzählung des Bändchens berichtete von Wang, einem jungen Fliegeroffizier, der nach einer schweren Krebsoperation im Krankenhaus lag: eine Niere war entfernt worden, aber der Krebs hatte schon die Lunge befallen.

»Am frühen Morgen des 3. März 1969 hörte Wang über den Rundfunk die Nachricht von Überfällen der sowjetischen Revisionisten und Sozialimperialisten auf eine chinesische Insel im Ussuri und von dem blutigen Zwischenfall, der sich daraus ergab. Voll Grimm über diese Frechheit berief Wang, als Parteisekretär der Station, eine Versammlung ein, um die enormen Verbrechen der neuen Zaren [= der Sowjetführer] anzuprangern. Mit geballter Faust sagte er: ›Genossen, was sollen wir tun, wenn uns die neuen Zaren auf so unerträgliche Weise beleidigen?‹ Alle antworteten: ›Der Vorsitzende Mao hat uns gelehrt: Wir werden nicht angreifen, solange wir nicht angegriffen werden; wenn wir angegriffen werden, werden wir ganz gewiß zurückschlagen.‹ ... Voller Grimm ließen sie die Parole durch die Station und das ganze Krankenhaus dröhnen: Nieder mit den neuen Zaren!« Wang aber überredete den Chefarzt, ihn wieder zu seiner Fliegerabteilung zu entlassen.

Andere Broschüren, die für wenige Fen zu haben sind, heißen etwa: ›Ein würdiger Sohn des Volkes‹ oder ›Ein guter Kämpfer des Vorsitzenden Mao‹. Alle diese Helden stammen aus armen Verhältnissen und bringen jene von Mao geschätzte »Unbeschriebenheit« und Naivität mit, auf Grund deren sie »die neuesten und schönsten Schriftzeichen«, also den Maoismus, übernehmen, ohne durch frühere »Schriftzeichen« verwirrt zu werden.

Etwa aus der gleichen Zeit, da Mao Dadschai zum vorbildlichen Modell erklärte, stammt auch seine Parole: »Lernt von der Volksbefreiungsarmee!« Der alte Guerilla-Häuptling, für den der »Lange Marsch« mit seinen Soldaten (1935) wohl bis heute das größte Erlebnis geblieben ist, hat von jeher eine besondere Sympathie für die Soldaten und für das Soldatische gehabt. Eher als in der Industrie, eher auch als im Dorf, fand Mao die Verkörperung des von ihm erstrebten Menschenbildes in seiner Armee. Nicht die Arbeiter, Bauern, Intellektuellen oder Manager, sondern die Soldaten waren es, zu deren Beruf es gehörte, bis zur Grenze ihrer Kraft, bis zur Aufopferung ihres Lebens für die Ehre, für das Vaterland, für ein hohes Ziel zu kämpfen, das mehr war als sie.

Kein Wunder, daß Mao sich nach dem Großen Sprung in seiner Enttäuschung über die materialistische Gesinnung großer Teile des Volkes, nicht zuletzt den Bürokratengeist der Parteifunktionäre, erneut der Armee zuwandte, sie als Vorbild hinstellte und daß die zur Nachahmung empfohlenen neuen Volkshelden vorwiegend aus ihren Reihen kamen, und zwar schon seit 1963.

Einer der Ehrennamen, den diese Helden selbst auf sich anwenden, heißt »Ochse«. Er geht auf eine Bemerkung Maos in seiner zweiten Rede über Literatur in Yenan (1942) zurück, in der er sagte, alle Revolutionäre müßten dem Proletariat und den Massen wie »willige Ochsen« dienen (»willing oxen« in der amtlichen Pekinger Übersetzung, ›Selected Works‹, III, 96). Li Yu-tschang, einer von ihnen, schwor sich in seinem Tagebuch (Eintragung vom 28. Juli 1969), dem Volk wie ein

»williger Ochse« zu dienen. Was das heißt, wird an seinem Beispiel gezeigt:

»Unvorsichtig quetschte er sich einmal eine Zehe, wobei er stark blutete. Der Arzt gab ihm für zwei Wochen einen Urlaubsschein, aber er nahm nur drei Tage frei. Dann erinnerte er sich an die Heldentat des Genossen Mai Hsien-te, der trotz schwerer Verwundungen auf seinem Posten im Kampf ausharrte. Er hinkte zur Arbeit und beteiligte sich sofort daran, die Revolution anzupacken und die Produktivität zu fördern« (›Peking Review‹ 1970/4, S. 18).

Der »Ochse« von Dadschai hieß Tschao Hsiao-ho, dessen naturalistisch gezeichneten Lebenslauf ich in der Dadschai-Ausstellung gesehen hatte: Tschao war vor der Revolution Schäferjunge beim Grundbesitzer von Dadschai und wurde von diesem eines Tages, so berichtete die Legende, samt seinen Schafen an einen anderen Grundbesitzer verkauft. Nach dem Siege des Kommunismus kehrte er nach Dadschai zurück, wollte sich aber erst nicht in die Gemeinschaft einfügen, bis er, dank den Belehrungen durch den Parteisekretär Tschen und dem Studium der Schriften Maos, auf den rechten Weg kam und ein tüchtiger Pferdewart der Brigade wurde. Eines Tages scheute eines der ihm anvertrauten Pferde und wäre in die Schlucht gestürzt, hätte sich ihm Tschao nicht entgegengeworfen. Dabei brach er ein Bein. Ein chirurgischer Kunstfehler führte zur Verkürzung des Beins. Daher ließ es sich Tschao von Brigadekameraden ohne Narkose noch einmal brechen (gegen die Schmerzen wappnete er sich durch das Zitieren von Mao-Worten), damit es zum zweiten Mal, und jetzt einwandfrei, eingerichtet werden konnte. Danach diente er der Brigade treu, bis er bei einem Unfall sein Leben verlor.

In Gesprächen tauchte manchmal der Name Hai Ou-yang auf. So heißt der Held eines Romans, der zur Pflichtlektüre der Armee gehört. Im Vergleich zu den fünfziger Jahren (gar nicht zu reden von den dreißiger Jahren) sind seit dem frühen Anlaufen der Kulturrevolution nur sehr wenige Romane erschienen. Einer von ihnen heißt ›Das Lied von Hai Ou-yang‹ (Peking 1965). Hai verbrachte sein kurzes Leben im Studium der Werke Maos und in treuer Pflichterfüllung, bis er – bei einer Aktion zur Rettung von Kameraden und Staatseigentum – sein Leben verlor. Der Autor, Tschin Tsching-mai, stammte selbst aus der Armee.

Mit solchen bis in den Tod getreuen Vorbildern vor Augen

wächst Chinas Jugend heran; natürlich wird sie in ihrem Denken und Handeln entsprechend beeinflußt. Die Legende vom tapferen Matrosen Mai Hsien-te, der trotz Verwundung auf seinem Posten ausharrte, hat nicht nur Li Yu-tschang, von dem eben die Rede war, inspiriert, sie hat auch, wie sich der Leser erinnern wird, jene kleine Schülerin in Nanking angespornt, trotz ihrer Verletzung und entgegen dem Rat des Arztes und den Bitten der Mutter, wieder zur Schule zu gehen.

Wir, die wir nicht als »willige Ochsen«, sondern als skeptische Ausländer diese Erscheinungen beobachten, finden an ihnen vieles exaltiert, ja kitschig (siehe Dokument ›. . . schwimmt für Mao‹). Aber das China und das Europa von 1971 sind weit voneinander entfernt. Wir hätten Chinas Heldenverehrung 1916 (oder 1943) besser verstanden als heute.

Bei Prinz Sihanouk

Das letzte Mal hatte ich den Prinzen im Herbst 1968 gesehen, in der hübschen Provinz- und Universitätsstadt Kompong Cham, umdrängt und umjubelt von den Menschen der Stadt und Umgebung, vor allem der Jugend. Nun traf ich ihn wieder, viele Tausende von Kilometern von seiner sonnigen Heimat entfernt, in der noch winterlichen Hauptstadt des chinesischen Großreichs, und ich fand ihn unverändert: quicklebendig, witzig, charmant, dabei ganz konzentriert auf die politischen Entscheidungen in und über Südostasien.

Mit dieser Begegnung trat auch die sonst nur am Rande berührte äußere Politik direkt ins Zentrum der Erlebnisse und Eindrücke, die den Gegenstand dieses Buches darstellen. Unmittelbarer läßt sich Außenpolitik nicht erleben als durch eine dynamische Persönlichkeit.

Ich bin in Peking ein halbes Dutzend Male mit ihm zusammengewesen, meist in seiner Residenz, die auch sein Amtssitz ist, in der einstigen französischen Botschaft. Tritt man durch das von chinesischen Löwen flankierte Tor, so sieht man sich zunächst einer riesigen roten Tafel gegenüber, auf der als entsprechend vergrößertes Faksimile in Maos Handschrift die Worte »Dem Volke dienen« zu lesen sind. Dahinter öffnet sich der Blick auf den weiten Garten des Grundstücks, auf einige

Gebäude zur Rechten und Linken und den Hauptbau am hinteren Ende. Über diesem weht die Flagge Kambodschas. In seinem unteren Stock liegen Diensträume und ein großer Empfangssaal, im oberen befindet sich der Wohntrakt samt einem hellen Speisezimmer. Die Regierung, die Sihanouk unter Ministerpräsident Pen Nouth kurz nach seinem Eintreffen in Peking bildete, hat eigene Diensträume in einem anderen Stadtteil. Pen Nouth selbst lebt mit seiner Frau ein paar Meter entfernt in einem der Nebengebäude.

Als der Staatsstreich des Generals Lon Nol am 18. März 1970 bekannt wurde, war Sihanouk gerade in Moskau. Theoretisch hätte er nach Paris (woher er gerade kam) zurückgehen oder in Moskau bleiben können, statt nach Peking weiterzufliegen (der Plan sah die Rückreise nach Phnom Penh auf diesem Wege vor). Seinem ganzen Temperament nach kam für Sihanouk ein resignierter Rückzug, etwa an die französische Riviera, nicht in Betracht. In Moskau bleiben? Er äußerte sich bitter über die Sowjetregierung. »Als ich in Moskau von dem Staatsstreich erfuhr, bat ich den sowjetischen Ministerpräsidenten, Herrn Kossygin, die illegale Generalsregierung Lon Nols nicht anzuerkennen, sondern die Regierung, die ich selbst in den nächsten Tagen bilden würde. Aber auch jetzt, mehr als ein Jahr später, befindet sich die Sowjetbotschaft noch immer in Phnom Penh.«

Er habe, sagte der Prinz, seine Bemühungen um Moskau nicht aufgegeben, er setze immer noch Hoffnungen auf eine Erklärung der Sowjetregierung vom 24. Mai 1970, in der diese Lon Nol davor warnte, sich mit Washington und Saigon zu verbünden. Die Sowjetregierung verfolge, hieß es in jener Moskauer Erklärung, die Entwicklung in Kambodscha sehr genau und werde ihre Haltung danach richten, ob Phnom Penh »den Weg des Friedens und der Neutralität geht oder sich mit den Kräften der Aggression verbündet und in eine Kriegsbasis gegen die Nachbarvölker verwandelt«.

Dann zeigte er mir die Kopie eines Briefes, den er – in französischer Sprache – am 15. Januar 1971 an Kossygin gerichtet hatte. Lon Nol habe, schrieb ihm der Prinz, genau das getan, wovor ihn der Kreml am 24. Mai 1970 gewarnt hatte. Darum bitte er die Sowjetregierung, seine Regierung in Peking als die einzig legitime anzuerkennen. Sollte sich Moskau dazu außerstande sehen, so möge es wenigstens den Widerstandskräften im kambodschanischen Volk, das sich in großer Gefahr befände, möglichst rasch Hilfe gewähren, damit sie sich noch energischer gegen die südvietnamisch-amerikanische Aggression zur Wehr setzen könnten.

Auf diesen Appell ist Sihanouk ohne Antwort geblieben. »Ich verstehe«, sagte er, »die Russen haben Interessen in Phnom Penh – ein großes Krankenhaus, eine Fabrik, eine Hochschule. Ich habe ihnen daher vorgeschlagen, je eine medizinische, wirtschaftliche und wissenschaftliche Mission in Phnom Penh zu lassen, aber ihre Botschaft zuzumachen. Auch darauf sind sie nicht eingegangen. Die kambodschanischen Widerstandskämpfer erhalten Hilfe von China, Nordkorea, Nordvietnam, Laos – keinen Pfennig von der Sowjetunion.«

Die Verlegung seiner Residenz nach Peking war nur die Konsequenz einer von Sihanouk stets festgehaltenen Überzeugung. In allen Gesprächen, die ich durch nunmehr vierzehn Jahre mit ihm hatte, hat sich seine Ansicht in einem Punkt nicht geändert: Amerika, so sagte er stets, wird eines Tages aus Asien abziehen und die Sowjetunion ist sehr weit weg – China aber wird ewig in Asien bleiben. Daher sah er seit der Erlangung der Souveränität für Kambodscha auf der Genfer Konferenz von 1954 in der Pflege der Beziehungen zu Peking seine vornehmste außenpolitische Aufgabe. Er hat Peking oft besucht, er hat die außenpolitische Linie Pekings verteidigt, er hat auf jegliche amerikanische Wirtschaftshilfe verzichtet und schließlich die Beziehungen zu den USA abgebrochen.

Wenn Sihanouks Prognose zutrifft (und es besteht wohl kein Zweifel, daß Nixon, der 1972 wiedergewählt werden will, der Last des Indochina-Krieges ledig zu werden wünscht), dann wird sich in Kambodscha eine pro-amerikanische Regierung nicht lange halten können. Schon jetzt wäre sie von den Guerillas und den Vietkong gestürzt worden, wenn sie nicht von südvietnamischen Divisionen unter massivem US-Lufteinsatz gehalten würde.

Dem Patriot Sihanouk kann indessen nicht daran gelegen sein, sein Kambodscha in ein neues, das ganze einst französische Indochina umfassendes Groß-Vietnam einzubringen, er will es als souveränen Staat erhalten sehen. Diesen Wunsch aber werden die Mitkämpfer von heute um so eher respektieren, je stärker seine Rückendeckung in Peking ist. Von dieser festen Basis aus hat Sihanouk daher, als der von der chinesischen Regierung anerkannte Staatschef Kambodschas, mit der Regierung in Hanoi, mit der Südvietnamischen Befreiungsfront und mit dem Guerillaführer von Laos, Prinz Soupanouvong, Verhandlungen geführt und Abkommen getroffen, in denen man sich gegenseitig Selbständigkeit und Unverletzlichkeit der Grenzen zugesichert hat, zum Beispiel in dem Dokument vom 8. Februar 1971, das er mir zeigte und das er zusammen mit dem Präsidenten der Demokratischen Republik Vietnam, Ton Duc Thang, in Hanoi unterzeichnete. Dort heißt es:

»Die Demokratische Republik von Vietnam bestätigt erneut, daß sie die territoriale Integrität Kambodschas in seinem gegenwärtigen Grenzen anerkennt und daß sie sich verpflichtet, sie zu respektieren ... Das vietnamische und das Khmer- (= kambodschanische) Volk ... sind entschlossen, ... Indochina zu einer friedlichen Region unabhängiger Staaten zu machen, Vietnam, Kambodscha und Laos die Möglichkeit zu schaffen, den Weg der Unabhängigkeit, des Friedens und der Neutralität zu gehen und jedem der Völker Indochinas das Recht zu garantieren, seine eigenen Angelegenheiten allein und ohne Eingriffe von außen zu regeln.«

Der hohe Rang, den Peking seinerseits dem Prinzen Sihanouk einräumt, war mir bekannt. Es gibt seit langem nur wenige Ausgaben der amtlichen ›Peking Review‹ (die in vielen Sprachen, darunter in Deutsch, erscheint und in die ganze Welt geht), in der Sihanouk nicht zu Worte käme. Das Heft vom 18. Februar zum Beispiel, in dem das Dokument vom 8. Februar zu finden ist, widmet elf seiner insgesamt dreißig Seiten dem Thema Sihanouk. Viele seiner häufigen Rundfunkreden, die von Radio Peking auf kambodschanisch nach Kambodscha ausgestrahlt werden, erscheinen, zum Teil im vollen Wortlaut, in der chinesischen Presse, jeder der Staatsbesuche Sihanouks in den Provinzen Chinas wird groß herausgestellt.

In Sian, in Nanking, in Schanghai – überall brachte man mir Fotos der Volksmengen, die ihn begrüßten, die Flaggen Chinas und des Königreichs Kambodscha schwenkend. In Schaukästen fand ich, auch in den Provinzen, Bilder, die ihn neben Mao zeigten; bei den großen Paraden vor dem Tor zum Himmlischen Frieden hat er als Ehrengast Nr. 1 dort neben Mao seinen Platz. Am 20. Mai 1970 wurden der aufmarschierten Million Menschen zwei Erklärungen vorgetragen – die Maos durch Verteidigungsminister Lin Piao und die Sihanouks durch ihn selbst. Dieser Vorrang wird auch draußen im Lande beachtet. Wenn ich auf meinen Fahrten an einen Ort kam, den er besucht hatte, brauchte ich nur zu sagen, daß ich sein Freund sei, und schon standen mir alle Türen offen: »Für einen Freund von Sihanouk tun wir alles.« Daß er auf dem Ehrenplatz neben dem Ministerpräsidenten Tschou En-lai sitzt, wenn ein Bankett speziell für ihn gegeben wird, leuchtet ein, daß er aber, ein Nicht-Kommunist, auch zu einem Abend gebeten wird, den das Zentralkomitee der Kommunistischen Partei zu Ehren der führenden vietnamischen Kommunisten gibt, und dieselbe Ehrung erfährt, ist nicht selbstverständlich.

Es ist nicht leicht, in der Fremde zu leben und ganz von seinen Gastgebern abzuhängen. Aber Sihanouk läßt sich nichts anmerken. Kein einziges Mal in unseren Gesprächen zeigte er auch nur eine Spur von Ermüdung oder Resignation. Dabei hilft ihm sicher sein Humor, seine Fähigkeit über sich selbst zu lachen.

Am Tage nach dem Bankett für die indochinesischen Kommunisten sagte er: »Alle Welt fliegt zum Parteitag nach Moskau – nur Kambodscha und China fliegen nicht.« Dabei lachte er, ohne Bitterkeit, eher verschmitzt, weil er sich der Komik der Vorstellung des Riesen China und des Zwerges Kambodscha nebeneinander völlig bewußt war.

Und schließlich hilft ihm seine – wie mir scheint, echte – Entschlossenheit, sich nach dem Ende der Kämpfe aus der Politik zurückzuziehen und dann, aber eben erst dann, im Ausland niederzulassen. Ich hatte diese Erklärung früher nicht ernst genommen und ihm auch gesagt, ich könne mir Kambodscha ohne Sihanouk nicht vorstellen, aber er hat mich davon überzeugt, daß dies – jedenfalls heute – wirklich seine Absicht ist. Er sagt sich – und sagte es im Deutschen Fernsehen auch öffentlich –, daß Kambodscha nach dem Bürgerkrieg von Leuten regiert werden muß, die diese Kampfzeit im Dschungel, nicht im fernen Peking verbracht haben. Sie seien kambodschanische Patrioten, wenngleich manche von ihnen Kommunisten.

Sihanouks heutige Funktion in Peking dagegen ist durchaus überzeugend. In seiner Hand laufen die Fäden der Hilfsaktionen für seine Partisanen zusammen; aus Peking spricht er fast wöchentlich über den chinesischen Rundfunk in seiner Sprache zu seinen Mitbürgern, und in Peking pflegt er die Beziehungen zu Mao und zu Tschou En-lai. Ich habe ihn und Tschou mehrfach miteinander beobachtet, fast meint man hier von einer Sympathie und vielleicht Freundschaft sprechen zu können. Natürlich folgt Tschou En-lai keinen Gefühlsimpulsen, sondern den Gesetzen der Staatsraison; aber Staatsraison und Sympathie können zusammenfallen.

Auch Sihanouk braucht sich nicht auf Gefühle zu verlassen. »Alle wesentlichen Zusicherungen für die künftige Unabhängigkeit, Freiheit und Neutralität meines Landes habe ich jetzt schon schwarz auf weiß«, sagte er und klopfte sich dabei auf die Brusttasche. Er verwies mich insbesondere auf die Erklärung der chinesischen Regierung vom 10. Oktober 1970, wenige Stunden, nachdem Lon Nol in Kambodscha die Republik ausgerufen hatte. Peking verlautbarte dort offiziell, die Beurteilung eines Staates hänge nicht davon ab, ob er sich Königreich oder Republik nenne, sondern welche Politik er betreibe. Da Sihanouk ohne Schwanken eine Politik der Unabhängigkeit, des Friedens und der Neutralität geführt habe, besitze er die Unterstützung und Zuneigung der Volksmassen Kambodschas. Die chinesische Regierung bekräftigte aufs neue, daß es nur eine einzige legale Regierung von Kambodscha gebe, die königliche Regierung unter Staatschef Sihanouk. Sie zweifle nicht am vollständigen Sieg im Kampf gegen Amerika und an der »Verwirklichung der Unabhängigkeit des Königreichs Kambodscha«.

Von solchen Festlegungen auf die Unabhängigkeit und Souveränität seines Landes wird sich Peking nach Sihanouks Überzeugung nicht mehr distanzieren können, erst recht nicht, da es ihm seit seiner Übersiedlung nach Peking die Möglichkeit gibt, in Rundfunk und Presse seine Vorstellungen über die Zukunft Kambodschas uneingeschränkt zu propagieren. Im Sinne der chinesischen Staatsraison liegt es, so wird man daraus ablesen können, daß – in der nach-amerikanischen Phase – Vietnam, Laos und Kambodscha als voneinander unabhängige Staaten existieren.

Auch ich hoffe, daß es ein unabhängiges und freies Kambodscha geben wird, und wünsche dem Prinzen als einem Freunde persönlich alles Gute; für seine tapfere und zuversichtliche, ja fast fröhliche Art – in für ihn bitteren Zeiten – empfinde ich Sympathie und Hochachtung.

Auch sein Verhalten beim Interview (für das Zweite Deutsche Fernsehen) hat mir gefallen. Im voraus hatte ich ihm gesagt, ich würde ihm harte Fragen stellen, denn ich sei überzeugt, daß er mit ihnen fertig werde. Ich fragte unter anderem:

»Wie können Sie, ein Enkel von Königen und Angkor Vat-Erbauern, ein gläubiger Buddhist und kambodschanischer

Patriot, mit den Kommunisten kollaborieren, ohne deren Marionette zu werden? Glauben Sie wirklich, daß in der Zukunft eine Zusammenarbeit zwischen den Kambodschanern und den Vietnamern, die sich so lange haßten, möglich sein wird? Warum sitzen Sie in Peking, statt bei Ihren Partisanen im Dschungel?«

Auf diese und andere Fragen antwortete er – die Fernsehzuschauer sind Zeugen – klar und offen, und zum Schluß bedankte er sich noch dafür, daß ich es ihm nicht leicht gemacht hatte.

Kommentare

Der erste Teil des Buches sollte die Eindrücke wiedergeben, die ich in meinen zweiunddreißig China-Tagen mit eigenen Augen und Ohren aufgenommen habe. Im folgenden Teil kommt die Reflexion zu Wort; er faßt die Überlegungen zusammen, die von diesen Erlebnissen ausgelöst worden sind. Er vermeidet auch die Kritik nicht, zu der man mich in China, wo immer ich hinkam, ausdrücklich aufgefordert hat, auch nicht die vielen Fragezeichen, die das Land dem Besucher stellt. Themen, über die ich in China selbst keine Gespräche führen oder Mitteilenswertes erfahren konnte, bleiben beiseite, so die Außenpolitik (außer im Zusammenhang mit Bonn) oder die Zeit nach Mao, die vor keinem Ausländer erörtert wird.

1957–1971. Ein Vergleich

Vierzehn Jahre liegen zwischen meinen beiden letzten China-Reisen. Dennoch hatte das äußere Bild des Landes etwas gemeinsam: es war ein Bild von Ruhe und Ordnung. 1957 war es die Ruhe vor dem Sturm; er brach schon im nächsten Jahr los, als China, mit dem Großen Sprung, die vorgezeichnete Bahn (und das Lager) der Volksdemokratien verließ. 1971 kam ich wieder, als es die noch schwereren Unwetter der Kulturrevolution bereits hinter sich hatte.

Die große Veränderung freilich sprang jetzt schon an der Grenze ins Auge: Mao war überall. Vierzehn Jahre vorher deutete noch nichts auf eine solche Entwicklung, so merkwürdig, ja fast unwahrscheinlich das dem Besucher heute – im Zeichen des ›Roten Büchleins‹ und der Millionen Mao-Bilder – vorkommen mag. Auch im Zusammenhang mit dem Großen Sprung, den wir heute als Vorläufer der Kulturrevolution sehen, wurde Maos Name damals – im Vergleich zu heute – nur wenig genannt; viele China-Beobachter, auch ich, glaubten hier eher das Werk Liu Schao-tschis zu erkennen, der ja im Mai 1958 den dann zum geflügelten Wort gewordenen Begriff geprägt hatte (und der heute als das personifizierte Böse gilt).

In den folgenden Jahren rückte Mao weiter in den Hintergrund; Monate konnten vergehen, in denen man von ihm kaum etwas hörte. Jahre später sollte er über die Zeit zwischen Großem Sprung und Kulturrevolution sagen: »Damals waren die meisten anderer Meinung als ich. Sie sagten, meine Ansichten seien überholt.« Damals war es, in seinen Worten, »durchaus wahrscheinlich, daß der Revisionismus [d. h. die politische Linie seiner Feinde in China und Moskau] siegen würde, während wir verlieren«. (Vgl. Mehnert, ›Peking und die Neue Linke‹, S. 46f.) Damals war China ein stabiler Staat, der – nur neun Jahre nach seiner Begründung inmitten revolutionärer Stürme – von einer Monopolpartei ex-revolutionärer Routiniers regiert wurde.

Im Vergleich zu der vibrierenden Spannung, die man heute spürt, war das China von 1957 fast langweilig. Gewiß, auch damals gab es Kampagnen – gegen die Intellektuellen (nach dem Welken der Hundert Blumen), gegen die Ratten und Fliegen (deren Vernichtung der Gast noch heute dankbar empfindet), für das Hsiafang, das »Hinuntersenden« der Funktionäre aufs Land zur körperlichen Arbeit. Doch ihnen fehlte die große Linie, der mitreißende Schwung, der anerkannte Führer der Massen.

Als Mao aber am 16. Juli 1966 aus den Fluten des Yangtse stieg, genauer: als die Presse am 25. Juli verkündete, er habe in 65 Minuten 15 Kilometer schwimmend im Strom zurückgelegt und damit seine ausgezeichnete Gesundheit bewiesen, stand er als dieser Führer vor der Nation. (Als historischer Wendepunkt war dieses Schwimmen im Yangtse auf seine Weise sicher nicht weniger originell als das weltpolitische Sportereignis des Frühjahrs 1971: das Pingpong-Spiel mit den Amerikanern.) Sein ›Rotes Büchlein‹, das der Zivilbevölkerung kaum zugänglich gewesen war, wurde zur geistigen Nahrung für jedermann.

Von den wirtschaftlichen und sozialen Veränderungen – der Zunahme der Produktion, der Verbesserung des Warenangebots (nicht der Löhne), der Einebnung aller Rangunterschiede – ist anderwärts die Rede. Das geistige Leben, das in den Tagen der Hundert Blumen von 1957 noch von eindrucksvoller Vielfalt gewesen war, ist zu einem beispiellosen Konformismus auf schmalster Bandbreite eingeengt worden. Patriotismus und nationales Selbstbewußtsein sind merklich gestiegen, wie auch die Abschließung von der übrigen Welt sehr viel effektiver geworden ist. Die Sowjetunion, vor vierzehn Jahren der mächtigste Freund, ist zum Feind Nummer eins aufgerückt.

Aber von allen Veränderungen seit 1957 bleibt die Erfüllung der Bevölkerung mit *einem* Geist, dem Geist Mao Tse-tungs, die weitaus wichtigste. In Dörfern, Fabriken und Schulen marschieren Hunderte von Millionen Chinesen im Gleichschritt, jedenfalls äußerlich. Ob auch innerlich? Ins Herz konnte ich keinem blicken.

Peking und Moskau – nicht mehr zu vergleichen

Als ich das letzte Mal über Polen in die UdSSR flog, war die Grenze noch aus zehntausend Meter Höhe klar zu erkennen: Schlagartig wurden die schmalen Äcker der polnischen Einzelbauern durch die riesigen Felder der Kolchose abgelöst. Anders im März 1971 an der Grenze der britischen Kronkolonie Hongkong zur Volksrepublik China: Auf beiden Seiten sah ich die kleinen, sorgfältig bebauten Terrassen, bei denen auf den ersten Blick nicht zu erkennen ist, ob sie individuell oder kollektiv bestellt werden.

Und doch – die wichtigste Grenze, welche heute die Welt teilt, liegt in Asien, nicht in Europa; sie folgt dem Amur und Ussuri, nicht der Elbe oder dem Bug.

Bei meinem China-Besuch im Jahre 1957 war es nicht so gewesen: Was immer ich damals in China sah, Fabriken und kollektivierte Dörfer, Schulen und Universitäten, Parteikomitees und nationale Minderheiten – überall folgte man mehr oder weniger dem Sowjetmodell; das Land hätte sich Sowjet-China nennen können. Seitdem aber hat sich China so verändert, daß seine Verschiedenheiten zur Sowjetunion größer geworden sind als die zwischen dieser und dem Westen. Ich habe beide zuletzt 1970/71, in einem Zeitabstand von nur acht Monaten, besucht; in sechs Punkten vor allem ist mir dabei der Kontrast ins Auge gesprungen.

1. Die Sowjetunion ist in hohem Maße eine *Industriegesellschaft*. Arbeitsproduktivität und Automation, Wettbewerb, Gewinn, Markt sind heute Begriffe, um die sich das wirtschaftliche Leben dreht. Stalins Parole: »Die Kader entscheiden alles«, bedeutet heute praktisch: Die Techniker entscheiden alles, die Experten, die Spezialisten, die Hochschulabsolventen, die hochqualifizierten – und hochprivilegierten – Spitzenkräfte, außer der Partei natürlich, die das letzte Wort hat.

China dagegen ist immer noch in überwältigendem Maße eine *Agrargesellschaft*, in der die Technisierung auf einem sehr niedrigen Niveau geblieben ist. Auf meinen Fahrten durchs Land sah ich Hunderttausende von Bauern, aber nur einige hundert landwirtschaftliche Maschinen, sah ich Zehntausende von Handkarren, aber nur ganz wenige Lastwagen. Ich sah sogar Pflüge, von Menschen gezogen. Und nie habe ich irgendwo so viele negative Urteile über hochschulgebildete Fachleute gehört oder gelesen, über Techniker und Ingenieure, wie im heutigen China; man hätte denken können, sie seien allesamt Ignoranten oder Saboteure. Nur die Massen sind schöpferisch, heißt die Parole; die Spezialisten werden verhöhnt und lächerlich gemacht. Eine Ausnahme dürften nur die Experten im Bereich der Wehrforschung und -wirtschaft sein; sie waren wohl vor allem im zwölften der »Sechzehn Punkte« über die Kulturrevolution vom 8. August 1966 gemeint, der den Schutz verdienter Wissenschaftler und Techniker forderte.

2. Die Sowjetunion ist im Zuge der Industrialisierung immer mehr zur *Leistungsgesellschaft* geworden. Arbeite mehr und du bekommst mehr, arbeite noch viel mehr, lerne, erwirb Diplome, und du bekommst noch viel mehr – eine eigene Wohnung, ein Auto, ein Landhaus.

China aber ist eine *Einheitsgesellschaft*. Nicht daß in China wenig gearbeitet würde (die körperliche Arbeitsleistung des Einzelnen dürfte hier über der in der Sowjetunion liegen), aber die individuelle Leistung drückt sich nicht in einer entsprechenden Entlohnung aus. Mehrarbeit wird nicht durch Mehrlohn stimuliert. Die Leistung zum Zweck der Entlohnung zu messen, gilt als Beleidigung eines Menschen mit »Bewußtsein« und, wie ein Trinkgeld, eines freien Mannes unwürdig. Man unterstellt, daß jeder ohnehin sein Bestes tut und verzichtet weitgehend auf die Kontrolle, die in der Sowjetgesellschaft einen so ungeheuerlichen Arbeitsaufwand erfordert. Mein westlicher Verstand brauchte lange, ehe er dieses Lohnsystem begriff. Es hat mit dem sowjetischen wenig gemein, während dieses wiederum dem westlichen nähersteht.

3. Die UdSSR ist auf dem Weg zur *Konsumgesellschaft*. Milliarden von Rubeln und Arbeitsstunden werden heute auch dort in Dinge investiert, die das Leben angenehmer machen, ohne »lebensnotwendig« zu sein: Bau von Privatwohnungen und Landhäusern, modische Kleidung, Romane, Kosmetika, Schallplatten, auch solche mit westlicher Musik.

Das neue China dagegen strebt mit aller Kraft der *Produktionsgesellschaft* zu. Die Löhne sind selbst nach Sowjetmaßstäben kaum ein Taschengeld. Und wenn ich fragte: »Warum arbeiten Sie von früh bis spät?«, dann hieß, wie der Leser weiß, die Antwort: »Um Ehre einzulegen für den Vorsitzenden Mao und das sozialistische Vaterland.«

4. Staat und Gesellschaft sind in der Sowjetunion *hierarchisch* durchstrukturiert. Es bestehen klare Über- und Unterordnungsverhältnisse sowie soziale Schichten, mit der Partei in der unumstrittenen Führungsposition. Von oben nach unten wird das Volk über zahlreiche Zwischenetagen bürokratisch verwaltet. Lenin, von Stalin gar nicht zu reden, hielt nicht viel von den Massen; sie gehörten an die Kandare des »Apparates«.

In China sind die seit dem Siege der Revolution entstandenen sozialen Verkrustungen während der Kulturrevolution aufgebrochen worden, staatliche und gesellschaftliche Verhältnisse haben ein hohes Maß an *Spontaneität* gewonnen. Es gibt auf der einen Seite den charismatischen Führer Mao, auf der anderen »die Massen«. Dazwischen ist alles im Fluß.

5. Immer weiter entfernen sich die beiden Länder voneinander in ihrem Verhältnis zur – einst gemeinsamen! – Ideologie. In der *pragmatisch* gewordenen Sowjetunion wird ihr auf Parteikongressen, in Leitartikeln und Fachzeitschriften offiziell Reverenz erwiesen – im Leben und auch im täglichen Gespräch der Menschen spielt sie keine Rolle. ›Das Kapital‹ oder Lenins Werke hat man zu Hause im Bücherschrank – wie viele Abendländer ihre Bibel. Und die führenden Männer, ein Breshnew, ein Kossygin, sind sie noch Ideologen? Die Breshnew-Doktrin jedenfalls wird als eine Formel der Macht verstanden und praktiziert.

Wie anders in Maos China! In jeder Diskussion wird *ideologisch* argumentiert, in jedem dritten Satz Mao zitiert. In der ganzen Zeit habe ich kaum einen Menschen gefunden, der nicht das ›Rote Büchlein‹ in der Hand oder jedenfalls griffbereit bei sich trug.

6. Und schließlich: Die sowjetische Gesellschaft ist heute eine *sich öffnende Gesellschaft*. Russische Fachleute (sorgfältig ausgewählt, gewiß) nehmen an Konferenzen aller Art im Ausland teil, Tausende von Ausländern kommen zu solchen in die UdSSR, Hunderttausende von Touristen besuchen jährlich das Land. Ausländische Belletristik erscheint in Millionenauflagen, und Millionen Russen hören ausländische Sender, tanzen nach westlicher Musik.

China aber ist, bis heute und wohl – trotz Pingpong (und Mehnert-Visum) – noch auf lange Zeit eine *geschlossene* Gesellschaft. Daß ich fünftausend Kilometer durchs Land reiste, ohne je – außer in zwei Großstädten – einem Nicht-Chinesen zu begegnen, und in der ganzen Zeit außer einer alten Nummer des albanischen Parteiblattes keine einzige ausländische Zeitung sah, daß ein Jahrhundert-Ereignis wie die erste Landung von Menschen auf dem Mond mit Stillschweigen übergangen wurde – das spricht eine deutliche Sprache.

Vieles dagegen hat das China von 1971, wie könnte es anders sein, mit dem Rußland gemeinsam, das ich vor vierzig Jahren kannte. Als ich damals durch das Stahlwerk in Magnitogorsk am Ost-Ural geführt wurde, das erste Automobilwerk an der Wolga und den neuen Staudamm am Dnjepr gezeigt bekam, geschah das mit demselben triumphierenden Stolz, wie ihn heute die Chinesen an der von ihnen allein gebauten Yangtse-Brücke bei Nanking bekunden. Im chinesischen Theater von heute kam ich mir vor, ich erzählte es, wie im Moskauer Theater jener frühen Zeit, im ›Panzerzug Nr. 14–69‹ von W. W. Iwanow, in W. W. Wischnewskijs ›Optimistischer Tragödie‹ oder in R. Gliers Ballett ›Roter Mohn‹.

Noch in den dreißiger Jahren setzte in der Sowjetunion die große Wandlung ein; mit der Entproletarisierung der Oberschicht, die sich zur »Neuen Klasse« formierte, dem Aufblühen des Diplom- und Uniformwesens, der Bürokratisierung des Staates, dem Nachlassen des Elans, der im Ersten Fünfjahrplan, ins Wirtschaftliche transponiert, noch so stark gewesen war, der während des Zweiten Weltkrieges, nun freilich ganz ins Patriotische gewandt, noch einmal aufflammte und von dem heute wieder so wenig zu spüren ist.

Wer bei einer Reise durch das China von heute mit seinen Gedanken ständig hinüberschweift nach Rußland – Rußland, wie es vor vierzig Jahren war und wie es heute ist –, den muß eine Frage unablässig bewegen: Wird China in den nächsten vierzig Jahren dieselbe Entwicklung durchmachen wie Rußland in den letzten? Wird das China des Jahres 2011 so aussehen wie die Sowjetunion von 1971? Niemand weiß die Antwort, von der so viel abhängt – für uns alle. Wer es aber miterlebt hat, in welchem Ausmaß das chinesische Volk vom Maoismus aufgewühlt und ergriffen ist – stärker als der Marxismus-Leninismus das russische zu bewegen vermochte –, wird sich voreilige Prognosen versagen.

Unbewältigte Vergangenheit

In der Sowjetunion hat die Einstellung zur eigenen Geschichte zwei entgegengesetzte Phasen durchlaufen. In der ersten erschien die gesamte Entwicklung vor Aufbruch und Sieg der neuen Heilslehre noch finsterer als zu Zeiten der Aufklärer das deutsche Mittelalter, die russischen Lande als »Gefängnis der Völker«, die Zaren als Tyrannen und bluttriefende Verbrecher. Die russische, ja die Weltgeschichte begann mit Lenin und allenfalls mit seinen Wegbereitern, den bäuerlichen Rebellen und den revolutionären Intellektuellen.

Aber zu Beginn der dreißiger Jahre warf Stalin das Steuer herum. Einer nach dem anderen unter den Gestalten der Vergangenheit wurde in neuem Gewande präsentiert; auch an Iwan IV., dessen Beinamen Grosnyj wir Deutsche als den »Schrecklichen« zu übersetzen gewohnt waren, wurde die andere Seite, der Begriff des »Erhabenen« hervorgekehrt. Von den Kiewer Fürsten über die Moskauer Großfürsten und Zaren, über die Eroberer Sibiriens und Zentralasiens, spannte sich der Bogen einer als großartig dargestellten Geschichte bis zu ihrem Gipfel unter Lenin und Stalin. Ihre stärkste Ausprägung fand diese Entwicklung im Zweiten Weltkrieg, als die Garderegimenter wiedererstanden und die Orden nach den Zaren-Marschällen des 18. und 19. Jahrhunderts benannt wurden. Daran hat sich seither grundsätzlich nichts geändert. Sowjetische Schüler wissen im allgemeinen mehr über die russische Literatur des neunzehnten Jahrhunderts als über die von heute. Über Stalins Platz in der Geschichte wird noch gestritten, nicht mehr über den Peters des Großen.

China hat sich auch hier, wie auf manchen anderen Gebieten, in entgegengesetzter Richtung bewegt. Grundsätzlich wurden zwar Literatur und Geschichtsschreibung schon früher den Zielen der Revolution untergeordnet. Aber die großen Stätten der chinesischen Vergangenheit waren zunächst unangetastet geblieben; die Tempel des Konfuzius an seinem Geburtsort Tschüfu oder die Himmelstempel in Peking zeugten 1957 von sorgfältiger Pflege; auf den Bühnen tummelten sich nach wie vor die Gestalten der chinesischen Geschichte und Legende, der von Mao geschätzte Historiker Kuo Mo-jo erhielt den Auftrag, das Grab des sagenhaften Ur-Herrschers Chinas, des Gelben Kaisers, mit einer kunstvollen neuen Inschrift zu ehren, und noch 1962 fanden Konferenzen von wissenschaftlichem Rang über Konfuzius statt, deren letzte – im November 1962 – mit einem Besuch des Tempels an seinem Grabe endete.

Erst die Kulturrevolution, beginnend 1963 mit Frau Tschiang Tschings, der Gattin Maos, Kampf gegen das traditionelle Theater, brachte den Sturm auf die chinesische Vergangenheit, einen vernichtenden Stoß gegen die »Vier alt« (alte Gedanken, Kultur, Gewohnheiten, Sitten). Jetzt fand man die Feinde nicht nur unter den Intellektuellen, sondern auch im eigenen Lager, sogar in der Parteizentrale der Hauptstadt. In einem seiner Aufsätze, die die Kulturrevolution in Gang brachten, schrieb der uns bekannte Yao Wen-yüan am 10. Mai 1966 über diese Gegner, die sich hinter der Historie verstecken:

»Unter dem Deckmantel des ›Erwerbs wertvollen Wissens sowohl der alten als auch der neuen Zeit‹ unternahmen sie einen Großangriff gegen den Sozialismus. Nicht ohne Absicht idealisierten sie das System der Feudalgesellschaft und verherrlichten sie die Toten. ... Sie gebrauchten ... die Geschichte ... als Rauchvorhang zur Einschläferung der revolutionären Wachsamkeit des Volkes.« (Voller Wortlaut: Mehnert, ›Maos Zweite Revolution‹, S. 25–47.)

Seither ist die Vergangenheit dem Blickfeld des Volkes planmäßig entzogen worden. Die alten Opern sind durch die neuen, von Tschiang Tsching inspirierten ersetzt; die geliebten klassischen Romane, wie ›Der Traum der Roten Kammer‹, werden nicht mehr gedruckt; in den Buchhandlungen liegen außer Büchern über Technik nur die Werke Maos und andere kommunistische Broschüren aus. Als höchste Leistung chinesischer Plastik wird die ›Zinseintreibung‹ gerühmt, diese Anklage gegen den Feudalismus, die freilich mehr sich selbst als jene entlarvt. An den Schulen und Hochschulen beschränkt sich das Studium von Geschichte und Literatur im wesentlichen auf die Zeit von Kampf und Sieg des Kommunismus in China; die Museen sind fast alle geschlossen; die Ausgrabungen auf dem weiten Gelände der Minggräber sind eingestellt, oblgeich die erste Grabung höchst erfolgreich gewesen ist.

Ohne den mythischen Gelben Kaiser, den zu besuchen ich solche Mühe hatte, läßt sich die chinesische Geschichte natürlich denken, aber nicht ohne Konfuzius, der die letzten zweitausend Jahre entscheidend geprägt hat. Wenn man es als allzu mühsam oder gar gefährlich empfindet, sich mit ihm auseinanderzusetzen, dann muß man ihn entweder totschweigen oder sich auf Phrasen wie die vom »Ideologen der Sklaverei« beschränken. Glaubt man, das auf die Dauer durchhalten zu können?

Was nicht unter das Geschichtstabu fällt, das sind, wie im Rußland der zwanziger Jahre, die früheren Helden des Klassenkampfes, die aufständischen Bauern. So hängen in jenem »unterirdischen Palast«, dem Mausoleum des Ming-Kaisers Wan Li, Kolossalgemälde mit Darstellungen der Bauernrebellion jener Zeit. Aber auch diesen Ereignissen gegenüber ist eine Unsicherheit nicht zu verkennen: Zwar lobt man den Taiping-Aufstand des vorigen Jahrhunderts, aber meine Bitte, einen Besuch des

Taiping-Museums in Nanking, der vorübergehenden Taiping-Hauptstadt, auf das Programm zu setzen, blieb unbeachtet, ebenso der Wunsch, die zu Museen ausgebauten Wohnhäuser des Schriftstellers Lu Hsün (1881–1936) in Peking und Schanghai zu sehen, obgleich dieser von Mao geschätzt wird und – in einseitiger Interpretation – als Wegbereiter des Kommunismus gilt.

Nur auf einem Gebiet wird den Leistungen der Väter Respekt gezollt: auf dem der Naturwissenschaften einschließlich der Medizin. Denn wer, wie Mao, unter dem Motto »Aus eigener Kraft« auch »das Alte in den Dienst der Gegenwart« stellen will, kann sich zur Geschichte nicht ausschließlich negativ verhalten.

Davon abgesehen ist der Führung die Beschäftigung mit der Geschichte, zumindest in der Öffentlichkeit, zur Zeit nicht erwünscht. Daß diese Zurückhaltung sogar gegenüber den anerkannten Vorläufern des Kommunismus geübt wird (der Taiping-Aufstand wurde eben als Beispiel genannt), mag sich aus der Besorgnis erklären, bei näherem Eindringen auf Vorgänge und Ideen zu stoßen, die den gläubigen Kommunisten verwirren könnten.

Zur Abneigung Maos gegen eine unkontrollierte, ja vielleicht gegen jegliche Geschichtsschreibung hat die ihn sicher verletzende Erkenntnis beigetragen, daß seine Gegner sich der Geschichte bedienten, um einen höchst aktuellen Kampf gegen ihn zu führen. Außer dem berühmten und noch zu erwähnenden Fall, wo der von ihm gestürzte Peng Te-huai im Gewande eines Ministers der Vergangenheit auf der Bühne gegen ihn auftrat, ließen sich noch andere mißtrauische Anspielungen der sechziger Jahre nennen, etwa auf das rasche Ende der Tschindynastie, die zwar die Produktion erhöht, aber die Tugenden der Milde und der Gerechtigkeit mißachtet hatte, oder auf den Sturz der Suidynastie mit ihren extravaganten öffentlichen Bauten und übermäßigen Anforderungen an die Arbeitskraft des Volkes.

Ein Beispiel aus dem Mai 1971 ist die bitterböse Attacke gegen einen kurz vor der Kulturrevolution gezeigten Film über die Taiping-Rebellion. War seine Hauptgestalt Li Hsiu-tschen, einer der obersten Taiping-Führer, ein Held (wie der Film ihn zeigte) oder ein Schurke (wie es jetzt heißt)? Li war zeitweilig bereit, mit den Kaisertruppen gegen die westlichen Eindringlinge zu kollaborieren (hier geht es um die Parallele zur Kollaboration zahlreicher kommunistischer Führer mit Tschiang

Kai-schek gegen die Japaner!); Li hatte ferner als Gefangener der Kaisertruppen – um freizukommen – ein Schuldbekenntnis abgelegt (das hatten auch Kommunisten der dreißiger Jahre gemacht, um den Gefängnissen Tschiangs zu entrinnen!); und Li hatte seinen obersten Befehlshaber, den Führer der Taiping-Rebellion, kühn kritisiert (eine Ermutigung für die Kritiker Maos!) (›Peking Review‹ 1971/21, S. 6–12).

Mao persönlich ist sich gewiß des Widerspruchs bewußt, der zwischen der von ihm geforderten Geschichtsfeindlichkeit seiner Anhänger und seiner eigenen, mehr als einmal geäußerten Einstellung zur chinesischen Geschichte besteht. Die Museumsbeamtin in Sian konnte mir, wie erinnerlich, keine antikonfuzianischen Zitate des Vorsitzenden Mao nennen – weil es keine gibt. In seinen Reden und Aufsätzen, die in den ›Ausgewählten Werken‹ zu lesen sind, hat er den Weisen mehrfach in aller Unbefangenheit wie einen Klassiker zitiert, ohne abfällige Bemerkungen daran zu knüpfen. Die Kommunisten forderte er auf, das historische Erbe zu studieren: »Unsere Nation blickt auf eine mehrtausendjährige Geschichte zurück, ... hat eine reiche Schatzkammer von Werten geschaffen, ... ist das Entwicklungsprodukt der chinesischen Geschichte. ... Wir dürfen den Faden der geschichtlichen Kontinuität nicht abschneiden. Wir müssen unsere Geschichte von Konfuzius bis Sun Yat-sen zusammenfassen und von diesem wertvollen Erbe Besitz ergreifen. Das wird uns in bedeutendem Maße helfen, die große Bewegung der Gegenwart zu lenken.« Maos Kritik richtet sich nicht gegen Konfuzius in seiner Zeit (daß dieser in Erziehungsfragen keine Standesunterschiede anerkannte, hat Mao imponiert), sondern gegen die Leute, die ihn als Führer für die heutige Zeit propagieren.

In seinen Yenaner Literatur-Reden von 1942 führte er aus: »Wir müssen das Beste aus dem literarischen und künstlerischen Erbe übernehmen. ... Davon hängt ab, ob das Werk des Schriftstellers oder Künstlers vollendet oder ungeschliffen, erlesen oder plump sein, ob es auf einem hohen oder einem niedrigen Niveau stehen wird. ... Deshalb können wir auf keinen Fall darauf verzichten, die Werke der alten und der ausländischen Schriftsteller und Künstler, sogar der feudalen oder bürgerlichen Klasse, als Erbe zu übernehmen und als Beispiel für unsere Arbeit heranzuziehen.« (Für die beiden letzten Absätze siehe: Mao, ›Ausgewählte Werke‹, III, S. 70; IV, 403; II, 245, 431 f.; III, 89)

Für Mao selbst mag diese Haltung heute noch zutreffen. Aber will er sie auch bei anderen gelten lassen?

Fünfzehn Jahre nach den Yenan-Reden hat er in einem Brief an die Herausgeber der Zeitschrift, die seine Gedichte veröffentlichte, geschrieben, er habe diese bisher der Öffentlichkeit nicht vorgelegt, aus Sorge, »falsche Tendenzen zu fördern und junge Menschen schlecht zu beeinflussen ... [sowie deren] Denken einzuengen«. (Siehe ›Nineteen Poems‹, Peking 1958.)

Sogar in seinem Gedicht ›Der Schnee‹ (1936), in dessen letzten Worten er den »Blick aufs Heute« fordert, formuliert er die Absage an die Vergangenheit, nicht ohne die großen Kaiser der Vergangenheit anzurufen – einschließlich jenes Tai-tsung, mit dessen Pferden wir es in Sian zu tun hatten.

Doch was Jupiter darf ...

Mao wünscht sich, um sein eigenes Gleichnis in Erinnerung zu rufen, das Bewußtsein des chinesischen Volkes als ein weißes unbeschriebenes Blatt, das heißt, unbelastet von der Geschichte, damit er ungestört seine eigenen Schriftzeichen darauf malen kann – eine deutlichere Absage an die Geschichte ist kaum möglich. Im Fieber der Kulturrevolution sollte dann dieses Volk alles Gift der eigenen Vergangenheit wie der ausländischen Einflüsse ausschwitzen und gegen beide immun werden.

Wird, wenn das erreicht ist, die strenge Isolierung gelockert werden? Ob die Pingpong-Politik des Frühjahrs 1971 schon als Beginn einer solchen Öffnung verstanden werden darf, bleibt abzuwarten. Sehr schnell wird dieser Prozeß nicht ablaufen. Mao hat das verhaßte sowjetische Beispiel vor Augen. Was er dort als Revisionismus verdammt, ist ebenso von der Enttabuisierung der russischen Geschichte und Literatur wie von der Öffnung nach außen mitgefördert worden.

Daß China seine Geschichte wiederentdecken wird, daran freilich zweifle ich nicht. Sie reicht in ungebrochener Kontinuität über Jahrtausende bis in die Anfänge der Menschheit zurück; kein Volk der Erde kann Gleiches für sich in Anspruch nehmen.

Maos Ideen – haben sie Wurzeln geschlagen?

In China spricht man nicht – jedenfalls nicht mit einem Ausländer – über das, was *nach* Mao sein wird. Aber der »fremde Gast«, der ununterbrochen, wo immer er geht und steht, mit Maos Bild konfrontiert wird, muß sich die Frage stellen: Was wird vom Maoismus ohne Mao bleiben?

Das ›Rote Büchlein‹ und die ›Ausgewählten Werke‹ werden auf längere, möglicherweise auf sehr lange Zeit in China kanonische Autorität behalten. Aber nicht jeder Satz Maos wird gleiches Gewicht besitzen. Von manchen seiner Ideen läßt sich heute schon sagen, daß sie den Chinesen in Fleisch und Blut übergegangen sind.

An erster Stelle die Idee der Selbsthilfe, der Wille, sich ohne Hilfe von außen emporzuarbeiten, »aus eigener Kraft«, wie ein ständig zitiertes, verkürztes Mao-Wort lautet. Der starke Patriotismus der Chinesen hat dazu beigetragen, diesen Gedanken zu einer stolzen Selbstverständlichkeit werden zu lassen – für die gemeinsamen Anstrengungen aller wie auch für den Lebens- und Arbeitsabschnitt des Einzelnen. Dadschai ist ein sichtbar gewordenes Stück dieses Willens, und unter allen Gründen, die Mao veranlaßt haben mögen, das Volk zur Nachahmung gerade von Dadschai aufzurufen, ist dieser wohl der wichtigste: daß Dadschai nach der Katastrophe von 1963 in seinen »drei Weigerungen« jegliche Hilfe des Staates oder anderer Dörfer ablehnte und darauf bestand, »aus eigener Kraft« wieder auf die Beine zu kommen. Heute kann man Dadschai überall in China wiederfinden. Jeder Blick aus dem Auto- oder Zugfenster bestätigte es: nichts als harte Arbeit, und zwar Handarbeit. Im Laufe der Zeit werden mehr Lastwagen, Traktoren, Bulldozer kommen, aber das wird langsam gehen, und so wird der »Geist von Dadschai« noch lange Richtschnur der Chinesen bleiben und von ihnen als solche akzeptiert werden, weil sie seine produktiven Auswirkungen Tag für Tag allenthalben um sich herum sehen.

Das Zweite ist der Glaube an die unbegrenzte Kraft der Masse: Sie kann Berge versetzen und also »Wunder« vollbringen, die der gesunde Menschenverstand (in Maos Gleichnis: der »weise« alte Mann) für unmöglich hält. Auch dazu fehlt es dem fremden Besucher nicht an handfester Anschauung: Kilometerlang fährt er an Karren schiebenden Menschenschlangen vorbei – leere Karren in der einen Richtung, beladene in der anderen, tausend Karren, zweitausend Karren an einer einzigen Baustelle. Im ganzen Land dürften es über hundert Millionen Handkarren oder Tragekörbe sein, die jeden Tag unzählige Male hin- und hergeschoben und -getragen werden. Hundert Millionen Karren, jeder (grob geschätzt) mit einem halben Kubikmeter Erde, Steinen oder Dünger und jeder im Durchschnitt an einem Tag zwanzigmal beladen, das sind eine Milliarde Kubikmeter am Tag – viele Berge also, die China täglich bewegt.

Wenn sich Millionen Hände regen und materielle Arbeit leisten, sind es doch Geist und Wille, die sie bewegen. In der Sprache der Ideologie heißt das: Bewußtsein läßt sich in Materie verwandeln. Auch diese dritte These ist, in eben dieser nicht unschwierigen Formulierung, zum Gemeingut geworden. Wo immer ich vor einer mit bescheidensten Hilfsmitteln vollbrachten großen Arbeitsleistung stand, wurde mir wie selbstverständlich erklärt: Hier siehst du das sichtbare Ergebnis unseres Arbeitswillens, hier hat sich unser Bewußtsein in Materie verwandelt.

Schwieriger ist es zu erkennen, wieweit sich auch jene durchaus eigene (und eigenwillige) Interpretation der marxistischen Ideologie durchgesetzt hat, die Mao am frühesten und schärfsten in Konflikt mit Moskau bringen mußte: seine Lehre von den Widersprüchen und der »andauernden Revolution«, von der anschließend zu sprechen ist. Was immer die von dieser Lehre in erster Linie betroffene jeweilige neue Oberschicht denken mag, »die Massen« scheinen bereit zu sein, sie zu befolgen. Zwar sah ich in der derzeitigen Führung in Dörfern und Städten auch Menschen, die schon vor der Kulturrevolution Kader gewesen waren (das bekannteste Beispiel: Tschen, der Chef der Brigade Dadschai, der seit Beginn der fünfziger Jahre das Dorf leitet). Aber die Frauen und Männer, denen ich als örtlichen Führern begegnet bin, machen nicht so sehr den Eindruck von Apparattschiks und Bürokraten als vielmehr von Aktivisten, von Leuten also, die ihre Position nicht dem Parteidienstalter, sondern der persönlichen Initiative verdanken, die sie zur Verwirklichung der Anweisungen des Vorsitzenden Mao entwickelt haben. Auch sie dürfen ihre Posten nicht als Erbhof betrachten; jeder kann jederzeit durch einen noch Aktiveren abgelöst werden. Zu Maos meistzitierten Maximen gehört der Satz, die Kader dürften nicht vom »Kapital« alter

Verdienste leben, sondern müßten sich durch immer neue Leistungen bewähren (›Volkszeitung‹ 1. 6. 1967). Für »alte Kämpfer« ist in seinem Denken wenig Platz.

Alles in allem haben die Eindrücke an Ort und Stelle meine bisherige Skepsis gegenüber der Stabilität des Maoismus eher gemildert als bestätigt. Ob er freilich seinen Begründer ebenso lange überleben wird, wie das den Lehren des Konfuzius beschieden war, ist zweifelhaft. Dem Maoismus fehlt die feste Basis der beiden hierarchischen Institutionen, durch welche jene über zweieinhalb Jahrtausende hinweg von Generation zu Generation weitergegeben wurden: einmal die Großfamilie und zum zweiten die Beamtenschaft, in der jeder Aufstieg immer aufs neue an die durch Examina nachzuweisende genaue Kenntnis der Grundgedanken des Konfuzius gebunden war. Mao hat jeder Art von Hierarchie den Kampf angesagt – er wird es schwerer haben.

Revolutionen ohne Ende

Als die Kommunistische Partei Chinas ihren neuen Staat gründete, da war ihr Sieg so vollständig, wie ihn selten eine Revolution erkämpft hat.

Das war vor mehr als zwei Jahrzehnten. Und doch habe ich heute in China keinen politischen Begriff so häufig und so engagiert ausgesprochen gehört wie eben das Wort – Revolution. Ständig wird das Volk ermahnt, »Revolution zu machen«; wie den Steuermann zur Seefahrt, braucht man Mao für die Revolution (braucht, nicht brauchte!); die Kader und die Massen sind »revolutionäre Kader« und »revolutionäre Massen«; jeder Dorfschulze heißt neuerdings »Vorsitzender des Revolutionsausschusses«, und was 1966, also siebzehn Jahre nach dem totalen Sieg, ausbrach, war die Kultur-»Revolution«.

Wie ist das zu erklären? Diese Frage rührt an den Kern des Problems, das Mao Tse-tung heißt. Auch bei ihrer Beantwortung ist ein Blick auf den großen Nachbarn von Nutzen.

Die Sowjetunion hat nur eine, die große Oktoberrevolution von 1917 erlebt (die freilich als Bürgerkrieg noch einige Jahre weiterschwelte). Was folgte, waren – mochte auch weiter Blut fließen, mochten Millionen leidend betroffen sein – keine echten

Revolutionen mehr, bei denen die Massen spontan in Bewegung kommen, sondern das, was Stalin »Revolution von oben« nannte, in Wahrheit administrative Gewaltmaßnahmen, von ihm befohlen und von Apparattschiks gehorsam durchgeführt, wie die 1929 begonnene Kollektivierung der Bauern.

Auch als Stalin in der zweiten Hälfte der dreißiger Jahre die Parteiführung selbst angriff und Lenins alte Mitstreiter, seine Rivalen, liquidierte, änderte sich nichts an der Gesellschafts- und Herrschaftsstruktur der UdSSR, auch nicht nach seinem Tod; nur an der Spitze der Pyramide wurde die »kollektive Führung« – aus einigen wenigen Männern bestehend – wieder hergestellt. Unter ihr blieb die breite und eng verfilzte Schicht der Arrivierten, der Privilegierten, der Funktionäre und Technokraten bestehen – der »Neuen Klasse«, wie Djilas sie genannt hat. Diese hat sich mehrfach durchaus bewährt: in einem imposanten Produktionsanstieg, im schwer erkämpften Sieg über Hitler, im Vorstoß in den Weltraum. Es gibt auch keinerlei Anzeichen dafür, daß am System etwas geändert werden soll: Verbesserungen, im besten Fall Reformen, mögen kommen, Revolutionen nicht.

Mao seinerseits schien zunächst dem sowjetischen Beispiel auch in dieser Frage zu folgen und seine Revolution mit dem Sieg über Tschiang Kai-schek beenden zu wollen. Aber was zehn Jahre später, im Zeichen des Großen Sprunges, zutage trat, war für den Kenner seiner Schriften über die Widersprüche nicht völlig überraschend: die Revolution wurde zur Dauererscheinung erklärt. Der chinesische Terminus heißt putuan koming, wörtlich »nicht unterbrochene Revolution«. In amtlichen Übersetzungen ins Deutsche wird in Peking meist das Wort »fortdauernde Revolution« gewählt, um nicht mit der Vokabel »permanente Revolution« in die Nachfolge Trotzkijs zu geraten. Aber obgleich die Chinesen den Namen Trotzkijs (weil er ein Gegner Stalins war) nur mit Abscheu in den Mund nehmen, werden sie in Moskau als seine Anhänger verdammt; bekanntlich hat Trotzkij an der Idee der permanenten Revolution festgehalten, bis Stalin den Verbannten in Mexiko ermorden ließ. (Siehe hierzu Stuart R. Schram, ›China Quarterly‹ 46, April–Juni 1971, S. 221–244.)

Die grundlegende Bedeutung, die Mao der Theorie der Widersprüche beimaß, zeigte sich schon darin, daß er ihr zwei größere Arbeiten gewidmet hat: ›Über den Widerspruch (1937), und ›Über die richtige Lösung von Widersprüchen‹

(1957). Auf die insbesondere von Karl A. Wittfogel (in: ›Studies in Soviet Thought‹, III, 4, Dezember 1963) untersuchte Frage, ob die erste der beiden Schriften wirklich von Mao und ob sie schon 1937 geschrieben wurde, brauchen wir nicht einzugehen. Niemand bezweifelt, daß der Begriff des Widerspruchs in Maos Denken seit langem von zentraler Bedeutung ist, und zwar eben in der Form, in der er in jener frühen Schrift formuliert wurde: »Das Gesetz des den Dingen innewohnenden Widerspruchs ... ist das *Grundgesetz* der Natur .... Der Widerspruch existiert *in allen Prozessen* ... und durchläuft *alle Prozesse von Anfang bis Ende.* Darin besteht die Allgemeinheit und *Absolutheit* des Widerspruchs. ... Der Kampf der Gegensätze geht *ununterbrochen* vor sich.« (›Ausgewählte Werke‹, I, 405 f. Hervorhebungen von mir.)

Da der Widerspruch »alle Prozesse von Anfang bis Ende« durchläuft, besteht er auch in der sozialistischen Gesellschaft, und zwar nicht nur abstrakt-philosophisch, sondern ganz konkret durch Menschengruppen verkörpert, die für Mao alsbald die Gestalt von gegensätzlichen Klassen annahmen. Als er im September 1962 den Satz »Nie den Klassenkampf vergessen!« in eine Parteiversammlung schleuderte, da meinte er nicht etwa den Klassenkampf in Lateinamerika oder in Indien, sondern den Klassenkampf im eigenen Lager, den Klassenkampf sowohl gegen die in seinen Augen zum Kapitalismus abgeschwenkte Sowjetunion als auch, und wohl vor allem, gegen diejenigen Kommunisten in China selbst, die sich, statt die Revolution fortzusetzen, in der neuen Ordnung häuslich einzurichten wünschten, also gegen die aus den eigenen Reihen immer neu entstehende »Bourgeoisie«. Im ersten Kapitel der neuen Parteisatzung von 1969 wird ausdrücklich die Lehre von der »Fortdauer der Revolution« und der »Klassenkämpfe« verankert.

Daher auch der unaufhörliche Nachdruck auf die Länge des noch zurückzulegenden Weges. Im ›Roten Büchlein‹ finden sich schon in den Kapiteln II und III Warnungen wie diese: »Der Klassenkampf ist noch nicht zu Ende«, er »wird noch lange andauern«; »noch eine ziemlich lange Zeit«, »noch lange Zeit«, »noch einen langwierigen Kampf«, »eine sehr lange Geschichtsperiode«. Solche Formulierungen trifft man bis in die Gegenwart, und was noch mehr ist: Weitere Kulturrevolutionen sind, laut Mao, unvermeidlich:

»Die gegenwärtige große Kulturrevolution ist nur die erste

ihrer Art. In Zukunft werden unausweichlich noch viele andere folgen. Die Frage, wer die Revolution gewinnen soll, kann nur innerhalb eines langen historischen Zeitraums entschieden werden. Wenn nicht aufgepaßt wird, kann jederzeit eine kapitalistische Restauration erfolgen. Kein Parteimitglied und kein Mensch in unserem Land darf glauben, daß nach ein oder zwei oder doch zumindest nach drei oder vier großen Kulturrevolutionen alles gut sein wird« (›Peking Review‹ 1967/22, S. 38).

Das steht in schroffem Gegensatz zur klassischen Tradition der chinesischen Philosophie, die nicht den Kampf als Sinn und Ziel des Lebens sieht, sondern die Harmonie, die Versöhnung der Gegensätze, als ethische und politische Norm also den Kompromiß. Sie ist Mao ein Greuel. Daher auch im Jahre 1964 die wütenden Angriffe auf den Parteiphilosophen und langjährigen Direktor der Parteihochschule Yang Hsien-tschen, als dieser – durchaus im Sinne der chinesischen Tradition – den Satz »Zwei wird Eins« in den Mittelpunkt seiner Lehre stellte. In einer Flut von Aufsätzen, die nur von Mao inspiriert sein konnten (die politischen Praktiker hatten für derlei Dinge weder Sinn noch Zeit), wurde Yang vorgehalten, daß er auf diese Weise dem faulen Kompromiß (zum Beispiel mit Moskau) das Wort rede. Das Grundprinzip heiße – laut Mao – umgekehrt: »Eins wird Zwei.« Diese Auseinandersetzung geht auch heute weiter, sie ist sogar noch radikaler geworden. Früher hatte Mao die Dialektik richtig so verstanden, daß im Ringen zwischen Kraft und Gegenkraft, zwischen These und Antithese, nicht einfach die Antithese siegt und die These auslöscht, daß vielmehr eine Synthese zustande kommt, in der auch die These »aufgehoben« ist – aufgehoben im doppelten Sinne des Wortes. Noch 1959 hatte Mao zur Erklärung das Beispiel der Geschlechter verwendet: »Wenn es nur Männer gäbe und keine Frauen, wenn die Frauen negiert würden – was würde dann geschehen?« (Stuart R. Schram, ›China Quarterly‹ 46, 1971, S. 226). Die Antwort ist klar: Es wäre das Ende der Dialektik – und der Menschheit. Aber war dieses Gleichnis nicht »Zwei wird Eins«?

Die neuen Philosophen in der Parteischule des Zentralkomitees finden den Sinn der Synthese einseitig darin, daß »eine alte Sache beseitigt wird, während eine neue siegt«, daß also, wie sie sagen, die eine Sache die andere »auffrißt« (›Peking Review‹ 1971/17, S. 9). Auch mit den Gegnern im eigenen Lager, etwa mit den Pragmatikern in der Führungsspitze Chinas, darf es keinen Ausgleich geben; der Gegner muß »aufgefressen«, muß vernichtet werden.

Auf den ausländischen Beobachter jedoch macht das China von 1971 durchaus den Eindruck einer neuen Synthese: zwischen Maos Revolutionären und den Repräsentanten des Prinzips der Ruhe und Ordnung; diese sind keineswegs »aufgefressen«, sie haben im Gegenteil zur Zeit mehr zu sagen als ihre Gegner, von denen sie aufgefressen werden sollten. Die eben zitierten philosophischen Deduktionen in der ›Peking Review‹ könnten als eine Warnung an sie, wenn nicht als Ankündigung der nächsten Kulturrevolution, zu verstehen sein.

Zugleich als neue Kampfansage an Moskau. Denn Maos Theorie (und Praxis, wie sich gezeigt hat) der Widersprüche ist die direkte Negation der Moskauer These vom Aufhören der antagonistischen, nur durch Revolutionen zu lösenden Widersprüche nach dem Sieg des Proletariats. Dieser Sieg kann für Mao nicht der Endpunkt der Geschichte sein, deren Gesetz die ewige Bewegung ist, sondern ein Durchgang zu Neuem, dialektisch gesehen: die neue These, die ihre Antithese und damit neue, bis zur neuen Entladung, zur neuen Revolution sich steigernde Spannungen hervorruft.

Diese Lehre hat Peking konsequent festgehalten und als den historischen Beitrag Maos zur »Schatzkammer des kommunistischen Denkens« gefeiert. So fordert, im Januar 1970, der Hauptaufsatz der ›Peking Review‹ (1970/5, S. 7) erneut das »gewissenhafte Studium der Theorie des Vorsitzenden Mao von der *Fortdauer der Revolution [auch] unter der Diktatur des Proletariats*«, mit der Mao nach Marx/Engels und Lenin einen »dritten brillanten Meilenstein« gesetzt habe. »Zum ersten Mal in der Theorie und Praxis der internationalen kommunistischen Bewegung wird [von Mao] ausdrücklich darauf hingewiesen, daß Klassen und Klassenkampf weiter bestehen, auch nachdem die sozialistische Umwandlung des Eigentums an Produktionsmitteln im wesentlichen abgeschlossen ist, und daß *das Proletariat die Revolution fortsetzen* muß. Dies ist die allergründlichste revolutionäre Theorie und ein gewaltiger Beitrag zur internationalen kommunistischen Bewegung. Länder, in denen die Diktatur des Proletariats bereits besteht, werden durch diese Theorie des Vorsitzenden Mao, wenn sie erst einmal verstanden ist, instand gesetzt, durch eigene Bemühungen die Wiederherstellung des Kapitalismus zu verhindern, und in Ländern, wo die Revisionisten [Chiffre für Sowjetführer] die Staatsgewalt usurpiert haben, wird das Volk imstande sein, durch seine eigenen Bemühungen die revisionistische Herrschaft zu stürzen und die Diktatur des Proletariats wiederherzustellen.« (Hervorhebungen durch mich.)

Fortsetzung der Revolution also, auf unbegrenzte Zeit, mit heute nicht absehbarem Ziel, in immer neuen revolutionären Stößen. Sie wird natürlich nicht als eine kontinuierliche, gleichmäßig weiterlaufende Bewegung gedacht; die dialektische Theorie verlangt, daß die neu sich bildenden Widersprüche erst eine bestimmte Intensität erreicht haben, ehe das Umschlagen in das (qualitativ) Neue eintreten kann. Es gibt also Pausen der revolutionären Aktion, wie sie nach dem Großen Sprung und wieder nach der Kulturrevolution eingetreten sind. »Ohne Eindämmen kein Fließen, ohne Stillstand keine Bewegung«, schrieb Mao schon 1940 (›Über die neue Demokratie‹). Ich spreche, wie man sieht, statt von Sprüngen lieber von Stößen, da es sich bei Maos Revolutionen um gezielte, gegen konkrete Gegner gerichtete Maßnahmen handelt.

Wer sind diese Gegner? Man darf sich durch die Vokabel Bourgeoisie nicht täuschen lassen; sie gehört nun einmal ins Instrumentarium kommunistischer Parteien, und natürlich sind die Überreste des alten Bürgertums auch gemeint. Nicht sie aber bereiten Mao Sorge, sondern die – nach der Dialektik des Widerspruchs – immer neu entstehenden und also zu bekämpfenden *neuen* Bourgeoisien.

In einer zusammenfassenden Würdigung der Lehren der Kulturrevolution aus dem Jahr 1969 ist denn auch ausdrücklich die Rede von den »*neuen* bourgeoisen Elementen, die aus dem Apparat der proletarischen Diktatur hervorgehen« (Hervorhebungen von mir). In der Partei und ihrer Führung sind demnach *neue* Feinde aufgetreten, die sich von den alten unterscheiden und sogar noch ernster zu nehmen sind als jene: »Sie wirken nicht von draußen, sondern von drinnen, nicht offen, sondern im Verborgenen. . . . Wenn sie an der Macht sind, sind sie viel gefährlicher, als wenn die Grundbesitzer, die [alte] Bourgeoisie oder die Kuomintang-Reaktionäre [also die Anhänger von Tschiang Kai-schek] offen auf den Plan träten« (›Peking Review‹ 1969/13, S. 11). Der Autor des Aufsatzes unterstreicht seine Warnung mit dem Mao-Wort: »Hütet euch vor dem Revisionismus, besonders vor seinem Entstehen im Zentralkomitee unserer Partei.«

Revisionismus also – die alte Kampfparole, mit der schon die gemäßigten Sozialisten in der Sozialdemokratie (besonders der deutschen und russischen) als Abweichler, ja Abtrünnige von der reinen Lehre entlarvt und diffamiert wurden. Und da in der Zeit des Aufbrechens des chinesisch-sowjetischen Gegensatzes Nikita Chruschtschow die Sowjetunion repräsentierte, bot sich sein Name als neues Etikett an. Chruschtschowismus wurde Synonym für Revisionismus, und Liu Schaotschi wurde lange Zeit nicht unter seinem eigenen Namen attakkiert, sondern als »Chinas Chruschtschow«. Als Revisionismus oder Chruschtschowismus bekämpfen Mao und seine Ideologen, was sie als Wesen des Sowjetkommunismus betrachten: er ist bürokratisch, verbürgerlicht, kapitalistisch, natürlich auch imperialistisch (dieser Vorwurf vor allem seit dem Einmarsch in die Tschechoslowakei). Vor einer solchen Entwicklung will Mao sein Land bewahren.

Vielleicht kritisiert Mao die Sowjetführung darum mit solcher Schärfe, weil ihre Herrschaft ihm täglich vor Augen führt, wie leicht ein Staat, der sich mit *einer* abgeschlossenen Revolution begnügte, aus sich heraus eine neue Klassengesellschaft hervorbringt. Dieselbe Tendenz in Richtung auf eine neue bürokratisch-bourgeois-staatskapitalistische Führungsschicht, westlich gesprochen: auf ein neues Establishment, glaubte er auch sonst zu erkennen. Überall um sich herum sah er die Partei- und Guerillaführer von gestern nach dem Sieg der Revolution das hohe Roß eines überheblichen Kommandierens besteigen, um über das Fußvolk zu herrschen; sie mußten also von Zeit zu Zeit aus dem Sattel geholt werden, wenn die Etablierung einer Klasse von »Reitern« verhindert bzw. wieder aufgehoben werden soll.

Dabei gebot nicht nur die Theorie der Widersprüche, mit dem nächsten revolutionären Stoß jeweils zu warten, bis die Spannung das revolutionäre Stadium erreicht hatte, zum gleichen Ergebnis führte auch die psychologische Kalkulation: Erst wenn die von der herrschenden Klasse verschuldeten Mißstände zum öffentlichen Skandal geworden waren, den niemand übersehen oder bestreiten konnte, würde es leicht sein, den Massen die Notwendigkeit eines radikalen Eingriffs glaubhaft zu machen, würde ein kleiner Anstoß genügen, sie selbst stürmisch nach der Revolution rufen zu lassen.

Dazu kam freilich die – vielleicht erst in den Erfahrungen des Großen Sprunges gereifte – Erkenntnis, daß eine im wahren

Sinne des Wortes »permanente« Revolution, eine Revolution ohne Pausen also, eine permanente, pausenlose Krise zur Folge haben und die Funktionen der staatlichen Ordnung wie auch das wirtschaftliche Leben zum Erliegen bringen mußte, daß das revolutionär aufgewühlte und erschütterte Land also Phasen der Ruhe und Ordnung brauchte, um zur Besinnung und Beruhigung zu kommen.

In einer solchen habe ich China auf meiner Reise erlebt; die Errungenschaften der Kulturrevolution, vor allem die Revolutionsausschüsse, waren nicht aufgegeben, aber als normal funktionierende Organe in die erneute Ordnung integriert. Man kann sich fragen, ob diese Beendigung der Kulturrevolution schon in der strategischen Planung vorgesehen war oder erst durch die Gewalt der Umstände und das Drängen von Männern vom Schlage Tschou En-lais erzwungen wurde, damit kein totales Chaos und keine irreparable wirtschaftliche Schädigung des Landes einträte. Wir kennen die Antwort nicht; die Tatsachen bleiben dieselben.

Keinesfalls aufgegeben hat Mao das von der Sowjetführung einst proklamierte, aber praktisch längst abgeschriebene Fernziel: die Schaffung des neuen Menschen, eines Menschen, wie es ihn noch nie gegeben hat, weder im Westen noch im Osten, weder in Rußland noch in China. Ein solches Ziel kann nicht in einem Anlauf mit einer Revolution erreicht werden; es verlangt immer neue Revolutionen, wenn die Erstarrung und Verkrustung der Gesellschaft es zu blockieren droht. Und wäre der neue Mensch einmal geboren, so wäre auch er dem Gesetz des Alterns unterworfen und müßte seinerseits eines Tages wiederum einem völlig anderen Menschenbild weichen. Die Revolution wird also niemals enden – das ist es auch, was der Person und den Ideen Maos ihre weit über China hinaus wirkende Faszination verleiht.

Seine ungebrochene Dynamik im eigenen Land aber verdankt der Maoismus unverkennbar dem Appell an die Massen. Hier allein findet Mao die »richtige« Lösung, die er sich schon im Titel seiner zweiten Schrift über die Widersprüche zur Aufgabe gemacht hat. Und hier klafft auch der stärkste Gegensatz in der politischen Praxis zwischen Peking und Moskau: Kein Sowjetführer hat es seit dem Sieg der Revolution von 1917 je gewagt, die Massen anders als rein rhetorisch anzusprechen oder gar zu entfesseln. Mao hat es gewagt; die Kulturrevolution wird niemand als »Revolution von oben« verstehen. Der Beobachter hatte manchmal den Eindruck, Mao könnte selbst von dem durch ihn entfachten Feuer verzehrt werden. Er ist aus ihm unverletzt und gestärkt hervorgegangen, gestärkt auch in der Überzeugung, im Recht zu sein.

Hierarchiefrei – für immer?

Kein Volk kennt eine Gemeinschaftsform, die der hierarchisch gegliederten Großfamilie der Chinesen vergleichbar wäre. Wo wir einfach Onkel sagen und schon die Verwendung eigener Bezeichnungen für den Vaterbruder und den Mutterbruder in den skandinavischen Ländern für unnötig kompliziert halten, unterscheiden die Chinesen (zum mindesten taten sie es Jahrtausende hindurch): Vaters älterer Bruder, Vaters jüngerer Bruder, Ehemann von Vaters Schwester, Sohn von Großvaters älterem Bruder und noch zwei Dutzend weiterer Untergruppen allein auf väterlicher Seite bis zum Sohn der Enkelin von Urgroßvaters Schwester – insgesamt mit den verschiedenen Tanten, Nichten, Neffen 262 Verwandtschaftsgrade. Dies war keine bizarre Spielerei, weil ja im konfuzianischen China die Autorität in der Großfamilie, dem Hauptlebensbereich des Chinesen, dem Rang nach abgestuft war, nicht viel anders als in der staatlichen Sphäre mit ihren Beamtenhierarchien. Jeder Chinese war also in einem Netz von klaren Über- und Unterordnungen aufgewachsen. Von allen Völkern der Erde war das chinesische am stärksten hierarchiebewußt.

Und ausgerechnet in China will Mao ein hierarchiefreies System einführen! Kein Wunder, daß sich schon wenige Jahre nach dem Siege über Tschiang und nach der Abschaffung der alten Rangunterschiede eine neue Rangskala durchgesetzt hatte. Bereits 1956, also im siebten Jahr der Volksrepublik, gab es dreißig Dienstränge, die sich keineswegs nur in ihrer Bezeichnung unterschieden. Über die Einkünfte der fünf obersten Ränge liegen keine Informationen vor, aber ein Minister im sechsten Rang erhielt 400 Yüan im Monat, ein Bediensteter im dreißigsten 23,50 Yüan. Macht und Prestige entsprachen den Rängen, ebenfalls die Unterbringung auf Reisen und erst recht die Dienstwohnung: ein Minister und seine Stellvertreter wohnten in Villen, die Angehörigen der nächsten Ränge in Etagenwohnungen mit eigenen Küchen und Badezimmern, die darunter in schlechteren Gebäuden, wo bis zu zehn Familien dieselbe Küche, denselben Baderaum benützen mußten. (Dazu Doak Barnett, ›Cadres, Bureaucracy and Political Power in Communist China‹, New York/London 1967.)

Die Ranggesinnung der Chinesen ist also so stark, daß sich wenige Jahre nach einer der größten Revolutionen der Weltgeschichte eine personell weithin neue Führungsschicht fast über Nacht wieder ein Rangsystem, ein neues Mandarinat, geschaffen hatte, das im Grad der Differenzierung kaum dem der Kaiserzeit nachstand. (Ähnliches läßt sich bekanntlich über die Entwicklung in der Sowjetunion seit den dreißiger Jahren sagen.)

Als sich Mao 1949, im Jahre seines Sieges, zum ersten Mal für »eine einfachere Verwaltung« einsetzte (›Rotes Büchlein‹, Kapitel X), da hatte noch niemand von ›Parkinsons Gesetz‹ der Selbstvermehrung jeglicher Bürokratie gehört (Boston 1958), und noch fast zwei Jahrzehnte sollten vergehen bis zum Erscheinen von Anthony Downs' ›Bürokratie von innen‹ (›Inside Bureaucracy‹, Boston 1967) mit dem Gesetz vom zunehmenden Konservatismus: »Alle Organisationen haben, wenn sie älter werden, die Tendenz, konservativer zu werden, es sei denn, sie erlebten Perioden sehr rapiden Wachstums oder inneren Wechsels (turnover)« (S. 20). Auch ohne solche Anregungen von außen erkannte Mao die Gefahr, die seinem Ziel einer unbürokratischen Gesellschaft der Gleichen drohte.

Ausgehend von der chinesischen Tradition, wie auch von seinen eigenen Erfahrungen mit »Kadern«, kämpfte und kämpft Mao in erster Linie gegen die Verbeamtung seiner neuen Führungsschicht. »Der Egoismus ist der Kern der bourgeoisen Weltanschauung. Dieser wiederum findet seinen konzentriertesten und krassesten Ausdruck im Drang eines Kader, Beamter zu werden. ... Es geht in erster Linie um den Drang, Beamter zu werden« (›Peking Review‹ 1968/45, S. 10).

Entschlossen machte sich Mao an die gigantische Aufgabe, diese Gesinnung zu brechen. (Der Name Mao steht hier, das sei ausdrücklich vermerkt, nicht stellvertretend für die gesamte Führung, wie die Abkürzungen »der Kreml« oder »das Weiße Haus«; gemeint ist stets Mao persönlich, denn ich bin zu der Überzeugung gekommen, daß es im wesentlichen dieser eine Mann ist, der solche Grundsatzentscheidungen fällt und durchsetzt.)

Der Zerschlagung der Rangordnungen dienten – außer dem Hsiafang, dem »Hinuntersenden« der Beamten und Intellektuellen zur körperlichen Arbeit – vor allem die beiden bislang stärksten revolutionären »Stöße«, der Große Sprung und die Kulturrevolution. Die uns so grotesk erscheinende Errichtung von zwei Millionen »Volkshochöfchen« im ganzen Lande während des Herbstes 1958, an denen nach chinesischen Angaben sechzig Millionen Menschen Stahl produzierten, hatte sicher auch noch andere Nebenabsichten – Demonstration an die sowjetische Adresse: Wir vermögen Stahl auch ohne eure Wirtschaftshilfe zu produzieren, wenn ihr sie uns nicht mehr gewähren wollt; Propagierung des Gedankens einer dezentralisierten ländlichen Kleinindustrie. Zugleich aber sollte dem ganzen Volk bewiesen werden, daß es möglich ist, durch Masseninitiative und ohne institutionalisierte Führung dasselbe zu erreichen, wozu nach allgemeiner Ansicht bislang Großbetriebe mit Großhierarchien – vom Generaldirektor bis zum Schutträumer – erforderlich waren. (Daß diese ganze Unternehmung nach einigen Monaten aufgegeben und der erzeugte Stahl als minderwertig befunden wurde, steht auf einem anderen Blatt.)

Erst recht war die Kulturrevolution ein Schlag gegen die Hierarchien und das hierarchische Denken. Die Berichte im ersten Teil dieses Buches bringen ausreichend Beispiele für den ideologisch-psychologischen Kampf gegen dieses Denken, etwa in der Kaderschule vom 7. Mai, wie für das tatsächliche Zurücktreten, man möchte sagen, die Unsichtbarkeit aller Führungsränge in der täglichen Arbeit.

Ein Eindruck hat sich mir in China fest eingeprägt: In den Amtsstuben fehlen die Papierberge, die für jeden sowjetischen Dienstraum so charakteristisch sind. Die kommunistischen Staaten sind zu »Schreibtischpyramiden« geworden, um einen Buchtitel von Walter Wannenmacher zu zitieren; die persönliche Initiative erstickt, der Bürokratismus beherrscht die Szene. Kein Kolchos, keine Fabrik, keine Schule in der UdSSR, wo nicht die Lenkung und Kontrolle von oben, das Eingebautsein in einen zentralgesteuerten Apparat spürbar wäre. In China dagegen ist die Parole der Dezentralisierung verwirklicht worden; natürlich liebt man überall den Vorsitzenden Mao und das sozialistische Vaterland, aber Peking ist weit, man lebt und man arbeitet in und für Dadschai oder in der Teebrigade oder im Vorort Morgensonne – allenthalben entbundene Eigeninitiative mit einem Minimum an zentraler Intervention.

Überall auch ist man bemüht, dem fremden Besucher zu demonstrieren, daß das System funktioniert – nicht nur aus politischem Wohlverhalten, sondern auch aus berechtigtem Stolz über das gemeinsam in der eigenen Brigade, Fabrik oder Schule Erreichte. Mein Eindruck war, daß es in der Tat funktioniert (wie es auch auf meiner Reise weder unterwegs noch im Quartier, noch bei Besichtigungen eine einzige Panne gegeben hat). Aber was bedeuten die subjektiven Eindrücke von 32 Tagen, was die kurze Begegnung mit vielleicht dreihundert Menschen von 750 Millionen! Ein fundiertes Gesamturteil über die Effektivität und Stabilität des neuen Systems in Staat und Wirtschaft ist dem Kurzbesucher unmöglich. Er muß auch hier die eigenen Beobachtungen durch andere Informationen und weiterführende Überlegungen ergänzen.

Eines glaube ich sagen zu können: Die Lebens- und Arbeitsfreude, der Elan des »aus eigener Kraft«, dem ich überall begegnete, waren nicht gestellt, nicht befohlen; gerade der kleine Mann mag es mit befriedigtem Staunen erleben, daß er es ohne Beamte, Chefingenieure, Oberbuchhalter, Direktoren zu schaffen vermag. Wie lange freilich dieser Schwung anhalten wird, läßt sich heute, nach wenigen Jahren, nicht absehen.

Dabei hat eine kritische Untersuchung die Tatsache einzubeziehen, daß die Kulturrevolution auch neue organisatorische Formen geschaffen hat, die dazu dienen sollen, der Entwicklung Kontinuität zu verleihen und sie in Bewegung zu halten, die Neubildung hierarchischer Strukturen aber zu verhindern. Nach einem ihrer Hauptdokumente, den ›Sechzehn Punkten‹ vom 8. August 1966, die Maos Feder zugeschrieben werden, sollen diese Formen nach dem in der Pariser Kommune praktizierten System gebildet werden. Was darunter nach marxistischer und maoistischer Auffassung verstanden werden muß, ist bekannt: Die jeweiligen Führer werden direkt vom Volk gewählt und können vom Volk jederzeit abgewählt werden; ihre Besoldung darf nicht über den Löhnen der Werktätigen liegen.

Eine wesentliche Voraussetzung der Funktionsfähigkeit dieses Modells ist die weitgehende Auswechselbarkeit der Führenden; das hat schon Marx erkannt und Lenin mit seinem bekannten Satz gemeint, jede Köchin müsse den Staat regieren können. Daß auch das nicht nur auf dem Papier stand, wurde mir vielerorts vor Augen geführt; in jedem Gespräch erklärte man mir, wie man den Grundsatz der Auswechselbarkeit verwirklicht habe und weiter verwirkliche: Viele Vorsitzende der Revolutionsausschüsse, Fabrikdirektoren und Chefs der Konstruktionsbüros, Schulleiter oder Rektoren seien bis vor kurzem Arbeiter, Angestellte, einfache Lehrer oder Dozenten gewesen und hätten erst im Zuge der Kulturrevolution ihre Führungspositionen erlangt.

Eine weitere Sicherung stellt das in verschiedenen Direktiven festgelegte »Drei in eins«-Prinzip dar: Die Revolutionsausschüsse müssen nach ihm aus Vertretern der Armee, der Kader und der Massen bestehen; die Parteikomitees (laut jüngster Parteisatzung von 1969) aus Vertretern der älteren, mittleren und jüngeren Generation; die Konstruktionsbüros aus erfahrenen Arbeitern, neuen Technikern und alten Ingenieuren.

Als in den Jahren 1967 und 1968 in einer Provinz nach der anderen, bis hinunter in die kleinsten Einheiten, die Revolutionsausschüsse entstanden, konnte man in ihnen den neuen »Apparat« – mit Monopolcharakter sogar – und damit auch *die* neue Hierarchie vermuten. Im April 1969 aber wurde mit großem Aufwand der IX. Parteitag abgehalten und der Wiederaufbau der Partei in Angriff genommen. Alle von mir besuchten Einrichtungen, darunter Brigaden, Fabriken, Schulen, Stadtteile, Krankenhäuser, hatten *schon* ihre Parteiorgane – und *noch* ihre Revolutionsausschüsse. Stand also ein Dualismus zweier Organisationen bevor? Darüber ist im Ausland viel gerätselt worden.

Das neue Parteistatut bezeichnet in seinem Kapitel I die Partei als »führenden Kern des chinesischen Volkes«, und in einschlägigen Aufsätzen heißt es etwa: »Das Verhältnis zwischen dem Parteikomitee und dem Revolutionsausschuß entspricht dem zwischen dem Führenden und dem Geführten« (Peking Review 1970/1, S. 12).

Auf Grund immer wiederholter Fragen, vor allem beim Gespräch in der »Morgensonne«, bin ich zu folgendem Ergebnis gekommen: Die geläuterte und verjüngte Partei (sie muß laut Artikel 12 der Satzung, »den Abfall abstoßen und Frisches aufnehmen«) soll in der Tat wieder zum »führenden Kern« werden. Die Revolutionsausschüsse aber, die bis zum Wiedererstehen der Partei eine doppelte Funktion ausgeübt hatten und sowohl »führender Kern« waren (einen anderen gab es ja nicht) als auch Verwaltungsaufgaben wahrnehmen, sollen sich künftig auf diese konzentrieren.

Wo immer ich den Vorsitzenden eines Revolutionsausschusses fragte, wer der Sekretär der Parteizelle (auf der untersten Ebene) bzw. des Parteikomitees (auf den höheren Ebenen) sei, stets antwortete er: »Ebenfalls ich.« Nicht anders erging es mir bei den Stellvertretern; erst bei den einfachen Mitgliedern der Revolutionsausschüsse und Parteikomitees hörte die Personalunion auf. Der vielleicht naheliegende Vergleich mit der UdSSR läßt sich also nicht ziehen, denn erstens sind dort – abgesehen von den obersten Ebenen – Parteisekretäre nicht zugleich Inhaber administrativer Ämter und zweitens ist in diesen das in den chinesischen Revolutionsausschüssen so wichtige Element der Militärs zwar manchmal auch vertreten, aber nicht aus Prinzip. In der Sowjetunion kommen Spannungen zwischen Sowjet und Parteikomitee nur selten vor, weil das Parteikomitee von vornherein ungleich mächtiger ist; in China dagegen sind die Revolutionsausschüsse stark, da in ihnen Vertreter der Streitkräfte sitzen, die sich vom Parteikomitee nicht ohne weiteres herumkommandieren lassen.

Ob sich unter diesen Umständen Spannungen zwischen Revolutionsausschüssen und Parteiorganen vermeiden lassen, oder ob Mao sie vielleicht sogar will, damit sich keine der beiden Institutionen zu rasch zu einer neuen Hierarchie verfestigt, kann der Kurzbesucher nicht sagen. Ihm wären Spannungen ohnedies nicht sichtbar geworden.

In seinem ständigen Kampf gegen die Bürokratie kommt Mao zustatten, daß er schon aus der Zeit des Bürgerkrieges ein Vertrauenskapital bei den Bauern besaß und mit ihnen seine Erfahrungen gemacht hatte. Schon in der Direktive vom 1. Oktober 1943 über das Verhalten der Kader gegenüber den Bauern in den damals von der Roten Armee beherrschten Gebieten warnte er vor dem Beispiel der Kuomintang, also der Tschiang Kai-schek-Verwaltung, die ihre Hauptaufgabe darin sehe, aus den Bauern möglichst große Lieferungen herauszuholen, »anstatt den Massen mit allen Kräften zu helfen, die Produktion zu entwickeln« (›Ausgewählte Werke‹ III, S. 153). Bei dem Grundsatz, die Bauern steuerlich zu schonen, ihnen umgekehrt aber auch keine Subventionen aus der Staatskasse zu geben, ist Mao bis heute geblieben. Sie sollen soweit wie nur möglich für sich selbst sorgen, ihre eigenen Schulen und Krankenhäuser bauen. Das fördert die Arbeitsfreude und entlastet zugleich den Verwaltungsapparat; er wird beschnitten statt weiter aufgebläht.

Es könnte mit diesen Methoden und in diesem Geist gelingen, die Rückkehr zu hierarchischen Allüren und Praktiken hintanzuhalten oder wenigstens hinauszuschieben. Ein ernstlicher Widerstand der entmachteten Bürokratie ist nicht zu befürchten: zu tief stecken den Funktionären die erniedrigenden Erfahrungen der Kulturrevolution und die Erinnerungen an ihren Aufenthalt in einer »Kaderschule des 7. Mai« in den Knochen. So rasch wie nach 1949 wird darum das alte Rangsystem nicht wieder auferstehen.

Zum mindesten nicht im zivilen Bereich. Daß ich über die Hierarchie der Armee und über die Armee überhaupt nichts zu sagen habe, ist sicher die ernsteste Lücke dieses Buches. Doch hatte ich mir, mit den Empfindlichkeiten von Großmächten in militärischen Fragen hinlänglich vertraut, seit Anbeginn vorgenommen, diesen ganzen Sektor aus meinen Beobachtungen auszulassen. Auch rückblickend glaube ich, daß dies richtig war.

Gewiß, ich sah die vielen Uniformen am Ehrentisch in der Großen Volkshalle, sah die Soldaten, die im Rahmen der »Drei in eins-Allianz« in Revolutionsausschüssen saßen, sah (selten) Militärkolonnen und (häufig) Offiziere ohne Rangabzeichen in zerknautschten Baumwolluniformen im »weichen Waggon« der Eisenbahn. Aber ich stellte keine Fragen, die sich in irgendeiner Weise auf die Streitkräfte bezogen. Hat sich also die Armee die einzige intakte Hierarchie bewahrt (Rangabzeichen hin oder her)? Kann sich Mao vielleicht die extreme Dezentralisation von Wirtschaft und Verwaltung nur deshalb leisten, weil Lin Piao eine höchst zentralisierte, straff hierarchisch gegliederte Armee als stählernes Rückrat und Skelett zur Verfügung hat? Was gilt bei der Armee – Maos Drängen auf Gleichheit, auf Entfesselung der Volksinitiative, oder der jeder Armee innewohnende Zug zu Ordnung und Disziplin? Läßt Lin Piao (wie Liu Schao-tschi vor ihm) den greisen Steuermann messianische »Letzte Weisungen« über eine hierarchielose Gesellschaft erteilen, während er selbst, die Macht in Händen, nur eines im Sinn hat: über die systematische Besetzung mit Soldaten erst der Revolutionsausschüsse, dann der Parteikomitees den Militärstaat vorzubereiten? Und ist Lin Piao *die* Armee? Ich werde nicht spekulieren. Ohnehin hängt hier sehr vieles von der undurchdringlichsten, in Gesprächen kaum je erwähnten Persönlichkeit des heutigen China ab, von Lin Piao.

Aber ich gestehe, daß meine Phantasie nicht ausreicht, mir

auf längere Sicht eine Gesellschaft vorzustellen, die ihre Hierarchien in einer Serie von Revolutionen alle zehn Jahre umpflügt, um tabula rasa zu machen. Meine Neugier, zu sehen, wie sich China in dieser Beziehung in den kommenden Jahrzehnten entwickelt, ist einer der Gründe, die mich hoffen lassen, daß mein indischer Wahrsager recht hatte, als er mir noch bis 1990 eine Frist auf Erden einräumte.

Konsumgesellschaft – später einmal?

Für die Rebellion westlicher Jugend gegen die Konsumgesellschaft fand ich in China weder Interesse noch gar Verständnis. Einer meiner Gesprächspartner, mit dem ich mehrere Stunden zusammen war, ein Mann, der sich mit dem Weltkommunismus beschäftigt hatte und Interesse für das Jugend-Thema zeigte, interpretierte sie ausschließlich als Teil des Klassenkampfes der Arbeiterschaft und unterstellte mit aller Selbstverständlichkeit, daß es dabei um die klassischen Ziele der Arbeiterbewegung ginge, also um höhere Löhne, bessere Arbeitsbedingungen und als Fernziel die Diktatur des Proletariats. Erst recht hielt er die Pariser Mai-Unruhen des Jahres 1968, auf die er immer wieder kam, genau im Sinn der chinesischen Berichterstattung für den erwarteten Aufstand der Arbeiterschaft, an dem sich dann wohl auch einige Studenten beteiligt hätten. Daß es der Jugend in Amerika, Japan, Deutschland und den vielen anderen Ländern auch um ganz andere Dinge ging, wollte ihm gar nicht in den Kopf. Auch Hasch und Sex, Hippies und Rocker waren ihm unbekannt und, kam die Rede darauf, völlig unbegreiflich.

Der chinesischen Führung liegt das sowjetische Beispiel näher als das westliche; ihre Kritik an der Sowjetunion hat großenteils das Konsumdenken der Sowjetgesellschaft zum Gegenstand; Chruschtschows Gulasch-Kommunismus war für sie schon gar kein Kommunismus mehr. Die Folgerung lag nahe: Die Entwicklung in der Sowjetunion lehrt, daß jedes Eingehen auf die Konsumwünsche der Bevölkerung den Anfang vom Ende des Kommunismus bedeutet. Es ist kein Zufall, daß Liu Schao-tschi, der im Gegensatz zu Mao den materiellen Leistungsanreiz betont sehen wollte, nicht etwa als »Nixon Chinas« verdammt wird, sondern als »Chruschtschow Chinas«.

Also ein Bekenntnis zum Bettler-Kommunismus, wie Chruschtschow einmal höhnisch sagt, Armut am Rande des Existenzminimums als Prinzip, Not als Tugend, damit das gefährliche Konsumstreben gleich gar nicht aufkommen kann? Es gibt keinen Grund, dem überzeugten Kommunisten Mao eine solche Abweichung von der Ideologie, die den Wohlstand aller anstrebt, zu unterstellen. Aber eine Diagnose auf Zeit wäre dialektisch denkbar; man könnte sie so formulieren:

Der bisherige Mensch wird noch vom Konsum korrumpiert, also muß man erst den neuen Menschen schaffen, den er nicht mehr korrumpieren kann. Sobald es diesen nicht mehr korrumpierbaren Menschen gibt, scheiden Wohlstand und Konsum als Gefahr aus. Wann Mao diesen Zeitpunkt für gekommen erachten wird, wissen wir nicht; er hat stets von langen Fristen gesprochen. Die Kulturrevolution (1966–1968) kann als Instrument solcher Erziehung verstanden werden; in ihren Stürmen wurden die Menschen auf den Prüfstand gestellt und »gestählt« (ein Lieblingswort der Maoisten); es könnte sein, daß ihr noch weitere mit gleicher Zielsetzung folgen werden. Auf dem Gebiet der Motorisierung jedenfalls, das zeigte auch das Gespräch im Schanghaier Warenhaus über Fahrradmotoren, befindet sich China noch im Zeitalter des Fahrrades. Wird es vielleicht gar durch Unterbindung des Benzinverkaufs auf diesem Niveau festgehalten? Jenen Hilfmotor selbst könnte sich schon mancher leisten, kostet er doch ungefähr dasselbe wie ein Fernsehapparat, den er in jedem Warenhaus oder Fachgeschäft privat kaufen kann (dagegen hat der Staat nichts, denn der Kunde kauft sich damit die staatliche Propaganda gleich mit ein). Ist also der Hilfsmotor, der die Möglichkeiten des Eigentümers gegenüber denen des Radlers vervielfacht, der erste Schritt weg von der egalitären Gesellschaft und hin zum Statussymbol?

Von Mao erzählt man sich das Wort, Leute zu Pferde seien unerwünscht, weil sie den Fußgängern gegenüber Reiterallüren annähmen. Vielleicht könnte es bei den Motorradfahrern ähnlich gehen, könnten sie sich über das Volk erheben wie einst die Kader und die Intellektuellen? Nun – dann könnte man sie bei der nächsten Kulturrevolution von ihren Benzinrössern wieder herunterholen; warum also wäre die Öffnung des Benzinhahns ein solches Risiko?

Man sieht, zu welchen Spekulationen der fremde Beobachter geführt wird, wenn ihm jede handfeste Information über Wirtschaftspolitik und Wirtschaftsplanung vorenthalten bleibt. Hat er aber, nicht nur an Hand von Statistiken – die lügen können – sondern in eigenem Augenschein miterlebt, wie der ältere (wenn auch heute feindliche) Bruder den Weg von der reinen Produktionsgesellschaft zur Konsumgesellschaft betreten hat und ein gutes Stück auf ihm vorangekommen ist, so wird man ihm die Hypothese erlauben, daß auch China in späteren Jahren eine ähnliche Entwicklung durchmachen wird.

Mao möchte seine Lehre so fest wie möglich im Volk verankern, solange er selbst noch nach dem Rechten sehen kann. Seine Nachfolger werden sich sehr schwer tun. Jeder von ihnen wird – als Epigone – schwächer sein als Mao, wird daher härter regieren müssen und damit unfreundliche Vergleiche mit der guten alten, der gerechteren Zeit unter Mao provozieren. Versucht er dann, durch Zugeständnisse im materiellen Bereich eine für ihn günstigere Stimmung zu erzeugen, so wird die Gefahr eines »chinesischen Chruschtschowismus« erst recht groß. Das hat Mao richtig erkannt.

». . . nach seinen Bedürfnissen«

Den Vorwurf des Verrats Moskaus an den Werktätigen begründet Peking auch damit, daß die »Sowjetrevisionisten« diese, im Interesse einiger weniger »bürokratischer Monopolkapitalisten«, in einem Zustand der Ungleichheit und Ausbeutung hielten; sie hätten nämlich das nur für die Übergangszeit nach dem Sieg des Proletariats und der Beseitigung des Kapitalismus vorgesehene Lohnsystem »Jedem nach seiner *Leistung*« zu einem Dauerzustand gemacht, statt so rasch wie möglich zu dem von Marx in seinen ›Randglossen zum Gothaer Programm‹ (1875) formulierten Prinzip: »Jeder nach seinen Fähigkeiten, jedem nach seinen *Bedürfnissen*« vorzustoßen. Nun hatte Marx freilich eine Voraussetzung für den Übergang zu dieser höheren Phase, zum Kommunismus also, genannt: daß nämlich die »Produktivkräfte gewachsen [sind] und alle Springquellen des genossenschaftlichen Reichtums voller fließen«, das heißt, daß die Güterproduktion einen Stand erreicht haben muß, in dem die Bedürfnisse jedes Bürgers uneingeschränkt befriedigt werden können.

Von einem solchen Zustand war die Sowjetunion zu Beginn

der dreißiger Jahre noch meilenweit entfernt. (Marx hatte ja auch seine Revolution für hochindustrialisierte Länder empfohlen, nicht für zurückgebliebene wie das damalige Rußland.) So kam Stalin 1931 zu dem Schluß, daß die zur Erreichung dieses Zustandes notwendige Produktionssteigerung in absehbarer Zeit nur mit Hilfe der »materiellen Interessiertheit« erreicht werden könne. Daher führte er ein System von Leistungslöhnen und Prämien ein, das durch hohe Unterschiede im Einkommen – und damit im Lebensstandard – der Sowjetbürger gekennzeichnet ist. Dabei ist es im wesentlichen geblieben; der Übergang zum Kommunismus wurde auf später hinausgeschoben, von Chruschtschow auf das Jahr 1980, während seine Nachfolger überhaupt keine Termine mehr nennen. Nicht nur entnahm der Staat dem Sozialprodukt für eigene Zwecke (Rüstung, Raumfahrt!) einen steigenden Anteil, auch die »Bedürfnisse« des Einzelnen wuchsen über die »vernünftigen Grenzen« hinaus, in denen die Sowjetideologen sie halten wollten (da natürlich keine Gesellschaft sämtliche, auch die unvernünftigen, Wünsche befriedigen könne). Wann die Produktion diese Steigerung eingeholt haben wird, weiß im Grunde niemand. So wird die Sowjetunion auf lange Zeit ein Land des Leistungslohns und damit der Ungleichheit und des Nicht-Kommunismus bleiben.

Mao kennt diese Entwicklung aus eigenem Augenschein: Er war zweimal, 1950 und 1957, Gast in Moskau. Daß er im eigenen Land weder die Ungleichheit noch die Verzögerung des Übergangs zum Kommunismus auf unbestimmte Zeit zulassen wollte und will, hat er mit der Tat bewiesen. Er dürfte erkannt haben, daß es auf dem sowjetischen Weg nie einen Kommunismus geben wird: jede Produktionssteigerung, die über das Leistungsprinzip zustande kommt, läßt die Bedürfnisse weiter steigen und vermehrt zugleich die Ungleichheit. Mao aber will die Gleichheit – im Konsum und im Rang.

Ein Weg aus diesem Circulus vitiosus heraus führt über die Begrenzung, wenn nicht Festschreibung der »vernünftigen Bedürfnisse«; dann braucht es zu ihrer Befrieidigung keiner kräftigen Ausdehnung der Produktion von Konsumgütern, die nur über den Leistungslohn erreichbar wäre. Das wäre schwierig, wenn zu den vernünftigen Bedürfnissen ein Auto pro Familie gerechnet würde; wir wissen, welche unabsehbaren Folgen für die Wirtschaft eines Landes die Vollmotorisierung hat, von Autobahnen und Stadtkern-Umbauten bis zu Tankstellen und Reparaturwerkstätten. Sie wäre aber durchaus denkbar, wenn die Menschen schon mit einem Fahrrad befriedigt sind, dazu einem Dach über dem Kopf, einer zur Erhaltung der Arbeitsfähigkeit ausreichenden Ernährung und einer wetterfesten Kleidung. Für diesen Standard – der mit dem heutigen Durchschnittslohn von 60 Yüan in der Stadt und von 30 Yüan auf dem Dorf bestritten werden kann – genügt sogar schon das bisherige Warenangebot. Die Bevölkerung scheint ihn in ihrer Masse, jedenfalls auf dem Dorf, als »vernünftig« anzuerkennen; von der vielberufenen »Revolution der steigenden Erwartungen« sind die Chinesen noch weit entfernt – sie leben wie Soldaten auf einem Feldzug, und da alle dieselben Entbehrungen durchmachen, lassen sich diese leichter ertragen, als wenn das Volk eine von ihnen verschonte »Neue Klasse« über sich sähe.

In China werden keine »steigenden Erwartungen« durch den sozialen Ehrgeiz angeheizt, wie er in dem amerikanischen Slogan des »Keeping up with the Joneses« zum Ausdruck kommt: Wenn die Familie Jones zwei Autos besitzt, muß die Familie Smith auch zwei haben und so fort. Wenn aber die Tschangs keine zwei Autos, sondern allenfalls ein Fahrrad haben, brauchen auch die Wangs kein Auto, sondern sind ebenfalls mit einem Fahrrad zufrieden; das können sie, wenn sie sparen, bezahlen.

Dieser bescheidene, aber auch relativ spannungslose soziale Standard, würde sich bei ansteigenden Löhnen nicht lange halten lassen, erst recht nicht so bei großen Lohnspannen, wie sie der Leistungslohn in der UdSSR unvermeidlich zur Folge hat. In China bewegt sich die Lohnspanne, nach den mir zugänglichen Informationen, heute zwischen einem Minimum von 20 Yüan im Dorf bis zu einem Maximum von 100 Yüan in der Stadt. (Die wenigen darüberliegenden Einkommen sind samt ihren Empfängern auf dem Aussterbeetat.) Aber auch diese relativ geringe Differenz kann nicht als Anwendung des Leistungslohn-Prinzips angesehen werden. Eine feste Relation zwischen Leistung und Lohn wie beim Akkordlohn gibt es nicht, das ist mir immer und immer wieder versichert worden; man unterstellt, daß jeder sein Äußerstes an Leistung vollbringt, es also Zeitverschwendung wäre, wollte man bei jedem der Hunderte von Millionen Bauern und Arbeitern die Leistung jedes Tages messen und nach ihr individuell den Lohn berechnen.

Zur äußersten Konsequenz – allen Werktätigen denselben Lohn zu zahlen – hat sich Peking (bis jetzt?) nicht entschieden; man zahlt den Lohn nach einigen wenigen Lohnkategorien und nach der Zahl der Tage, an denen der einzelne gearbeitet hat; wieviel oder wie wenig er an jedem Tag arbeitete, bleibt außer Betracht. Das System der Arbeitspunkte in der Landwirtschaft wurde im Bericht über Dadschai ausführlich beschrieben. In der Industrie wird jeder Werktätige, ob Arbeiter oder Angestellter, in eine von acht Lohnkategorien eingestuft; hier sind die Unterschiede größer als im Dorf. Ich fand, daß die gleiche Arbeit nicht überall der gleichen, sondern in verschiedenen Fabriken bzw. verschiedenen Landesteilen verschiedenen Lohnkategorien zugerechnet, daß beispielsweise dieselbe Arbeit einmal nach der 7., woanders nach der 4. entlohnt wird. Ebenso wurden mir für dieselbe Lohnkategorie je nach Fabrik und Landesteil verschiedene Monatslöhne genannt: Für die Kategorie 6 wurden hier 65, und dort nur 50 Yüan bezahlt. Man erklärte mir, daß in der Tat in verschiedenen Industriezweigen bzw. Gegenden die Lohnkategorien verschieden bewertet würden, und versicherte, daß es neue Richtlinien gebe, die für das ganze Land genaue Angaben enthielten; zu sehen bekommen habe ich diese nicht. (Die älteren Richtlinien sind infolge der Kulturrevolution überholt; leider auch die sorgfältige Studie von Charles Hoffmann, ›Work Incentive Practices and Policies in the People's Republic of China 1953–1965‹, Albany, New York 1967.)

Durchweg hieß es, die Festsetzung der Arbeitspunkte bei Bauern und der Lohnkategorie bei städtischen Arbeitskräften werde durch drei Faktoren bestimmt: 1. Fähigkeit (beim Bauern in erster Linie die Körperkraft, beim Industriearbeiter auch die berufliche Qualifikation), 2. Erfahrung, 3. »Bewußtsein«. Was unter diesem letzten Faktor praktisch zu verstehen sei, habe ich, wie der Leser weiß, bei jeder Gelegenheit gefragt; die Antworten blieben immer etwas verschwommen. Im Idealfall dürfte demjenigen das rechte Bewußtsein zuerkannt werden, der als »williger Ochse« und ohne private Wünsche und Rücksichten mit äußerster Anspannung seiner Kräfte »für den Vorsitzenden Mao und das sozialistische Vaterland« arbeitet. Die Zahl der Mao-Bilder über seinem Bett und der Mao-Zitate in seinen Worten ist bei der Beurteilung seines Bewußtseins sicher nicht belanglos; doch gerade weil die Antworten hinsichtlich des Bewußtseins als eines Bewertungsmaßstabes bei der Festsetzung von Löhnen so unkonkret blieben, vermute ich, daß man heute in erster Linie die beiden erstgenannten Faktoren berücksichtigt, weil man – wie in Dadschai – unterstellt, daß das Bewußtsein ohnehin in Ordnung ist.

Auf meine Frage, ob eine Beanstandung des sozialistischen Bewußtseins automatisch zu einer Herabstufung im Lohn führte, hörte ich stets die emphatische Beteuerung, solche Fälle gebe es nicht. Es fällt mir schwer, dies zu glauben. Sieht doch selbst die neue Satzung der Partei, also einer Eliteorganisation, in ihrem Artikel IV (einem der längsten) zahlreiche Strafen für Disziplinlosigkeit, Indifferenz, Besserungsunwilligkeit, Entartung und ähnliche Vergehen vor.

Ferner stellte sich heraus, daß es Einkommen gibt, die noch über der höchsten Lohnkategorie liegen. Wenn ich hier mit Fragen nachbohrte, hieß es: Es handle sich um Übergangserscheinungen; die Leute hätten diese Gehälter eben schon früher gehabt, man habe sie ihnen deshalb nicht nehmen wollen.

Ob sich freilich das Ansteigen der Bedürfnisse und der Wunsch nach leistungsgerechter Entlohnung auf die Dauer ausschalten läßt, ist zweifelhaft. Gegenkräfte sind wohl schon heute am Werk. Kein Chinese konnte mir einen überzeugenden Grund nennen, warum 1967 in das neue ›Rote Büchlein‹ (mit den ›Fünf Aufsätzen‹ Maos) ausgerechnet eine der frühesten Schriften Maos, aus dem Dezember 1929, ›Über die Berichtigung falscher Ansichten in der Partei‹, aufgenommen worden ist. Gar nicht im Einklang mit seinem sonstigen und vor allem in der Kulturrevolution so stark betonten Drängen auf Gleichheit, wandte sich Mao damals – darin sogar Stalin um anderthalb Jahre voraus – heftig gegen die »extreme Gleichmacherei«. Man dürfe es nicht als einen Verstoß gegen den Grundsatz der Gleichheit ansehen, schrieb er 1929, wenn ein Offizier zu Pferde sitze oder in Sonderfällen Einzelnen »mehr zugeteilt« werde; auch im Sozialismus müßten die Güter nach dem Prinzip »Jedem nach seiner Leistung« verteilt werden. Gewiß, in derselben Schrift, die er vor allem an die Adresse seiner Soldaten richtete, sprach Mao auch für größere Disziplin und gegen die »Mentalität umherschweifender Rebellenhaufen« (übrigens auch gegen »extreme Demokratisierung«), und dies paßte sehr gut in die Bemühungen eines Lin Piao und eines Tschou En-lai, nach den Wirren der Kulturrevolution Ruhe und Ordnung wiederherzustellen. Aber es hätten sich auch andere Zitate

Maos über die Notwendigkeit der Disziplin finden lassen. Warum also eine Schrift ausgraben und millionenfach verbreiten, die so nachdrücklich gegen Gleichmacherei und für Leistungslohn Stellung nimmt?

Die Männer, die Maos Geschwindmarsch in den Kommunismus für einen Fehler halten (wie immer sie heißen mögen), sind offenbar nicht untätig geblieben. Um mit Mao zu reden: Der Kampf der Gegensätze geht ununterbrochen weiter.

Mao-Kult – Warum und wie lange?

Auf allen Flugplätzen der Welt sind die Wartesäle wenn möglich so angelegt, daß Fluggäste und Besucher von ihren Sitzen auf die ankommenden und startenden Maschinen hinausblicken können. Nicht so in Schanghai. Hier sind die Bänke mit dem Rücken zum Flugplatz aufgestellt und so angeordnet, daß man auf ein riesiges Porträt Mao Tse-tungs schaut.

Dies ist eines der zahllosen und manchmal recht originellen Merkmale des Mao-Kultes in China. Hier mag auf ein Wort zum Mao-Kult hingewiesen werden, das in einem vielzitierten Aufsatz über Erziehungsfragen zu lesen war: »Wir müssen die Instruktionen des Vorsitzenden Mao und seine proletarische Politik entschlossen ausführen, ob wir sie verstehen, oder zum gegenwärtigen Zeitpunkt nicht verstehen« (›Peking Review‹ 1970/31, S. 6f.). Nie ist ein Mensch zu seinen Lebzeiten so überschwenglich, so unkritisch, mit solch gewaltigem Aufwand verehrt worden wie Mao heute. Warum?

Nach allem, was wir wissen, ist in den Jahren 1958 bis 1966 ein erbitterter Kampf zwischen den »beiden Linien« ausgetragen worden, als deren Exponenten Mao Tse-tung und Liu Schao-tschi präsentiert wurden. Es fehlen uns noch sehr viele, ja die meisten Einzelheiten; feststehen dürfte, daß das persönliche Comeback Maos, der Öffentlichkeit durch die schwimmerische Leistung vom Juli 1966 vor Augen geführt, dabei einen bedeutenden Platz einnimmt. Für seine Anhänger ist Mao nicht nur der Träger eines Führungsamts (seit 1958 nur als Parteivorsitzender, also in gleicher Position wie Breshnew in Moskau), sondern die leibhaftige Verkörperung ihres Willens zum Sieg.

Man hat darüber gerätselt, wer der große Erfinder und Arrangeur des Mao-Kultes, der ganz China überschwemmte, sein könnte, und man hat auf Tao Tschu getippt, der Ende Juni 1966 Chef der Propaganda-Abteilung der Parteizentrale geworden war, freilich noch vor Jahresende in Ungnade fiel. Aber man weiß es nicht. Sicher ist, daß wir es hier mit einem der größten Werbeerfolge unseres werbekundigen Jahrhunderts zu tun haben: innerhalb weniger Monate des Jahres 1966 war Mao so »aufgebaut«, daß mit seinem Namen jeder Widerstand niedergewalzt werden konnte.

Das eigentliche Instrument des Mao-Kultes war in den letzten Jahren die Armee. Lin Piao hat sich zu einer Zeit, da Maos Stern – nach dem Mißerfolg des Großen Sprungs – niedrig stand, als neugewählter Verteidigungsminister entschlossen an Maos Seite gestellt. Er hat die Armee in Maos Namen und Geist erzogen, hat den Soldaten 1963, also lange bevor der allgemeine Mao-Kult einsetzte, die Parole gegeben: »Seid des Vorsitzenden Mao gute Kämpfer«, hat das ›Rote Büchlein‹ für die Streitkräfte drucken lassen, ihm das lapidare Vorwort vorangestellt: »Studiert die Schriften des Vorsitzenden Mao, befolgt seine Lehren und handelt nach seinen Weisungen« und das Vorwort der zweiten Auflage mit dem Satz eröffnet: »Genosse Mao Tsetung ist der größte Marxist-Leninist unserer Zeit.« Es war das Blatt der Streitkräfte, das im Leitartikel vom 7. Juni 1966 die Einstellung zu den Ideen Mao Tse-tungs – dort 37mal beschworen und als »Teleskop und Mikroskop« der Revolution gepriesen – zum »Prüfstein« der Unterscheidung zwischen Revolution und Konterrevolution erhob. Und am 29. November 1967 hat Lin Piao mit eigenem Pinsel einige Worte aus dem bekannten Steuermann-Lied auf einen Bogen Papier geschrieben und als Faksimile millionenfach im ganzen Lande verteilen lassen, so daß heute Steuermann und Mao geradezu identische Begriffe sind. Was immer seine letzten Absichten gewesen sein mögen, kein Einzelner hat für den Mao-Kult mehr getan als Lin Piao.

Es gibt eine authentische Interpretation des Mao-Kults durch Mao selbst, am 18. Dezember 1970, in seinem Gespräch mit einem alten Freund, dem amerikanischen Journalisten Edgar Snow. Mao habe ihm, berichtet Snow, gesagt, vor fünf Jahren (1965 hatte Snow ihn zuletzt besucht), also noch vor der Kulturrevolution, habe sich »ein großer Teil der Macht« in China nicht mehr in seiner Hand befunden. Daher sei damals

»mehr Persönlichkeitskult notwendig geworden, um die Massen zu stimulieren, damit sie die Anti-Mao-Parteibürokratie beseitigen«.

Natürlich sei, habe Mao weiter gesagt, der Persönlichkeitskult dann übertrieben worden. Heute lägen die Dinge anders. Es sei schwer für die Menschen, sagte der Vorsitzende [Mao], die Gewohnheiten von dreitausend Jahren Tradition der Kaiser-Verehrung zu überwinden. Nun gebe es die »Vier groß«, diese ihm zuerkannten Beinamen: Großer Lehrer, Großer Führer, Großer Oberbefehlshaber, Großer Steuermann – wie lästig [What a nuisance]! Früher oder später würden sie alle eliminiert.

Snow erinnerte Mao an den Beschluß des Zentralkomitees aus dem Jahre 1949, der – angeblich auf Maos Vorschlag – die Benennung von Straßen, Städten und Plätzen nach Personen verbot. Darauf habe Mao ihm gesagt:

»Ja, das habe man vermieden, aber andere Formen des Kultes [worship] seien entstanden. Es gebe so viele Parolen [slogans], Bilder und Gipsstatuen. Die Roten Garden hätten [1966/67] darauf bestanden, daß jeder, der diese Dinge nicht um sich habe, ein Anti-Mao sei. In den letzten Jahren sei ein gewisser Personenkult notwendig gewesen, jetzt aber nicht mehr, eine Abkühlung sollte eintreten« (›Life‹ 30. 4. 1971).

Was Mao hier über die Entstehung des Personenkults sagt, mag seine Richtigkeit haben. Er hätte auch hinzufügen können, daß es leichter ist, die Menschen zu großen, opferreichen Anstrengungen mitzureißen, sie zu einer Nation zusammenzuschweißen, wenn man ihnen das Gefühl gibt, sie würden von einer einzigartigen und unfehlbaren Persönlichkeit geführt, statt von irgendeinem anonymen hin und her diskutierenden Zentralkomitee. Es wäre also wohl kaum richtig, wollte man Mao als Objekt eines ihm wider Willen aufgezwungenen Kultes sehen. Die »Vier groß«, über die er sich Snow gegenüber so abfällig äußerte, wurden 1966 von seinem langjährigen engsten Vertrauensmann, Tschen Po-ta, erfunden (Cheng Chu-yuan, ›Orbis‹, 1968, S. 1166).

Von einer Abkühlung des Personenkultes, wie Mao sie als wünschenswert bezeichnete, war im Frühjahr 1971 freilich noch nichts zu merken. Ich möchte sogar vermuten, daß sich der Mao-Kult *nach* Mao erst voll entfalten wird, weil sich die Nachfolger in den dann folgenden Diadochenkämpfen seiner als eines Banners bedienen werden, unter dem sie um die Erhaltung ihrer Herrschaft fechten, und weil es – wie Mao mit Recht Snow gegenüber hinzufügte – eines immer geben wird: »das Verlangen, zu verehren, und das Verlangen, verehrt zu werden«.

Wie aber konnte, mag man fragen, eine Revolution gegen den Apparat der Machthaber gemacht werden, wo doch an der Spitze dieser Revolution der Oberste aller Machthaber stand? Die Antwort ist klar: In der Kulturrevolution verband sich der unfehlbare Führer mit den unfehlbaren Massen; was dazwischen war, das Partei-Establishment vor allem, störte und wurde beseitigt.

Die Gestalt des Großen Steuermanns ist über alle anderen so hoch hinausgehoben, daß sie von keinem Wellenschlag innerer Kämpfe mehr erreicht werden kann, wie einst der kaiserliche Himmelssohn. Doch dieser residierte für die Chinesen irgendwo in unwirklicher Ferne, während Mao ständig gegenwärtig ist, in seinem Bild und seinem Wort, das man griffbereit in der Tasche trägt. Freilich nicht als Mensch, mit dem man reden kann auf du und du; es ist kein Zufall, daß seit vielen Jahren seine Stimme kaum mehr zu hören war und seine Proklamationen von Lin Piao verlesen werden, während er selbst wie unbeteiligt daneben steht – hoch auf dem Tor zum Himmlischen Frieden.

Was denken sie wirklich?

»Was denken die Chinesen wirklich über Mao?«

Dies ist die Frage, die mir seit meiner Rückkehr am häufigsten gestellt wurde, und es ist zugleich die Frage, auf die ich am wenigsten antworten kann.

Was die Deutschen oder die Amerikaner denken, darüber informieren uns täglich die Meinungsforschungsinstitute; auch in der Sowjetunion haben diese in den letzten Jahren zu arbeiten begonnen. In China gibt es nichts dergleichen. Der fremde Besucher aber, der es auf eigene Faust versuchen wollte, Gedanken und Gefühle der Menschen zu ergründen, hätte auch dann nur bescheidene Chancen, wenn er sich frei unter ihnen bewegen und mit ihnen sprechen könnte. Lebensklugheit und Erfahrung haben den Menschen des Fernen Ostens mehr als den Europäer oder Amerikaner gelehrt, seine Gedanken und Gefühle nicht im Gesicht oder gar auf der Zunge zu tragen.

Daß diese im China von heute nicht nur und stets die sozialistischen Kampfparolen sind, wie Presse und Funk, Film und Bühne in Wort und Bild glauben machen, denkt sich der Fremde selbst. Schwieriger wird das Urteil, wenn er dem Einzelnen persönlich, Auge in Auge gegenübersteht. Wenn mir ein bedeutender Chirurg mit dem ›Roten Büchlein‹ in der Hand erzählt, daß er seine bewundernswerten Operationen nur mit Hilfe des Mao-Studiums vollbringt, wenn seine Patienten, deren abgerissene Gliedmaßen er wieder angenäht hat, das ›Rote Büchlein‹ wie einen Zauberstab hochhalten, dem sie ihre Genesung verdanken, wenn andere Intellektuelle, dasselbe Büchlein in der Hand, berichten, wie sie durch die Arbeit an den Latrinen geläutert wurden, und das, ohne eine Miene zu verziehen – soll ich mir dann sagen, daß das alles nur Lüge und Verstellung, gekonntes Theater ist, daß sie in Wahrheit denken: »Schon wieder so ein leichtgläubiger Ausländer, dem wir unsere Liebe zum Vorsitzenden Mao vorspielen sollen!« oder denken sie statt dessen, was ihre Mienen auszudrücken scheinen: »Wie schön, daß wir diesem skeptischen Ausländer unsere tiefe Liebe zu Mao und unsere Umwandlung in einen besseren Menschen zeigen dürfen«? Ich weiß es nicht zu sagen.

Ich erinnere mich der Anekdote, die in den dreißiger Jahren in der Sowjetunion erzählt wurde: Ein russisches Bäuerlein wird mit anderen Besuchern durch das Gebäude von Radio Moskau geführt. »Was hier gesagt wird, kann man das wirklich draußen hören?« Man bejaht. »In der ganzen Welt?« Man bejaht wieder. Ob er nicht auch einmal etwas sagen dürfe? Nach einigem Hin und Her erhält er die Erlaubnis, ein einziges Wort zu sagen. Er tritt vors Mikrofon und ruft: »Hilfe!«

Dieses eine Wort hätte auch vor mir einer ausrufen oder durch eine Gebärde der Verzweiflung ausdrücken können, wenn er verzweifelt genug gewesen wäre. Er hätte damit alles riskiert, aber er hätte auch sicher sein können, daß sein Hilferuf, einem ausländischen Publizisten gegenüber geäußert, rund um die Welt gehen würde.

Ich kann nur sagen, daß ich einem solchen Menschen nicht begegnet bin, daß ich in diesen zweiunddreißig Tagen nur treue Ergebenheit zum Vorsitzenden Mao und zu seinen Ideen gefunden habe, daß bei dem allem nicht einer auch nur für den

Bruchteil einer Sekunde mit dem Auge zwinkerte (»Du kapierst doch hoffentlich, daß das alles bloßes Theater ist!«). Das beweist natürlich nichts, und so bleibt nur der Weg, die schmale Basis persönlicher Erfahrung durch Beobachtungen und Überlegungen allgemeiner Art zu ergänzen.

Den größten Anteil gläubiger Maoisten dürfen wir in der *Jugend* annehmen. Diese Kinder und Jugendlichen haben seit fünf Jahren überhaupt nichts anderes als Loblieder auf den großen Führer und unübertrefflichen Steuermann gehört. Wer die Faszination bezweifelt, die darin liegt, der hat vergessen, was wir in diesem unserem Jahrhundert am Beispiel mehrerer Völker, des eigenen darunter, erlebt haben.

Der Anteil der Geschädigten der Revolution auf dem Lande, der alten Grundbesitzer und Großbauern, unter denen man (ohnmächtige) Gegner des Regimes vermuten kann, war zahlenmäßig nie bedeutend und schwindet durch natürliche Verminderung von Jahr zu Jahr noch mehr. Die große Masse der *Bauern* aber hat keinen Grund, in einem inneren Widerstand gegen Mao zu verharren. Denn ihre materielle Lebensbasis hat sich verbessert. Amtliche Statistiken gibt es seit dem Großen Sprung in China nicht mehr. So viel aber sieht der Besucher mit dem bloßen Auge, daß überall neue Terrassen für den Anbau von Getreide mit zahllosen Be- und Entwässerungsanlagen angelegt worden sind; nimmt man die Angaben hinzu, die man an Ort und Stelle, in der einzelnen Kommune und Brigade, über die jährlichen Produktionsergebnisse erhalten kann, ist die Annahme gerechtfertigt, daß die agrarische Produktion mit der Bevölkerung mindestens Schritt gehalten hat. (Siehe Erläuterung ›Die Produktion‹.)

Die Einnahmen der einzelnen Bauern, ihre Tages- und Monatslöhne, haben zwar nicht zugenommen. Aber ihr enormer Fleiß hat sich in einer bedeutenden Erhöhung des gemeinsamen Arbeitsertrages und damit einem laufenden Vermögenszuwachs ihres Dorfes niedergeschlagen. Eine vergrößerte Ackerfläche, bessere Getreidesorten, ein gesteigerter Hektarertrag, vor allem dank den Bewässerungsanlagen, mehr Schweine, mehr Obstbäume, neue Wohngebäude, ein Schulhaus, ein eigener Laden – das alles sind sichtbare Erfolge, auf die jedes Mitglied der Brigade stolz ist und von denen es auch persönlich Nutzen hat. Ihm bedeutet es wenig, wenn sein Sparbuch keine großen Beträge aufweist, zumal früher überhaupt niemand eines besaß.

Diesen wachsenden Wohlstand erlebt der Bauer im überschaubaren Lebens- und Arbeitsbereich des eigenen Dorfes weit deutlicher, als dem Städter Fortschritte im allgemeinen Lebensstandard oder im Aufbau entlegener Vororte bewußt werden. Was aber noch wichtiger ist: Er sieht, daß der Ertrag der gemeinsamen Arbeit zur Hauptsache im Dorfe bleibt. Anders als in der Sowjetunion, wo sich die Industrialisierung eindeutig auf dem Rücken des Bauern vollzog, hat Mao von Anfang an nie den Hauptteil der agrarischen Produktion für die Industrie abgeschöpft. Psychologisch bedeutsam ist sicher auch die planmäßige Weckung des neuen Klassenbewußtseins durch eine Propaganda, in der sich die »armen und unteren Mittelbauern« (so der zungenbrechende Fachausdruck) ständig als solche angesprochen und also geehrt sehen. Wie muß sich gar ihr Selbstgefühl heben, wenn die Aktion »Intellektuelle Jugend aufs Land«, die insgesamt viele Millionen Jugendliche erfaßt hat, die Begründung erhält: die intellektuelle Jugend muß von den armen und unteren Mittelbauern lernen!

Viel schwerer ist es, etwas über die Stimmung des *Arbeiters* auszusagen. Auch als Vater des Vaterlandes ist Mao doch wohl noch immer vorwiegend der Vater der Bauern geblieben; ob ihn die Arbeiter ebenso als einen der ihren sehen, weiß ich nicht. Großbetrieben fehlt ja auch der enge menschliche Kontakt des Dorfes, der die Arbeit zum Gemeinschaftserlebnis werden läßt und die Erfüllung der Menschen mit dem gleichen Geist erleichtert. Das von Spruchbändern und Sprechchören unablässig angeheizte Pathos des Aufbaus hat ohne Frage auch den Arbeiter ergriffen, obwohl er sich nicht, wie der sowjetische – zumal während des Ersten Fünfjahrplanes – als der Erste in Gesellschaft und Staat fühlen und auch der Fortschrittsglaube bei weit bescheidenerem Stand der technischen Entwicklung nicht die gleiche Intensität als Integrationsfaktor erreicht haben kann.

Über die Loyalität der *Streitkräfte* zu Mao vermag ich aus eigenem Erleben nichts zu sagen, da ich keinen Kontakt mit Soldaten – oder gar militärischen Einrichtungen – suchte (und suchen konnte). Ich kann lediglich bestätigen, daß die Armee eine sehr starke Stellung hat und – dies ist jedenfalls der äußere Eindruck – ein hohes Ansehen besitzt. In zahllosen Positionen von Bedeutung sitzen Soldaten; eine Galerie von Volkshelden wird den Massen in Plakaten, Zeitungsartikeln, Broschüren, Comic Books, Filmen, Bühnenstücken vor Augen gestellt, die mit wenigen Ausnahmen aus den Reihen der einfachen Soldaten stammen; sie macht für jeden klar, daß hier das Ideal, die Norm des neuen Menschen zu suchen ist.

Sicher hat der Soldat in der langen Geschichte Chinas noch nie einen so ehrenvollen Rang eingenommen wie in den letzten Jahren. Mehr als einmal kam mir aus frühester Jugend im Kaiserreich der Spruch in den Sinn: Der Soldate, der Soldate, ist der erste Mann im Staate. Wenn ich gelegentlich einen »Genossen von der Volksbefreiungsarmee« (als Mitglied eines Revolutionsausschusses) vorgestellt bekam oder sonst nennen hörte, war ein Ton ehrfürchtigen Respekts herauszuhören. »Die Soldaten«, hieß es dann, »verstehen die Lehren des Vorsitzenden Mao am besten.«

Die Gruppen, die in der Kulturrevolution am weitaus schlechtesten wegkamen, waren die *Kader*, die Funktionäre aller Art also, und die Intellektuellen, einschließlich der Studenten; in ihren Reihen könnten am ehesten Skepsis und Opposition zu finden sein. Unter denen, die heute in den Zwanzigern stehen, haben gewiß nicht alle die große Zeit vergessen, als sie zu Millionen mit dem ›Roten Büchlein‹ in der Hand, »Revolution machen« durften, um dann, von 1967 an, von den Straßen geholt und schließlich, auch zu Millionen, »hinunter ins Dorf und hinauf in die Berge« geschickt zu werden. Was über sie aus der Ferne zu erfahren war, habe ich 1969 in ›Peking und die Neue Linke‹ zusammengetragen. Der eigene Augenschein fehlt; meine Frage, ob es an dem Platz, den ich gerade besichtigte, »Hinuntergeschickte« gebe, wurde stets verneint.

Am meisten Opposition vermute ich bei den *Intellektuellen* der mittleren und älteren Jahrgänge, als den Hauptleidtragenden bei der Verwüstung des chinesischen Geisteslebens seit der Mitte der fünfziger Jahre. Die chinesische Intelligenzia hatte sich in den vierziger Jahren in ihrer Mehrheit aus Überzeugung nicht Tschiang Kai-schek zugewandt, sondern Mao Tse-tung. Es ist schwer vorstellbar, daß ihre verbliebenen Trümmer mit Gleichmut auf die Tragödie ihrer Zerschlagung blicken.

Ob alle, die ich das ›Rote Büchlein‹ schwenken sah, auch an seinen Inhalt glauben, weiß ich nicht, und für diese Skepsis habe ich einen einwandfreien Zeugen – Mao selbst. In seinem schon erwähnten Gespräch mit Edgar Snow am 18. Dezember 1970 teilte er die Leute, »die Mao schreien«, in drei Gruppen ein: erstens die Ehrlichen, zweitens die Konformisten, »die sich im allgemeinen Strom mittreiben lassen«, und drittens die Heuchler. Zahlen nannte Mao nicht – wie sollte der Kurzbesucher aus dem Westen dazu in der Lage sein!

Sind sie glücklich?

»Sind die Russen glücklich?« wurde ich früher nach Vorträgen über die Sowjetunion stets gefragt; nun wird mir dieselbe Frage im Hinblick auf die Chinesen gestellt. Exakt kann ich sie nicht beantworten, nur meine Überlegung dazu kann ich sagen.

Ist Wohlstand Glück? Vor kurzem noch, als sich die Deutschen aus den Ruinen hochgearbeitet hatten und darangingen, das Erreichte zu genießen, hätten viele unbedenklich ja gesagt. Stimmte die Gleichung, müßten heute die Deutschen (oder die Amerikaner) die glücklichsten Menschen aller Zeiten sein. Sie sind es nicht, und am wenigsten ist es die Jugend; ein Teil von ihr, nicht der schlechteste, wendet sich vor den ungläubigen Augen der Älteren voll Ekel vom Wohlstand unserer Konsumgesellschaft ab und begibt sich in selbstgewählte Armut und Gefahr.

Wäre Glück gleich Wohlstand und Komfort, so müßten die Chinesen zu den unglücklichsten Menschen der Welt gehören. Ich habe diesen Eindruck nie gehabt, und niemals weniger als jetzt, im Frühjahr 1971. Aber ich fand sie mehr denn je erfüllt von Arbeitseifer und Optimismus, ja von Lebensfreude. Wie könnte es auch anders sein? Die Weisen des Ostens wie des Westens haben es stets gewußt und gelehrt: der Sinn und also auch das Glück des Lebens liegt in eben diesem Erfülltsein von einer großen Aufgabe, in der Hingabe an eine Macht, eine Kraft, die außerhalb und oberhalb der privaten Existenz gesucht wird.

Mao hat dieses zeitweilig zu betäubende, aber nie ausrottbare Grundbedürfnis nach Engagement erkannt und genutzt, als er von dem Verlangen des Menschen sprach, »zu verehren«, und dem Personenkult die Bahn in einem Ausmaß freigab, wie es die Welt noch nicht gesehen hatte. Das Glück in der einsamen Ekstase zu suchen, ist immer nur die Sache weniger gewesen. Leichter findet es der Einzelne in der Gemeinschaft, die ihn als mächtiger Strom dem Ziele entgegenträgt. Einer Gemeinschaft anzugehören, in sie einzutauchen, von ihr umgeben, getragen zu sein, das gibt dem Menschen an sich schon ein Gefühl der Geborgenheit und des Glücks; es kann sich steigern bis zum Erlebnis der Selbstauflösung, des Einswerdens mit dem Ganzen. Im konfuzianischen China war diese Gemeinschaft die Sippe, die Großfamilie, für die man sich mühte und die umgekehrt für ihre Mitglieder sorgte; zu Zeiten waren es auch die Geheimbünde, die so stark in die chinesische Geschichte hineinzuwirken vermochten. Heute ist es das »sozialistische Vaterland« (kaum die Partei, die sich von ihrer tiefen Erniedrigung in der Kulturrevolution nur langsam erholen kann).

Dem technischen Zeitalter liegt es nahe, sich technischer Begriffe zu bedienen, um diesem Gefühl Ausdruck zu verleihen. In dem ersten der zahlreichen Tagebücher von Helden des Sozialismus, dem eines Lei Feng (»des guten Kämpfers des Vorsitzenden Mao«), dem Mao die Worte »Lernt vom Genossen Lei Feng« gewidmet hat, steht die Eintragung: »Ein Haus besteht aus Ziegeln und Mörtel. Wir sollten gern Ziegel und Mörtel sein.«

Ein chinesisches Gedicht aus den sechziger Jahren, das ich vor einiger Zeit in einer Übersetzung fand (Nagel, ›Encyclopedic Guide‹, Genf 1969, S. 304. Hervorhebung der Schlüsselworte durch mich), wählt ein anderes und noch moderneres Bild:

> Ich möchte ein *winziges Schräubchen* sein,
> so daß sie mich *einsetzen* können, wo sie mich *brauchen*,
> ganz fest *einsetzen*,
> in den Arm eines gewaltigen Krans
> oder in ein simples Rad.
> Gebt mir *einen Platz* und schraubt mich *fest*,
> dort werde ich bleiben, mit *Frieden im Herzen*.
> Vielleicht werden die Menschen nicht wissen,
> daß es mich gibt.
> Ich aber weiß, daß im Dröhnen der großen Maschine
> das winzige Schräubchen *nötig* ist.
> *Allein* kann ich keine Maschine sein.
> Allein kann ich *nichts* sein.
> Aber auch als *Teilchen* kann ich meinem Land und Volk *dienen*.
> Bald werde ich nichts sein als ein Stück rostiges Eisen.

Und doch möchte ich ein *winziges Schräubchen sein,*
so daß sie mich einsetzen können, wo sie mich *brauchen.*
Darin liegt mein *Glück.*
Im Chor der Heroen
werde ich zitternd vor Glück
auch meine eigene Stimme hören.

Es gab in der Geschichte noch keine riesigere Maschine als ein Volk von dreiviertel Milliarden Menschen, und es könnte sein, daß dort das Bewußtsein, ein Schräubchen in dieser imponierenden Maschine zu sein, ein Glücksgefühl auslöst, demgegenüber alles andere an Bedeutung verliert – harte Bretterbetten, ungeheizte Schulräume, schwere Arbeitstage, endlose und sicher oftmals öde Mao-Studien. Freilich nur für den, der ein Schräubchen sein will ...

Auch für andere kann es einen Ausweg geben: indem sie, was sie bedrängt, als notwendig anerkennen. Einem Aufsatz des ausgezeichneten amerikanischen Ostasien-Forschers Chalmers Johnson (Berkeley) verdanke ich den Hinweis auf das folgende Zitat des Psychologen Arthur Cohen:

»Es ist oft gezeigt worden, daß ein Mensch seine eigene Meinung ändert, wenn er gezwungen wird, eine Meinung auszusprechen, die von der seinen abweicht. ... Wo eine ›Dissonanz‹ entstanden ist, eine seelische Spannung, die Zwang ausübt, läßt sich die Spannung verringern, wenn man seine private Meinung so ändert, daß sie mit der, die man öffentlich zu vertreten hat, in größere Übereinstimmung kommt« (›China Quarterly‹ Nr. 39, 1969, S. 19).

Ein solcher Prozeß hat vermutlich manchem Intellektuellen in China geholfen, zwar nicht glücklich, aber wenigstens nicht ganz unglücklich zu sein.

Mit Herz und Hand ...

»Ja, mit Herz und Hand, fürs Vaterland«, so sangen die Deutschen 1914. Ihre fast übermenschlichen Leistungen im Ersten Weltkrieg gegen »eine Welt von Feinden« waren – mehr als je früher oder später in ihrer Geschichte – von einem tiefen Patriotismus getragen. Gewiß, es gab bei den Älteren auch eine

Loyalität gegenüber dem Kaiser; beherrschend aber als Ansporn im Leben und Sterben war – das Vaterland.

Täusche ich mich nicht sehr, so ist das patriotische Element auch im Arbeits- und Opferwillen des chinesischen Volkes heute sehr stark. Wenn mir jung und alt in Nord und Süd auf die Frage, warum sie sich so grenzenlos abrackerten, antworteten: »Um Ehre einzulegen für den Vorsitzenden Mao und das sozialistische Vaterland«, so möchte ich – bei aller Bereitschaft, eine innere Einheit der drei Begriffe anzunehmen – die Liebe zum Vaterland als das stärkste Gefühl an erster Stelle nennen, an zweiter die Vergötterung eines großen Führers, an dritter den Sozialismus, der sich ja auch vorherrschend in einer Stärkung des Vaterlandes, für den Einzelnen aber – bei den überaus niedrigen Einkommen – kaum in einer Wohlstandssteigerung auswirkt.

Der chinesische Nationalismus ist neueren Datums. Jahrtausende lang empfanden sich die Chinesen als Menschheit schlechthin. Die Namen »China« und »Chinese« werden von ihnen selbst bis heute nicht gebraucht; sie bezeichnen China als Land »unter dem Himmel« (= Tien-hsia) oder als »Reich der Mitte« (= Tschung-kuo), sich selbst als Reich-der-Mitte-Leute. Jenseits der Grenzen dieses unter dem Himmel gelegenen Reichs der Mitte wohnten die kulturlosen, beutelüsternen Barbaren aller möglichen Hautfarben, einschließlich der Weißen. Man führte zu Zeiten große Kriege und baute Große Mauern gegen sie, trieb ein wenig Handel mit ihnen, erlaubte ihnen, mit Tributen zum Kotau in die Hauptstadt zu kommen. Zuweilen ließ man sich von ihnen beherrschen, aber für eine Auseinandersetzung von Volk zu Volk, die einen chinesischen Nationalismus hätte entstehen lassen können, schienen sie viel zu uninteressant. Gewiß, es gab Abwehrbewegungen gegen die Fremden, gegen die Mongolen und Mandschuren, die Engländer und Franzosen, gegen die »weißen Teufel« insgesamt, aber das war meist nur Sache der Kaiser und der Soldaten oder auch fanatischer Sekten wie der »Boxer«.

Die akademische Jugend wurde von einer patriotischen Erregung erfaßt, als sich herausstellte, daß die Siegermächte des Ersten Weltkrieges die ehemaligen deutschen Positionen in der Provinz Schantung an Japan – statt an China – übertragen hatten (»Bewegung vom 4. Mai 1919«). Sie beantwortete diese Brüskierung Chinas mit der erfolgreichen Forderung auf Abberufung der chinesischen Delegation aus Paris und Nicht-Unterzeichnung des Versailler Vertrages.

Aber das zweifelhafte Verdienst, den chinesischen Nationalismus in die breiten Massen getragen zu haben, gebührt den Japanern, die von 1931 bis 1945 in China Krieg führten und riesige Teile des Reiches besetzt hielten. Maos Sieg ist nicht zuletzt darauf zurückzuführen, daß es ihm gelang, für seine Sache den Patriotismus der chinesischen Massen gegen die Japaner und gegen den mit dem Westen paktierenden Tschiang Kai-schek zu mobilisieren.

Dank seinem Bündnis mit dem chinesischen Patriotismus und seinem Verständnis für die überwältigende Mehrheit der Chinesen, für die Bauern, wurde der Sieg Maos 1949 in China weithin, nicht zuletzt in der Intelligenzia und anderen Schichten des patriotischen Bürgertums, als ein Sieg Chinas betrachtet. Die erbitterte Konfrontation mit Amerika (Koreakrieg, Siebte US-Flotte in der Straße von Taiwan, Vietnam), der »Verrat der Sowjetrevisionisten« (Abberufung sämtlicher Sowjetexperten im Sommer 1960), der Krieg mit Indien (1962) – das alles gab dem Nationalismus zusätzliche Nahrung. Mit überraschender Wucht brach er in der Kulturrevolution hervor, deren Emotionen außer gegen die eigenen »Bonzen« auch gegen die Fremden, vor allem die Russen, gerichtet waren. Heute ist ein starkes Nationalgefühl fester Bestandteil der chinesischen Mentalität.

Hier liegt, nach meiner Beobachtung, ein auffallender Wandel vor: Bei meinen ersten China-Besuchen hatte ich überhaupt keine Fremdenfeindlichkeit wahrgenommen. In den Kriegsjahren, die ich in China verbrachte, war die feindselige Einstellung zu den Japanern unverkennbar, aber eben auch nur zu ihnen. 1957 war die Ablehnung des Fremden schon zu spüren, doch war man damals offiziell noch mit den Russen verbündet, und da ich oft für einen Russen gehalten wurde (andere Ausländer gab es kaum mehr), habe ich manche Freundlichkeit erfahren. Seit sich die Fremdenfeindlichkeit dann in der Kulturrevolution überschlagen hatte, ist sie deutlich zurückgegangen. Kein einziges Mal, auch nicht im dichtesten Gewühl, hatte ich je die Befürchtung, in eine unangenehme Lage kommen zu können. Wohl aber glaubte ich, mich ständig einer festen Solidarität der Bevölkerung gegenüber zu sehen. In der Sowjetunion konnte der Ausländer schon in der Stalin-Zeit, erst recht später, in eine Situation geraten, wo Sowjetbürger ihn gegen ihr eigenes Regime einzunehmen versuchten. In China könnte ich mir das heute nicht vorstellen.

Der Leser weiß aus dem Berichtsteil dieses Buches, daß mir bei Besichtigungen die eigenen Leistungen einer Brigade oder der Belegschaft einer Fabrik als für den Staat vollbracht dargestellt wurden. Solche Wendungen waren vor einigen Jahrzehnten kaum zu hören. Denn auch das Verhältnis zum Staat hat sich verändert. Früher war für den Chinesen dieses Wort ein blasser Begriff. Es gab für ihn die Großfamilie, es gab die Provinz, in der er lebte, es gab auch – irgendwo weit weg – den Kaiser und näher (zu nah!) seine Mandarine. Was aber war der Staat?

Heute gehört das Wort Staat (= Kuotschia) zu den meistgebrauchten Vokabeln. Nach allem was ich gehört habe, hat es in China jetzt etwa denselben Sinn, wie wir das deutsche Wort Staat gebrauchen, es umfaßt nicht nur den Staatsapparat samt Regierung, sondern auch die als politische Einheit organisierte Nation. Wenn Mao zum Beispiel von den kapitalistischen Staaten spricht, die gegen den Willen und die wahren Interessen ihrer Völker Krieg führen, meint er die Inhaber (in seinem Sinn: die Usurpatoren) der Staatsgewalt. Und wenn er die Einheit des Staates als Voraussetzung des Sozialismus bezeichnet, so versteht er darunter die Einheit des chinesischen Volkes. (Siehe ›Rotes Büchlein‹, jeweils das erste Zitat im XVIII. bzw. XXV. Kapitel.)

Wie stark ist daneben der chinesische Internationalismus? Der »fremde Gast« bekommt ihn häufig vorgeführt: Er sieht Plakate, auf denen Chinesen zusammen mit den Angehörigen anderer Rassen gegen den Imperialismus anstürmen; er hört die ›Internationale‹ (häufiger als heute in der Sowjetunion); er findet auf jeder Laienbühne unvermeidlich eine Szene, in der die Darsteller (schon im Kindergarten) mit geballten Fäusten und verzerrten Gesichtern den versklavten Brüdern in der Dritten Welt zu Hilfe eilen; er stößt auf Mao-Zitate über das Bündnis der Volksrepublik China mit den Befreiungsbewegungen der unterdrückten Völker, einschließlich der Neger in den USA, und er erfährt beim Besuch eines Betriebes, man habe dort aus Solidarität mit dem Kampf der indochinesischen Völker gegen den amerikanischen Imperialismus die Produktion erhöht. Aber ich erinnere mich gut daran, wie mir Ähnliches einst in fast denselben Redewendungen in der Sowjetunion dargeboten wurde, und frage mich unwillkürlich, wie tief denn dieser Internationalismus bei den Chinesen heute wirklich geht. Daß es ihn gibt, daran zweifle ich nicht. Aber im Vergleich zu dem höchst vitalen Nationalgefühl würde ich ihm nur einen Bruchteil von dessen Stärke beimessen.

Das chinesische Volk ist in diesem Jahrhundert seiner selbst als Nation bewußt geworden; vermutlich hat diese Entwicklung ihren Höhepunkt noch nicht erreicht. Wie es nach Mao um den Maoismus bestellt sein wird, weiß ich nicht. Daß der Patriotismus, den Mao zu entfachen kräftig half, ihn überleben wird, dessen bin ich gewiß; vielleicht wird das sich als Maos bleibendste Leistung herausstellen.

China und der Westen

Zu den häufigsten Fragen, die mir seit der Rückkehr aus China gestellt werden, gehört die nach der »Gelben Gefahr«. Ist China heute eine Gefahr? Und wenn nein, wird es das morgen sein? Nach welchen Methoden die Chinesen ihre Löhne zahlen und ihre Felder bebauen, das mag ihre Sache sein; wissen will man, ob sie uns und unseren Kindern gefährlich werden können.

Der Kurzbesucher kann indessen nicht erwarten, gerade auf diese Frage im Lande selbst eine Antwort zu finden; gäbe es irgendwelche gefährlichen Absichten, wäre er der Letzte, dem das mitgeteilt würde. Er wird versuchen, aus den allgemein bekannten Fakten ein Urteil zu gewinnen.

Daß die Chinesen in absehbarer Zeit aus Raumnot über andere Länder herfallen, über Sibirien zum Beispiel, habe ich nie geglaubt und glaube ich heute noch weniger. In runden Zahlen leben in der Volksrepublik China heute 80 Menschen pro Quadratkilometer, in der Bundesrepublik 230, in Japan 260. Gewiß, in China gibt es riesige unfruchtbare Gebiete, aber auch in Japan drängen sich die Menschen vorwiegend auf den schmalen Küstenebenen. Dieses Japan, aber auch europäische Länder, nicht zuletzt die Bundesrepublik, beweisen, wie irreal der alte, nur an Grund und Boden orientierte und auf Autarkievorstellungen fixierte Alarmruf vom »Volk ohne Raum« heute ist; erst recht gilt das für China mit seiner unermeßlichen Landreserve.

Von einer Gesamtfläche von insgesamt rund 950 Millionen Hektar waren 1960 etwa 120 Millionen bebaut. Damals sagte Tschou En-lai, weitere hundert Millionen Hektar könnten noch agrarisch erschlossen werden. Aus dieser Reserve ist seither ein Teil unter den Pflug gekommen, doch ist sie auch jetzt noch riesenhaft. Zudem ist der Begriff »erschließbar« relativ; bei entsprechender Investition ließe sich auch die Wüste Gobi in Ackerland verwandeln. Zweifellos wäre auch der Hektarertrag des bereits genutzten Bodens noch beträchtlich zu steigern.

Im übrigen ist der Besucher nicht auf ohnedies zweifelhafte Statistiken angewiesen, er sieht es mit eigenen Augen: Die Zahl der Kinder pro Familie ist kleiner geworden; die größte, die ich feststellte, betrug sechs, meist waren es nur zwei oder drei. Dies wird von anderen Beobachtern der jüngsten Zeit bestätigt. (»Chinas sich wandelnde Gesellschaft scheint die Geburtenrate zu senken«, überschrieb der ›New York Times‹-Korrespondent Tillman Durdin seinen Bericht aus Schanghai in der Ausgabe vom 21. April 1971.) Der Staat empfiehlt nachdrücklich erstens spätes Heiraten, zweitens größere Pausen zwischen den Geburten. Verhütungsmittel sind vorhanden, nicht in ausreichender Menge – aber früher gab es überhaupt keine. Auch der Wunsch der Bevölkerung nach möglichst vielen Kindern, vor allem Söhnen (die Töchter nahm man dann eben in Kauf), hat offensichtlich nachgelassen. Vielleicht wird die nächste Volkszählung eine Überraschung ergeben.

Der Besucher sieht auch die Berghänge, an denen zahllose neue Terrassen angelegt werden können – mit hohem Arbeitsaufwand gewiß, mit Bewässerungsanlagen und Staudämmen, aber im wesentlichen mit Menschenkraft, die nicht viel mehr kostet als vier Zentner Reis pro Person und Jahr, das heißt so gut wie nichts – jedenfalls ganz unvergleichlich weniger als ein Krieg mit der Sowjetunion kosten würde. Auch in den Tagen der schlimmsten Spannung am Amur und Ussuri, im Frühjahr 1969, hielt ich es für ausgeschlossen, daß die Chinesen die Sowjetunion militärisch angreifen. Das Umgekehrte ist ebenfalls nicht eingetreten; aber das wäre dann auch nicht unter die Rubrik »Gelbe Gefahr« gefallen. Das östliche und südöstliche Asien ist ohnehin dicht besiedelt. Weiten Siedlungsraum gäbe es erst wieder in Australien, aber ein Sprung dorthin ist bis auf weiteres kaum aktuell.

In der Politik ist alles möglich, wer wüßte das nicht. Aber eine Expansion Chinas aus Gründen des Bevölkerungsdruckes schließe ich für den Rest des Jahrhunderts als höchst unwahrscheinlich aus meinen Überlegungen aus.

Weit wahrscheinlicher wäre eine indirekte, eine politische Expansion. Die chinesische Führung zeigt ein Sendungsbewußtsein innerhalb der Dritten Welt – des Welt-Dorfs, wie Lin Piao sie im Spätsommer 1965 nannte, als er sie, mit China an der Spitze, gegen die Welt-Stadt, das heißt die Industrie-Staaten, aufrief.

Man darf unterstellen, daß die politische Spitze in China diese Führungsaufgabe mindestens so ernst nimmt wie die sowjetische die ihre, wahrscheinlich ernster; ihr Verhältnis zur Weltrevolution scheint noch ursprünglicher und ungebrochen zu sein.

Auf der anderen Seite gibt es genügend Beispiele dafür, daß Peking keineswegs bereit ist, seine eigenen Interessen aufs Spiel zu setzen, um auswärtige Revolutionen zu fördern. Wie einst Stalin aus sowjetischem Machtinteresse während des chinesischen Bürgerkrieges mit Tschiang Kai-schek kollaborierte, weil er gegen Japan ein starkes und nicht ein zerrissenes China brauchte, so hat Mao im pakistanischen Bürgerkrieg von 1971 die Militärregierung des Generals Yahya Khan, nicht aber die nationale Befreiungsbewegung in Ostbengalen unterstützt, weil er gegen Indien ein starkes und nicht ein zerfallendes Pakistan wollte und außerdem nicht wünschte, daß Moskau in einem sich ausweitenden Konflikt in Südasien – wie 1965 – eine Vermittlerrolle zufällt. Die Chinesen, mit denen ich in Stadt und Land zusammentraf, sind gegenwärtig so völlig mit dem Aufbau ihres Landes beschäftigt, daß sie für die Außenwelt so gut wie kein Interesse zeigten, außer für Südostasien, von dem sie ständig hören und lesen. Sollten sie freilich von Mao zum Kampf aufgerufen werden, so würden sie ohne Zögern zu den Fahnen eilen. Die Entscheidung liegt nicht beim Volk, das den Frieden wünscht. Was aber will die Führung?

In der heiligen Stadt Yenan saß ich auf der Steinbank, auf der Mao im August 1946 in einem Interview mit der amerikanischen Journalistin Anna Louise Strong den bekannten Satz sprach: »Die Atombombe ist ein Papiertiger.« Später wurde noch über andere Äußerungen berichtet, die die Bereitschaft zeigten, einen neuen Weltkrieg auf die leichte Schulter zu nehmen. (Siehe unter Dokumenten: ›Mao spricht‹.) Seit China selbst Atombomben herstellt, sind solche erschreckenden Äußerungen nicht mehr bekannt geworden. Die Russen haben Mao vorgeworfen, er wolle sie und die Amerikaner in einen Kampf auf Leben und Tod hetzen und selbst »von einem Hügel zuschauen, wie sich Tiger und Löwe zerfleischen«. Ich glaube nicht, daß das auf die heutige Politik Chinas zutrifft.

So wie die Dinge *heute* liegen, möchte ich annehmen, daß die Pekinger Führung in erster Linie an das eigene Land denkt, an die Schaffung eines neuen China mit einem neuen chinesischen Volk, daß sie Wert darauf legt, von einem Kranz befreundeter, mindestens aber ungefährlicher Klein- und Mittelstaaten umgeben zu sein (von Korea bis Afghanistan), dabei aber unverrückbar an dem Ziel der Rückgliederung Taiwans festhält. Als ihre gefährlichsten Partner betrachtet sie die auf asiatischem Boden beheimateten Großmächte Sowjetunion und Japan. Die Bildung von pro-maoistischen Regimen in der Dritten Welt wird gefördert – soweit das Pekings sonstige politische Pläne nicht stört.

Die Einladung Tschou En-lais an den US-Präsidenten, die Nixon in seiner dramatischen Erklärung am 15. Juli 1971 abends annahm, zeigt deutlich, wie kühl-realistisch Peking seit dem Auslaufen der Kulturrevolution Politik macht, wie wenig es sich dabei durch Ideologien stören läßt. (Diesen ganzen Komplex behandelt ein Sammelband ›Das große Dreieck. Washington–Moskau–Peking‹, Stuttgart 1971, zu dem auch ich einen Beitrag verfaßt habe.)

Ob im Zuge einer solchen Politik im Laufe der Zeit eine chinesische Gefahr entsteht, hängt nicht davon ab, ob in China eine Viertelmilliarde Menschen mehr oder weniger lebt. Die Zeit der mongolischen Reiterheere ist vorbei, und der Einsatz von Atomwaffen ist von den Weltmächten, zu denen China gehört, am wenigsten zu erwarten. Nicht mit Waffengewalt will der Maoismus die Welt erobern, sondern mit der Macht seiner revolutionären Ideologie. Der Schwung dieser Expansion scheint in den letzten Jahren nachgelassen zu haben. Wie sich die außenpolitische Öffnung des Jahres 1971 auf die Strategie in der Dritten Welt auswirken wird, bleibt abzuwarten.

Eine andere Perspektive aber darf nicht weiter in solchem Maße vernachlässigt werden, wie es bisher die Regel ist: die wirtschaftliche Expansion, die in nicht allzu ferner Zukunft vom neuen China zu erwarten ist. Heute wendet es seine Arbeitskraft noch überwiegend der Landwirtschaft zu. Wer aber die Chinesen mit bloßen Händen, mit Schubkarren und Tragestangen, Berge versetzen sieht, der fragt sich, was sie zustande bringen werden, wenn ihr Land industrialisiert sein wird und es bei ihrem Konsumverzicht bleibt. Der Nachbar Japan beweist, zu welchen Produktionsleistungen ein asiatisches Volk imstande ist, wenn es das Stadium der Hochindustrialisierung erreicht hat, und es gibt heute schon sieben- bis achtmal mehr Chinesen als Japaner. Niemand soll seinen Trost in dem Gedanken suchen, die Chinesen wären den Japanern an Intelligenz und Fleiß unterlegen; sie sind nur ein Jahrhundert später in das technische Zeitalter aufgebrochen, und daß ein solcher Rückstand unter einer entschlossenen Führung aufgeholt werden kann, hat ihnen das Beispiel des sowjetischen Nachbarn gezeigt.

Als ich nach meinem diesjährigen Besuch erst in dem nach der Fläche zu den Mittelstaaten zählenden, aber hochindustrialisierten Japan, dann in dem riesigen, ganz am Anfang seiner Industrialisierung stehenden China heimkehrte, noch unter dem Eindruck des ungeheuerlichen Fleißes dieser beiden Nationen, und wieder unser schmuckes Deutschland sah mit seinem immer intensiveren Lebensgenuß, mit seinen immer kürzeren Arbeitszeiten und immer längeren Autoschlangen, unser kleines Europa, in dem sich kleinkarierte und kurzsichtige Mini-Patrioten mit antiquierten und eitlen nationalen Empfindlichkeiten als Bremser auf dem Wege zum Vereinigten Europa betätigen, dann fühle ich mich gezwungen, meinen Landsleuten und den europäischen Nachbarn zuzurufen:

Es tut sich allerhand in der Welt. Benehmt euch nicht, als gäbe es nur euch! Es gibt unter anderem dreiviertel Milliarden Chinesen, die gerade erst die Ärmel aufgekrempelt haben. Wenn wir nicht alles tun, um in der Spitzengruppe der geistigen und technischen Entwicklung mitzuhalten, werden sie mit ihren Waren die Welt überschwemmen, wird Europa zu einem Anhängsel Asiens werden. Die Antwort auf den Aufbruch Asiens ist der Zusammenschluß Europas.

Bonn und Peking

Der großen Mehrheit des chinesischen Volkes liegt die Außenpolitik fern, erst recht Europa. Für die Erwachsenen war ich »der Gast aus Westdeutschland«, für die Kinder »der Onkel« oder, im Kindergarten, »der Großvater aus Westdeutschland«, wohl ohne daß sich damit irgendwelche Gefühlswerte verbanden.

Die politisch Versierten kannten sich natürlich aus. Ihnen sind Begriffe wie Bonn, EWG und NATO vertraut; ihnen ist klar, daß die Bundesrepublik, wenn auch mit Abstand, die nach der Sowjetunion stärkste Wirtschaftsmacht auf dem europäischen Kontinent und nächst Japan der zweitgrößte Handelspartner Chinas ist, daß sie nach der Zerstörung im Zweiten Weltkrieg eine staunenswerte Aufbauleistung vollbracht hat, daß ihre Beziehungen zu – wie man meist sagte – Ostdeutschland gespannt sind (»Wie die Ihren zu Taiwan«, sagte ich dann) und daß sie sich um eine Verbesserung ihres Verhältnisses zu den Staaten Osteuropas bemüht. Von deutschen Politikern kannte man Adenauer und Brandt.

Auffallend war das Interesse an der EWG. Mein Reisebegleiter aus dem Außenministerium zeigte sich gut unterrichtet und stellte mir viele detaillierte Fragen, und im Diplomatischen Korps in Peking bestätigte man mir, daß im Zuge der Rückkehr Chinas in die Weltpolitik die Beschäftigung politischer Kreise in der Hauptstadt mit der EWG auffallend zugenommen habe. Dort machte man mich auf ein bemerkenswertes Dokument aufmerksam, das in der europäischen Presse so gut wie keine Beachtung gefunden hatte:

Am 20. Februar 1971 hatte die Pekinger Nachrichtenagentur »Hsinhua« einen Bericht über den Stand der Integrationsbemühungen der sechs EWG-Staaten gebracht, der als sachlich und wohlinformiert bezeichnet werden muß und keinerlei polemische Spitzen gegen einzelne EWG-Staaten aufwies, auch nicht gegen die Bundesrepublik, deren Drängen auf raschere Integration Europas ganz objektiv vermerkt wurde. Am 24. Mai 1971, nach dem Treffen Pompidou–Heath, ging die Agentur erneut auf die Einigung Europas ein. Sie zitierte – offensichtlich zustimmend – westliche Presseorgane, die ein Vereinigtes Europa als »Rivalen der Supermächte USA und UdSSR« bezeichneten, der imstande wäre, »den USA und der UdSSR auf dem Gebiet des Handels von gleich zu gleich entgegenzutreten«.

Wenn ich das Konzept der Vereinigten Staaten von Europa entwickelte, erhielt ich Reaktionen wie diese: »Wir begrüßen ein starkes Europa, denn dadurch wird die Herrschaft der beiden Supermächte über Europa eingeschränkt«, oder: »Wir Chinesen haben vor einem vereinigten Europa keine Angst.« So bin ich mit der Überzeugung nach Europa zurückgekehrt, daß von China Widerstände gegen den Zusammenschluß Europas nicht zu erwarten sind. Im Grunde hält Peking an der vor

Jahren entwickelten Auffassung fest, daß es für China günstig ist, wenn die machtpolitisch zwischen China und den beiden Supermächten liegenden Gebiete (von Mao als Zwischenzonen bezeichnet) stark sind. Diese Einstellung Chinas zum Zwischenzonen-Europa führt automatisch zum Interesse an der Bundesrepublik als seiner wirtschaftlich bedeutendsten Potenz.

Daß die Bundesrepublik keinerlei amtliche Beziehungen zu Taiwan unterhält, ist der Umstand, der – neben den bereits genannten Erwägungen – in Peking am stärksten zu ihren Gunsten spricht. Mehr als einmal wurde mir bedeutet: »Wir wissen, daß es in den fünfziger Jahren gewisse Bindungen zwischen führenden Kreisen in der Bundesrepublik und in Taiwan gab, und rechnen es Adenauer hoch an, daß er deren Drängen nicht nachgab und – im Unterschied zu Tokio – Taiwan nicht anerkannte. Er hat sich auf diese Weise die Hände in Ostasien freigehalten.«

Manche politischen Maximen Maos sind auch außerhalb Chinas beherzigenswert, so diese: »Man muß sich beim Studium eines komplizierten Prozesses, der zwei oder noch mehr Widersprüche enthält, die größte Mühe geben, den Hauptwiderspruch herauszufinden. Sobald dieser erkannt ist, kann man alle Probleme leicht lösen« (›Rotes Büchlein‹, Kapitel XXII). Wenn man mit diesem Grundsatz im Auge aus Peking nach Europa blickt – was ist dann für China der Hauptwiderspruch? Ganz ohne Zweifel der eigene Konflikt mit den Supermächten; wie man sich diesen beiden gegenüber zu verhalten habe, ist das A und O allen außenpolitischen Denkens in Peking und bestimmt auch seine Haltung zu den beiden deutschen Staaten.

Die Spaltung Deutschlands haben die Chinesen nicht erfunden, aber nun ist sie da. Ihre Einstellung zur DDR ist zwiespältig. Einerseits besteht in China immer noch das aus den fünfziger Jahren stammende Solidaritätsgefühl zu ihr als einem Mitglied des sozialistischen Lagers, und hegt man in Peking nach der positiven Erfahrung mit Rumänien die Hoffnung, daß sich auch noch andere Staaten aus der Machtsphäre der UdSSR lösen werden, wenn sie dazu stark genug sind; die Erklärung nach dem deutsch-sowjetischen Vertrag vom Sommer 1970, Moskau habe die Interessen der DDR an Bonn verraten (Pekinger ›Volkszeitung‹ vom 13. September 1970), dürfte auch dahin zu verstehen sein, daß man Ost-Berlin durch ihn geschwächt sieht. Andererseits aber weiß man, daß das Ost-Berliner Regime fester als irgendein anderes zu den »Sozialimperialisten« und »Revisionisten« im Kreml hält, aus seiner Sicht auch halten muß.

Diesen dritten Aspekt hat Ost-Berlin erneut und unmißverständlich bestätigt, als das ›Neue Deutschland‹ am 26. März 1971 einen Angriff gegen Peking richtete, und zwar im Zusammenhang mit einem Aufsatz zum hundertsten Jahrestag der Pariser Kommune, der in der chinesischen Presse einige Tage zuvor groß aufgemacht erschienen war (siehe Dokumente). Der törichte Wutausbruch (am Schluß des Zitats) hat sich übrigens auf meine Reise in China keineswegs ungünstig ausgewirkt.

Wie immer Peking auf längere Sicht zur Bundesrepublik stehen mag, eines ist klar: Im Vergleich zum Hauptwiderspruch Peking contra Supermächte ist – für Peking – der Widerspruch Bonn contra Ost-Berlin nur dritt- oder viertrangig. Anders ausgedrückt: Die Stärkung Europas als Zwischenzonen-Macht ist für China ungleich wichtiger als die Verschärfung des Konfliktes zwischen West- und Ostdeutschland, zwischen West- und Osteuropa. Daher ist mir in Peking keine Kritik an der deutschen Ostpolitik zu Ohren gekommen, soweit diese sich auf die osteuropäischen Staaten westlich der Sowjetgrenze bezieht.

Dagegen sähe Peking in einer weitgehenden Annäherung der Bundesrepublik an den Kreml eine Beeinträchtigung ihrer Zwischenzonen-Rolle. Daher auch die eben erwähnte heftige Kritik am deutsch-sowjetischen Vertrag vom vorigen Sommer (die freilich in erster Linie als Teil des Kalten Krieges mit Moskau zu verstehen war). Damals witterte man – nicht nur in Peking – ein neues »Rapallo«, ein weltpolitisches Zusammenspiel zwischen Moskau und Bonn. Ich habe den Eindruck, daß man im Jahre 1971 – angesichts des stockenden Fortgangs der Vierer-Verhandlungen über Berlin und der Verzögerung einer Ratifikationsdebatte in der Bundesrepublik – die Dinge ruhiger sieht.

Ein aufmerksamer Beobachter der chinesischen Außenpolitik sagte mir in Peking: »Die Chinesen waren in Anbetracht ihres Konfliktes mit der Sowjetunion sehr unzufrieden über euren Vertrag mit den Russen vom vorigen August. Aber sie sind klug genug, einzusehen, daß sich durch diesen Vertrag das Gesicht Europas in einem für China nicht nur negativen Sinne verändert hat: Indem die Bundesrepublik ihre Beziehungen zu Osteuropa verbessert, vermindert sich die Abhängigkeit der

Satellitenstaaten von Moskau, und indem das außenpolitische Gewicht der Bundesrepublik und ihre Handlungsfreiheit zunehmen, wird das übrige Europa zur Verstärkung der europäischen Einigungsbestrebungen gezwungen, was wiederum die Verselbständigung Westeuropas von Amerika fördert.«

Unter diesen Umständen war meine Argumentation bei Gesprächen mit chinesischen Partnern gegeben. Sie lautete:

Der Moskauer Vertrag zwischen der Bundesrepublik und der Sowjetunion ist in Peking unfreundlich aufgenommen worden; die Gründe für diese Haltung lagen auf der Hand. Aber für uns Deutsche ist es eine Notwendigkeit, ja eine Selbstverständlichkeit, ein Vierteljahrhundert nach dem Ende des Krieges dessen psychologische Folgen zu beseitigen. Dem Westen gegenüber haben wir unsere Beziehungen längst normalisiert, nun versuchen wir es dem Osten gegenüber. Wir sind glücklich, daß wir mit Rumänien, zu dem China ein besonders enges Verhältnis unterhält, bereits vor Jahren ausgezeichnete Beziehungen hergestellt haben, aus denen auch Rumänien Nutzen zieht. Mit anderen Staaten ist das nicht so leicht, in manchen Fällen müssen wir zu diesem Zweck schwere Opfer bringen. Vor allem für Menschen meiner Generation ist die Preisgabe alten deutschen Siedlungsbodens sehr schmerzlich. Trotzdem bin ich für die deutsche Ostpolitik, da sie durch den Abbau innereuropäischer Spannungen das Gewicht und die Selbständigkeit Europas erhöht. Auf lange Sicht liegt sie auch im wohlverstandenen Interesse Chinas.

Umgekehrt könnte man den Russen sagen: Wie unsere Normalisierung mit Moskau eine Selbstverständlichkeit ist und für Peking kein Grund zur Kritik sein sollte, ist auch die kommende Normalisierung unserer Beziehungen mit Peking eine Selbstverständlichkeit und sollte sie für Moskau kein Grund zu Mißbehagen sein. Die Sowjetunion vertritt ja sonst den Standpunkt, de facto bestehende Regierungen seien anzuerkennen. Warum sollte ausgerechnet die Bundesrepublik ausgerechnet die Volksrepublik China nicht anerkennen?

Die Zeit für eine Normalisierung unserer Beziehungen zur Volksrepublik China ist gekommen. Die Frage, in die der Bundestagsabgeordnete Ernst Majonica hineinzuleuchten sucht, ob die ersten tastenden Gespräche im Jahre 1964 mehr an Bonn oder mehr an Peking scheiterten, hat heute vorwiegend historische, allenfalls wahlkampftaktische Bedeutung und sollte unsere künftigen Kontakte zu Peking nicht belasten. In beiden Hauptstädten (und auch in Washington) hat sich einiges geändert. Das China, mit dem wir es heute zu tun haben, ist nicht mehr das China der Kulturrevolution; es sucht entschlossen den damals abgebrochenen Anschluß an die Welt.

Niemand kann garantieren, daß Peking offizielle Beziehungen zu Bonn wünscht; ich kann nur sagen, daß ich es vermute. Wenn Peking – trotz Taiwan – mit Washington Fäden anknüpft, sehe ich nicht, warum es nicht – trotz DDR – zu Gesprächen mit Bonn bereit sein sollte. Es käme auf einen Versuch an.

Rückblick

Die letzten Seiten dieses Buches werden in einem Dorf im Schwarzwald geschrieben, wo einzelne Bauern hoch vom Traktor mit modernen Maschinen ihre Wiesen mähen, wo Kurgäste, meist mittleren und höheren Alters, promenieren, wo im nahegelegenen Städtchen, das nach dem Kriege Stein für Stein liebevoll wieder aufgebaut wurde, die Läden von den Lebensmitteln und Moden Europas überquellen und Scharen von Urlaubern und Betriebsausflüglern die Straßen und Cafés bevölkern.

Der Kontrast zu China könnte größer nicht sein; der räumlichen Distanz fügte er den inneren Abstand hinzu. Der kurze Blick in das Leben des Dreiviertel-Milliarden-Volkes, das von Arbeitseifer und patriotischer Selbstlosigkeit vibriert und in einer gewaltigen Anstrengung eine neue Zukunft sucht – in der Erinnerung wirkt er nach wie das Erlebnis eines erschütternden Naturereignisses; die zweiunddreißig Tage gehören zu den stärksten Eindrücken, die nie mehr vergessen werden. Aber ob, was man heute in China sieht, nur ein Augenblick in der Geschichte einer einzelnen Nation ist – der größten freilich der Erde – oder eine Zeitenwende, die auch den Westen zur Neuorientierung zwingt – das ist noch nicht entschieden.

Vieles von dem, was in China geschieht, läßt sich recht einfach aus seiner Lage und aus der Geschichte erklären: China befindet sich in einer Frühstufe der Industrialisierung; es verfügt über ein Riesenpotential an Arbeitskräften und über sehr wenig Kapital; es muß also, wenn es vorankommen will, das meiste »aus eigener Kraft« tun, ein Leben des Konsumverzichts und der Askese führen. Bis vor wenigen Jahrzehnten waren die Chinesen ferner weder eine Nation noch hatten sie ein Staatsgefühl; in dieser Beziehung ist viel nachgeholt worden: In Stadt und Land arbeitet das Volk für den Vorsitzenden Mao und das Vaterland.

Das alles ist höchst eindrucksvoll, aber nicht neu, schon gar nicht für die Völker des Westens; sie haben heute die umgekehrten Probleme – sie kämpfen mit den Folgen der Hochindustrialisierung, der Überflußgesellschaft, und sie sind dabei, ihren Nationalismus zu überwinden und sich zu integrieren.

Doch dieses China will mehr, als den Westen einholen; Mao hat seinem Land neue Ziele gesetzt – den neuen Menschen, die neue Gesellschaft der Gleichen, der Selbstlosen, der »glücklichen Schräubchen« und »willigen Ochsen«, eine Gesellschaft, die als Modell dienen soll, vor allem für die Dritte Welt, aber auch für die Menschheit überhaupt.

Dieses maoistische China kann man zwar beobachten und kommentieren, aber letzten Endes muß jeder für sich entscheiden, ob er an das Ideal und die Möglichkeit dieses neuen Menschen glaubt oder nicht. Wenn ja, wird er bereit sein, den auf dem Wege dahin zu entrichtenden Preis als berechtigt anzusehen; tut er es nicht – und ich neige zur Skepsis –, so wird ihm dieser als allzu hoch erscheinen, wird ihn das Beispiel im Fernen Osten schrecken: der Mao-Kult, in seiner Übersteigerung besonders demjenigen ein bedrückender Anblick, der im Leben schon mehr als einen Personenkult samt Folgen erlebt hat; die geistige Gleichschaltung auf der Ebene der sechshundert Aussprüche Mao Tse-tungs, der acht Opern Tschiang Tschings; das periodische Unterpflügen der gerade erst entstandenen Führungsschichten mit 7. Mai-Methoden; die Parole der »fortdauernden Revolution«; der Zwang zum Konformismus, zur Selbstbezichtigung, ja Selbsterniedrigung.

Wer nicht zu den Gläubigen zählt, wird sich auch zweifelnd fragen, ob sich China, wenn es aus dem Stadium des frühindustriellen Agrarstaates herauskommen will, diesen Argwohn gegen die geistige Leistung und die sie hervorbringenden Menschen, diesen häufigen Wechsel seiner Eliten wird leisten können; die »Pferde«, von denen man diese herunterholen muß, werden mit fortschreitender Industrialisierung immer komplizierter, die »Reiter« selbst immer höher qualifizierte Experten, das Reiterwechseln wird also immer kostspieliger, die Zeitspanne, die nötig ist, um die Kosten eines revolutionären

Stoßes wettzumachen, immer länger. Mao scheint nicht zu glauben, daß zwischen einer fortdauernden Revolution und der Dynamik der Modernisierung ein Dilemma besteht. Wir werden abwarten.

In jedem Fall aber: die enorme Manipulierbarkeit des chinesischen Volkes ist ein Grund zu ernster Sorge. 1966/67 Revolution im Zeichen der Roten Garden, 1968/69 (beginnend sogar schon 1967) Restauration im Zeichen der Armee. Zwanzig Jahre wütende Propaganda gegen die Vereinigten Staaten im Zeichen von Korea, Taiwan und Vietnam, dann unvermittelt Freundschaft mit den Amerikanern – im Zeichen des Pingpong-Balles. Liu Schao-tschi – gestern zweiter Mann, heute oberster Schurke, dessen Niedertracht jeder bezeugt. Es ist, als werde ein elektrischer Strom einmal ein- und dann wieder ausgeschaltet, und dreiviertel Milliarden Lampen leuchten auf oder verglimmen. Wird nicht plötzlich wieder der Schalthebel umgelegt werden und, was heute gelobt wird, morgen verdammt sein?

Sollte die Öffnung zur Welt anhalten, die wir neuerdings erfreut erleben, so werden wir Gelegenheit haben, das Land besser und über Jahre hinweg zu beobachten und zu verstehen. Das wäre erwünscht, denn noch befinden sich die Chinesen in einer exaltierten Hochstimmung, die sie aus ihren gewachsenen Lebensbedingungen gerissen, über sich selbst hinausgehoben hat, und die über eine Entwicklung auf lange Sicht nur wenig aussagt.

Fraglos sind sie uns näher gerückt, seit sie nicht mehr, wie noch in den Tagen meiner Jugend, in einer – von uns gesehen – Märchenwelt leben, sondern sich auch selbst mit den wohlbekannten Problemen der modernen Zivilisation plagen müssen. Aber sie sind uns auch fern, weil sie diese so völlig anders angehen. Der Maoismus versetzt Berge – chinesische Berge.

Zwiespältige Gefühle also: Respekt, doch auch Sorge und Unbehagen. Was uneingeschränkt bleibt, ist die Neugier, wie das alles weitergehen wird, ist die Sympathie zum großen chinesischen Volk in einer bedeutsamen Stunde seiner Geschichte.

Ein Jahr danach

Im Frühjahr 1971 verbrachte ich 32 Tage in China, im Frühjahr 1972 bei dreizehn Nachbarn Chinas 88 Tage. Zusätzlich zur Sowjetunion waren dies, von West nach Ost, wenngleich nicht in dieser Reihenfolge besucht:

Afghanistan	Singapur
Pakistan	Indonesien
Indien	Süd-Vietnam
Bangladesch	Hongkong
Burma	Süd-Korea
Thailand	Japan

Das Thema von 1971 lautete: Wie sieht das China aus, das nach langer Abwesenheit in die Weltpolitik zurückkehrt? Und die Doppelfrage von 1972: 1. Was hat sich in China in den letzten zwölf Monaten verändert? 2. Wie reagieren die Nachbarn auf Chinas Rückkehr?

Auch diese Reise, wie die früheren, wurde von mir selbst finanziert, doch habe ich zahlreichen Menschen und Institutionen, den deutschen Botschaften und Generalkonsulaten vor allem, aufrichtig zu danken, die mir in hohem Maße behilflich waren.

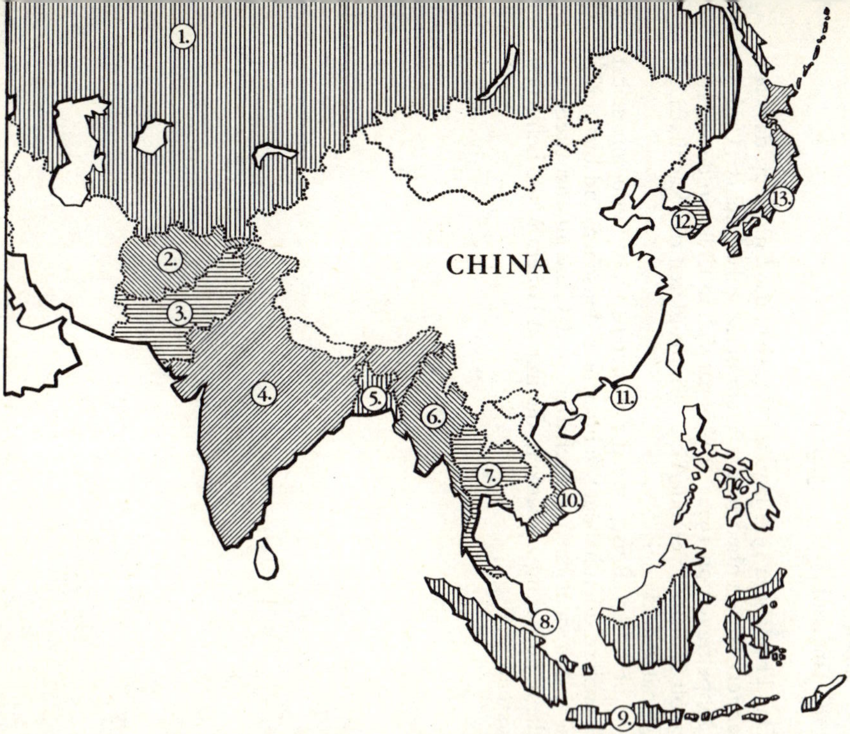

Länder, deren
Hauptstädte
besucht wurden:

1. Sowjetunion
2. Afghanistan
3. Pakistan
4. Indien
5. Bangladesch
6. Burma
7. Thailand
8. Singapur
9. Indonesien
10. Süd-Vietnam
11. Hongkong
12. Süd-Korea
13. Japan

Chinas große Rückkehr in die Weltpolitik zwischen dem Frühjahr 1971 und dem Frühjahr 1972 ist ausreichend bekannt und braucht hier nicht im einzelnen dargelegt zu werden. Die Einladung der amerikanischen Pingpong-Spieler nach China; deren Begleitung durch eine Gruppe angesehener amerikanischer Journalisten; die Ankündigung der Nixon-Reise; die Aufnahme diplomatischer Beziehungen zu zahlreichen Staaten; der triumphale Einzug in die UNO; die intensive Beteiligung an den dortigen Debatten (in der Frage des indisch-pakistanischen Konfliktes zum Beispiel); zunehmende Großzügigkeit in der Gewährung von Einreisevisen; Nixons Aufenthalt in China; die beginnende Mitarbeit in den internationalen Organisationen, so in der UNCTAD in Santiago de Chile – das sind einige der Etappen auf diesem erstaunlich schnell zurückgelegten Wege.

Daneben aber vollzog sich – im Inneren des Landes – eine kleine Rückkehr. Rückkehr zu was? Vereinfacht gesagt: zu den Verhältnissen vor der Kulturrevolution, vor 1966 also. Ich nenne dies eine kleine Rückkehr, weil sich innerhalb Chinas nichts ereignet hat, was sich an Dramatik mit der großen Rückkehr in die Weltarena vergleichen ließe. Aber da diese zunächst noch wenig bekannte kleine Rückkehr für das Verständnis des China von heute Hinweise gibt, sei sie kurz umrissen.

Zu Jahresbeginn wurden in China innerhalb kurzer Frist mehrere Staatsbegräbnisse begangen: Erst starb der langjährige Außenminister Marschall Tschen Yi, dann der ehemalige Herr über Tibet und Setschuan Tschang Kuo-hua, danach der Minister für öffentliche Sicherheit Hsie Fu-tschi, weiter der ehemalige Innenminister Tseng Schan, schließlich die Gesundheitsministerin Li Te-tschuan. Die Verstorbenen wurden mit großen Ehren zu Grabe getragen. Zur Staatsbeerdigung des Außenministers erschien Mao selbst, zu einigen der anderen schickte er Kränze. Tschou En-lai hielt mehrere Totenreden, am Sarge der Gesundheitsministerin sprach seine Frau.

Wer diese Nachrichten las, wer auf den amtlichen Fotografien die Gesichter der bei den Totenfeiern versammelten Parteiführer sah, dem drängte sich der Gedanke auf, der vermutlich auch die Gedanken der Trauergemeinde beherrschte: Die alte Garde nähert sich dem Abschluß ihrer Lebensspanne – ein Zeitalter geht zu Ende.

In China – wie in anderen kommunistischen Staaten – sind Staatsbegräbnisse jedoch mehr als bloße Totenehrungen, sie sind Signale. Die Verstorbenen waren nicht nur alt, sie waren auch – in der Kulturrevolution – von den Jungen in den Roten Garden als veraltet, als nicht mehr revolutionär, ja zum Teil als reaktionär angegriffen worden. Im Falle des Außenministers Tschen Yi hatte es in jenen Jahren des ganzen Einsatzes Tschou En-lais bedurft, um die gegen ihn gerichteten Attacken einigermaßen abzuwehren. Bei einigen der Toten kann man geradezu von postumer Wiedergutmachung sprechen; sie sollte klarstellen, daß die Jahre der Jagd auf die alten Kämpfer endgültig vorüber sind. Die Gegner von gestern mußten sich sogar vor ihnen verneigen: In Lhasa, der langjährigen Wirkungsstätte Tschang Kuo-huas, hatte der Mann die Gedenkrede auf ihn zu halten, der vor einigen Jahren die Rotgardisten gegen ihn unterstützt hatte. Die alten Helden kehren also zurück – nicht nur zu Mutter Erde, sondern auch ins Pantheon der Nation.

Auch zahlreiche andere Kader (wie man in China die Funktionäre aller Sparten nennt) sind wieder zu Ehren gelangt. Seit Tschou En-lai bei der Beerdigung des Außenministers von »Kampfgenossen-Veteranen und Kameraden-Veteranen« gesprochen hatte, werden sie in den Massenmedien respektvoll »Kader-Veteranen« genannt, und diejenigen, die sie immer noch in Bausch und Bogen verdammten, als Ultra-Linke gerügt. Bereits Ende Januar meldete die Provinz Schensi, 95 Prozent der alten Kader seien auf allen örtlichen Ebenen in die Führungsgruppen aufgenommen. »Die Kader sind ein wertvoller Schatz der Revolution; wir müssen für sie sorgen und sie in hohem Maße würdigen« (Radio Schensi, 25., 27., 28. 1. 1972).

Wenn meine in diesem Buch entwickelte These von der Hierarchie-Feindlichkeit Maos zutrifft, mußte damit gerechnet werden, daß eines Tages auch die – im Zuge der Kulturrevolution zur neuen Hierarchie, zum neuen Establishment gewordene – Armee in ihrer Machtfülle beschnitten würde, sobald die Partei wieder einigermaßen aktionsfähig geworden war. Dies dürfte im Laufe des Sommers und Frühherbstes 1971 der Fall gewesen sein. Damals verschwand ein Teil der zentralen Armeeführung von der Bildfläche, einschließlich der im Zusammenhang mit den Banketten bei Tschou En-lai beschriebenen militärischen Mitglieder des Politbüros (S. 33 f.). Mit ihr verschwand auch der 1969 ausdrücklich als Nachfolger Maos designierte (und als solcher in die neue Parteisatzung aufgenommene) Lin Piao. Die für die weitere Entwicklung Chinas entscheidende Frage der Nachfolge Maos war damit wieder völlig offen.

Wie die Parteikader werden auch die Techniker und Ingenieure, die ich noch vor Jahresfrist als karrieresüchtige Egoisten geschmäht hörte, aufs neue geschätzt. Man müsse »das technische Personal samt seinen Fachkenntnissen zur vollen Entfaltung kommen lasssen«, denn man brauche in den Betrieben »die aktive Beteiligung der Ingenieure und des technischen Personals«, schrieb die Pekinger ›Volkszeitung‹ (26. 1. und 5. 3. 1972).

In der Lohnpolitik wird die Wirkung des materiellen Anreizes auf den einzelnen nicht mehr so gering bewertet wie im Vorjahr. Zwar ertönt nach wie vor der Ruf: »Lernt von Dadschai!«, und der Leser weiß aus dem Kapitel über Dadschai, daß dort jedes Brigademitglied nach seiner Gesamthaltung, nicht nach seiner Tagesleistung entlohnt wird und daß die einzelnen Lohnkategorien sehr nahe beieinanderliegen; auch wird Liu Schao-tschi auf das schärfste angegriffen, weil er »materielle Anreize« für unerläßlich hielt. Auf der anderen Seite aber wird die »Gleichmacherei« bei der Entlohnung gerügt und die tägliche Berechnung von Arbeitspunkten gefordert, die es in Dadschai gerade nicht gab. »Bauern sind immer noch Bauern«, schrieb die ›Volkszeitung‹ am 27. Januar 1972. »Die Idee des Privateigentums ist bei ihnen tief verwurzelt, und sie arbeiten nur, wenn sie durch Arbeitspunkte dazu angeregt werden.«

Besonders aufschlußreich fand ich den Pendelschlag im geistigen Bereich. Wie in dem Kapitel ›Beim Gelben Kaiser‹ dargelegt, begann die Geschichte Chinas vor einem Jahr etwa mit der Gründung der Kommunistischen Partei, also vor wenig mehr als einem halben Jahrhundert. Man ließ mich keine Museen sehen (außer einem, in einer entfernten Provinz); in den Buchläden fand ich keine Darstellungen der chinesischen Geschichte, keine Romane aus der Vergangenheit; die Bühne war von Frau Maos acht Stücken beherrscht. Inzwischen wurde die – von der Kulturrevolution unterbrochene – Neuveröffentlichung der ›Vierundzwanzig Dynastie-Chroniken‹ fortgesetzt (sie behandelt in 3000 Bänden 4000 Jahre chinesischer Geschichte) und das Studium der Weltgeschichte gefordert (›Peking Review‹ 1972/21). Der Pekinger Staatsverlag brachte ein Bändchen mit Erzählungen heraus, es heißt ›Die Saat‹ und enthält Schulbeispiele des »sozialistischen Realismus«, die bei uns kaum als Literatur gälten, aber doch wenigstens Ansätze zu Erzählungen enthalten; einige klassische Romane, vor der Kulturrevolution gedruckt und dann eingezogen, liegen in den Geschäften aus, sogar ›Der Traum der Roten Kammer‹; zum ersten Mal seit langer Zeit erschien eine historische Monographie, eine Studie über zwei Dichter der Tang-Zeit, und wurden wieder einige alte Peking-Opern aufgeführt.

Auf einem kulturellen Gebiet gab es einen deutlichen Durchbruch – in der Archäologie. Seit dem Herbst 1971 erhalten neue Ausgrabungsfunde eine ungewöhnliche Publizität: Zeitungen, Zeitschriften und Broschüren berichten; seit Januar 1972 erscheint sogar – zum ersten Mal seit dem großen Zeitschriften-Sterben der Kulturrevolution – ein neues Organ, ›Archäologie‹. Diese plötzliche Fülle von Veröffentlichungen ist um so auffallender, als die Ausgrabungen nicht etwa erst in den letzten Monaten, sondern schon ab 1966 erfolgt waren, ohne daß davon etwas an die Öffentlichkeit gedrungen wäre. Eine Broschüre heißt in ihrem Untertitel ausdrücklich: ›Entdeckungen während der Kulturrevolution‹ (Peking 1972). Unter den zutage geförderten Kunstwerken befinden sich Schätze von hinreißender Schönheit – die bronzene Weinschale mit dem Eulenmuster aus dem zweiten vorchristlichen Jahrtausend, oder das galoppierende Bronze-Pferd aus der Han-Zeit, das mit den Hufen eine fliegende Schwalbe berührt, und noch höchst eigenartige Gegenstände, darunter die rund zweitausend Jahre alten, aus fast fünftausend Jadeplättchen gefertigten Totengewänder eines Prinzenpaares.

Aber der in erster Linie politisch und nicht archäologisch interessierte Beobachter wird nicht so sehr durch diese Kunstwerke als solche gefesselt, vielmehr durch das Rätsel, warum die Kunde von diesen bedeutenden Ausgrabungen erst jetzt, und zwar schlagartig, erfolgte – obgleich man mit den Grabarbeiten schon vor Jahren begonnen hatte und eine der wichtigsten Fundstätten, die der Han-Gräber von Mantscheng, bereits 1968 erschlossen worden war. Die Antwort ist doch wohl, daß Peking der im Westen (und vermutlich auch unter den Intellektuellen Chinas) verbreiteten Auffassung entgegentreten will, die Kulturrevolution sei eine für das nationale Erbe ausschließlich negative Phase der chinesischen Geschichte gewesen. Zugleich soll vermutlich im Volk das Selbstbewußtsein geweckt werden sowie die Überzeugung, zur Lösung auch der schwierigen Aufgaben von heute fähig zu sein. Damit wird aber, im Unterschied zum vorigen Jahr, dem chinesischen Volk zugleich bewußt gemacht, daß es im Laufe der Jahrtausende großartige kulturelle Leistungen vollbracht hat. Die nationale Geschichte ist also nicht mehr tabu und das chinesische Volk nicht mehr das »unbeschriebene Blatt«, auf das Mao, ohne von früheren Eintragungen gestört zu werden, seine eigenen Schriftzeichen malen wollte (vgl. S. 195).

Wie soll man sich diese Wandlungen innerhalb eines einzigen Jahres erklären? Wie die Widersprüchlichkeit der Weisungen an die Bauern – einerseits »Lernt von Dadschai!«, andererseits Lob der Arbeitspunkte?

Zu dieser letzten Frage unterhielt ich mich mit einigen chinesischen Kommunisten in Hongkong. Ihre Erklärung lautete: Wir haben in China Dörfer, in denen das sozialistische Bewußtsein und die Hingabe an den Vorsitzenden Mao und das chinesische Vaterland solche Ausmaße angenommen haben, daß sie – wie in Dadschai – des individuellen materiellen Anreizes nicht mehr bedürfen; in dieser Richtung liegt unser Ideal. Aber es gibt weite Landstriche, in denen die Entwicklung des Bewußtseins diesen Grad noch nicht erreicht hat, wo man also die Dadschai-Methoden zwar anstreben, aber noch nicht anwenden kann.«

Bis auf weiteres bin ich, mangels neuen Augenscheins, bereit, diese Erklärung anzunehmen. Ohnehin gehört zu meinem Verständnis von Maos Methode der revolutionären Stöße (Großer Sprung, Kulturrevolution), daß ihnen Phasen des Rückzugs, der »Rückkehr« also, folgen, die dann wieder durch neue revolutionäre Stöße abgelöst werden. Mao weiß (oder läßt es sich von Tschou En-lai sagen), daß nach gewaltigen revolutionären Anstrengungen Monate, wenn nicht Jahre der Beruhigung, des Atemholens notwendig sind, in denen mancherorts vorübergehend einige der in den revolutionären Stößen gewonnenen Positionen aufgegeben werden müssen, während sie an anderen Stellen (Dadschai z. B.) gehalten werden. Der Maoismus verläuft nicht gradlinig, sondern in »dialektischen« Zickzack-Kurven und nach Lenins Rezept: Zwei Schritte vorwärts, einen zurück.

Was schließlich die archäologische Welle betrifft, so ist nicht ausgeschlossen, daß die Publizität, die man den Funden aus alter Zeit gewährt, den Blick der Chinesen nicht nur auf die eigene Vergangenheit lenken, sondern auch auf die übrige

Welt öffnen soll. Manche der archäologischen Veröffentlichungen laufen nämlich unter dem Stichwort der Seidenstraße, also jenes uralten Überlandweges von China durch Zentralasien zum Mittelmeer, auf dem chinesische Seidenstoffe in den Westen und westliche Schätze nach China transportiert wurden. Die Römer, so liest man nun in China, seien bereit gewesen, für chinesische Seide deren Gewicht in Gold zu bezahlen, umgekehrt habe in China lebhaftes Interesse an römischen Glaswaren bestanden. Dies alles habe zum »freundschaftlichen Verkehr zwischen China und anderen Ländern« beigetragen. Peking erklärte dazu:

»Diese jüngsten [archäologischen] Entdeckungen zeigen erneut, daß die langwährende und tiefe Freundschaft, der kulturelle Austausch und die gegenseitige Befriedigung von Bedürfnissen, die bis zum heutigen Tag zwischen dem chinesischen Volk und den Völkern anderer Staaten andauern, schon seit sehr frühen Zeiten bestanden haben« (›China Reconstructs‹, 1972/4, S. 43).

Es mag sich um einen bloßen Zufall handeln, und doch fällt es auf, daß ein Stück der alten Seidenstraße in eine – freilich noch mühselige – Autostraße nach Gilgit (Pakistan) und damit nach Südasien verwandelt, daß ferner – fast gleichzeitig mit der Veröffentlichung von Karten der Seidenstraße in chinesischen Publikationen – die Absicht Pekings bekannt wurde, noch vor Jahresende eine eigene Fluglinie China–Südasien–Mittelmeer zu eröffnen.

Die Rückkehr der Parteileute und der technischen Experten, der Literaten und Archäologen ist also, wie sich erwiesen hat, nur eine »kleine Rückkehr«. Doch deutet sie auf eine weitere Normalisierung im Inneren Chinas hin, und diese verläuft parallel zur Normalisierung der Beziehungen Chinas zur Außenwelt – parallel also zur großen Rückkehr in die Weltpolitik.

Sowjetunion

Während der Woche, die Nixon in China verbrachte, hielt ich mich in der Sowjetunion auf. Obgleich diese – von Anfang und ungeachtet aller Spannungen – für die Aufnahme der Volksrepublik China in die UNO eingetreten war, haben die Umstände der Rückkehr Chinas in die Weltpolitik, hat insbesondere das Arm-in-Arm mit Amerika in Moskau nicht nur Verstimmung, sondern auch Besorgnis ausgelöst. Das war deutlich zu spüren. Schon auf dem Flughafen wurde der Reisende mit Anti-Mao-Broschüren in zahlreichen Sprachen (einschließlich chinesisch) begrüßt. Die Massenmedien brachten wenig, aber was sie brachten, zeigte die Tendenz. Etwa im Fernsehen: Nixon und Tschou En-lai prosten sich kollegial lächelnd zu. Schnitt. Amerikanische Bomben fallen auf Nord-Vietnam. Schnitt.

Größere Aufsätze attackierten den harten Kurs Pekings gegenüber den nicht-chinesischen Minderheiten und versicherten sie der Sympathien Moskaus. Ein gerade in den großen Kinos angelaufener Kolchos-Film ›Russische Erde‹ zeigte eine Schlacht am Ufer eines gefrorenen Flusses. Ein junger Panzerführer, einer der Helden des Films, fällt. Die Mütter der Gefallenen werden herbeigeflogen und weinen an den offenen Särgen. Der Feind wird weder gezeigt noch genannt. Doch jeder Zuschauer weiß, wie der Fluß heißt – Ussuri, und wie der Feind – China.

Es wird jedoch nicht nur an das Gefühl der Bevölkerung appelliert. Die Reise des sowjetischen Außenministers Andrej Gromyko nach Indien und der Vertrag von Neu-Delhi im August 1971 (der unausgesprochen gegen China gerichtet ist); seine Reise nach Japan im Januar 1972 und die dort getroffene Absprache, noch im Laufe des Jahres den Friedensvertrag zwischen beiden Staaten zu verhandeln; die intensive Bemühung um den neuen Staat Bangladesch; das Vordringen in den Indischen Ozean; der Freundschaftsvertrag mit dem Irak; die Warnung an Indonesien und Malaysia, die Durchfahrt durch die Straße von Malakka nicht zu erschweren (diese ist als Seeweg für die Flotte der Sowjetunion zwischen ihren europäischen und fernöstlichen Häfen von großer Bedeutung); die Entsendung eines sowjetischen Sonderbotschafters nach Südostasien, der werben sollte für den erneut betonten Vorschlag eines Sicherheitssystems für Asien (von Peking als gegen China gerichtet angesehen); die Lieferung von Waffen modernster Bauart an Nord-Vietnam, die eine mächtige Verstärkung der sowjetischen Position in Hanoi bedeutete – das ist ein Teil der langen Liste von Maßnahmen des Kreml, die der Eindämmung Chinas und der Erschwerung des gerade erst angelaufenen amerikanisch-chinesischen Dialogs dienen.

Taschkent, die zentralasiatische Metropole der UdSSR, so fand ich, blickt mehr nach Süd- als nach Ostasien; das nahe China schien dort ferner als in Moskau.

Japan

Die andere Großmacht, die durch Chinas Rückkehr stark berührt wird, ist Japan. In der Sprache der Ringer gibt es den Nelson-Griff und den noch gefährlicheren Doppel-Nelson. In Japan hörte ich immer wieder, das Land habe einen Doppel-Nixon erlebt – erst die Annäherung Nixons an Peking, dann die harten Erschwerungen für den japanischen Export nach Amerika, der für dieses auf engstem Raum lebende Inselvolk lebensnotwendig ist.

Bis zu den beiden Nixon-Schocks waren die Beziehungen zwischen Japan und Amerika erstaunlich gut gewesen. Die Art und Schnelligkeit, mit der die siegreichen Amerikaner – trotz dem Atomtod zweier japanischer Städte – in Japan Sympathien und Freundschaft erwarben, kann als Meisterleistung bezeichnet werden, die an die Aussöhnung Bismarcks mit dem besiegten Österreich-Ungarn nach 1866 erinnerte. Die Japaner amerikanisierten sich mit atemberaubender Geschwindigkeit und überließen sich willig der amerikanischen Führung in Außenpolitik und Verteidigung. Dem Drängen Washingtons folgend, erkannten sie 1952 Tschiang Kai-schek als rechtmäßigen Herrn über ganz China an, in der UNO stimmten sie Jahr für Jahr mit Amerika gegen Peking. Zwar hatte es in Japan seit langem Stimmen gegeben, die eine einseitige Ausrichtung Japans an Amerika für falsch hielten; sie forderten eine selbständige Politik gegenüber der kommunistischen Welt, vor allem natürlich gegenüber Peking sowie, als Voraussetzung dafür, die Distanzierung von Taiwan. Die japanischen Regierungschefs, einschließlich Satos, bewegten sich jedoch eisern auf der amerikanischen Linie. Dann aber kam erst die Ankündigung der Nixon-Reise nach China, dann die Reise selbst. Das Inselvolk war wie vor den Kopf geschlagen.

Was die Japaner zutiefst verärgerte und gegen die Amerikaner aufbrachte, war dies: Sie wünschten in ihrer großen Mehrheit die Normalisierung ihrer Beziehungen zu Peking und hätten diese auch schon längst zuwege gebracht, wenn Amerika sie nicht seit dem Korea-Krieg, also seit über zwanzig Jahren, davon abgehalten hätte. Nun brach die Entspannung zwischen China und Amerika sowie einem großen Teil der übrigen Welt plötzlich aus. Die Japaner aber, die mehr als alle anderen Völker auf gute Beziehungen zu China angewiesen sind, fanden sich – aufgrund der Taktik Nixons, den Sato als seinen Freund betrachtet hatte – in der Rolle des Kalten Kriegers, dazu verurteilt, mit saurem Gesicht und unter allerlei Verrenkungen als letzte und ohne Vorteil für sich nachzuholen, was sie gerne schon längst mit freundlicher Miene und mit Gewinn für ihre politische und wirtschaftliche Stellung getan hätten. Die öffentliche Meinung warf der Regierung unverzeihliche Saumseligkeit vor, da sie auf eine aktive China-Politik verzichtet hatte und nun von dieser Entspannungswelle überrollt wurde.

Was soll Japan tun? Der Gedanke einer Anlehnung an Moskau hat wenige Verfechter. Abgesehen von professionellen Freunden der Sowjetunion und einem Teil der – immer noch schmalen – Linken ist die Sympathie für die UdSSR gering, der Argwohn groß. Die von den Sowjets angebotene gemeinsame Ausbeutung der Ölschätze Sibiriens, so erwünscht sie der japanischen Wirtschaft käme, könnte – so wird gefürchtet – die Chinesen verärgern, da sie das Gebiet, durch das die von den Japanern zu bauende Röhrenleitung liefe, grundsätzlich als ihr Territorium ansehen.

Soll sich Japan also mit dem nicht-kommunistischen Asien zusammenschließen? Sein wirtschaftlicher Einfluß in diesem Raum ist heute schon gewaltig und nimmt ständig weiter zu. In allen Hotels Südost-Asiens wimmelt es von mappentragenden Japanern, die ihre Waren verkaufen und mit ihren Experten und Maschinen neue Industrien für diese Staaten aufbauen. Aber die Japaner müssen hier gegen nicht unbeträchtliche Antipathien ankämpfen, die sich zum Teil aus ihrer enormen Tüchtigkeit ergeben, zum Teil aus der Erinnerung an ihr Verhalten in der Besatzungszeit während des Zweiten Weltkrieges. Die in jeder Beziehung unvergleichlich schwächeren asiatischen

Staaten fürchten heute die japanische Expansion kaum weniger als gestern den klassischen Kolonialismus.

Oder sollen sich die Japaner ganz auf sich selbst verlassen? Daß Japan dazu nach Menschenzahl und Wirtschaftskraft (freilich nicht nach Rohstoffen) imstande wäre, steht fest. Doch fehlen – ebenso wie in Deutschland – die psychologischen Voraussetzungen. Der Abscheu gegen alles, was mit dem Krieg zusammenhängt, ist sehr stark, vor allem in der Jugend. Nicht mit Stolz, sondern mit Unbehagen lesen die Japaner, daß Amerika ihnen eine größere militärische Rolle zugedacht hat, daß im Grund genommen Nixons »Guam-Doktrin« (Juli 1969) parallel zur »Vietnamisierung« des Vietnam-Krieges auf eine »Japanisierung« des Westpazifik hinausliefe. Ein Professor der Tokio-Universität schrieb kürzlich in einem Aufsatz: »Wenn Japan in Asien die Rolle der Vereinigten Staaten übernähme, so gefährdete dies die Sicherheit Japans und den Frieden in Asien« (›Japan Quarterly‹, 1972/2, S. 230). Sollte eine solche »Japanisierung« mit Amerikas Förderung wirklich erfolgen, so müßte dies auch die neu aufgenommenen amerikanisch-chinesischen Beziehungen ernstlich gefährden. Pekings Bereitschaft zum Dialog mit Washington beruht nicht zuletzt auf der Annahme, daß Amerika ein militärisches Comeback Japans verhindert.

Also dann mit China? Die Mehrzahl der Japaner, denke ich, würde diese Lösung am liebsten sehen, und sicher ist es eines der Hauptziele des neuen Ministerpräsidenten, der auf Sato folgt, die Beziehungen zu Peking zu normalisieren. Schon heute besteht in weiten Kreisen, vor allem der Wirtschaft, die Bereitschaft, Pekings Bedingungen anzunehmen, darunter auch die für das japanische Ehrgefühl unangenehmste: die Annullierung des Friedensvertrages von 1952 mit Taiwan. Die Annäherung an China sollte freilich ohne Preisgabe der immer noch engen, wenn auch arg strapazierten Beziehungen zu den USA erfolgen; deren Wohlwollen ist bis auf weiteres für die Wirtschaft Japans unerläßlich – und schließlich hat Amerika selbst China gegenüber die ersten Schritte getan und kann keine Einwände machen, wenn Japan seinem Beispiel folgt.

Die übrigen von mir in diesem Frühjahr bereisten asiatischen Staaten lassen sich – im Hinblick auf ihr Verhältnis zu China – in vier Gruppen aufteilen: erstens Südasien, zweitens Südost-Asien, drittens die Seehandelsstädte, viertens die Geteilten. In keine der vier Gruppen gehört Burma.

Mit Burmanen kann man sich einen Abend lang über die Definition und wahre Bedeutung von Worten wie neutral, blockfrei, unabhängig unterhalten, da sie deren Nuancen sehr wichtig nehmen. Kein Land Asiens hat sich so sehr von der Außenwelt und von den Streitigkeiten der Großmächte distanziert wie das Burma Ne Wins. Während sein Vorgänger U Nu zu den Vorkämpfern der »afro-asiatischen Welt«, zu den Arrangeuren der Bandung-Konferenz von 1955 gehörte, hält sich Burma heute – mit Ausnahme der UNO – gegenüber allen internationalen Organisationen zurück, erst recht gegenüber den Weltmächten. Eine von diesen, Amerika, läßt keine aktive Burma-Politik erkennen; ihre Botschaft in Rangun macht eher den Eindruck eines Beobachterpostens in diesem wichtigen Wetterwinkel der internationalen Politik, und es ist kaum ein Zufall, daß neben dem Botschafter selbst auch noch zwei Mitarbeiter sprachkundige China-Experten sind.

Von den beiden anderen Weltmächten wird China, mit dem Burma eine anderthalbtausend Kilometer lange, unübersichtliche Grenze teilt, als unmittelbare Bedrohung empfunden; in den Grenzgebieten sind immer wieder Kämpfe aufgeflammt, recht heftige im letzten Dezember 1971, wobei niemand zu wissen scheint, wie weit die Chinesen dahinterstecken. Von den Weltmächten möchte man nicht einmal Kredite annehmen – um nicht in noch größere Abhängigkeit zu geraten oder den Argwohn der anderen zu wecken; chinesische Anleihemittel im Werte von rund 150 Millionen D-Mark liegen seit Jahren ungenützt da. Erst recht wird jede ausländische Rüstungshilfe abgelehnt. Man zieht Wirtschaftsbeziehungen zu Ländern vor, die politisch nichts für sich selbst wollen und über deren Anwesenheit sich auch die drei Großen nicht aufregen, zu Japan und zur Bundesrepublik vor allem – den Feindstaaten von gestern also.

Die weltpolitische Enthaltsamkeit wirkt sich ungünstig auf das Wirtschaftsleben Burmas aus, es stagniert. Während zwischen Taschkent und Tokio die Metropolen Asiens in allen Richtungen wachsen (nicht zuletzt in die Höhe), hat sich Rangun in den bald zwanzig Jahren seit meinem ersten Besuch kaum verändert, außer daß die Häuser aus der britischen Zeit noch ungepflegter aussehen. Doch hat dies alles auch Vorteile: Von moderner Hektik ist wenig zu spüren. Eine Sorge übrigens, die alle Staaten Südost-Asiens plagt, kennt Burma kaum: die chinesische Minderheit. Diese ist auf etwa 200000 geschmolzen. Dafür hat man rebellische Minderheiten wie die Schan oder Karen.

Indien

Während des Jahres, in dem China in die Weltpolitik zurückkehrte, war Südasien vorwiegend mit sich selbst beschäftigt, unter intensiver Beteiligung der UdSSR und bei weitgehender Selbstausschaltung der USA. Nächst der Sowjetunion, die ihren Einfluß im Bereich des Indischen Ozeans bedeutend verstärkte, ist Indien der eigentliche Sieger. Mit sicherem Realismus und unter Ausnutzung erstaunlicher pakistanischer Fehler reduzierte Indien in einem Vierzehn-Tage-Krieg den verhaßten Nachbarn von einem 130- zu einem 60-Millionen-Land, das sich zudem in einer tiefen Krise befindet. Gewiß, Indien hat sich als Schutzmacht von Bangladesch viele neue Sorgen aufgehalst, aber sein Selbstbewußtsein hat mächtig zugenommen, auch sein Vertrauen in Indira Gandhi, wie die Provinz-Wahlen im März 1972 zeigten.

In der Welt gilt es als ausgemacht, Indien sei dank dem Vertrag mit Moskau vom August 1971 (der zum Sieg über Pakistan beitrug) ins Schlepptau der UdSSR geraten, etwa wie Ägypten, das Sowjethilfe gegen Israel braucht. In Delhi wehrt man sich mit Händen und Füßen gegen diese Unterstellung. Fast in jedem Gespräch wurden mir Frau Gandhis Worte zitiert: »Indien ist nicht Ägypten!«

Im Kraftgefühl seines Sieges fühlt sich Indien als Vor- und Schutzmacht im Indischen Ozean. Zweifellos ist Delhi fest entschlossen, seine Selbständigkeit zu bewahren. Dazu trüge bei, wenn es ihm gelänge, seine Beziehungen zu China zu verbessern. Die öffentliche Meinung stünde dem nicht entgegen, trotz Erinnerung an den Himalaya-Krieg von 1962; der eigentlich Böse ist heute in indischen Augen nicht Mao, sondern Nixon, dessen pro-pakistanische Haltung 1971 bei den Indern eine lange nachwirkende Empörung ausgelöst hat. Es ist mein Eindruck, daß man in Delhi eine Normalisierung mit Peking wünscht, wenngleich man weiß, daß die Erbitterung der Chinesen über das militärische Vorgehen der Inder in Ost-Pakistan nicht rasch abebben wird.

Nach Pakistan war ich in der Erwartung gekommen, die Freundschaft mit den Chinesen habe gelitten, weil diese in den schweren Tagen des Krieges mit Indien keine wirksame Hilfe geleistet hatten. Aber die politisch Gebildeten, fand ich, hatten nichts anderes erwartet. »Präsident Yahya Khan mit seinem Generalsgehirn hat sich eingeredet«, sagte einer, »die Chinesen würden ihm zu Hilfe eilen, aber davon konnte keine Rede sein; sie haben es uns auch niemals versprochen.«

Als die Armee Yahya Khans am 25. März 1971 in Ost-Pakistan zuschlug, war ich in China. Zunächst meldeten die dortigen Massenmedien nichts über den ausgebrochenen Konflikt; ich erfuhr von ihm nur aus dem Munde westlicher Botschafter. Sobald Peking sein Schweigen brach, stellte es sich auf die Seite der Zentralregierung in West-Pakistan. Rückblickend weiß man, daß Peking nicht lange geschwankt hat, wie es sich verhalten sollte. Die Chinesen lebten in gespannten Beziehungen zur UdSSR und zu Indien und sie wünschten sich Pakistan, mit dem sie seit Beginn der sechziger Jahre enge Verbindungen unterhielten, stark und nicht zerschlagen. Die Innenpolitik des Militärregimes in Islamabad sagte ihnen nicht zu und deren Verhalten in Ost-Pakistan hielten sie, wie ich später aus Peking erfuhr, für stupide und der Einheit Pakistans abträglich. Aber für sie war das die interne Angelegenheit der Regierung eines befreundeten Staates.

Die UdSSR steht auf seiten Indiens und Bangladeschs und sympathisiert mit den rebellischen Stämmen Pakistans, die sich unter der Herrschaft Islamabads unwohl fühlen und bei denen der Spruch umgeht: Was den Ost-Bengalis (in Bangladesch) recht war, ist uns Paschtunen oder Belutschis billig – die Loslösung von Pakistan. Durch das Land der Paschtunen und Belutschis aber führt der Weg von Taschkent über Kabul zur Arabischen See, wie über Bangladesch zum Golf von Bengalen. Das Vorrücken der kontinentalen Weltmacht UdSSR zum Indischen Ozean ist den Pakistanis ebenso unerwünscht wie den Amerikanern oder Chinesen. Aber ihre Einstellung zu Washington ist gereizt, weil es in den Monaten vor dem Ausbruch des Krieges um Bangladesch seine Waffenlieferungen an Pakistan einstellte.

Um so mehr betont das besiegte Pakistan seine Freundschaft mit China. Besuchsreisen finden statt, Erklärungen werden abgegeben. Die pakistanische Flugverbindung (Karatschi–Schanghai) soll, wie wir sahen, noch in diesem Jahr durch eine chinesische (Peking–Karatschi) ergänzt werden, und in den Tagen meines Aufenthaltes wurde in Gilgit (im pakistanischen Nord-Kaschmir) ein neues Abkommen mit China abgeschlossen, das die Verdoppelung des Grenzhandels über die schon erwähnte neue Autostraße zwischen Gilgit und Kaschgar (im chinesischen Sinkiang) vorsieht.

Afghanistan

Afghanistan, Pakistans Nachbar im Norden, ist einigermaßen lahmgelegt durch eine unentschlossene unpopuläre Regierung sowie die Spannungen zwischen den Stämmen. Der führende unter ihnen, der der Paschtunen, erträumt sich von einem Zerfall Rest-Pakistans den Gewinn der bislang zu Pakistan gehörenden Paschtu-Gebiete samt dem südlich anschließenden Belutschistan und damit den Durchbruch zur Arabischen See; er glaubt dabei auf die Unterstützung der UdSSR rechnen zu können, und empfindet keine Sympathie für China, das auf seiten Pakistans steht. Die politische Führung in Kabul ist sich der Länge der Grenze mit der Sowjetunion und der Winzigkeit und Unzugänglichkeit der Grenze mit China bewußt und öffnet das Land dem wachsenden Einfluß der Russen, die u. a. den größten Teil des Straßensystems in diesem strategisch so zentral gelegenen Land gebaut haben. Sie fühlt sich zu Hause viel zu unsicher, um ein Spiel zwischen den beiden mächtigen roten Nachbarn zu versuchen. Die extremen Gruppen in der sich von Jahr zu Jahr radikalisierenden gebildeten Jugend teilen sich in solche, die mit roten Fahnen und weißer Schrift für Moskau und andere, die mit weißen Fahnen und roter Schrift für Peking demonstrieren.

Bangladesch

Und wohin blickt Bangladesch, der neue 70-Millionen-Staat, der im Winter 1971/72 unter anti-chinesischem Vorzeichen ins Leben trat? »Indien war unsere Hebamme«, sagte mir ein Student in Dacca, »die Sowjetunion aber stand auf alle Fälle als Arzt hinter ihr.« Delhi führte den Krieg mit sowjetischen

Waffen und im Schutz des Vertrages mit der UdSSR vom August 1971, der den Chinesen einen sowjetischen Schlag androhte, falls sie Pakistan zu Hilfe eilen sollten. »Ohne die Hebamme und den Arzt im Hintergrund«, fuhr der Student fort, »gäbe es heute kein Bangladesch.« Kein Wunder, daß Dacca sich den beiden Staaten verpflichtet fühlt, daß Inder und Russen in Bangladesch die führende Rolle spielen, daß die Sowjets die zahlreichen in Häfen und Flußarmen versenkten Schiffe heben, daß es eine starke pro-sowjetische Partei gibt (NAP) und in allen wichtigeren Orten Freundschaftsgesellschaften Bangladesch-UdSSR.

Gleichzeitig aber zeigt jedes Gespräch mit den politisch sehr wachen und überaus diskussionsfreudigen Ost-Bengalis, daß sie allesamt nur einen Wunsch hegen – völlige Neutralität zu genießen, die »Schweiz Asiens« zu sein. Daher versucht Dacca, alle Fäden zu anderen Ländern fester zu knüpfen, nicht zuletzt zur Bundesrepublik. Der Regierungschef Mujibur Rahman wie auch der Staatspräsident betonten dies in ihren Gesprächen mit mir und bedankten sich für alle bisher von uns geleistete Hilfe.

Stark und nachhaltig ist, ähnlich wie in Indien, die Erbitterung über Amerika, das Indien bei seiner Aktion für Bangladesch behinderte (und sogar seine Flotte in den Golf von Bengalen schickte), aber man sucht eine Entspannung mit den USA, um den übermächtigen Einfluß Indiens und der Sowjetunion zu bremsen, und möchte aus diesem Grunde auch eine Verbesserung des Verhältnisses zu China. Auch mit Ausländern werden unablässig Fragen wie diese diskutiert: Wird Peking, das ein Veto-Recht hat, den Eintritt Bangladeschs in die UNO zulassen? Wird es gar Dacca anerkennen? Oder eher in Feindseligkeit verharren und warten, bis sich ein maoistischer Untergrund in Bangladesch erhebt und dann vielleicht auch nach West-Bengalen, also auch Indien, übergreift? Eines ist sicher: der junge Staat liegt in einer zugigen Ecke. Aber aus der Weltpolitik kann er nicht aussteigen, so gerne er es täte.

Thailand

Mehr noch als Südasien ist Südost-Asien durch Chinas Rückkehr in die Weltarena und dessen Annäherung an Amerika betroffen. Keiner der dort gelegenen Staaten kann so tun, als habe sich nichts geändert; alle befinden sich in einem Prozeß des Nachdenkens. Abgesehen von Süd-Vietnam und Süd-Korea (über beide wird unter dem Stichwort der Geteilten zu sprechen sein) ist Thailand am stärksten an Amerika gebunden und durch dessen »Disengagement« in Südost-Asien berührt. Seit langem hat Thailand den Amerikanern Stützpunkte für den Vietnam-Krieg zur Verfügung gestellt und von ihnen (seit 1965) Militärhilfe im Wert von 1,2 Milliarden Dollar erhalten. Die riesigen Stratofestungen B-52, die in den letzten Jahren, verstärkt seit Beginn der jüngsten Offensive Hanois Ostern 1972, unvorstellbare Mengen von Bomben auf Vietnam abwarfen, starteten von einem Flugplatz im Süden von Thailand, rund 32000 amerikanische Soldaten standen im Lande.

Daran ließ sich von einem Tag zum anderen nichts ändern, aber die Zweifel häuften sich, ob man richtig taktiert habe. Erste Anzeichen einer Kurskorrektur waren zu erkennen: Bei der Abstimmung über die albanische UNO-Resolution (Peking herein, Taipei hinaus) enthielt sich Thailand der Stimme, statt – wie es sich für einen treuen Freund Washingtons gehört hätte – an Amerikas Seite mit Nein zu stimmen. Dann kam der Staatsstreich der Militärs, die das Parlament in Bangkok nach Hause schickten, um von ihm bei plötzlichen Entschlüssen nicht gestört zu werden. Zehn Tage später unterzeichnete Thailand in Malaysia eine Neutralitätserklärung, die zwar recht nebulös war, aber für Thailand auch in dieser Form ein Abgehen von seiner bisherigen Politik bedeutete. Anfang 1972 schließlich zog Bangkok seine letzten Kampftruppen aus Süd-Vietnam ab.

Daß man in verantwortlichen Kreisen die Frage einer Verbesserung des Verhältnisses zu Peking ernsthaft diskutiert, habe ich selbst erlebt. Die Thais tun sich etwas darauf zugute, daß sie bis jetzt noch immer rechtzeitig aus prekären Situationen herausgefunden und ihre Unabhängigkeit bewahrt haben; dabei ist es nicht ohne mehrfachen Frontwechsel abgegangen.

Indonesien

Nicht ganz so dringend wird der Zwang zum Neudenken in Indonesien empfunden. Das Inselreich ist weiter vom Schuß und zudem mit seinen 120 Millionen Einwohnern eine Welt für sich. Aber sein Außenminister, Adam Malik, einer der gewiegtesten Asiens, zudem Präsident der UNO-Vollversammlung, ließ im Gespräch keinen Zweifel, daß er ein Auftauen der 1967 »eingefrorenen« (so der Fachausdruck) Beziehungen mit China begrüßen würde, ohne freilich dadurch die enge und für die Wirtschaft des Landes bedeutsame Zusammenarbeit mit den USA gefährden zu wollen. Der amerikanische Sonderbotschafter Marshall Green (der Nixon nach China begleitet hatte und anschließend eine Beruhigungs-Reise zu den asiatischen Freunden Amerikas unternahm) habe ihm versichert, von Nixon seien in Peking keine für Indonesien nachteiligen Absprachen getroffen worden.

»Was bleibt uns anderes übrig, als Green zu glauben?« sagte mir einer von Maliks Mitarbeitern mit Anzeichen von Resignation. Die Sorgen sind unverkennbar. Die Militärregierung zieht die Zügel wieder schärfer an, um auf alle Eventualitäten vorbereitet zu sein. »Woran soll man sich überhaupt noch halten, wenn Nixon in Peking verhandelt und Willy Brandt in Moskau?« fragte mich, nicht ohne innere Erregung, ein den Militärs nahestehender, ganz im Bannkreis eines strammen Anti-Kommunismus aufgewachsener jüngerer Indonesier.

In Thailand wie in Indonesien (und auch in den anderen Staaten Südost-Asiens) wird der Gedanke einer Annäherung an China durch die Anwesenheit großer chinesischer Minderheiten im eigenen Lande beeinflußt. In den beiden Staaten rechnet man mit je etwa dreieinhalb Millionen dieser »Übersee-Chinesen«. Überall fragt man sich: Wie zuverlässig sind sie? Wie werden sie sich verhalten, wenn eine Botschaft aus Peking mit großem Personal anrückt, vielleicht mit einem ganzen Stab von Agenten, die – als Chinesen unter Chinesen – unbemerkt eine gefährliche Geschäftigkeit entfalten können? Niemand kennt die Antwort. Als die Fleißigeren, oft auch als die Reicheren, sehen sich die Übersee-Chinesen der Abneigung ihrer Gastvölker ausgesetzt, und dadurch wiederum wird die Anhänglichkeit an das alte Mutterland wachgehalten, unter welcher Fahne es auch leben mag. Nach meinen Beobachtungen hat der Stolz auf die Heimat zugenommen, seit Nixon seine »Kotau-Reise« nach Peking gemacht hat (als solche wird sie ja von vielen angesehen).

Thailand und Indonesien (ebenso wie ihre Nachbarn in Südost-Asien) haben auch mit kommunistischen Bewegungen zu rechnen, die wenigstens zum Teil Peking-orientiert sind; sie schlagen sich mit Guerillas herum, die zwar nicht aus Chinesen bestehen, aber auf Pekings Sympathien für »nationale Befreiungskriege« pochen. Die Beweise für die tatsächliche Unterstützung der Guerillas durch Peking haben mich nicht überzeugt, aber sie kann auch nicht ausgeschlossen werden. Ganz sicher dringt Radio Peking in den betreffenden Landessprachen bis ans Ohr der Aufständischen. Daß man mit kommunistischen Staaten gute Beziehungen unterhalten und gleichzeitig seine heimischen Kommunisten bekämpfen kann, ist noch nicht überall bekannt; in der Tat ist dieser Gleichzeitigkeit ja auch eine Grenze gesetzt: Ist ein bestimmtes Maß an Abhängigkeit von einer der kommunistischen Großmächte erreicht, so ist Vorsicht bei der Behandlung der einheimischen Kommunisten geboten.

Singapur

Am relativ wenigsten erschreckt durch die jüngste Entwicklung in Asien fand ich die beiden Welthandelsstädte, Singapur und Hongkong. Ihre unbekümmerte Vitalität, ihr rapides Wachstum sind für den Besucher stets eine Quelle der Verwunderung. Ihr Feld ist die Welt. Der Außenminister von Singapur, der weltoffene, aus Ceylon stammende, auf britischen und amerikanischen Hochschulen erzogene Rajaratnam, stellte im Gespräch jede Frage in einen großen Zusammenhang und nannte Singapur eine »globale«, also mit der ganzen Erdkugel verbundene Stadt. Auch bei anderen Gesprächspartnern fand ich diese Aufgeschlossenheit, diesen – als Deutscher möchte ich beinahe sagen – hanseatischen Geist. Schon vor der Nixon-Reise hatte sich Singapur nicht auf Amerika angewiesen gefühlt. Bei einer Aussprache über den Nixon-Schock sagte mir ein Minister des Stadtstaates: »Wir Singapurer sind nicht schock-empfindlich«, und erntete dafür bei den Anwesenden ein zustimmendes und kräftiges Lachen. Auch mit dem Problem, daß mehr als drei Viertel der Singapurer Chinesen sind, glaubt man fertig zu werden.

Hongkong

Ähnlich ist die Stimmung bei der anderen Königin der Meere, in Hongkong. Der Handelsverkehr mit China floriert. Die Stadt ist das Eingangstor für alle, die nach China reisen, vor allem für die Tausende, deren Ziel die halbjährliche Kanton-Messe ist. »Für Peking sind wir als großer Devisenbringer unentbehrlich«, sagte man mir. »Solange das so ist, wird sich grundsätzlich wenig ändern. Sind wir es eines Tages nicht mehr, tritt eine neue Situation ein, auf die wir uns dann eben auch einstellen werden.« Wer es sich leisten kann, verteilt sein Kapital auf mehrere asiatische Handelsplätze; an Hongkong (immer noch Kronkolonie Großbritanniens) fühlen sich ohnehin die wenigsten gebunden.

Süd-Vietnam

Am unmittelbarsten sind die beiden Geteilten vom Nixon-Schock betroffen, also Süd-Vietnam und Süd-Korea. Ich hielt mich zufällig in Süd-Vietnam auf, als – am Gründonnerstag – die große Offensive aus dem Norden einsetzte, und der Kontrast zwischen dem friedlich-heiteren Bild der Tage davor und den Ereignissen danach hätte nicht krasser sein können. Noch 24 Stunden vor dem Ausbruch war ich 240 Kilometer durchs Land gefahren, ohne die geringsten Anzeichen der bevorstehenden Ereignisse wahrzunehmen. Während diese Zeilen geschrieben werden, hängen dunkle Rauchwolken über Vietnam und blickt die Welt auf das verminte Haiphong. Mehr als nur das Schicksal des unglücklichen Landes steht auf dem Spiel. Die Sowjetunion hat mit gewaltigen Rüstungslieferungen die Offensive möglich gemacht und damit zugleich ihre Position in Hanoi bedeutend verstärkt. Amerika, das den Abzug seiner Bodentruppen fast abgeschlossen hatte, warf starke Verbände seiner Flotte und Luftwaffe in einen Kampf, der immer weitere Teile Vietnams zerstört. Die Chinesen stehen – natürlich – auf der Seite des kommunistischen Nachbarn, sie sehen aber zugleich mit Sorge den wachsenden Einfluß des großen sowjetischen Rivalen auf Hanoi und die Gefährdung ihrer Annäherung an die USA, die ihnen im Gedanken an eine Million Sowjetsoldaten an ihrer Grenze als notwendig erscheint.

Als Präsident Nixon im Mai 1972 die Sowjetunion besuchte und dort mit allen Ehren empfangen wurde, während vor den nordvietnamischen Häfen amerikanische Minen schwammen, hat sich deutlich gezeigt, daß im Kreml realpolitische Weltmachtinteressen Vorrang haben vor ideologischen Bindungen.

Süd-Korea

In mancher Beziehung ähnlich ist die Lage des anderen Geteilten – Süd-Korea. Die Amerikaner verdünnen ihr Engagement, wenn auch nicht so radikal wie in Süd-Vietnam; Peking und Moskau streiten sich um den Einfluß in dem geschickt zwischen ihnen lavierenden Nord-Korea. Doch ist hier noch ein weiterer Spieler im Feld – Japan. Eigentlich wäre Japan der gegebene Verbündete Süd-Koreas, zugleich aber ist es als jahrzehntelange Besatzungsmacht (1910 bis 1945) gehaßt und gefürchtet. Soul kann, so wenig wie Saigon, Moskau gegen Peking ausspielen und umgekehrt; keine der roten Weltmächte kann sich offenen »Verrat« am kommunistischen Nord-Korea bzw. Nord-Vietnam leisten.

Süd-Koreaner wie Süd-Vietnamer fand ich unzufrieden mit ihrem Regime, aber zusammengehalten durch die Abneigung gegen den aus dem Norden drohenden Kommunismus. Jüngst freilich gab es erste Kontakte zwischen Koreas beiden Teilen.

Die Sowjetunion nimmt als Weltmacht eine Sonderstellung unter Chinas Nachbarn ein. Für die anderen zwölf besuchten Staaten treffen als Quintessenz dieser Analyse folgende Feststellungen zu, wenn auch in unterschiedlichem Umfang:

1. Die Rückkehr Chinas in die Weltpolitik, sein Dialog mit Amerika und dessen nachlassendes Eigen-Engagement in Asien werden als einschneidender Vorgang empfunden, der zur Neubesinnung zwingt, das heißt zur Überlegung, ob das Verhältnis zu China nicht verbessert werden müßte. Endgültige Entscheidungen sind bisher nirgends gefallen, und noch heißt die Parole überall: Wait and see. Die Verärgerung darüber, daß man sich durch Amerika von der Annäherung an China abhalten ließ und nun nachhinken muß, ist unverkennbar. Eine Normalisierung mit Peking wünschen sogar Indien und Bangladesch. Wo starke Gruppen von Übersee-Chinesen leben oder pro-maoistische Guerillas operieren, wirkt der Gedanke an sie bremsend auf die Bereitschaft der betreffenden Regierung zur Annäherung an China.

2. Macht und Ansehen der Sowjetunion in Asien und im Indischen Ozean haben beträchtlich zugenommen, insbesondere in Kabul, Delhi, Dacca und Hanoi. Aber ihr Versuch, ein (China eindämmendes) Sicherheitssystem in Asien zu schaffen,

findet wenig Gehör, nicht einmal in Afghanistan. Niemand möchte von China als Glied einer anti-chinesischen Einkreisungskette angesehen werden oder den alten China-»Eindämmer« (Amerika) durch einen neuen (UdSSR) ersetzen.

3. Der Konflikt zwischen Peking und Moskau ist überall zu spüren; er wird von den Regierungen in unterschiedlichem Umfang in ihre Kalkulation eingesetzt, am wenigsten in Afghanistan und Burma; für die beiden Geteilten entfällt diese Möglichkeit.

4. Gelitten hat das Prestige Amerikas. Seine Bundesgenossenschaft gilt nicht mehr als absolut sicher, seine innere Lage als prekär; die von ihm mit Waffen ausgerüsteten Staaten Pakistan und Süd-Vietnam haben schwere Niederlagen durch die mit Sowjetwaffen versehenen Gegner einstecken müssen; daß die USA bei der UNO-Abstimmung über Pekings Beitritt hoch geschlagen wurden und als 56. Staat Bangladesch anerkennen mußten, wird als Symptom für den Verlust ihrer führenden Stellung gesehen.

5. Japan zögert sehr, im West-Pazifik und in Asien an die Stelle Amerikas zu treten. Das Trauma des verlorenen Krieges wirkt nach, auch kennt man die Antipathien der nach 1941 besetzten Staaten – von Korea bis Burma – sowie deren Sorge vor Japans überwältigender Wirtschaftsmacht. Die politische Tendenz weist in Japan gegenwärtig in Richtung einer Aussöhnung mit China.

6. Über allem liegt der Schein des Provisorischen, weil man sich zwar die weitere Entwicklung Amerikas und der Sowjetunion vorstellen kann, nicht aber die Zukunft Chinas – nach Mao und Tschou En-lai.

7. Das Entstehen von Bangladesch hat die Phantasie unzufriedener Minderheiten angeregt. »Wir wollen auch einen eigenen Staat!« sagen nicht nur die Paschtunen, Kaschmiris oder Schan. Bangladesch hat einen Modellfall geschaffen, der allen Vielvölkerstaaten, auch den ganz großen, Sorge bereitet, was sie freilich nicht daran hindert, außerhalb ihrer eigenen Grenzen die Unruhe der Minderheiten für sich zu nützen.

8. Der Indische Ozean hat als Schnittpunkt der Weltmachtinteressen sehr an Bedeutung gewonnen, zum ersten Mal wieder seit den Tagen der »Emden« und »Ayesha« im Ersten Weltkrieg, nur in sehr viel größerem Maßstab. Delhi möchte, daß er ein indischer Ozean bleibt, Moskau drängt herein, Peking warnt vor dem wachsenden Einfluß der Sowjets, für

Japan ist er wegen der Öltransporte lebenswichtig, Amerika entschloß sich (im Dezember 1971) zu einer Flottendemonstration.

9. Die Umwandlung der bipolaren Welt in ein Dreieck führt zur Regionalisierung – Indien denkt in erster Linie an den Subkontinent, Südost-Asien bemüht sich um Zusammenarbeit unter sich, vor allem in der ASEAN (= Association of South East Asian Nations, bestehend aus Thailand, Malaysia, Singapur, Indonesien, Philippinen). Australien zeigt sich interessiert. Aber die regionalen Institutionen stehen bisher vorwiegend auf dem Papier. Am liebsten möchte jeder »Schweiz Asiens« sein.

10. Die Unsicherheit im Verhältnis zu den drei »Ecken«, die Sorge vor allzugroßer Abhängigkeit von ihnen und damit vor dem Hineingezogenwerden in ihre Konflikte, erhöht das Interesse an den wirtschaftlich starken, politisch harmlosen Mittelstaaten, darunter besonders an der Bundesrepublik. Das sich vereinigende Europa rückt zunehmend ins Blickfeld.

Erläuterungen

In diese Erläuterungen wurde nur eine begrenzte Zahl von Leitbegriffen aufgenommen, die in den ersten Teilen des Buches häufiger zur Sprache kommen, aber vielleicht nicht allen Lesern geläufig sind. Zusammengenommen können sie zugleich als knappe Information über die Entwicklung Chinas seit dem Großen Sprung von 1958 dienen.

Die offizielle Interpretation gibt ein von Lin Piao auf dem Parteitag 1969 zitiertes Mao-Wort: »Der Kampf zwischen zwei Wegen, dem des Sozialismus und des Kapitalismus, geht weiter.« Fast wörtlich ist dieser Satz auch ins erste Kapitel des auf diesem Parteitag erlassenen Parteistatuts eingegangen. Daß er unten angekommen ist, zeigte sich darin, daß ich immer wieder, bis in die Dörfer und Schulen, zu hören bekam, es habe dort ein erbitterter Kampf zwischen den zwei Wegen (auch: zwei Linien) getobt, bis der richtige den Sieg davongetragen habe.

Es entspricht sowohl der Taktik des politischen Kampfes als auch dem am Widerspruch orientierten Denken Maos, alle noch so komplizierten Konflikte zu simplifizieren und auf einen Hauptwiderspruch, auf einen Hauptgegner zu reduzieren.

Vor der vollen Entfaltung der Kulturrevolution waren die Angriffe der Maoisten gegen Männer des zweiten und dritten Gliedes gerichtet gewesen, dann erhielten sie eine Zielscheibe, die zuerst allerlei Umschreibungen, schließlich aber in Klarschrift den Namen Liu Schao-tschi präsentierte. Wir brauchen hier nicht auf Liu persönlich einzugehen. Lange Zeit hatte ihn alle Welt für einen getreuen, etwas blassen Gefolgsmann Maos gehalten, denn schließlich war er damals Maos Erster Stellvertreter im Vorsitz der Partei und Staatsoberhaupt, und als ihn Maos Propagandamaschine ab 1966 als Bösewicht und »getarnten Verräter« darzustellen begann, war er selbst schon mundtot gemacht. In seiner vor fünfundzwanzig Jahren erschienenen Hauptschrift ›Wie man ein guter Kommunist wird‹ ist kaum ein Ansatz zu den Verbrechen zu finden, die ihm heute vorgeworfen werden. Und die Aussprüche, die man ihm heute zur Last legt und die meist in der Anklage gipfeln, er habe sich für materielle Arbeitsanreize eingesetzt, lassen sich mit wenigen Ausnahmen nicht nachprüfen. Aber auch wenn wir seine Gegenargumente nicht kennen, dürfte rückblickend der Konflikt klar sein, der Konflikt zwischen Liu, dem Pragmatiker, und Mao, dem kompromißlosen Ideologen.

Einer von Lius engsten Mitarbeitern, der langjährige (1954 bis 1966) Generalsekretär des Zentralkomitees der Kommunistischen Partei Chinas, Teng Hsiao-ping, soll einmal gesagt haben: »Es ist gleichgültig, ob eine Katze weiß oder schwarz ist, wenn sie nur Mäuse fängt.« Das wäre also in reinster Form die Haltung, die wir Pragmatismus nennen, weil sie der Aussicht auf praktische Erfolge den Vorrang vor der ideologischen Perfektion gibt, die darum auch zu Kompromissen – zum Beispiel mit schwarzen Katzen – bereit ist und leicht zum prinzipienlosen Opportunismus werden kann.

Für Mao, den Ideologen, kommt es allein auf die Gesinnung (»das Bewußtsein«) an, für ihn kann, um im Bilde zu bleiben, allein die weiße Katze eine gute Mäusejägerin sein. Er selbst hat der Welt freilich nicht den Gefallen getan, seine Ideen in einem klaren und übersichtlichen Gedankengebäude vor sie hinzustellen. Die vier bisher erschienenen Bände seiner Ausgewählten Werke reichen nur bis 1949, und von den 426 Zitaten des ›Roten Büchleins‹ entstammen drei Viertel der gleichen Zeit, nur 21 den Jahren nach 1958, den Jahren also, in denen sich der Maoismus zu einer dem Sowjetkommunismus entgegengesetzten Form des »Marxismus-Leninismus« entwickelte. Seit dem Beginn der Kulturrevolution sind zwar zahlreiche »Weisungen« oder »Direktiven« Maos in der einen oder anderen Form veröffentlicht worden (siehe Dokument Nr. 15), auch einige kurze programmatische Erklärungen (etwa über den Kampf der Neger in den USA oder den Krieg in Indochina), aber seit der fünfzig Seiten langen Studie über die Widersprüche aus dem Jahre 1957, also seit vierzehn Jahren, wurde nicht eine einzige zusammenhängende Darstellung seiner Ideen offiziell vorgelegt. Auch deshalb bleibt nichts anderes übrig, als diese weiter »Maoismus« zu nennen (und so ihrem Urheber die Ehre zu geben, die er sicher nicht weniger als andere Kirchenväter des Marxismus verdient).

Der Gegensatz der beiden »Wege« – schon das Bild selbst zeigt es an – ist weniger grundsätzlicher als taktischer, man könnte auch sagen: psychologischer Natur. Der Pragmatiker kann sich immerhin darauf berufen, daß nach Marx der Änderung des Bewußtseins die des Seins vorausgehen, also zuerst diese – wobei die Mittel sekundär erscheinen – herbeigeführt werden muß, um jene zu ermöglichen. Mao ist umgekehrt der Meinung, daß man erst, und zwar schnell, noch im revolutionären Elan, den Menschen und sein Bewußtsein ändern muß, weil es sonst – wie in Rußland – dazu gar nicht mehr kommen würde.

Der Pragmatiker, der den Erfolg will, nimmt die Ungleichheit der Menschen als gegeben hin und nutzt sie für die Zwecke des Aufbaus aus, zum Beispiel indem er differenzierte Leistungslöhne zahlt, auch wenn dadurch neue soziale Differenzierungen bewirkt werden. Für seine hohen Ziele bedient er sich der »materiellen Interessiertheit« des Einzelnen. Mao dagegen sieht schon das geringste Zugeständnis an den menschlichen Egoismus als korrumpierend an. Er glaubt den Sieg im Bürgerkrieg dem Appell an den Kampfgeist und Opfermut der Bauern zu verdanken; Liu mußte es in den Revolutionsjahren als Organisator der städtischen Arbeiterschaft lernen, auf die Interessen der Einzelnen und auch der unterschiedlichen sozialen Schichten einzugehen, die die Partei anzusprechen hatte.

Liu und Teng hatten die größte Massenorganisation der Weltgeschichte aufzubauen und zu leiten: die Kommunistische Partei Chinas mit fast zwanzig Millionen Mitgliedern, die in allen Schlüsselpositionen des Landes saßen, sie hatten der Welt größte Bürokratie unter sich; ihnen mußte daran liegen, daß der Apparat funktionsfähig blieb und die Revolution durch eine Zeit ruhigen Aufbaus abgelöst wurde. Mao, der sich innerhalb der Parteihierarchie stets eine unabhängige Stellung wahrte und bei seinen Guerillas keines solchen Apparates bedurft hatte, rief die Kräfte auf, die ihm unbelastet und unverbildet schienen, die Bauern und schließlich die Jugend, die Oberschüler und Studenten, die Rotgardisten.

Liu Schao-tschi soll 1961 gesagt haben: »Der Vorsitzende Mao befaßt sich nur mit großen Staatsproblemen. Er kann also sagen, das ganze Land solle ein Garten und ein Wald werden. Für die Lösung dieser Aufgabe hat freilich er keine Zeit. ... Die muß ich auf mich nehmen.« (Ich entnehme diesen Hinweis dem Aufsatz von Tang Tsou in ›China Quarterly‹ Nr. 38, S. 75, dem ich daneben andere wertvolle Anregungen verdanke.) Auch dies war wohl schon nicht ganz ohne Bitterkeit und Ironie gesagt, aber doch zugleich noch im Bewußtsein der Zusammenarbeit, wenn auch mit verteilten Rollen. In der Tat haben sich beide durch Jahrzehnte gut ergänzt. Erst in der Belastungsprobe des Großen Sprunges scheint die Gegensätzlichkeit der Temperamente und der Auffassungen zur direkten Konfrontation geführt zu haben. Der Praktiker (und mit ihm Millionen seiner Leute in den zahllosen Apparaten des Landes) empfand wohl die moralisierenden Verlautbarungen des großen Sehers schon lange als lästig, und der Seher ertrug es auf die Dauer nicht, daß die große, die herrliche Revolution zwischen Millionen Egoismen versickerte. Es kam zum Bruch, zum Kampf. Der Seher hat – zunächst – gesiegt.

In das Bewußtsein der Welt trat die Große Proletarische Kulturrevolution – so ihr voller Name – am 18. August 1966 in Peking mit dem ersten Vorbeimarsch einer Million junger Rotgardisten vor Mao. Heute wissen wir, daß diesem Ereignis auf dem Platz vor dem Tor zum Himmlischen Frieden jahrelange erbitterte Auseinandersetzungen in der Führungsspitze vorausgegangen waren. Manche Spannungen werden heute bis in die zwanziger Jahre zurückprojiziert; die Trennung der »Zwei Wege« wurde aber wohl erst nach dem Fehlschlag des Großen Sprunges (1958) unvermeidlich. Dabei sind persönliche Machtkämpfe und Animositäten sowie tiefgreifende Meinungsverschiedenheiten in Ideologie und Taktik eng miteinander verwoben; vieles ist noch unklar, und ständig kommen neue Tatsachen zum Vorschein. Im Westen werden noch viele Werke über die Kulturrevolution verfaßt werden – eine in der Information vollständige und in der Interpretation überzeugende Gesamtdarstellung liegt noch nicht vor.

Auf der Tagung des Zentralkomitees der Kommunistischen Partei Chinas in Luschan, Mitte August 1959, kam es zu einem Kompromiß zwischen den Pragmatikern, die neue Risiken vermeiden wollten, und den Maoisten, die die Hoffnung nicht aufgegeben hatten, den »Großen Sprung« in den Kommunismus in neuem Anlauf doch noch zu schaffen. In diesem Kompromiß wurde einerseits eine Gruppe von Gegnern des Mao-Kurses, voran der Verteidigungsminister Peng Te-huai, ausgebootet (sein Nachfolger: Lin Piao), andererseits im Innern aus zwingenden wirtschaftlichen Gründen ein mehr gemäßigter Kurs eingeschlagen.

Auch im literarischen Bereich schien alles offen. Es wurde möglich, von der Partei und ihrem Vorsitzenden in kritischem, sogar ironischem Ton zu sprechen, wie in Teng Tos ›Abendgesprächen am Yenschan‹ (Olten/Freiburg i. Br. 1969, in der Übersetzung von Joachim Glaubitz, unter dem Titel ›Opposition gegen Mao‹); ein Drama, das den Stellvertretenden Bürgermeister von Peking, Wu Han, zum Autor hatte, parodierte unter dem Titel ›Hai Jui wird entlassen‹ im historischen Gewand ein Stück Zeitgeschichte: Hai Jui, ein hoher Beamter des Hofes im 16. Jahrhundert, war von seinem Kaiser entlassen worden, da er ihm bittere Wahrheiten zu sagen gewagt hatte; in ihm war leicht der entlassene Peng Te-huai, im Kaiser war Mao selbst zu erkennen. Mao persönlich, der schon vor Luschan das Amt des Staatspräsidenten niedergelegt hatte – aber Parteichef geblieben war –, trat in dieser Zeit in den Hintergrund und überließ das Feld der praktischen Politik den Pragmatikern, dem Staatschef Liu Schao-tschi und dem Regierungschef Tschou En-lai.

Ab Herbst 1962, zunehmend ab 1963, machte sich Maos Hand wieder bemerkbar, zunächst mehr im kulturellen als im eigentlich ideologischen Bereich. Der Kampf gegen den Parteiphilosophen Yang Hsien-tschen zum Beispiel lag auf Maos Linie: Yang, viele Jahre Direktor der Parteihochschule, verlor als »Versöhnler« (»Zwei werden Eins«) seinen Posten, Schriftsteller wurden in der Presse als allzu liberal getadelt. Maos Frau Tschiang Tsching begann ihren Kampf gegen die traditionelle Oper. Mao und Lin Piao rückten näher zusammen; die Armee wurde auf Mao verpflichtet, und das Volk aufgefordert, von der Armee zu lernen. Edgar Snow, dem wir die intimsten Einblicke in die Vorgänge in der Führungsspitze in Peking verdanken, berichtete auf Grund seiner jüngsten Gespräche dort im letzten Winter, Maos endgültige Entscheidung gegen Liu sei am 25. Januar 1965 gefallen (›The New Republic‹ 10. 4. 1971, S. 19).

Noch war der Parteiapparat in der Hand der Pragmatiker. Der am 10. November 1965 veröffentlichte scharfe Angriff des Schanghaier Journalisten Yao Wen-yüan gegen den Autor von ›Hai Jui‹ und dessen Freunde in der Parteiführung signalisierte den Anfang von Maos Gegenoffensive. Ihren entscheidenden Sieg erfochten Mao und Lin Piao mit dem Sturz fast der gesamten Parteiführung von Peking-Stadt im Mai 1966. Danach ging es Schlag auf Schlag: Am 25. Juli erhielt das Land die Nachricht von Maos – durch das Langstreckenschwimmen im Yangtse bewiesener – ausgezeichneter Gesundheit; am 8. August beschloß ein von Mao zusammengerufenes Rumpf-Zentralkomitee die Sechzehn Punkte der Kulturrevolution; am 18. August marschierten die Roten Garden über den Pekinger Paradeplatz. Die Kulturrevolution war ausgebrochen.

Die Auseinandersetzung hat jedoch nicht zwischen zwei organisierten Gruppen, regelrechten Fraktionen innerhalb der Partei, stattgefunden. Die Pragmatiker mit Liu Schao-tschi an der Spitze, unter deren Tag für Tag-Führung in China Beachtliches aufgebaut worden war, haben, soweit man sehen kann, gar nicht daran gedacht, sich als Fronde gegen Mao zusammenzuschließen; es ist auch nie im Ernst behauptet worden, es hätte auf ihrer Seite eine Verschwörung gegeben – wozu auch? Sie besaßen ja ohnehin die Macht. Sie waren von der Richtigkeit ihres Tuns und ihrer persönlichen Unentbehrlichkeit überzeugt; sie sorgten dafür, daß alles funktionierte, und ließen den alten Mann reden, um so mehr, als seine Reden dem Volke das Gefühl gaben, sich um hoher Ziele willen abzumühen, was ihnen wiederum das Regieren erleichterte. Wie wenig vorbereitet dieses Establishment auf einen Kampf war, wie wenig es sich als gefährdet empfunden hatte, geht daraus hervor, daß es trotz seiner Machtfülle in wenigen Monaten zerschlagen wurde und fast die gesamte Führungsgarnitur verschwand. Im Grunde blieb nur Tschou En-lai, der aber war stets ein Sonderfall, der Unentbehrliche, der den Staatsapparat zusammenhielt. Andere kehrten erst allmählich zurück.

Erst recht waren die Maoisten keine Partei innerhalb der Partei. In der Parteispitze hatte Mao nur einige wenige Anhänger: den langjährigen Sicherheitschef Kang Scheng, den ebenfalls langjährigen Chef der Privatkanzlei Tschen Po-ta, seine Frau Tschiang Tsching und natürlich Lin Piao, den Chef der Streitkräfte. Die Roten Garden traten erst im letzten Augenblick auf den Plan.

Vermutlich hätte die Armee allein als Machtfigur genügt, um den Parteiapparat zu zerschlagen und dessen Führer abzusetzen. Mao aber will nicht in erster Linie die Institutionen beherrschen, sondern die Menschen verändern. Also ging er einen anderen, sehr gefährlichen Weg, der auch das Risiko ausländischer Interventionen nicht ausschloß, den Weg der Revolution als einer Aktion der Massen.

Sein Erfolg war nicht zuletzt ein Überraschungserfolg: er tat, was niemand vorausgesehen hatte: er wandte sich mit voller Wucht gegen die eigene Partei. Dazu mobilisierte er die Jugendlichen, was vermutlich auch unerwartet kam, drückte ihnen mitsamt dem ›Roten Büchlein‹ die unbeschränkte Vollmacht, »Revolution zu machen«, in die Hand, deckte auch ihre gewaltsamen und ungesetzlichen Handlungen mit seinem, dank dem Mao-Kult rasch gewachsenen persönlichen Prestige. Im Hintergrund stand die Armee bereit. Ende Januar 1967, als das von Mao selbst gegenüber Edgar Snow zugegebene Chaos (siehe Dokument S. 342) bedenkliches Ausmaß angenommen hatte, wurde sie gerufen. Im Herbst war die Revolution zu Ende.

Im neunten der Sechzehn Punkte vom 8. August 1966, mit denen die Kulturrevolution vom Zentralkomitee der Kommunistischen Partei Chinas offiziell gutgeheißen wurde, bekam sie eine organisatorische Anweisung mit auf den Weg: »Kulturrevolutionsgruppen, -komitees und -kongresse« als »Machtorgane« der Kulturrevolution zu schaffen. Daraus ist nichts geworden. Die Kulturrevolution entwickelte sich ohne organisatorisches Schema und in großer Unordnung.

Offenbar war man sich auch beim Eingreifen der Armee Anfang 1967 noch nicht klar darüber, in welcher Weise Ruhe und Ordnung wiederherzustellen seien. Fast gleichzeitig tauchten nämlich zwei Organisationsformen auf: Am 31. Januar entstand in der Provinz Heilungkiang (= Amur) ein »Revolutionsausschuß« als neues oberstes Provinzorgan, und am 5. Februar wurde in Schanghai vor einer Million Menschen die »Kommune« Schanghai – nach dem Muster der Pariser Kommune von 1871 – ausgerufen. Von diesen beiden möglichen Modellen verschwand die Kommune bald wieder in der Versenkung, während der Revolutionsausschuß Schule machte.

Das besondere Merkmal des Revolutionsausschusses, die »Drei in eins-Allianz« von Vertretern der Armee, der Massenorganisationen (Rotgardisten usw.) und der rehabilitierten »Kader« (Partei- und sonstige Funktionäre) wurde zum Organisationsprinzip der neuen Ordnung, nach dem in den folgenden anderthalb Jahren die Leitung aller 29 Provinzen gebildet wurde (genauer: der 21 Provinzen, 5 autonomen Regionen, 3 Munizipalitäten, nämlich Peking, Tientsin, Kanton, die man der Einfachheit halber meist allesamt als Provinzen bezeichnet).

Dieser Prozeß ist im Ausland auf das genaueste analysiert worden (eine klare und zusammenfassende Übersicht gibt Jürgen Domes, ›China Quarterly‹ Nr. 44, Okt.–Dez. 1970), wobei sich eindeutig herausgestellt hat, daß – aufs Ganze gesehen – eine der drei Kräfte, aus denen die »Allianz« bestand, nämlich die Armee, weit mehr zu sagen hat als die beiden anderen.

Mao selbst hat den Revolutionsausschüssen in einer seiner – ohne Quellenangabe – zitierten Äußerungen Ende 1967 seinen Segen gegeben: Die Drei in eins-Machtorgane seien revolutionär und repräsentativ, sie besäßen auch »proletarische Autorität« und sollten als Revolutionsausschüsse bezeichnet werden (›Peking Review‹ 1967/51, S. 2).

Im Laufe der Jahre 1967 und 1968 entwickelten sich die Revolutionsausschüsse zu *der* Organisationsform des Landes schlechthin. Sie bestanden durchweg aus den drei Gruppen, aus denen die ersten im Frühjahr 1967 gebildet worden waren, und reichten von der untersten lokalen Ebene bis hinauf zur Führung der Provinzen. Auf der allerhöchsten Ebene aber, also für die Volksrepublik als Ganzes, gab es keinen Revolutionsausschuß, dort bestimmten das »Parteizentrum« (seit Beginn der Kulturrevolution nie genau definiert) und das auf dem Parteitag 1969 neu konstituierte Politbüro sowie der Ministerrat den Lauf der Dinge. Über das Verhältnis der Revolutionsausschüsse zu den seit 1969 wieder entstehenden Parteigremien siehe S. 210f., sowie die Schriften von Dieter Heinzig und Oskar Weggel im Institut für Asienkunde, Hamburg.

Propagandatrupps

Obgleich die Hochschulen seit dem Juni 1966 nicht mehr als solche funktionierten (siehe das folgende Stichwort), dienten einige von ihnen den radikalen Studenten als Hauptquartier, insbesondere die Tsinghua-Universität in Peking, eine der größten und traditionsreichsten des Landes. Viele von ihnen, die im Sommer 1966 als Rotgardisten ausgezogen waren, um mit dem ›Roten Büchlein‹ in der Hand »Revolution zu machen«, waren unbequem geworden, seit der Nachdruck auf der Wiederherstellung von Ruhe und Ordnung lag, also schon seit Anfang 1967. Die offizielle Presse charakterisierte sie als »links«, wobei die Anführungszeichen zum Ausdruck bringen sollten, daß sie sich nur so nannten, in Wirklichkeit aber das waren, als was sie auch bezeichnet wurden: wirre Anarchisten. (Siehe K. Mehnert, ›Peking und die Neue Linke‹, Stuttgart 1969.)

Am 27. Juli 1968 rückten Arbeiter aus verschiedenen Fabriken Pekings auf dem Campus der Tsinghua-Universität ein und begaben sich in die Studentenheime und Lehrerwohnungen, um »die Massen der jungen Kämpfer der Roten Garde umzuerziehen«. Sie nannten sich »Mao Tse-tungs-Ideen-

Arbeiter-Propagandatrupp«(kurz: Propagandatrupp«). Wenige Tage später schickte ihnen Mao einen Korb Früchte und sanktionierte damit die Besetzung der Hochschule. In rascher Folge entstanden ähnliche Trupps landauf-landab. Es gibt sie bis zum heutigen Tage; ihre Aufgabe besteht darin, für die ideologische Zuverlässigkeit der betreffenden Schule oder Hochschule zu sorgen. Herr Wang, der mich in der Nankinger Elementarschule führte (siehe: ›Die Schulen funktionieren wieder‹), gehörte einem von ihnen an.

Hochschulen

Zu einer schweren Krise zwischen Hochschule und Staatsmacht war es zur Zeit der Hundert Blumen gekommen. Am 27. Februar 1957 hatte Mao seine berühmte Rede über die Widersprüche gehalten, deren wesentlichster Inhalt, darunter die Aufforderung zu freimütiger Kritik an den Maßnahmen von Partei und Staat, im Laufe des April im großen und ganzen bekannt wurde. (Die Rede ist am 18. Juni 1957 in überarbeiteter Form unter dem Titel ›Über die richtige Lösung von Widersprüchen‹ veröffentlicht worden, bald auch als Broschüre in zahlreichen Sprachen und in Auflagen von vielen Millionen Exemplaren.) Damit kam die Weisung Maos vom 2. Mai 1956 zur vollen Geltung: »Laßt hundert Blumen blühen, laßt hundert Schulen [= geistige Richtungen] miteinander wetteifern!«

Das Ergebnis war, daß ab Mitte Mai 1957 eine rasch anschwellende Flut liberaler Kritik am neuen China die Hochschulen überschwemmte. Den Gegenschlag, der mit der Veröffentlichung eines Aufsatzes in der Pekinger ›Volkszeitung‹ vom 1. Juli 1957 einsetzte, habe ich damals in China miterlebt und später unter der Überschrift ›Die schwierigen Intellektuellen‹ geschildert (siehe ›Peking und Moskau‹, Stuttgart 1962). Monatelang mußten die Hochschulen für die innerhalb ihrer Mauern geübte Kritik büßen. Erst allmählich normalisierten sich die Verhältnisse, nahmen die Hochschulen ihre Arbeit wieder auf.

Der nächste und weit ernstere Sturm, der die traditionelle chinesische Hochschule, und das vermutlich auf lange Zeit, völlig zerstörte, kam mit der Kulturrevolution. Am 13. Juni

1966 wurden die Hochschulen durch Erlaß des Zentralkomitees und des Staatsrats angewiesen, keine neuen Studenten aufzunehmen (›Peking Review‹ 1966/26, S. 3). Praktisch bedeutete dies, wie sich später herausstellte, auf Jahre hinaus das Ende jeglicher Hochschularbeit. Die Studenten, auch die Absolventen der Mittelschulen, wurden nun frei für andere Aufgaben: ein großer Teil von ihnen geriet in den Sog der Kulturrevolution und in die Reihen der – laut Lin Piao – insgesamt dreizehn Millionen Jugendlicher zählenden Roten Garden.

Der Sommer 1968 brachte entscheidende Ereignisse: die Bildung von Propagandatrupps an den Hochschulen (siehe dieses Stichwort) und gleich darauf den Untersuchungsbericht über die Schanghaier Maschinenfabrik Nr. 1 und Maos Direktive, diese zum Vorbild der neuen Hochschule zu machen (Dokument 5 und 6), mit dem Satz: »Die Studenten sollten aus den Reihen der Arbeiter und Bauern mit praktischer Erfahrung ausgewählt werden und nach einigen Studienjahren wieder in die Produktion zurückkehren.« Ein intensives Experimentieren setzte ein.

Die Prinzipien der neuen Hochschule lassen sich mittlerweile – außer aus der Entwicklung der Werksuniversität in Schanghai, über die in diesem Buch berichtet wurde – aus einem grundsätzlichen Aufsatz erkennen, den der Propagandatrupp der Tsinghua-Universität im Sommer 1970 veröffentlicht hat: Die Hochschulen sollen von den Arbeitern geleitet werden, die Studenten während und nach dem Studium in engster Verbindung mit der Produktion bleiben, und die Lehrer aus einer Drei in eins-Kombination bestehen, nämlich erstens aus »Arbeitern, Bauern und Soldaten«, zweitens aus »revolutionären [also auf die Ideen Maos eingeschworenen] Technikern«, drittens auch aus »Angehörigen des ehemaligen Lehrkörpers«, nach deren entsprechender innerer Umwandlung natürlich (›Peking Review‹ 1970/31, S. 5–15).

Die enge Verbindung zwischen Hochschule und Arbeitswelt ist das A und O der derzeitigen chinesischen Hochschulpolitik. Einerseits können die Arbeiter durch die Propagandatrupps in den Hochschulen mitbestimmen, andererseits sollen die Hochschulen nicht nur ihre Studenten in die Fabriken schicken, sondern auch innerhalb der Hochschulen eigene »Fabriken« errichten, an der Tsinghua-Universität zum Beispiel werden Automobile montiert, und Radio Wuhan berichtete am 28. Mai 1970, die dortige Universität habe zehn »Fabriken« eröffnet.

Die Schwierigkeiten, diese neue Hochschule aus dem Geiste

Maos zu schaffen, müssen beträchtlich sein. Im Frühjahr 1971, also fünf Jahre nach ihrer Schließung, war noch an keiner einzigen der alten Hochschulen die Arbeit voll im Gang. Tsinghua, die im Neuaufbau wohl am weitesten fortgeschrittene Universität, wo einst über zwölftausend Studenten eingeschrieben waren, zählte im März 1971 – nach mündlicher Auskunft – erst wieder dreitausend Studenten. Gleichzeitig meldete Schanghai die »erste Neuaufnahme einer größeren Anzahl von Studenten«, ihrerseits aus Arbeitern, Bauern und Soldaten bestehend, an den Hochschulen der Stadt und nannte 2600 Neuimmatrikulierte, eine sehr niedrige Zahl, wenn man bedenkt, daß die Sechs-Millionen-Stadt Schanghai mit ihren neun Hochschulen ein Zentrum der akademischen Ausbildung gewesen war (›Peking Review‹ 1971/9, S. 21). In den von Zeit zu Zeit erscheinenden grundsätzlichen Stellungnahmen (z. B. ›Peking Review‹ 1970/31, S. 5–15, und 1971/3, S. 7–9) und Diskussionsprotokollen (z. B. ›China Reconstructs‹, Jan. und März 1971) spiegelt sich die immer noch vorhandene Unsicherheit ebenso wie in der Tatsache, daß mir – bei aller sonstigen Großzügigkeit – der Einblick in eine Hochschule trotz wiederholten Bitten bis zum Schluß meines Aufenthaltes nicht genehmigt wurde. Maos oft geäußerte Skepsis hinsichtlich der Umerziehbarkeit der Intellektuellen in seinem Sinne dürfte eben ihre Gründe haben.

Kollektivierung des Dorfes

Die Kollektivierung der chinesischen Landwirtschaft setzte erst nach dem vollen Siege der Kommunisten ein und auch dann in einer zunächst vorsichtigen Form. Im Landreformgesetz vom 28. Juni 1950, das die Verteilung des großen und mittleren Grundbesitzes an die Bauern anordnete, sprach man noch nicht von Kollektivieren. Daß der in der Landreform gefestigte kleinbäuerliche Betrieb nicht das Endziel Maos war, ließ sich freilich an der – von der Partei begünstigten – Errichtung von Vereinigungen zur gegenseitigen Bauernhilfe erkennen. Da aber diese sehr losen Zusammenschlüsse der bäuerlichen Mentalität nicht zuwiderliefen, wuchs ihre Zahl stetig und ohne ernstes Widerstreben von seiten der Bauern.

Der zweite Schritt, die Bildung von Landwirtschaftlichen Produktionsgenossenschaften, wurde mit den Entschließungen des Zentralkomitees der Kommunistischen Partei Chinas vom 15. Februar und 16. Dezember 1953 getan. Diese umfaßten etwa die zu einem Dorf gehörenden Haushalte; jeder Bauer, der ihnen beitrat, erhielt seinen Anteil am Ertrag der Genossenschaft erstens gemäß dem von ihm eingebrachten Land, Zugvieh und Inventar, zweitens entsprechend der von ihm für die Genossenschaft geleisteten Arbeit.

Die eigentliche Kollektivierung setzte 1954/55 mit der Umwandlung der bisherigen Landwirtschaftlichen Produktionsgenossenschaften »niederen Typs« in solche »höheren Typs« ein. In ihnen wird jede Arbeitskraft nur noch nach Leistung (also unabhängig von der Einlage) entlohnt. Die Richtlinien dazu waren in Maos Rede vom 31. Juli 1955 und in einer ZK-Entschließung vom 11. Oktober 1955 enthalten. Diese Phase war bis 1957 im wesentlichen abgeschlossen. Die mit ihr verbundenen Maßnahmen brachten für die chinesischen Bauern etwas völlig Neues. Für ausländische Beobachter aber waren sie so neu wiederum nicht, da sie vieles mit dem sowjetischen Kolchos gemeinsam hatten; davon konnte ich mich 1957 beim Besuch einiger von ihnen überzeugen.

Die radikale Abwendung vom sowjetischen Modell erfolgte im Zuge des Großen Sprunges mit der Bildung der Volkskommunen, die in der russischen Entwicklung keine Parallele haben. Am 20. April 1958 wurde – wie man erst später erfuhr – die erste Volkskommune probeweise gebildet, und zwar aus 27 Einzelgenossenschaften. Sie wurde zum Ausgangspunkt einer der größten Kampagnen aller Zeiten: Die bisher bestehenden 470000 Produktionsgenossenschaften mit durchschnittlich 160 Familien gingen im Spätsommer 1958 als »Brigaden« in 26000 Volkskommunen mit durchschnittlich 4600 Familien auf. Innerhalb weniger Wochen geriet mehr als eine halbe Milliarde chinesischer Bauern in eine nicht nur für sie, sondern auch in der Geschichte völlig neue Lebens- und Arbeitsform, in der – im Extremfall mit Gemeinschaftsverpflegung und Wohnkasernen – auch das Privatleben weitgehend liquidiert wurde und die Bauernschaft geradezu militärisch zu Großeinsätzen aller Art, oft weit vom Wohnort entfernt, mobilisiert wurde. Der Mißerfolg dieser Unternehmung, verschärft durch ungünstige Witterungsverhältnisse während der folgenden Jahre, hatte zur Folge, daß nicht die Volkskommunen, die formal – wenngleich etwas verkleinert – weiterbestanden, sondern ihre gleichfalls verkleinerten Brigaden zur wichtigsten Einheit wurden. Zuverlässige Zahlen waren nicht zu erhalten; man schätzt, daß es gegenwärtig rund 75 000 Kommunen gibt, die aus rund 700 000 Brigaden bestehen, die wiederum in insgesamt 5 000 000 Abteilungen (»teams«) zerfallen. Über Volkskommunen und Brigaden siehe den Berichtsteil.

Unbefriedigend sind die von mir gesammelten oder sonst erhältlichen Informationen über die landwirtschaftlichen Steuern. An Ort und Stelle wurde mir erklärt, die Produktion von Getreide sei steuerfrei, während andere agrarische Erzeugnisse versteuert würden. Dagegen heißt es im jüngsten Aufsatz über Steuern, über die selten geschrieben wird, die Agrarsteuer betrage sechs Prozent (›Peking Review‹ 1971/22, S. 18).

Die einschlägige westliche Literatur stammt auch hier im wesentlichen aus der Zeit vor der Kulturrevolution. Das besonders informative und erst 1969 erschienene Werk ›Rural People's Communes in Lien-Chiang‹ (Hrsg. C. S. Chen, Stanford, 243 S.) reicht mitsamt seinen 25 Dokumenten nur bis April 1963.

Produktion – 5 authentische Zahlen

Die letzten statistischen Angaben, die von Peking selbst als zuverlässig anerkannt wurden, berichten über das Jahr 1957. Der Große Sprung des folgenden Jahres hat alle Berechnungen durcheinandergebracht. Danach sind in China selbst keine statistischen Daten mehr amtlich veröffentlicht worden. So ergab sich ein weites Feld für europäische, amerikanische und japanische Untersuchungen, die notwendig, aber im Ergebnis unbefriedigend waren und in ihren Schätzungen weit auseinanderklaffen.

Erst im Zuge der beginnenden Öffnung nach außen hat Tschou En-lai wenigstens mündlich einige Zahlen für 1970 genannt, und zwar gegenüber dem amerikanischen Journalisten Edgar Snow, der sie am 28. Februar 1971 in der italienischen Zeitschrift ›Epoca‹ veröffentlichte. Sie werden den Experten noch lange den Stoff zu vielfältigen Analysen liefern, denn in jeder einzelnen Zahl stecken zahlreiche Probleme. Hier werden die Zahlen ohne Kommentar wiedergegeben, zusammen mit den Daten des letzten Normaljahres, 1957.

Dies also sind die letzten und die – nach 13 Jahren – ersten amtlichen chinesischen Angaben in runden Ziffern:

	1957	1970
1. Getreide (in Mill. Tonnen) (Die chinesische Statistik bezieht Kartoffeln unter dieses Stichwort mit ein, indem sie 4 t Kartoffeln in 1 t Getreide umrechnet)	185	240
2. Kunstdünger (in Mill. Tonnen)	0,6	14
3. Baumwollgewebe (in Mrd. Metern)	5	8,5
4. Stahl (in Mill. Tonnen) (Tschou: »In den letzten 5 Jahren zwischen 10 und 18 Mill. t jährlich«; die Stahlproduktion habe durch die Kulturrevolution gelitten)	5,4	10–18
5. Erdöl (in Mill. Tonnen)	1,5	20
Hinzuzufügen wären noch die grob geschätzten Zahlen der Bevölkerung, die Tschou nicht nannte (in Mill.)	650	750

Das ›Rote Büchlein‹

Zunächst wurden die ›Worte des Vorsitzenden Mao Tse-tung‹, wie das ›Rote Büchlein‹ in seiner deutschen Ausgabe offiziell heißt, nur für die Angehörigen der Streitkräfte gedruckt, und zwar schon vor der Kulturrevolution. Die zivile Bevölkerung bekam es erst vom Sommer 1966 an in großer Zahl in die Hand. Auf der ersten Seite enthielt es in Faksimile ein Leitwort von Lin Piao: »Studiert die Werke des Vorsitzenden Mao Tse-tung, hört auf seine Worte und handelt nach seinen Weisungen!«

Für spätere Auflagen verfaßte Lin Piao zusätzlich ein Vorwort von fünf Druckseiten. Mao Tse-tung habe, schreibt er, »den Marxismus-Leninismus als Erbe übernommen, ihn verteidigt und weiterentwickelt ... und auf eine völlig neue Stufe gehoben«. Es gelte nun, »das ganze Volk mit den Ideen Mao Tse-tungs zu wappnen«; die »breiten Massen der Arbeiter,

Bauern und Soldaten sowie die große Masse der revolutionären Funktionäre und der Intellektuellen müssen ... gute Kämpfer des Vorsitzenden Mao werden«. Lin Piao rät der Bevölkerung, einzelne Zitate »auswendig zu lernen, sie wiederholt zu studieren und wiederholt anzuwenden«, dann würden sie »zu einem unversieglichen Kraftquell und zu einer geistigen Atombombe von unermeßlicher Macht«.

Bereits zu Jahresende 1967 konnte über eine Auflage von 350 Millionen Exemplaren des ›Roten Büchleins‹ berichtet werden (›China News Analysis‹ Nr. 744, S. 9), und ein knappes Jahr später meldete ein neuer Siegesbericht (›Peking Review‹ 1969/2, S. 3f.), für die Zeit vom Sommer 1966 bis zum November 1968, folgende Zahlen:

740000000	Ex. des ›Roten Büchleins‹
150000000	Ex. der ›Ausgewählten Werke‹ Maos (je 4 Bde.)
140000000	Ex. der ›Ausgewählten Lesestücke‹
96000000	Ex. der ›Gedichte‹ Maos
2000000000	Ex. sonstiger politischer Schriften Maos

Das bedeutet, daß jeder Mensch in China (also nicht nur jeder Erwachsene!) im Durchschnitt ein Exemplar des ›Roten Büchleins‹ und fast jede Familie einen (vierbändigen) Satz der ›Ausgewählten Werke‹ besitzt. Außerdem waren zehn Millionen Exemplare von Mao-Schriften (vermutlich vorwiegend ›Rote Büchlein‹) in 22 Sprachen in alle Welt gegangen.

Noch nie sind die Werke eines einzelnen Menschen in solchen Auflagen erschienen. Ganze Wälder verschwanden in den Papierfabriken, deren Zahl sich in dieser Zeit versechsfachte; allein die ›Ausgewählten Werke‹ wurden in dreihundert Betrieben gedruckt. Fast die gesamte übrige Buch- und Zeitschriftenproduktion wurde zeitweilig eingestellt.

Daß es unter den obwaltenden Umständen unmöglich ist, den Einfluß des ›Roten Büchleins‹ auf die Bevölkerung zu messen, wurde schon gesagt. Vorsichtige Überlegungen finden sich in dem Kommentar ›Maos Ideen – haben sie Wurzeln geschlagen?‹ In den obigen Absätzen war nur von der quantitativen Seite die Rede, wobei – ohne daß es sich nachprüfen ließe – unterstellt wurde, daß die in Peking veröffentlichten Zahlen stimmen. Auf hundert Millionen mehr oder weniger käme es ja auch nicht an.

Dokumente

Da das Interesse des Verfassers mehr den menschlichen als den staatlichen oder wirtschaftlichen Veränderungen in China nach dem Sturm der Kulturrevolution gilt, befassen sich die nachfolgenden Dokumente vorwiegend mit den ideologischen, soziologischen und psychologischen Aspekten des Maoismus, mit Erscheinungen und Entwicklungen des geistigen und besonders des künstlerischen Lebens. Die beiden letzten Dokumente führen in die Auseinandersetzung innerhalb des Weltkommunismus; am Ende wird auch die deutsche Frage (und der Verfasser) berührt. Mao-Zitate innerhalb der Dokumente werden durch halbfette Buchstaben hervorgehoben.

1 Das Gleichnis vom »törichten alten Mann«

Den ihm von Anfang an entscheidend wichtigen Gedanken der bergeversetzenden Macht des Willens fand Mao auch in einer Legende, in einem mehr als zwei Jahrtausende alten taoistischen Buch. Er baute sie am 11. Juni 1945 in seine Schlußrede auf dem in Yenan abgehaltenen VII. Kongreß der Kommunistischen Partei Chinas ein und verschaffte ihr eine solche Resonanz, daß heute in China jedes Kind sie kennt. Es gibt keine Äußerung Maos, die so charakteristisch wäre für seine Entschlossenheit, weniger auf die Gesetzmäßigkeit in Natur und Geschichte zu bauen als auf den Willen des chinesischen Volkes, wie eben seine Deutung der Geschichte von Yü Kung und Tschi Sou. Yü Kung heißt »törichter alter Mann«, Tschi Sou »weiser Alter«. Mao hält den ersten nicht für töricht, den zweiten nicht für weise.

Es gibt ein altes chinesisches Gleichnis, die Parabel ›Yü Kung versetzt Berge‹. Darin wird erzählt, daß in alten Zeiten im Norden Chinas ein Greis aus den Nördlichen Bergen namens Yü Kung lebte. Den Weg, der von seiner Haustür nach Süden führte, versperrten zwei große Berge: der Taihang und der Wangwu. Yü Kung faßte den Entschluß, zusammen mit seinen Söhnen diese Berge mit Hacken abzutragen. Ein anderer Greis namens Tschi Sou lachte, als er sie sah, und meinte: »Ihr treibt aber wirklich Unfug; ihr paar Leute könnt doch unmöglich zwei solche riesigen Berge abtragen!«

Yü Kung antwortete ihm: »Sterbe ich, bleiben meine Kinder; sterben die Kinder, bleiben die Enkelkinder, und so werden sich die Generationen in einer endlosen Reihe ablösen. Diese Berge sind zwar hoch, aber sie können nicht mehr höher werden; um das, was wir abtragen, werden sie niedriger: Warum sollten wir sie da nicht abtragen können?«

Nachdem Yü Kung mit diesen Worten die falsche Auffassung Tschi Sous widerlegt hatte, machte er sich daran – ohne auch nur im geringsten zu schwanken –, Tag für Tag die Berge abzutragen.

Das rührte Gott, und er schickte zwei seiner Boten [im englischen Text: Engel] auf die Erde, die beide Berge auf dem Rücken davontrugen.

Gegenwärtig lasten ebenfalls zwei große Berge auf dem chinesischen Volk. Der eine davon heißt Imperialismus, der andere Feudalismus ... Unser Gott ist niemand anders als die Volksmassen Chinas. Wenn sich das ganze Volk erhebt, mit uns gemeinsam diese Berge abzutragen, sollten wir sie da nicht abtragen können?

(Mao Tse-tung, ›Ausgewählte Werke‹, Peking 1969, Bd. III, S. 322)

Wie Lenin will auch Mao nicht nur politisch, sondern auch ideologisch die Führung in der Hand behalten. Er hat daher auch die Parabel vom »törichten alten Mann«, von der entscheidenden Kraft des Willens und damit des Geistes, 1963, fast zwanzig Jahre später, in philosophischem Gewande erneut vorgetragen, und zwar in einer Passage, die er zum »Resolutionsentwurf des Zentralkomitees der Kommunistischen Partei Chinas über gewisse Probleme in unserer gegenwärtigen Landarbeit« beigesteuert hat. Hier folgt sie in vollem Wortlaut.

Woher kommen die richtigen Ideen der Menschen? Fallen sie vom Himmel? Nein. Sind sie dem eigenen Gehirn angeboren? Nein. Die richtigen Ideen der Menschen können nur aus der gesellschaftlichen Praxis herrühren, nur aus dem Produktionskampf, dem Klassenkampf und dem wissenschaftlichen Experiment – diesen drei Arten der gesellschaftlichen Praxis.

Das gesellschaftliche Sein der Menschen bestimmt ihr Denken. Sobald die richtigen Ideen, die die fortschrittliche Klasse repräsentieren, von den Massen beherrscht werden, werden sie zur materiellen Gewalt, welche die Gesellschaft und die Welt umgestaltet.

In ihrer gesellschaftlichen Praxis nehmen die Menschen an verschiedenerlei Kämpfen teil, sammeln sie reiche Erfahrungen, solche von Erfolgen und solche von Mißerfolgen. Die unzähligen Erscheinungen der objektiven Außenwelt finden mittels der fünf Sinnesorgane – Augen, Ohren, Nase, Zunge, Körper – ihre Widerspiegelung im menschlichen Gehirn, und das ist zunächst eine sinnliche Erkenntnis. Hat sich das Material dieser sinnlichen Erkenntnis angehäuft, so tritt ein Sprung ein, und die sinnliche Erkenntnis verwandelt sich in eine rationale Erkenntnis, d. h. in die Idee. Das ist ein Erkenntnisprozeß. Es ist die erste Etappe des Gesamtprozesses der Erkenntnis, die Etappe des Übergangs von der objektiven Materie zum subjektiven Bewußtsein, vom Sein zur Idee. Zu diesem Zeitpunkt ist noch nicht bewiesen, ob das Bewußtsein, die Ideen (einschließlich der Theorien, politischen Richtlinien, Pläne, Methoden) die Gesetze der objektiven Außenwelt richtig widergespiegelt haben, es kann noch nicht festgestellt werden, ob die Ideen richtig sind. Darauf folgt eine zweite Etappe des Erkenntnisprozesses, nämlich die Etappe des Übergangs vom Bewußtsein zur Materie, von der Idee zum Sein, wo man die in der ersten Etappe gewonnenen Erkenntnisse auf die gesellschaftliche Praxis anwendet, um zu sehen, ob diese Theorien, politischen Richtlinien, Pläne, Methoden usw. zu dem gewünschten Erfolg führen.

Allgemein gesagt, ist richtig, was Erfolg bringt, und falsch, was mißlingt; das trifft besonders auf den Kampf der Menschheit mit der Natur zu. Im gesellschaftlichen Kampf kommt es manchmal vor, daß die Kräfte, die die fortschrittliche Klasse repräsentieren, Mißerfolg haben, und zwar nicht etwa, weil ihre Ideen unrichtig wären, sondern weil sie, wenn man die im Kampf stehenden Kräfte miteinander vergleicht, zeitweilig noch nicht so stark sind wie die reaktionären Kräfte; daher erleiden sie zunächst Niederlagen, doch werden sie früher oder später siegen. Mit der Überprüfung der menschlichen Erkenntnis durch die Praxis tritt wiederum ein Sprung ein. Dieser ist von weit größerer Bedeutung als der frühere Sprung. Denn nur der zweite Sprung kann beweisen, daß der erste Sprung in der Erkenntnis, d. h. die Ideen, Theorien, politischen Richtlinien, Pläne, Methoden usw., auf die man im Prozeß der Widerspiegelung der objektiven Außenwelt gekommen ist, richtig oder falsch war; es gibt keine andere Methode, die Wahrheit zu ermitteln.

Zu einer richtigen Erkenntnis gelangt man oft erst nach einer vielfachen Wiederholung der Übergänge von der Materie zum Bewußtsein und vom Bewußtsein zur Materie, das heißt von der Praxis zur Erkenntnis und von der Erkenntnis zur Praxis. Das ist die Erkenntnistheorie des Marxismus, die Erkenntnistheorie des dialektischen Materialismus.

Unter unseren Genossen gibt es viele, die diese Erkenntnistheorie noch nicht verstehen. Wenn man sie nach der Quelle ihrer Ideen, Meinungen, politischen Verhaltensweisen, Methoden, Pläne und Schlußfolgerungen, beredten Reden und langen Aufsätze fragt, finden sie diese Frage merkwürdig und wissen keine Antwort auf sie. Sie verstehen auch nicht, daß Materie in Bewußtsein und Bewußtsein in Materie verwandelt werden kann, obgleich solche Sprünge Erscheinungen des täglichen Lebens sind. Man muß daher unsere Genossen in der dialektischen materialistischen Erkenntnistheorie ausbilden, damit sie ihr Denken richtig ausrichten können, damit sie tüchtig werden in Untersuchung, Studium und Zusammenfassung von Erfahrungen, damit sie Schwierigkeiten überwinden, weniger Fehler machen, ihre Arbeit verbessern und hart kämpfen, um China in ein großes und mächtiges Land aufzubauen und in Erfüllung unserer großen internationalen Pflicht den breiten Massen der Unterdrückten und Ausgebeuteten aller Welt zu helfen.

(Abs. 1–5: ›Rotes Büchlein‹, XXII. Kapitel, Abs. 6: Mao Tse-tung, ›Four Essays on Philosophy‹, Peking 1966, S. 136)

3 Die Armee – Schule der Nation

Der Brief Mao Tse-tungs an seinen designierten Nachfolger (seit 1969), den Verteidigungsminister Lin Piao, vom 7. Mai 1966 wurde zu einem Zeitpunkt veröffentlicht, der ihn als Proklamation der Kulturrevolution erscheinen läßt: am 1. August 1966, also unmittelbar vor der Sitzung des Zentralkomitees der Kommunistischen Partei Chinas, auf der die Kulturrevolution offiziell verkündet wurde; daß er fast drei Monate früher geschrieben war, wurde erst später bekannt. Als Mao ihn abfaßte, befand er sich mitten im Kampf mit den ihm feindlichen Kräften im Parteiapparat; es mag ihm also vor allem daran gelegen haben, Wirkungsbereich und Modellkraft der Armee zu erweitern. Später betonte man, im Zusammenhang mit den nach diesem Brief genannten 7. Mai-Schulen, vor allem den zweiten Teil des Briefes.

Die Volksbefreiungsarmee muß eine große Schule sein, eine Schule, die sich sowohl mit politischer wie auch militärischer und kultureller Ausbildung als auch mit Landwirtschaft und Nebengewerben befaßt, einige mittelgroße und kleine Fabriken verwaltet, gewisse Produkte für den Eigenbedarf und solche für einen gleichwertigen Austausch mit dem Staat herstellt. Diese große Schule ist ferner auch imstande, Arbeit unter den Massen zu leisten und an der sozialistischen Erziehungsbewegung in Fabriken und Dörfern teilzunehmen. Auch nach der Beendigung der sozialistischen Erziehungsbewegung soll sie jederzeit Arbeit unter den Massen leisten, damit die Armee mit den Massen stets eng verbunden bleibt. Sie muß auch jederzeit am Kampf in der Kulturrevolution, bei dem die Bourgeoisie kritisiert wird, teilnehmen. Dadurch kann die Armee mit dem Studium, mit der Landwirtschaft, mit der Industrie und mit der Arbeit unter den Volksmassen verbunden werden. Natürlich muß man hier eine passende Koordination finden, wobei Hauptsache und Nebensache zu unterscheiden sind. Ein Truppenverband kann sich nur mit einer oder mit zwei der drei Seiten, und zwar der Landwirtschaft, der Industrie und der Arbeit unter den Volksmassen verbinden und kann sich nicht mit allen drei gleichzeitig befassen. So können einige Millionen Mann der Streitkräfte einen großen Beitrag leisten.

Arbeiter beschäftigen sich hauptsächlich mit der Industrie, müssen aber auch das Militärwesen, die Politik und die Kultur studieren. Sie müssen ebenfalls an der sozialistischen Erziehungsbewegung und der Kritik an der Bourgeoisie teilnehmen. Dort, wo die Bedingungen vorhanden sind, müssen sich die Arbeiter auch mit Landwirtschaft und Nebengewerben wie beispielsweise die Arbeiter im Erdölfeld von Tatsching beschäftigen.

Die Bauern befassen sich hauptsächlich mit der Landwirtschaft, einschließlich der Forstwirtschaft, Viehzucht, der Nebengewerbe und der Fischerei; sie müssen aber auch das Militärwesen, die Politik und die Kultur studieren. Wenn die Bedingungen vorhanden sind, müssen die Bauern auch im Kollektiv einige kleine Fabriken errichten und an der Kritik an der Bourgeoisie teilnehmen.

Das gleiche gilt für die Schüler und Studenten. Sie befassen sich hauptsächlich mit dem Fachstudium, müssen aber außer ihren Studien noch andere Dinge lernen, nämlich Arbeit in der Industrie, in der Landwirtschaft und das Militärwesen; sie müssen ebenfalls an der Kritik an der Bourgeoisie teilnehmen. Die Studiendauer muß verkürzt und das Erziehungswesen revolutioniert werden. Die Erscheinungen, daß die bürgerlichen Intellektuellen über unsere Schulen herrschen, dürfen auf keinen Fall weiter bestehenbleiben.

Arbeiter und Angestellte der Handelsunternehmen, der Dienstleistungsbetriebe und der Partei- und Regierungsorganisationen müssen, wenn die Bedingungen vorhanden sind, ebenfalls danach handeln.

Den Sinn der Direktive verdeutlicht der anschließend veröffentlichte Kommentar; sie enthält zwei Forderungen: 1. Die Armee als Motor der weiteren Revolution, als Schule des Volkes, 2. Die Durchbrechung der Berufsgrenzen.

Der Gedanke des Genossen Mao Tse-tung, alle Arbeitsgebiete zu einer großen Schule der Revolutionierung zu machen, einer Schule, wo man sich sowohl mit der Industrie wie auch mit der Landwirtschaft, sowohl mit der Kultur wie auch mit dem Militärwesen beschäftigt, gilt uns als Programm. . .

Handelt man nach den Weisungen des Genossen Mao Tse-tung, so kann man die Unterschiede zwischen Arbeitern und Bauern, zwischen Stadt und Land, zwischen physischer und geistiger Arbeit Schritt für Schritt verringern, eine anormale Entwicklung in Stadt und Industrie vermeiden, die Intellektuellen gleichzeitig zu manuellen Arbeitern und die Arbeiter zu Intellektuellen heranbilden. So können Millionen und aber Millionen neue Menschen von kommunistischem Typ, die ein hohes politisches Bewußtsein haben und allseitig entwickelt sind, geschult werden. . . .

Handelt man nach den Weisungen des Genossen Mao Tse-tung, so kann das 700 Millionen zählende chinesische Volk zu Kritikern an der alten Welt, Erbauern und Verteidigern der neuen Welt werden. Greift es zum Hammer, kann es in der Industrie arbeiten; greift es zur Hacke oder zum Pflug, so kann es das Feld bestellen; greift es zum Gewehr, kann es die Feinde schlagen; und greift es zur Feder, kann es Artikel schreiben.

Dadurch wird das ganze Land zu einer großen Schule der Lehre Mao Tse-tungs, zu einer großen kommunistischen Schule.

Die Chinesische Volksbefreiungsarmee hat in den letzten Jahrzehnten im Lichte dieser Lehre des Genossen Mao Tse-tung gehandelt und entwickelt sich heute in dieser Hinsicht immer weiter. Die Befreiungsarmee ist die beste große Schule für das Studium der Lehre Mao Tse-tungs. Die Fabriken, ländlichen Volkskommunen, Schulen, Geschäfte, Dienstleistungsbetriebe und die Partei- und Regierungsorganisationen des ganzen Landes müssen sich alle die Befreiungsarmee zum Vorbild nehmen und zu einer großen Schule der Lehre Mao Tse-tungs werden.

(Leitartikel der ›Volkszeitung‹ vom 1. August 1966, deutsch in ›Peking Rundschau‹ 1966/32, S. 6–8)

Die Vorstellung, daß Beamte, Funktionäre, Intellektuelle durch körperliche Arbeit wieder zur Einheit mit den Massen des Volkes gelangen, hat Mao schon vor seinem Siege vertreten. Eine neue Art der Verwirklichung fand sie in der Kulturrevolution, vor allem in den »7. Mai-Schulen«, über die im ersten Teil berichtet wurde. Dabei hat Maos Direktive vom 4. Oktober 1968 einen entscheidenden Einfluß ausgeübt.

JÜNGSTE WEISUNG DES VORSITZENDEN MAO TSE-TUNG

Die Entsendung der Masse der Funktionäre zu körperlicher Arbeit bietet ihnen eine ausgezeichnete Gelegenheit, erneut zu lernen. Ausgenommen zu alte, schwächliche, kranke oder körperbehinderte, sollen alle Funktionäre danach handeln. Auch die jetzt weiter auf ihren Posten tätigen Funktionäre sollen gruppenweise zu körperlicher Arbeit eingesetzt werden.

(›Peking Rundschau‹ 1968/41, S. 2)

Nach der Schließung der Hochschulen im Juni 1966, am Vorabend der Kulturrevolution also, trat die Hochschulfrage zunächst in den Hintergrund. Erst als Mao am 21. Juli 1968 die Maschinenfabrik Nr. 1 in Schanghai als Modell für die künftige Hochschulentwicklung nannte und ein ›Untersuchungsbericht‹ über dieses Modell veröffentlicht wurde (Dokument Nr. 6), begannen sich die Umrisse der neuen chinesischen Hochschule abzuzeichnen. Hier der volle Wortlaut der für die ›Jüngsten Weisungen‹ jener Jahre charakteristischen, lapidaren und sehr allgemein gehaltenen Erklärung.

JÜNGSTE WEISUNG DES VORSITZENDEN MAO TSE-TUNG

Es ist weiter notwendig, den Hochschulbetrieb aufrechtzuerhalten; hier spreche ich hauptsächlich von naturwissenschaftlichen und technischen Hochschulen. Aber man muß die Schulzeit verkürzen, im Erziehungswesen Revolution machen, der proletarischen Politik den Vorrang geben und den Weg der Werkzeugmaschinenfabrik Schanghai gehen, Techniker aus der Arbeiterschaft heranzubilden. Die Studenten sollen aus Arbeitern und Bauern mit praktischer Erfahrung gewählt werden, und nach ein paar Jahren des Studiums sollen sie auch wieder in die Praxis der Produktion zurückkehren.

(›Peking Rundschau‹ 1968/31, S. 3)

Am 22. Juli 1968 erschien in der Pekinger ›Volkszeitung‹ ein als ›Untersuchungsbericht‹ bezeichneter Beitrag unter dem Titel ›Der Weg zur Ausbildung von Ingenieuren und technischem Personal, gewiesen von der Schanghaier Werkzeugmaschinenfabrik‹. Über einen Besuch in diesem Werk ist oben berichtet worden. Sein Versuch, sich seine eigenen Techniker und Ingenieure im Betrieb selbst heranzubilden, erhielt einen Modellcharakter für die Hochschulen, als Mao diesen Weg als Beispiel nannte (Dokument Nr. 5). In ihrem Vorwort empfiehlt die ›Volkszeitung‹, das bisherige Erziehungswesen durch ein neues zu ersetzen. Den Studenten, »die auf die Arbeiter und Bauern heruntersehen und sich selbst für Größen halten«, gibt sie den Rat, »ihr eingebildetes Gehabe abzulegen«. Im Bericht selbst werden dann ausführlich die schlechten Erfahrungen mit den Technikern der alten Schule, ihrer Überheblichkeit, Wirklichkeitsferne, Versponnenheit dargelegt – ähnlich wie man das mir gegenüber bei meinem Besuch der Fabrik getan hatte. Den nichtsnutzigen Hochschulabsolventen werden die erfinderischen und zuverlässigen Arbeiter gegenübergestellt, aus denen die künftige technische Führungsschicht zu kommen habe. Der Schluß des umfangreichen Berichtes lautet:

Die Verbindung des revolutionären Geistes, kühn zu denken, zu handeln und vorzustoßen, mit streng wissenschaftlicher Haltung ist eine der wichtigsten Voraussetzungen, die Ingenieure und technisches Personal mitbringen müssen, wollen sie die Höhen von Wissenschaft und Technik erklimmen. Damit es zu dieser Verbindung kommt, sind die Weltanschauung eines Menschen und seine praktischen Erfahrungen von entscheidender Bedeutung. Viele Techniker mit Arbeiterherkunft sind frei von den geistigen Ketten, die Streben nach persönlichem Ansehen und Gewinn für den Menschen bedeuten. Sie besitzen einen Schatz praktischer Erfahrungen. Sie wagen es, mit Dogmen und Überlieferungen zu brechen und jede überflüssige Engstirnigkeit zu überwinden. Sie denken am wenigsten konservativ. Vor kurzem wurde, zum Beispiel, mit Erfolg eine Präzisionsschleifmaschine versuchsweise produziert, die dem modernen internationalen Standard entspricht. Gewöhnlich brauchte man zur Herstellung des Modells 18 Monate. Diese Zeit wurde auf 6 Monate verkürzt, da die Techniker mit Arbeiterherkunft die Engstirnigkeit, die lange geherrscht hatte, kühn überwanden. Die Oberflächengüte wurde um vier Punkte erhöht. Die Zahl der Bestandteile und das Gesamtgewicht wurden um ein Drittel reduziert. Die Kosten betragen lediglich 15,5 Prozent des Preises, der für importierte Präzisionsschleifmaschinen desselben Typs zu bezahlen ist. Einige Techniker, die in Schulen ausgebildet wurden, schenken ihrer eigenen ideologischen Umbildung keine Aufmerksamkeit. Sie haben die Neigung, sich nur um ihren Vorteil oder Nachteil zu sorgen. Wenn sie ihr Gehabe ablegen, fürchten sie, das Gesicht zu verlieren. Andererseits haben sie sich an die zahlreichen Vorschriften und Engstirnigkeiten gewöhnt. So ist es für sie nicht leicht, mit den alten Dogmen und Überlieferungen fertig zu werden und eine neue Technik zu entwickeln. Manche von ihnen sagen: »Je mehr Bücher man liest, um so enger werden die Fesseln, und infolgedessen verliert man den Geist zu Pioniertaten.«

Die Arbeiter der Werkzeugmaschinenfabrik Schanghai geben, wenn sie vor die Wahl zwischen Absolventen von Hochschulen bzw. Instituten und Absolventen von technischen Obermittelschulen gestellt sind, diesen den Vorzug. Diese machen weniger Getue, haben mehr praktische Erfahrungen und sind weniger in ausländische Vorurteile verrannt, wobei ihre Bücherweisheit allerdings geringer sein kann. Eine ziemliche Anzahl Studenten dieser Kategorie hat raschere Fortschritte gemacht als die Studenten von den Hochschulen und Instituten. Die derzeitige Planung zweier automatischer Produktionsstraßen mit hohem Wirkungsgrad wird, zum Beispiel, von einem Paar Absolventen des Jahrganges 1956 einer technischen Obermittelschule geleitet.

Die von der Fabrik gezeigte Richtung für die Revolution im Erziehungswesen

Die Analyse der verschiedenen Typen der Ingenieure und Angehörigen des technischen Personals in der Werkzeugmaschinenfabrik Schanghai und des Entwicklungsganges, den sie hinter sich haben, zeigt uns die Richtung für die Revolution im Erziehungswesen.

Vorsitzender Mao lehrt uns: **»Die Erscheinungen, daß die bürgerlichen Intellektuellen über unsere Schulen herrschen, dürfen auf keinen Fall weiter bestehenbleiben.«** Wie genial und richtig diese Lehre ist, haben die alten Arbeiter und zahlreiche junge Angehörige des technischen Personals der Fabrik aufgrund ihrer eigenen Erfahrungen genau erkannt. Sie finden, daß die den Gedanken des Vorsitzenden Mao über Erziehung folgende proletarische Revolution im Erziehungswesen eine Angelegenheit von höchster Bedeutung ist, die keinen Augenblick Verzögerung zuläßt. Vorsitzender Mao gab zur Revolution im Erziehungswesen eine Reihe Weisungen, die uns den Weg des Fortschrittes weisen.

Jetzt geht es darum, unentwegt und gewissenhaft nach den Lehren des Vorsitzenden Mao zu handeln.

In Einklang mit den Gedanken des Vorsitzenden Mao über Erziehung und im Hinblick auf die wirklichen Zustände in der Fabrik bringen Arbeiter und technisches Personal über die Revolution im Erziehungswesen die folgenden Meinungen und Überlegungen vor:

Erstens. An den Schulen müssen nach der Weisung des Vorsitzenden Mao **»gebildete Werktätige mit sozialistischem Bewußtsein«** erzogen werden. Keine von der proletarischen Politik, der Masse der Arbeiter und Bauern und der Produktion isolierte »Intellektuellenaristokratie«, wie die revisionistische Linie im Erziehungswesen es befürwortete. Dabei geht es um eine grundsätzliche Frage, die mit dem künftigen Auftreten oder Nichtauftreten von Revisionismus im Zusammenhang steht. Die Genossen in der Werkzeugmaschinenfabrik Schanghai sind der Meinung, daß die in der Vergangenheit geübte Praxis, bei der die Absolventen von Hochschulen nach Abgang von der Schule in den Fabriken oder auf dem Lande sofort zur Arbeit als Funktionäre eingesetzt wurden, unvernünftig war. Für die jungen Studenten ist ein wichtiger Weg, auf dem sie ihre Weltanschauung umbilden und praktisch-technische Kenntnisse erwerben können, der, eins zu werden mit den Arbeitern und Bauern und sich an der Arbeit in der Produktion zu beteiligen. Daher wird vorgeschlagen: Die Absolventen von Hochschulen sollen zuerst an der manuellen Arbeit in den Fabriken oder auf dem Lande teilnehmen und als einfache Arbeiter eingesetzt werden. Die Arbeiter und Bauern sollen ihnen »Qualifikationszeugnisse« geben. Danach sollen einige von ihnen, je nach den Erfordernissen des praktischen Produktionskampfes, technische Arbeiten übernehmen und gleichzeitig eine gewisse Zeit lang an der manuellen Arbeit weiterhin teilnehmen. Die übrigen bleiben Arbeiter oder Bauern.

Zweitens. Der Schulunterricht muß mit produktiver Arbeit kombiniert werden. Vorsitzender Mao lehrt uns: **»Das Kriegführen durch den Krieg selbst erlernen – das ist unsere Hauptmethode.«** Aus einigen Fällen bei Angehörigen des technischen Personals der Werkzeugmaschinenfabrik Schanghai ist ersichtlich: Ein ernsthafter Nachteil des alten Erziehungssystems war es, daß die Theorie von der Praxis isoliert und die Schulgelehrsamkeit energisch gepflegt worden war; infolgedessen wurden die Studenten zu Bücherwürmern, und je mehr sie lasen, um so dümmer wurden sie. Nur wer mit der Praxis Kontakt hat, kann die Theorie schnell begreifen, kann sie tiefgehend begreifen und kann sie schöpferisch anwenden. Die Arbeiter und das technische Personal dieser Fabrik schlagen vor, daß an den Schulen erfahrene Arbeiter als Lehrer verwendet werden sollen, so daß die Arbeiter die Katheder betreten. Einige Lehrgänge können von Arbeitern in Werkstätten abgehalten werden. Es gab einen jungen Techniker, der unmittelbar nach seinem Abgang von der Hochschule in einem Forschungsinstitut arbeitete. Den ganzen Tag vergrub er sich in Büchern, versuchte die Theorie zu verarbeiten und lernte Fremdsprachen. Da er von der Praxis losgelöst war, fühlte er sich enttäuscht und enttäuschter. Im Anfangsstadium der großen Kulturrevolution ging er daran, von einigen alten Arbeitern zu lernen, die einen Schatz von Erfahrungen gesammelt hatten, und beteiligte sich an der praktischen technischen Arbeit. Die Folge davon war, daß sich die Dinge jetzt anders darstellten. Ihm und einigen Arbeitern gelangen vor kurzem wichtige Leistungen auf dem Gebiet des Schleifens von Spiegelflächen. Besonders beeindruckt ist er von der Tatsache, daß er Arbeiter als Lehrer notwendig hatte.

Drittens. Man ist der Meinung, die Quellen, aus denen Ingenieure und technisches Personal kommen sollen, sind die folgenden: Fortgesetzte Beförderung von Arbeitern zu Angehörigen des technischen Personals; daneben sollen politisch und ideologisch geeignete Absolventen von Unter- oder Obermittelschulen, die zwei bis drei bzw. vier bis fünf Jahre praktischer Erfahrung in der Produktion haben, in den untersten Organisationseinheiten ausgesucht und an Hochschulen oder Institute zum Studium geschickt werden. Es sind jetzt alle Bedingungen gegeben, so vorzugehen. Nehmen wir als Beispiel die Werkzeugmaschinenfabrik Schanghai. Der Großteil der Arbeiter hat eine Bildung erreicht, die der Untermittelschulbildung gleich oder höher ist. Die Vorteile bei Auswahl derartiger junger Leute für den Besuch einer Hochschule oder eines Instituts liegen in folgendem: 1. Sie verfügen über eine ziemlich solide politische und ideologische Grundlage. 2. Sie verfügen über gewisse Fähigkeit zu praktischer Arbeit und haben in der Produktionsarbeit Erfahrungen. 3. Die Unter- und Obermittelschulabsolventen sind nach der mehrjährigen Teilnahme an der manuellen Arbeit durchschnittlich zwanzig Jahre. Nach einer mehrjährigen höheren Schulausbildung sind sie mit 23 bis 24 Jahren zu selbständiger Arbeit geeignet. Jetzt ist es hingegen so, daß die Absolventen von Hochschulen im allgemeinen zwei bis drei Jahre praktisch arbeiten müssen, bevor sie nach und nach fähig sind, selbständige Arbeit zu leisten. Daher steht die Auswahl junger Intellektueller mit praktischer Erfahrung für die Ausbildung an Hochschulen mit dem Prinzip, schneller und wirtschaftlicher bessere und größere Ergebnisse zu erzielen, in Einklang.

Viertens. Zur Frage der Umerziehung des jetzigen technischen Stabes der Fabrik und der Hebung seines Niveaus. Dazu wird darauf hingewiesen, daß eine große Anzahl der Angehörigen des in Schulen ausgebildeten technischen Personals durch die revisionistische Linie im Erziehungswesen und die revisionistische Linie der Betriebsführung lange Zeit vergiftet worden ist. Es gibt unter dem technischen Personal der Fabrik eine Gruppe, die vor der Befreiung ausgebildet wurde. Obwohl einige davon das Vaterland lieben und eifrig arbeiten, nicht gegen die Partei und nicht gegen den Sozialismus sind und zum Ausland keine unzulässigen Beziehungen unterhalten, gibt es in ihrer Weltanschauung und bei ihrer Arbeitsweise doch viele ungelöste Probleme. Die Fabrik soll das große revolutionäre Banner der Kritik und Verurteilung in Übereinstimmung mit der Lehre Mao Tse-tungs hochhalten und diese Leute in Einklang mit der im ›Beschluß des Zentralkomitees der Kommunistischen Partei Chinas über die große proletarische Kulturrevolution‹ [8. August 1966] festgelegten Politik organisieren, damit sie sich aktiv daran beteiligen, wenn die revolutionäre Masse kritisiert und verurteilt. Dadurch werden sie in die Lage versetzt werden, die Sophismen restlos zu widerlegen, die der chinesische Chruschtschow marktschreierisch propagiert hat: »Die Betriebe müssen von Experten geführt werden ... Technik geht voran ... die Philosophie, langsam zu entwickeln ... Demut vor Ausländischem.« Damit werden sie auch in die Lage versetzt werden, die bürgerlichen Ideen von der Jagd nach Ansehen und Wohlstand abzulehnen. Die Fabrik soll ihnen zugleich helfen, den Weg zu gehen, auf dem sie mit den Arbeitern eins werden und imstande sind, Theorie und Praxis zu verbinden: Sie soll ihre Arbeit als einfache Arbeiter zeitweise und gruppenweise organisieren oder sie längere Zeit in den Werkstätten arbeiten lassen.

(›Volkszeitung‹ 22. 7. 1968, zitiert nach ›Peking Rundschau‹ 1968/31, S. 14f.)

Die neuen Vorbilder, die dem Volk zur Nachahmung empfohlen werden, stammen vorwiegend aus den Reihen der Armee. Aber als man sich im Zuge der Kulturrevolution an die Umerziehung der jungen Intellektuellen machte, wurden auch aus ihren Reihen Volkshelden entnommen, unter ihnen Tschin Hsün-hua aus Schanghai. Geboren im Jahr des Sieges 1949, gehörte er als Absolvent der Mittelschule, also nach zwölf Schuljahren, zu den »gebildeten Jugendlichen«. Bei Beginn der Kulturrevolution war er – mit 17 Jahren – Rotgardist geworden, mit 20 ging er freiwillig aufs Land (in die Mandschurei). Nach seinem Tod im Sommer 1969 wurde sein Tagebuch veröffentlicht. Es zeigt, wie er im Laufe der Zeit zu der Überzeugung kommt, daß die äußerlich, aber eben nur äußerlich, ungebildeten Bauern, zu denen er gestoßen ist, klüger sind als er mit seinen »vielen Jahren Schulbildung«. Hier einige Beispiele:

»7. Juli 1969

Heute jäten wir Unkraut. Ich dachte: Mit dem Jäten gibt es wohl keine Schwierigkeiten für mich, da ich viele Jahre Schulbildung hinter mir habe. Man braucht nur Unkraut zu entfernen und läßt die jungen Maispflanzen stehen. Je mehr Maispflanzen zurückbleiben, desto mehr Getreide wird man einbringen.

Die armen Bauern und unteren Mittelbauern sagten zu mir: ›Auf diese Weise wirst du keine gute Ernte erzielen.‹ Aber ich dachte, daß ich recht hätte. Wie hätte ich ahnen sollen, daß zu viele junge Pflanzen das Wachstum beeinträchtigen und deshalb zu einer schlechten Ernte führen? Später erkannte ich dies. Daraus ist ersichtlich: Was ich früher gelernt habe, ist nur Bücherwissen, das von der Praxis losgelöst war. Ich muß mich aufrichtig von den armen Bauern und unteren Mittelbauern aufs neue erziehen lassen, mein Denken umwandeln. . . .

17. Juli 1969 . . .

Ich hatte am Nachmittag Bauchschmerzen. Eigentlich wollte ich nicht zur Arbeit gehen. Aber ich dachte: Jetzt hat man alle Hände voll zu tun. Es fehlt jedoch an Arbeitskräften. Wenn ich allein abwesend bin, macht das nichts aus. Aber es würde eine schlechte Wirkung auf die anderen haben. So ging ich schließlich zur Arbeit. Bei der Arbeit ließ der Schmerz nach. Dies zeigt, daß uns Jugendlichen, besonders gebildeten Jugendlichen, die körperliche Arbeit manche Krankheiten zu überwinden hilft. Während wir unsere Ideologie umwandeln, können wir körperliches Unbehagen überwinden. Ich bin entschlossen, bei der harten ideologischen Umerziehung auch meine Gesundheit zu kräftigen. . . .

28. Juli 1969 . . .

Ich muß von den unbekannten Helden in meiner Umgebung lernen, zu einem willigen ›Büffel‹ des Volkes werden und den armen Bauern und unteren Mittelbauern mein ganzes Leben lang dienen. . . .

4. August 1969 . . .

Wir müssen unsere Vorbereitungen auf einen Kriegsfall intensivieren und bereit sein zum Kampf, um die wölfischen Sozialimperialisten [Chiffre für die Sowjetunion] zu schlagen. . . .

14. August 1969

[Der Tag vor seinem Tod]

Heute, als ich im Rundfunk von der Note unseres Außenministeriums gehört hatte, war ich zornentbrannt. [Es handelt sich um die Protestnote Pekings vom 13. August 1969 wegen des Zwischenfalls an der chinesisch-sowjetischen Grenze in Zentralasien.] . . . Die in der Epoche der Maotsetungideen lebenden revolutionären jungen Menschen lassen sich nicht beleidigen. Sollten der US-Imperialismus und der sowjetrevisionistische Sozialimperialismus es wagen, sich mit uns zu messen, werden sie die eiserne Faust der dritten oder vierten Generation Chinas zu spüren bekommen!

Wir sind die jungen Menschen des sozialistischen China. Der US-Imperialismus und der Sowjetrevisionismus setzen ihre Hoffnung auf eine Restauration auf uns. Das ist nur ihr Wunschtraum! . . .

Nieder mit dem Sozialimperialismus!

Das Territorium unseres Vaterlandes mit unserem Leben verteidigen! . . .

Vorsitzenden Mao mit unserem Leben verteidigen!«

Tschins Tod wird so geschildert: Bei einem Hochwasser reißt der Fluß, an dessen Ufer Tschin arbeitet, einige für den Bau der elektrischen Leitung bestimmte Masten mit sich. Tschin stürzt sich in die »mit einer Geschwindigkeit von sieben bis acht Metern in der Sekunde« dahinjagenden Fluten, um die Masten zu retten, obgleich sie im Wasser »gleich Pfeilen zu Tal« schießen. Weiter heißt es in dem Bericht:

»›Die Strömung ist zu stark. Das ist gefährlich!‹ riefen ihm einige Leute von den Ufern aus nach und versuchten ihn zurückzuhalten. Aber der junge Tschin antwortete schallend: **Wenn wir für das Volk sterben, dann sterben wir einen würdigen Tod!**

Der Leiter der Produktionsbrigade wußte, daß der junge Tschin gerade an Magenbeschwerden litt, und rief: ›Du kannst sie nicht erreichen. Sofort komm zurück!‹ Er war sehr besorgt, daß der junge Tschin nicht standhalten und es zu einem Unfall kommen würde. Aber der junge Tschin antwortete mit aller Entschlossenheit: ›Kümmert euch nicht um mich. Also vorwärts!‹

Er kämpfte im wirbelnden Strom mit dem hochgehenden Wasser.

Eine große Welle riß ihn in einen Strudel, aber er hob seinen Kopf und schwamm weiter rasch in Richtung der Masten. Eine weitere hohe Welle trug ihn wieder in den Strudel. Aber er hob nochmals den Kopf und strebte wieder den Masten zu. Die dritte hohe Welle stieß ihn nochmals in den Strudel. Wieder hob er unerschrocken den Kopf und strebte ihnen weiter zu.

In den Augen von Tschin Hsün-hua waren die vom Wasser erfaßten Masten keine zwei gewöhnlichen Holzstangen. Sie waren ein Teil der Elektro- und Fernmeldeleitungen, die in den weiten Grenzgebieten unseres Vaterlandes aufragten. Sie gaben die Stimme des Vorsitzenden Mao weiter und verbreiteten Siegesnachrichten vom Kampf.

Die Prüfung, die der junge Tschin im Kampf gegen den Angriff dreier ungeheurer Wellen, in einem Kampf auf Leben und Tod, bestanden hat, ist eine machtvolle Kritik an der revisionistischen ›Philosophie des Überlebens‹. Im Ringen gegen die drei anrollenden Wellen war er im Wasser tiefer und tiefer gesunken. Er hatte sich mehr und mehr vom Ufer entfernt, aber er näherte sich mehr und mehr der ideologischen Höhe: **Weder Härte noch Tod fürchten.**

Vorwärts, vorwärts! Die Masten erreichen ist Sieg! Nur ein Meter noch war der junge Tschin von den Masten entfernt. Aber eben in diesem Augenblick kam eine weitere Flut stürmisch den Flußlauf herunter und ging brausend über ihn weg. . . .

Genosse Tschin Hsün-hua ist heldenhaft gefallen.«

(›Peking Rundschau‹ 1970/4, S. 7–20. Das nebenstehende, in China oft gedruckte Bild zeigt Tschin im Kampf mit den Wellen.)

Das »lebendige Studium« der Lehren Maos ist erstes Gebot für alle Lebensbereiche. So kommen dann Aufsätze zustande wie der folgende, verfaßt von der »wissenschaftlichen Experimentiergruppe der Gemüsestation der Zusatznahrungsmittelverwaltung« in Peking. Für das Deutsch sind die Übersetzer in Peking verantwortlich.

»So viele andere Tomaten sind verdorben, warum nicht diese drei?« Einmal, als wir die Probeexemplare eines wissenschaftlichen Experiments überprüften, entdeckten wir, daß drei Tomaten trotz mehr als einmonatiger Lagerung in der Miete nicht verdorben waren. Anhand dieses Problems studierten wir wiederholt die philosophischen Werke des Vorsitzenden Mao. Vorsitzender Mao lehrt uns: **»Im Besonderen ist das Allgemeine.«** Wir überlegten uns: Wenn diese drei Tomaten frisch bleiben konnten, warum nicht auch die anderen? Wenn wir genau dieselben Bedingungen wie für diese drei schaffen, lassen sich doch die anderen Tomaten ebenso aufbewahren. Wir führten danach im Großmaßstab Untersuchungsarbeit über drei Bedingungen der Tomatenlagerung durch: Temperatur, Ventilation und Feuchtigkeit, bis es uns schließlich gelang, mengenmäßig Tomaten aufbewahren zu können.

Danach faßten wir, nach der Lehre des Vorsitzenden Mao:

»Praxis, Erkenntnis, wieder Praxis und wieder Erkenntnis«, unsere über die Aufbewahrung von Tomaten im vorhergehenden Stadium gesammelten Erfahrungen zusammen: Waren Temperatur und Feuchtigkeit in der Miete zu hoch, so verfaulten die Tomaten sehr leicht; war die Temperatur zu niedrig, konnten die Tomaten durch die Kälte Schaden leiden; gab's zuviel Durchzug, wurden die Tomaten entfeuchtet und schrumpften ein, verloren also ihre Frische. Wir mußten daher die drei widersprüchlichen Beziehungen zwischen Temperatur, Feuchtigkeit und Ventilation richtig behandeln. Wie sollte das geschehen? Vorsitzender Mao hat uns gelehrt: **»Man muß sich beim Studium eines komplizierten Prozesses, der zwei oder noch mehr Widersprüche enthält, die größte Mühe geben, den Hauptwiderspruch herauszufinden. Sobald dieser festgestellt ist, kann man alle Probleme leicht lösen.«** Wir führten daher wiederholt Experimente und konkrete Analysen durch über die drei Grundbedingungen von Temperatur, Feuchtigkeit und Ventilation, bis wir herausfanden, daß der Hauptwiderspruch der zwischen Temperatur und Ventilation war, wobei die Temperatur die hauptsächliche Seite dieses Widerspruchs bildete. Wir ergriffen allerhand wirksame Maßnahmen, um die Temperatur in der Miete auf einem bestimmten Niveau zu halten, wonach Feuchtigkeit und Durchzug in angemessener Weise behandelt wurden. Das Ergebnis war, daß wir im Juli jenes Jahrs über 400 Tonnen Tomaten lagerten, mit denen der Markt im August und September außer der Saison nach und nach beschickt wurde, womit die ersten Anfänge erreicht waren, um das Problem der saisonbedingten Ernte der Tomaten und der Gleichmäßigkeit des Marktbedarfs zu lösen.

Obwohl wir bei unseren Versuchen mit der Aufbewahrung von Tomaten anfängliche Erfolge erzielt hatten, waren wir mit der Gesetzmäßigkeit des der Tomate innewohnenden Widerspruchs [!] noch nicht völlig vertraut. Zu dieser Zeit nahmen wir, nach der Lehre des Vorsitzenden Mao: **»Die äußeren Ursachen sind die Bedingungen der Veränderung und die inneren Ursachen deren Grundlage, wobei die äußeren Ursachen vermittels der inneren wirken«**, wiederholt Experimente und Untersuchungen vor, bis wir schließlich die Gesetzmäßigkeiten der Bewegungsgesetze im Inneren der Tomate begriffen hatten: Nachdem sie von der Staude gepflückt ist, atmet sie weiter Kohlendioxyd aus und frischen Sauerstoff ein, der Stoffwechsel vollzieht sich weiter, bis nach und nach aller Nährstoff verbraucht und das in der Botanik »Nachreife« genannte Stadium erreicht ist. Entsprechend dieser Gesetzmäßigkeit experimentierten wir immer weiter und bedienten uns einer neuen Methode, indem wir noch aktiver die Atmungsintensität und den Stoffwechsel der Tomate kontrollierten, um sie instand zu setzen, bei erhöhter Qualität eine lange Lagerungszeit zu überdauern. Das Resultat war, daß sich die Qualität der aufbewahrten Tomaten tatsächlich weiter erhöhte, während die Lagerungszeit bedeutend verlängert wurde. So kam es, daß die Bewohner von Peking nun im Winter die im Sommer gedeihenden, frischen Tomaten genießen können. Seitdem darf die Tomate, die früher »das Sorgenkind einer einzigen Nacht« genannt wurde, den schönen Namen tragen »100 Tage frisch«.

(›China im Bild‹ 1971/2, Februar)

9 Erlöst durch Mao

Die folgende Beichte eines chinesischen Physikers, des Professors der Universität Kirin (Mandschurei), Tang Ao-tsching, ist psychologisch insofern besonders aufschlußreich, als sie in relativ differenzierter Form – statt in der üblichen Holzschnittmanier – seinen Weg zu Mao, zur »Integration mit den Massen« und zur höheren wissenschaftlichen Leistung schildert.

Vor der Befreiung [d. h. vor 1949] studierte ich im Ausland. Anfang 1950 kehrte ich mit dem starken Wunsch nach China zurück, zur Entwicklung der Wissenschaft in meinem Lande beizutragen. Dank der Erziehung durch die Partei und der Ideen Mao Tse-tungs hob sich mein politisches Niveau. 1958 wurde ich Mitglied der Kommunistischen Partei.

Doch war meine Erziehung bürgerlich gewesen. Ich arbeitete in wissenschaftlichen Instituten, wo die von Liu Schao-tschi vertretene revisionistische Linie der Erziehung mich von den Massen der Arbeiter und Bauern, vom Klassenkampf und von der tatsächlichen Produktionsarbeit fernhielt. Dies hinderte mich an dem ehrlichen Versuch, mein Denken in Richtung auf die Arbeiterklasse zu verändern. Die Große Proletarische Kulturrevolution, die der Vorsitzende Mao begann und führte, erschütterte mich und verhalf mir zur Einsicht, daß ich noch weit entfernt war von der Lösung des Grundproblems, nämlich meiner Integration mit den Arbeitern, Bauern und Soldaten, und meinem Dienst am Volk Chinas und der Welt, diesem vom Vorsitzenden Mao stets betonten Grundsatz.

Im vergangenen Jahr kam ich mit einer Gruppe junger Dozenten zur Arbeit in eine chemische Fabrik, wo wir zusammen mit den Arbeitern experimentell einen neuen, ohne Quecksilber arbeitenden Katalysator suchten. Die Arbeiter stellten mir viele technische und wissenschaftliche Fragen. Aber immer antwortete ich: »Ich bin hier als Schüler. Laßt mich zuerst von euch lernen.« Nicht daß ich bescheiden gewesen wäre, ich hatte einfach Angst, eine falsche Antwort zu geben, und die »Würde« eines Professors einzubüßen.

Im Laufe der Zeit verstanden die Arbeiter, daß hinter meiner »Bescheidenheit« Angst steckte. Viele von ihnen kamen zu mir und sprachen mit Wärme und Ehrlichkeit. Sie sagten mir, daß unter der revisionistischen Linie von Liu Schao-tschi die Fabrik bei mehreren Prozessen einen Quecksilber-Katalysator verwendet hatte, was der kapitalistischen Technologie entsprach und die Gesundheit vieler Arbeiter ernstlich schädigte. Um die Arbeiter vor dieser Gefahr zu bewahren und Quecksilber für dringendere Zwecke zu sparen, hatte die Fabrik 1958 mit der Suche nach einem quecksilberlosen Katalysator begonnen. Aber die Prokapitalisten in der Fabrik kümmerten sich nicht um die Gesundheit und versuchten, die Experimente abzubremsen. Erst als die Arbeiterklasse während der Kulturrevolution in Produktionsfragen die Macht übernommen hatte, wurde eine Abteilung für Experimente eingerichtet.

»Wir hoffen, daß Sie unsere Hoffnungen und Sorgen zu Ihren Hoffnungen und Sorgen machen«, sagten die Arbeiter. »Wir hoffen, daß Sie sich ganz auf die Seite der Arbeiterklasse stellen und den Weg der Integration mit den Arbeitern, Bauern und Soldaten entschlossen einschlagen.«

Ich schlug die ›Reden über Literatur und Kunst‹ des Vorsitzenden Mao [Yenan, 1942] nach und las den Absatz, wo er von den Intellektuellen, die dem Proletariat zu dienen wünschen, sagt: **»Sie müssen ihr Denken und Fühlen ändern und umformen. Ohne solches Ändern, ohne solches Umformen können sie nichts richtig machen und werden sie sich nirgends zurechtfinden.«**

Diese Worte schienen mir geradewegs auf mich gerichtet zu sein. Ich erinnerte mich daran, wie ich diese Fabrik besucht hatte, als die revisionistische Linie noch in Kraft war. Damals hatte ich nur den Direktor, den Chefingenieur und einige der Abteilungen besucht. Jetzt erkannte ich, daß es Liu Schao-tschi war, der mich von der Arbeiterklasse getrennt hatte. Nun, da ich in direkte Berührung mit den Arbeitern gekommen war, sah ich, wie verschieden unsere Gedanken und Gefühle waren. Worum es der Arbeiterklasse ging, das war die Gesundheit ihrer Klassenbrüder, der Fortschritt der Revolution. Worum es mir ging, war meine professorale »Würde« und mein eigener Vorteil. Obgleich ich die Kleidung eines Arbeiters trug, hatte ich nicht wie ein Arbeiter gedacht. . . .

Ich lebte und arbeitete mit den Männern in der Fabrik. In unseren Experimenten teilte ich meine Ansichten mit und diskutierte sie mit den Arbeitern. Wenn Probleme auftauchten, studierten wir die Werke des Vorsitzenden Mao zusammen, um Anregungen zu finden. Mehrfach gab es Pannen in den Apparaten, mit denen wir experimentierten. Voller Sorge schlug ich Veränderungen vor und erkletterte mit den Arbeitern das zweistöckige Stahlgerüst, um Abänderungen zu machen. Nicht nur beseitigten wir schnell die Ursache der Panne, wir erhöhten auch die Effizienz der Experimente.

»Der Professor hat seine Allüren aufgegeben«, sagten die Arbeiter. »Sein Herz ist uns näher gerückt.«

Während die Experimente weitergingen, kehrte ich an die Universität zurück, um an einem Studienkurs über die Ideen Mao Tsetungs teilzunehmen. Als ich wieder in die Fabrik kam, war ich bestrebt, aus den Experimenten wirklich etwas zu machen. Schon am ersten Tag sagte mir jemand, daß die Arbeiter Massenkritik geübt hatten an der revisionistischen Idee der blinden Verehrung alles Fremden und daran, daß man im Schneckentempo hinter anderen dreinhinkte. Er fügte hinzu, daß die Parolen »Weg von ausländischen Regeln« und »Fort mit ausländischen Krücken« gegen mich gerichtet waren. Ich war erschrocken. War ich eine »ausländische Krücke« geworden?

Am nächsten Morgen betrat ich die Fabrik mit ziemlicher Besorgnis. Ein Vorarbeiter grüßte mich mit Wärme und sagte, man sei dabei, von der fortgeschrittenen Erfahrung anderer Fabriken zu lernen und befinde sich auf dem Wege, **»die Unabhängigkeit zu bewahren, die Initiative in den eigenen Händen zu halten und auf eigene Anstrengungen zu vertrauen.«** Weil die revisionistische Linie Liu Schao-tschis das wissenschaftliche Experimentieren blockiere, hätten die Arbeiter, sagte er, diese Linie kritisiert und die Parolen ausgegeben »Weg von ausländischen Regeln! Fort mit ausländischen Krücken! Laßt uns einen Katalysator ohne Quecksilber produzieren!«

Ich stieß einen Seufzer der Erleichterung aus; also war ich doch keine »fremde Krücke«. Dann aber fielen mir die Worte eines Mitgliedes der Arbeiter-Propaganda-Gruppe in unserer Universität ein, der mit uns gearbeitet hatte: »Sie sollten sich gegenüber der Massenkritik richtig verhalten und sich auf die Seite der Arbeiterklasse stellen.« Ich warf einen kritischen Blick auf meine Gedanken während der beiden vorausgegangenen Tage. Am ersten Tag stand ich auf der Seite der Bourgeoisie, indem ich glaubte, ich sei eine »ausländische Krücke« geworden. Am zweiten Tag, als ich einsah, daß das Wort von den »ausländischen Krücken« nicht auf mich gemünzt war, hatte ich mich zu einem [indifferenten] Zuschauer der Massenkritik gemacht und damit gezeigt, daß ich in meinem Kopf tatsächlich »ausländische Krücken« hatte. In diesen zwei Tagen stand ich also nicht auf der Seite der Arbeiterklasse. . . .

Ich schaute auf zum Porträt des Vorsitzenden Mao an der Wand und dachte an den 31. Juli 1966, als ich den Vorsitzenden Mao getroffen hatte, zusammen mit Wissenschaftlern aus Asien, Afrika, Lateinamerika und Ozeanien, die an einem physikalischen Symposion in Peking teilnahmen. Der Vorsitzende Mao äußerte Worte der Besorgnis und Ermutigung; er hoffe, die Wissenschaftler würden mit den revolutionären Völkern der Welt gegen Imperialismus, Revisionismus und Reaktion zusammenstehen und mehr zu diesem Kampf beitragen. Ich aber stand im entgegengesetzten Lager. Je mehr ich darüber nachdachte, desto mehr fühlte ich, daß ich den Erwartungen des Vorsitzenden Mao und der Arbeiterklasse nicht entsprochen hatte. . . .

In der Vergangenheit hatte ich die Themen für meine Experimente aus der ausländischen Literatur gewählt; sie hatten geringen praktischen Wert. Jetzt begann ich einzusehen, daß jedes Forschen den Bedürfnissen der Arbeiter, Bauern, Soldaten, der Produktion, der Revolution gemäß sein müsse. . . . Der Vorsitzende Mao hat gesagt, daß **»eine Änderung der Weltanschauung etwas Fundamentales ist«.** Diese Änderung berührt die ganze Lebensanschauung eines Menschen und bezieht sich nicht nur auf die Lösung des einen oder anderen ideologischen Problems, das vorübergehend auftaucht. Die proletarische Lebensanschauung dreht sich um den allgemeinen Vorteil; die bourgeoise Lebensanschauung um den eigenen Vorteil. . . .

Nie werde ich diesen Vorfall vergessen: Während des Experimentierens sagten die Arbeiter, daß wir unsere Produktion mächtig steigern könnten, wenn es uns gelänge, ein aktives Zentrum in einem quecksilberfreien Katalysatorsystem zu finden. Ich vergrub mich in Berge von Literatur und Daten und entwickelte einen Plan, den ich für theoretisch vernünftig hielt. Ich erwartete davon die Produktion einer ungewöhnlichen katalytischen Aktivität. Die Arbeiter sagten schon zueinander: »Seit Monaten hat der Professor sich nicht mehr festgelegt. Er ist nicht der Typ, der den Deckel vom Topf nimmt, ehe alles gar gekocht ist; wir können etwas Großes erwarten.«

Ich war voll Selbstzufriedenheit und arbeitete an dem Experiment praktisch Tag und Nacht. Als der Zeitpunkt kam, ließ sich überhaupt keine Aktivität feststellen! Ich war wie erschlagen und tief betrübt. Ich brachte die Formeln und Elemente nicht mehr aus meinem Kopf, nicht einmal, wenn ich aß oder schlief. Die Arbeiter wußten, was ich durchmachte. »Ziehen Sie Ihre Lehren«, sagten sie, »nicht von der technischen Seite des Experiments, sondern von der ideologischen.«

Was aber war mein ideologisches Problem? Ich wandte mich der Lehre des Vorsitzenden Mao zu: **»Es gibt Genossen, die auf der Seite der kleinbürgerlichen Intellektuellen stehen; oder, um es eleganter auszudrücken, ihre innerste Seele ist noch immer ein Königreich der kleinbürgerlichen Intelligenzia.«**

Damit erschloß sich mein ideologisches Problem. . . . Ich entdeckte, daß meine innerste Seele immer noch ein Königreich des bürgerlichen Intellektuellen war; ich hatte geglaubt, daß ich für den Fall des Erfolges beim Experiment ein wichtiges Problem der chemischen Industrie lösen, etwas Hervorragendes hinsichtlich meiner Integration mit den Arbeitern leisten und neuen Ruhm ernten würde.

Ruhm für mich selbst, dieser Mittelpunkt meiner Lebensanschauung, wand sich wie eine giftige Schlange um meinen Hals. . . . Ich ging zu den Arbeitern und bat sie um ihre Meinung über das Experiment; in unseren Experimenten verband ich mein Buchwissen mit ihrer praktischen Erfahrung. Ein Arbeiter schlug vor: »Dieses Zeug hat höchstwahrscheinlich eine katalytische Aktivität, nur haben wir die Bedingungen, unter denen sie produziert wird, noch nicht gefunden.« Diese Worte gaben mir Ideen. Ich brachte das Material zurück in seinen ursprünglichen Zwischenzustand und sofort zeigte sich Aktivität. Die Produktivität stieg um das Zehnfache.

Dieser Erfolg verhalf mir zu einem tieferen Verständnis der Worte des Vorsitzenden Mao: **»Solange das Buchwissen eines**

Intellektuellen nicht mit der Praxis integriert ist, ist es nicht vollkommen, vielleicht sogar sehr unvollkommen.« Es genügt also nicht, von der Arbeiterklasse politisch umerzogen zu werden, ich mußte von ihr auch in Produktion und Forschung lernen. Ich hielt mich nahe zu ihr, und nach einem Jahr der Anstrengung gelang es uns, einen Katalysator ohne Quecksilber zu produzieren. Das war ein bedeutender Erfolg.

So haben mir die Tatsachen gezeigt, daß der revisionistische Weg wissenschaftlicher Forschung in eine Sackgasse führt. Er hat nicht nur den Geist der Intellektuellen vergiftet, er hat auch dazu geführt, daß ihre Talente nutzlos vergeudet werden. Wenn er sich mit den Arbeitern, Bauern und Soldaten integriert, kann ein Intellektueller genügend Raum für seine Fähigkeiten finden. Dies ist der einzige Weg, dem Volke zu dienen.

(›China Reconstructs‹ 1971/4, April, S. 45–48)

Mao hat in seinen beiden Reden über Literatur und Kunst in Yenan (Mai 1942, ›Ausgewählte Werke‹, Bd. III) und gelegentlich auch später in kurzen Erklärungen (›Peking Review‹ 1967/23, S. 5–8) – ähnlich wie Lenin – den Klassencharakter der Kunst hervorgehoben. Aber die eigentlich Verantwortliche für die Gleichschaltung der chinesischen Kunst ist seine Frau, Tschiang Tsching. Ihr Kampf gegen die traditionelle und für eine revolutionäre Kunst, den sie mit Unterbrechungen seit etwa 1950 führt, erlebte während der Kulturrevolution einen vollen Erfolg. Ihre Grundeinstellung findet sich am klarsten in ihrer Rede vom Juli 1964 (›Peking Rundschau‹ 1967/21, S. 8–12) und in den Ergebnissen des von ihr im Februar 1966 geleiteten Literatur-Forums. Hier folgen, in der amtlichen Übersetzung ins Deutsche, Auszüge aus dem Protokoll des Forums, die auch einige Aufschlüsse über sie selbst geben. (Die Namen sind in die in diesem Buch verwendete Schreibweise umgesetzt. Stilistische Unebenheiten blieben unverändert.)

Zu Beginn der Beratung und auch im Verlauf des Meinungsaustausches erklärte Genossin Tschiang Tsching mehrmals, sie hätte die Werke des Vorsitzenden Mao nicht gut genug studiert und begriffe die Maotsetungideen nicht tiefgehend, aber sie setze die Punkte, die sie verstanden habe, entschlossen in die Tat um. Sie sagte, während der letzten vier Jahre habe sie sich ziemlich stark darauf konzentriert, eine Anzahl literarischer Werke zu lesen; dabei habe sie sich einige Meinungen überlegt, die aber nicht alle unbedingt richtig sein müßten. Wir seien alle Parteimitglieder, sagte sie, und sollten um der Sache der Partei willen als Gleichberechtigte die Dinge diskutieren. Diese Diskussion sei im letzten Jahr vorgesehen gewesen, sei jedoch verschoben worden, weil sie damals nicht ganz gesund gewesen sei. Da sich ihr Gesundheitszustand in letzter Zeit gebessert habe, hätte sie gemäß der Weisung des Genossen Lin Piao die Genossen zu Diskussionen eingeladen.

Genossin Tschiang Tsching machte uns den Vorschlag, zunächst eine Reihe von Werken zu lesen, uns einige Theaterstücke und Filme anzusehen, einschlägige Dokumente und diesbezügliches Material zu studieren und erst dann darüber zu diskutieren. Sie empfahl uns, die betreffenden Schriften des Vorsitzenden Mao zu lesen, lud achtmal Genossen der Armee zu Einzelbesprechungen ein, nahm an vier Gruppenberatungen teil und besuchte zusammen mit uns 13 Filmvorführungen und drei Theateraufführungen. Während der Film- und Theaterdarbietungen tauschte sie jederzeit mit uns Meinungen aus. Ferner riet sie uns, weitere 21 Filme zu begutachten. Inzwischen sah Genossin Tschiang Tsching . . . die Regisseure, Kameraleute und einen Teil der Darsteller und hielt dreimal Besprechungen mit ihnen ab, die sehr lehrreich waren und ihnen riesigen Ansporn gaben. Aus unseren Kontakten mit Genossin Tschiang Tsching haben wir das Gefühl gewonnen, daß sie die Maotsetungideen sehr tief begreift, die Probleme auf dem Gebiet der Literatur und Kunst lange Zeit sehr umfassend untersucht und studiert hat und dadurch, daß sie sich persönlich bemühte, »ein Versuchsfeld zu bearbeiten«, reiche praktische Erfahrungen gesammelt hat. Sie hat diesmal ihre Arbeit aufgenommen, als es ihr gesundheitlich noch nicht gut ging, hat mit uns Besprechungen abgehalten, Filmvorführungen und Theater besucht und ist immer bescheiden, warmherzig und aufrichtig gewesen. All das ist für uns sehr aufklärend und hat uns gewaltig geholfen.

Während ungefähr zwanzig Tagen lasen wir zwei Schriften des Vorsitzenden Mao und anderes einschlägiges Material, hörten uns viele äußerst wichtige Meinungen der Genossin Tschiang Tsching an und sahen über dreißig Filme, unter denen gute, schlechte und solche waren, die Mängel und Fehler verschiedenen Grades aufwiesen. Wir sahen außerdem zwei verhältnismäßig erfolgreiche revolutionäre moderne Peking-Opern, nämlich ›Überraschungsangriff auf das Regiment Weißer Tiger‹ und ›Mit taktischem Geschick den Tigerberg erobert‹. Das alles verhalf uns dazu, unser Verständnis für die Ideen des Vorsitzenden Mao über Literatur und Kunst zu erhöhen und unsere Erkenntnis der sozialistischen Kulturrevolution zu vertiefen. . . .

Während der letzten drei Jahre ist in der großen sozialistischen Kulturrevolution [Große Proletarische hieß sie erst seit 1966] eine neue Lage entstanden. Das hervorstechendste Beispiel dafür ist das Aufkommen von revolutionären modernen Peking-Opern. Vom Zentralkomitee der Partei mit Vorsitzendem Mao an der Spitze geführt und mit dem Marxismus-Leninismus, den Maotsetungideen als Waffe, haben die Literatur- und Kunstschaffenden, die sich mit der Revolutionierung der Peking-Oper befassen, eine heroische und zähe Offensive gegen die Literatur und Kunst der Feudalklasse, der Bourgeoisie und der modernen Revisionisten eröffnet. Durch den unwiderstehlichen Vorstoß dieser Offensive hat die Peking-Oper, früher die unbezwinglichste Hochburg, sowohl ideologisch als auch in der Form eine gewaltige Revolution erfahren, die einen revolutionären Wandel in den Literatur- und Kunstkreisen mit sich brachte.

Revolutionäre moderne Peking-Opern wie ›Geschichte einer roten Signallaterne‹, ›Schatschiapang‹, ›Mit taktischem Geschick den Tigerberg erobert‹ und ›Überraschungsangriff auf das Regiment Weißer Tiger‹, das Ballett ›Die Rote Frauenkompanie‹, die Symphonie ›Schatschiapang‹ und die Skulpturengruppe aus ungebranntem Ton ›Der Hof für Pachteinnahme‹ haben bei den breiten Massen der Arbeiter, Bauern und Soldaten Zustimmung gefunden und sind vom chinesischen und ausländischen Publikum sehr begrüßt worden. Es sind Pionierleistungen, die einen tiefgehenden und weitreichenden Einfluß auf die sozialistische Kulturrevolution ausüben werden. Sie haben den schlagenden Beweis erbracht, daß sogar die Peking-Oper, diese früher stärkste Hochburg, gestürmt und revolutioniert werden kann und daß ausländische klassische Kunstformen wie das Ballett und die symphonische Musik ebenfalls umgestaltet und unseren Zwecken dienstbar gemacht werden können. Das sollte unsere Zuversicht bei der Revolutionierung anderer Kunstformen noch erheblich stärken. Es gibt Leute, die behaupten, in den revolutionären modernen Peking-Opern seien die Traditionen und die fundamentalen Kunstfertigkeiten der Peking-Oper verlorengegangen. Die Tatsachen beweisen gerade das Gegenteil: In den revolutionären modernen Peking-Opern wurden die Traditionen der Peking-Oper in kritischer Weise übernommen, und dies ist ein wirkliches Hervorgehenlassen des Neuen durch kritische Aufnahme aus dem Alten. In Wirklichkeit wurden die fundamentalen Kunstfertigkeiten der Peking-Oper nicht fallengelassen, sondern sie reichen nicht mehr aus. Diejenigen, die nicht dazu dienen können, das heutige Leben wiederzugeben, sollen und müssen fallengelassen werden. Um das heutige Leben schildern zu können, müssen wir uns dringend darum bemühen, die fundamentalen Kunstfertigkeiten der Peking-Oper auf Grund der Erfahrungen unseres wirklichen Lebens zu verfeinern, neuzuschaffen, schrittweise zu entwickeln und zu bereichern. Diese Tatsachen sind gleichzeitig ein schwerer Schlag für die Konservativen verschiedener Schattierungen sowie für solche Ansichten wie die der »Kassenschlager«-Theorie, der »Valutabringer«-Theorie und der Theorie der »Exportunfähigkeit revolutionärer Stücke«. ...

Wir müssen den blinden Glauben an das, was allgemein als »Literatur und Kunst der Dreißiger Jahre« bekannt ist, zerstören. Zu jener Zeit folgte die Literatur- und Kunstbewegung des linken Flügels politisch der »links«opportunistischen Linie Wang Mings [eines in Moskau lebenden ehemaligen Rivalen Maos]; organisatorisch praktizierte sie die Doktrin der »verschlossenen Tür« und das Sektierertum; ihre Ideen über Literatur und Kunst waren faktisch die Ideen russischer bürgerlicher Literatur- und Kunstkritiker wie Belinskij, Tschernyschewskij und Dobroljubow sowie Stanislawskij auf dem Gebiet der Theaterkunst. Diese waren bürgerliche Demokraten im Rußland der zaristischen Zeit, und ihre Ideen waren nicht marxistisch, sondern bürgerlich. Die bürgerlich-demokratische Revolution ist eine Revolution, in der eine Ausbeuterklasse an die Stelle einer anderen tritt. Nur die proletarische sozialistische Revolution ist eine Revolution, die endgültig alle Ausbeuterklassen vernichtet. Darum dürfen wir die Ideen irgendwelcher bürgerlicher Revolutionäre keineswegs zu Leitprinzipien machen. ...

Wir müssen den blinden Glauben an die chinesische und ausländische klassische Literatur zerstören. Stalin war ein großer Marxist-Leninist. Seine Kritik an der modernistischen Literatur und Kunst der Bourgeoisie war sehr scharf. Aber er übernahm dennoch ohne Kritik alles, was als klassische Werke Rußlands und Europas bezeichnet wird, und das zeitigte schlimme Folgen. Die klassische Literatur und Kunst Chinas und Europas (einschließlich Rußlands) und sogar amerikanische Filme haben auf die literarischen und künstlerischen Kreise unseres Landes bedeutenden Einfluß ausgeübt, und es gab Leute, die sie für eine Art von »Heiliger Schrift« halten und sie in ihrer Gesamtheit übernahmen. Wir müssen aus den negativen Erfahrungen Stalins eine Lehre ziehen. Auch unsere alten Werke sowie ausländische müssen studiert werden. Sich zu weigern, sie zu studieren, wäre falsch; aber wir müssen sie kritisch studieren und dadurch das Alte in den Dienst der Gegenwart stellen, das Ausländische für China nutzbar machen.

Auch was die verhältnismäßig guten sowjetischen revolutionären Werke der Literatur und Kunst betrifft, die nach der Oktoberrevolution hervortraten, müssen wir sie einer Analyse unterziehen; wir dürfen sie nicht blindlings verehren und erst recht nicht mit verbundenen Augen nachahmen. Aus blinder Nachahmung kann nie Kunst werden. . . .

Unter der Führung des Zentralkomitees der Partei und des Vorsitzenden Mao und geleitet vom Marxismus-Leninismus, den Maotsetungideen, müssen wir eine neue sozialistische revolutionäre Literatur und Kunst schaffen, die unseres großen Landes, unserer großen Partei, unseres großen Volkes und unserer großen Armee würdig ist. Das wird eine neue, äußerst glanzvolle Literatur und Kunst sein, die eine neue Epoche der Geschichte der Menschheit einleiten wird. . . .

Wir müssen größten Wert auf Themen legen, die die sozialistische Revolution und den sozialistischen Aufbau betreffen; es wäre völlig falsch, diese Themen nicht zu beachten. Es müssen ernsthafte Bemühungen gemacht werden, Werke der Literatur und Kunst zu schaffen, welche die drei großen Schlachten . . . [folgen Schlachtorte des Bürgerkriegs] zum Gegenstand haben, solange die Genossen, die diese Schlachten geleitet und gelenkt haben, noch am Leben sind. Es gibt viele wichtige revolutionäre Themen, historische und aktuelle, deren Wiedergabe auf planmäßige und systematische Weise dringend notwendig ist. . . .

Wir dürfen keine Angst davor haben, beschuldigt zu werden, »den Knüppel zu schwingen«. Wenn uns gewisse Leute der übermäßigen Vereinfachung und der Ungeschliffenheit bezichtigen, dann müssen wir diese Beschuldigungen analysieren. Einige unserer Kritiken sind im wesentlichen richtig, aber haben nicht genug Überzeugungskraft, weil unsere Analyse und unser Beweismaterial unzulänglich sind; das sollte korrigiert werden. . . . Wenn die Feinde unsere korrekten

Kritiken als übermäßig vereinfacht und ungeschliffen verdammen, dann müssen wir fest standhalten. Die Literatur- und Kunstkritik muß zu einer unserer täglichen Aufgaben werden, zu einem wichtigen Mittel sowohl für die Entfaltung des Kampfes auf dem Gebiet der Literatur und Kunst als auch bei der Führung der Arbeit auf diesem Gebiet durch die Partei. Ohne korrekte Literatur- und Kunstkritik ist es unmöglich, daß schöpferische Arbeit gedeiht.

Im Kampf gegen den ausländischen Revisionismus auf dem Gebiet der Literatur und Kunst dürfen wir uns nicht darauf beschränken, unwichtige Figuren vom Schlage Schukrais [einer Gestalt in Scholochows ›Stiller Don‹] anzugreifen. Wir müssen uns den großen Fischen zuwenden, Scholochow fangen und den Mut haben, ihn anzupacken. Er ist der Vater der revisionistischen Literatur und Kunst. Seine Bücher ›Der stille Don‹, ›Neuland unterm Pflug‹ und ›Ein Menschenschicksal‹ haben einen Teil der chinesischen Schriftsteller und Leser maßgeblich beeinflußt. Sollte die Armee nicht Leute dazu organisieren, seine Bücher zu studieren und überzeugende kritische Artikel, die wohlbegründete Analysen enthalten, zu schreiben? Das würde großen Einfluß auf China und auf die ganze Welt ausüben. Dasselbe sollte mit ähnlichen Werken chinesischer Schriftsteller gemacht werden.

Beim Schaffen müssen wir die Methode der Verbindung des revolutionären Realismus mit der revolutionären Romantik anwenden; wir dürfen nicht den kritischen Realismus der Bourgeoisie und die bürgerliche Romantik übernehmen. Die ausgezeichneten Eigenschaften der unter der Leitung der korrekten Linie der Partei herangebildeten Arbeiter-, Bauern- und Soldatenhelden sind der konzentrierte Ausdruck des Klassencharakters des Proletariats. Wir müssen voller Begeisterung und mit allen möglichen Mitteln Heldenfiguren von Arbeitern, Bauern und Soldaten schaffen. . . .

Auf unserer Seite steht die Gerechtigkeit, und auf der Seite der Feinde steht die Ungerechtigkeit. In unseren Werken müssen die schwierigen und harten Kämpfe und die heroischen Opfer gezeigt werden, aber auch der revolutionäre Heroismus und der revolutionäre Optimismus zum Ausdruck kommen. . . .

Hinsichtlich der Auswahl von Sujets ist zu sagen, daß wir nur dann eine gute und korrekte Auswahl treffen können, wenn wir vorher mitten im wirklichen Leben gestanden, gewissenhaft Untersuchungen gemacht und eingehende Studien betrieben haben. Theater- und Drehbuchautoren sollen sich für eine lange Zeit rückhaltlos in den hitzigen Kampf des Lebens stürzen. Regisseure, Schauspieler und Schauspielerinnen, Kameraleute, Maler und Komponisten sollen sich ebenfalls mitten ins wirkliche Leben begeben und gewissenhaft Untersuchungen anstellen und Studien betreiben. In der Vergangenheit gab es Werke, in denen historische Tatsachen verdreht und statt der korrekten Linie nur falsche Linien dargestellt wurden; in einigen Werken wurden Heldenfiguren beschrieben, die aber gegen die Disziplin verstießen, oder es wurden nur zu dem Zweck Helden geschaffen, um sie künstlich ein tragisches Ende nehmen zu lassen; in anderen Werken werden keine Heldenfiguren dargestellt, sondern nur »mittelmäßige Charaktere«, die in Wirklichkeit rückständige Figuren sind, und damit wird das Bild der Arbeiter, Bauern und Soldaten verunglimpft. Beim Beschreiben des Feindes wird in diesen Werken versäumt, seinen Klassencharakter – als Ausbeuter und Unterdrücker des Volkes – zu enthüllen, und er wird sogar beschönigt; wieder andere haben nur Liebe und Romanzen zum Gegenstand, leisten niedrigen Interessen Vorschub und bekräftigen die Behauptung, Liebe und Tod seien die ewigen Themen. Dies ist alles bürgerlicher und revisionistischer Ramsch und muß entschlossen bekämpft werden. . . .

Es war unser schwacher Punkt, daß viele Genossen, nachdem das ganze Land befreit war und wir in die Großstädte gekommen waren, der Zersetzung durch die bürgerliche Ideologie, die in den Reihen unserer Schriftsteller und Künstler grassierte, nicht widerstehen konnten, was zu dem Ergebnis führte, daß einige während des Vormarsches ausfielen. . . . Wir müssen für eine lange Zeit mitten im wirklichen Leben stehen, uns mit den Arbeitern, Bauern und Soldaten verbinden, unser Klassenbewußtsein heben, unser Denken umgestalten und dem Volk mit ganzem Herzen dienen, ohne an persönlichen Ruhm oder Vorteil zu denken. Es gilt, unsere Genossen dazu zu erziehen, ihr ganzes Leben lang den Marxismus-Leninismus und die Werke des Vorsitzenden Mao zu studieren und Revolution zu machen. Ihre Aufmerksamkeit muß besonders darauf gerichtet werden, die proletarische Integrität auch im späteren Leben zu bewahren. Die Integrität im späteren Leben bewahren zu können, das ist für einen Menschen gar keine leichte Sache.

(Zitiert nach ›Wichtige Dokumente der Großen Proletarischen Kulturrevolution‹, Peking 1970, S. 226–271)

Die am intensivsten überarbeitete und heute nach Meinung der Führung wichtigste und bestgelungene »Peking-Oper« heißt ›Mit taktischem Geschick den Tigerberg erobert‹. Die ursprüngliche Fassung wurde 1963 auf Veranlassung von Maos Frau, Tschiang Tsching, völlig neu gestaltet und einige Jahre später noch einmal uminszeniert. Die Kommentare zur jüngsten Version rühmten diese als Modell für andere Opern und nannten u. a. folgende Kriterien einer einwandfreien modernen Oper: Der positive Held muß die Szene beherrschen (noch in der Fassung von 1967 fiel der Vorhang einmal für Schao, den Helden Nr. 2, statt für Yang, die Nr. 1!); in seinen Taten muß er von den Ideen Mao Tse-tungs geleitet werden (in der Fassung von 1963 wurden diese überhaupt nicht erwähnt); die negativen Charaktere, wie der feindliche Kommandeur, der »Geier«, dürfen – im Unterschied zu früheren Aufführungen – keinerlei positive Eigenschaften besitzen; das Wesen der Helden muß durch Bühnenbilder hervorgehoben werden – früher kam er auf dem Weg zum feindlichen Tigerberg durch einen Wald »mit herabhängenden Zweigen und gekrümmten Baumstämmen«, jetzt aber bilden »starke, hochragende Bäume« den Hintergrund und »ein Wald von riesigen, bis in die Wolken emporragenden Kiefern, durchflutet von Sonnenstrahlen und von dem majestätischen Gesang ›Hochgemut und kühn ...‹ hallend, widerspiegelt ausdrucksvoll und wirksam den wagemutigen und entschlossenen, standhaften und furchtlosen Heldencharakter«. Auf diese Weise wird Yang zu einem »in der Geschichte der Kunst der Menschheit nie dagewesenen, glänzenden typischen Charakter«. (So der Kommentar, ›Peking Rundschau‹ 1969/51–52, S. 38–44.) Es folgen einige Arien der beiden männlichen Helden sowie des Bauern Li und der jungen Heldin Pao. Die erste singt Schao, der Stabschef des Regiments und Held Nr. 2, in seinem Befehlsstand, »im Hintergrund majestätische Berge«:

SCHAO:
Eisiger Wind heult durch die Wälder,
Raschelnd erzittern Zweige in der tiefen Schlucht.
(Ein Windstoß preßt die Flurtür auf. Er geht zur Tür und blickt hinaus.)
Schneeflocken tanzen in diesigem Nebel,

Silbern erglänzen die Bergeshöh'n;
Welch prachtvolle Szene des Nordens!
Schön ist unser Land, majestätisch und großartig,
Wie können wir's wütende Bestien wieder verwüsten lassen?!
Das Zentralkomitee der Partei weist den Weg vorwärts,
Die Flammen der Revolution lassen sich nicht löschen.
Die Hoffnung des Volkes erfüllend, kämpft sich VBA [Volksbefreiungsarmee] Tausende Meilen durch,
Will rote Banner aufpflanzen im ganzen Vaterland.
Mögen auch die Yankees und Tschiang [Kai-schek], miteinander verschworen,
Scheinbar Verhandlungen führen, sie greifen dennoch an;
Offen kämpfend und Pfeile aus dem Hinterhalt schießend,
Nehmen sie Zuflucht zu Hunderten Tricks.
Doch das Recht ist in unsrer Hand, Klassenhaß im Herzen,
Zehn gegen eins geloben wir Ausrottung der Reaktionäre! . . .
In den letzten Tagen haben wir viel über den Feind erfahren.
Sorgfältig haben wir unsern Kampfplan analysiert und überdacht;
Der Geier stützt sich auf ein ganzes Netz von Bunkern und Tunneln,
Mir scheint, es ist viel besser, ihn mit taktischem Geschick zu überrumpeln.
Einen fähigen Genossen auswählen, der sich, als Bandit verkleidet,
Ins Herz des Feindes schleicht,
Dann auf ihn los, von außen und innen zugleich.
Wen sollten wir am besten wählen für diese kritische Aufgabe? –
(Überlegt.)
Yang Dsi-jung hat all die Voraussetzungen dafür, diese Last auf sich zu nehmen!
In einer Landarbeiterfamilie geboren, besitzt er gute Eigenschaften,
Er hat von Kindheit auf am Rande des Verhungerns gekämpft;
Haßentflammt, fand er seinen Befreier
In der Kommunistischen Partei und schlug den Weg der Revolution ein.
Er trat in die Armee ein und gelobte Ausrottung der Ausbeutung,
Im Kampfe wohlbewährt, hat er viele Feuerproben bestanden,
Hat sich viele Verdienste erworben.
Geschickt hat er so manchen feindlichen Bunker gesprengt,
Ist in Feindesgebiet eingedrungen, hat Verräter erledigt
Und viele Kampfgefährten und andere Landsleute gerettet.
Mehrmals ist er in diesem Meer von Bäumen mit den Banditen zusammengestoßen,
Erwischte Luan Ping und Hu Piao
Und hat auch den Heulenden Wolf gefangen.
Send' ich ihn allein zu dieser gefährlichen Stelle hin,
Sicher wird er mit seinem Herzen, rot wie Feuer,

Seinem Willen, hart wie Stahl,
Den Geier und seine Bande niederschlagen.

Als Schao dem Helden Nr. 1, Yang, den Auftrag erteilt, singt dieser:

YANG:
Ein Kommunist folgt jederzeit dem Ruf der Partei,
Er nimmt stets schwere Bürden auf sich;
Ich bin entschlossen, die tausendjähr'gen Ketten zu zerschmettern,
Dem Volke eine Hochflut endlosen Glücks zu schaffen.
Ich weiß sehr wohl, daß Gefahren auf mich lauern,
Doch um so mehr brenne ich darauf, vorwärts zu stürmen;
Ganz gleich, wie dicht sich Unheilwolken ballen,
Revolutionäre Weisheit wird siegen mit Sicherheit.
Mit dem Willen Yü Kungs, der Berge versetzte,
Werd' ich jede Schranke durchbrechen;
Die lodernden Flammen meines roten Herzens,
Sie sollen mir schmieden eine scharfe Klinge,
Die jedes Ungeheuer erschlägt.

Allein reitet der Held durch einen verschneiten Wald zum Tigerberg:

Hochgemut und kühn dring' ich vor durch den verschneiten Wald!

(Yang tanzt zur anschaulichen Darstellung seines Ritts durch den dichten Wald, überspringt einen Bach, klimmt einen hohen Berg hinauf, jagt einen steilen Berghang hinab, galoppiert hin und her und blickt dann um sich.)

Heldentum und Entschlossenheit ausdrückend,
Steh' ich den Bergen gegenüber.
Laßt rote Banner wehen über die ganze Welt hin!
Mag es Meere von Feuer und Wälder von Schwertern geben,
Ich werd' vorwärts stürmen.
Ich wünschte, ich könnt' sogleich dem Schnee gebieten zu schmelzen
Und den Frühling willkommen heißen,
Der die Welt der Menschen ändert!
Die Partei verleiht mir Weisheit und Mut,
Gefahren und Hindernisse sind mir ein Nichts;
Um die Banditen auszurotten, muß ich
Selbst mich kleiden wie ein Bandit
Und eindringen in ihre Festung wie ein Dolch.
Den Geier will ich auf diesen Höhen begraben, schwör' ich,
Die Berge erschüttern mit meinem Willen,
Die Täler erfüllen mit meinem Mut;
Beim Zusammentreffen auf dem Hundert-Hühner-Fest [auf dem Tigerberg]
Werden meine Kampfgefährten und ich
Das Lager der Banditen in einen Trümmerhaufen verwandeln!

(Ein Tiger brüllt in der Ferne. Das Pferd erschrickt und stolpert. Yang zügelt das Pferd, so daß es sich aufbäumt, wendet und bringt es zum Stehen, springt vom Pferd, indem er ein Bein über den Kopf des Pferdes schwingt. Das

Tigergebrüll zieht näher. Yang führt schnell sein Pferd fort. Erscheint wieder, streift rasch seinen Mantel ab, zieht eine Pistole heraus und schießt auf den Tiger. Der Tiger schreit gellend auf und fällt tot um.)

Die Verbrüderung zwischen Armee und Volk manifestiert sich in den Arien des Stabschefs Schao, des Eisenbahnarbeiters Li und der jungen Jägerstochter Pao.

SCHAO:

Wir sind die Söhne von Arbeitern und Bauern, hergekommen,
Die Reaktionäre zu vernichten und die Welt zu ändern.
Für die Revolution haben wir Jahrzehnte in Nord und Süd gekämpft,
Mit der KP und Vorsitzendem Mao als Wegweiser,
Einen roten Stern auf unsrer Soldatenmütze,
Zwei rote Fahnen der Revolution auf unserm Kragen.
Wo die rote Fahne weht, verfliegen die dunklen Wolken,
In den befreiten Gebieten stürzen Volksmassen die Gutsherren,
Machen sich selbst zu Herren.
Die Volksarmee teilt mit dem Volk Leid und Not,
Wir sind gekommen, mit dem Tigerberg aufzuräumen!

LI:

(seine innersten Gefühle wie Frühlingsdonner hervorbrechend ...)
Die Augen haben wir uns fast ausgeguckt,
Nach euch Ausschau haltend Tag und Nacht.
Wer hätt' je gedacht, daß hier in diese Berge
Ihr heute kommt, die Banditen zu bekämpfen
Und die Armen aus ihrer Not zu befreien.
– Hier vor uns unsre eigene Armee!
Die uns Nächststehenden!
Ich hätt' nich' verwechseln soll'n richtig und falsch.
Ich hätt' nich' Freunde für Feinde halten soll'n!
Scham verschlägt mir die Sprache.
(Stößt den in die Tischplatte gebohrten Dolch um.)
Dreißig Jahre lang schuftete ich wie ein Lasttier,
Diese Peitschennarben und Beulen fühlend,
Kann ich kaum meine Wut unterdrücken,
Kämpf' ich in einem bodenlosen Abgrund.
Wir alle im Dorf haben unausgesprochnen Haß und Zorn hervorzusprudeln,
Zähneknirschend blicken wir zum Tigerberg hin.
Einige sagten, unsre Leidenszeit würde ewig währen,
Wer hätte geahnt, daß ein eiserner Baum könnt' blühen,
Ein verdorrter Baum könnt' Sprossen treiben,
Daß wir schließlich heut' dies erleben würden!
Ich will von jetzt an unbeirrt mit der KP ziehn,
Diese Bestien zu verjagen,
Wie groß auch die Opfer und Gefahren, sei es Feuer oder Wasser,
Ich, Yung-tschi, werd' willig mein Leben hingeben!

Wenn der Tigerberg gesäubert und befreit wird,
Will ich an vorderster Front sein!

PAO:

Wie ersehn' ich Tag für Tag die Stunde,
Wo die Bestien abgeschlachtet und die Blutschuld beglichen.
Voll tiefsten Hasses am Morgen und Abend
Schärf' ich mein Schwert und öl' mein Gewehr.
Mag Schneesturm toben auf den hohen Felsen,
Des Tigers Höhle zu erstürmen – das wag' ich! ...
Ich muß sogleich den Stabschef sehn
Und nochmals sagen ihm, was ich trag' im Sinn.
Ich will entschlossen fordern, in die Schlacht zu ziehen,
Denn ich hab' gelobt, die Banditen restlos zu töten.

Besonders berühmt ist die Arie des Helden von den Ideen Mao Tsetungs und der Morgensonne in seinem Herzen:

YANG:

Mich durch Dornen und Disteln schlagend,
Kämpf' ich im Herzen des Feindes!
Blick' ich in die Ferne und denk' an meine Kampfgefährten,
Die Armee und das Volk, das Signal zum Angriff auf diese Bestien erwartend,
So erhöht's meinen Kampfwillen noch mehr!
Die Partei setzt größte Hoffnungen auf mich,
Die Genossen gaben bei der Sitzung des Parteizellenkomitees gewicht'ge Ratschläge.
Ihre vielen Ermahnungen erfüllen mich mit Kraft,
Ihre flammendroten Herzen lassen das meine erglühn.
Nie darf ich vergessen, kühn, jedoch umsichtig zu sein
Und zu siegen durch Mut und auch geschickte Taktik.
Jedes Wort der Partei ist Garantie für den Sieg,
Ewig erstrahlen die Maotsetungideen. ...
Silvesterabend nähert sich schnell.
Ich darf nicht zögern, ich muß 'nen Vorstoß wagen,
Sei das Gras voller Messer und seien die Bäume voller Schwerter,
Ich muß alle Schwierigkeiten überwinden,
Herab zum Fuß des Steilhangs!
Was macht's, daß der Berg so hoch?
Ich hab' die Morgensonne in meinem Herzen,
Die der bittren Kälte trotzt, die Eis und Schnee schmilzt.

(Die Sonne geht auf, erfüllt den Himmel mit Morgenrot und färbt die zackigen Felsspitzen rot.)

(Zitiert nach der neuesten Fassung, ›Peking Rundschau‹ 1969/51–52, S. 14–37)

Wie 1970 die hundertste Wiederkehr des Geburtstages Lenins so wurde auch 1971 der hundertste Jahrestag der Pariser Kommune von Peking benützt, die eigene Treue gegenüber Lenin und der Kommune zu beteuern und gleichzeitig Moskau des Verrates an diesen Ideen zu zeihen. In den beiden letzten Teilen eines Aufsatzes, der durch seine gleichzeitige Veröffentlichung in den drei führenden Publikationsorganen des Landes (›Volkszeitung‹, ›Rote Fahne‹, ›Armeeblatt‹) als besonders wichtig gekennzeichnet wurde, wird beides deutlich herausgearbeitet; dabei kommt auch der fundamentale Unterschied zwischen Peking und Moskau in der Frage der »einen« oder der »dauernden« Revolution deutlich zum Ausdruck. Die sieben Anmerkungen sind die des Originals, ihre Ziffern sind dem hier gewählten Ausschnitt angepaßt.

V. Die modernen Revisionisten [Chiffre für die Sowjetführung] sind Verräter an den revolutionären Prinzipien der Pariser Kommune

Während das Proletariat und die revolutionären Volksmassen der ganzen Welt den hundertsten Jahrestag der Pariser Kommune feierlich begehen, hat die sowjetrevisionistische Renegatenclique die Stirn, herausgeputzt ins Rampenlicht zu treten, ihre »Treue zu den Prinzipien der Pariser Kommune«[1] zu beschwören und sich als Fortsetzer der Pariser Kommune aufzuspielen. Das ist wirklich der Gipfel der Unverschämtheit.

Welches Recht haben die sowjetrevisionistischen Renegaten überhaupt, über die Pariser Kommune zu sprechen? Sie, eine Handvoll Leute, haben die Führung in Partei und Staat der Sowjetunion usurpiert, so daß der von Lenin gegründete und von Stalin verteidigte Sowjetstaat seine Farbe gewechselt hat. Sie haben die Diktatur des Proletariats in die Diktatur der Bourgeoisie verwandelt und betreiben Sozialimperialismus und Sozialfaschismus. Das ist der gemeinste Verrat an den revolutionären Prinzipien der Pariser Kommune.

Die sowjetrevisionistischen Renegaten, von Chruschtschow bis Breshnew, haben alle versucht, ihre Diktatur der Bourgeoisie mit dem Aushängeschild »Staat des ganzen Volkes« zu verdecken. Früher sagte Chruschtschow, die Sowjetunion sei bereits »ein Staat des ganzen Volkes geworden«.[2] Heute behaupten Breshnew und Konsorten, ihr Staat wäre »ein sowjetischer sozialistischer Staat des ganzen Volkes«[3], und sie übten die »sowjetische Demokratie« aus. Das ist nichts als Lug und Trug.

Der Sowjet, eine große Schöpfung des russischen Proletariats, war der Ausdruck dessen, daß die werktätigen Massen Herren des Landes geworden sind, er war eine ruhmvolle Bezeichnung. Aber genau wie die Bezeichnung Kommunistische Partei kann die Bezeichnung Sowjet sowohl von Bolschewiki als auch von Menschewiki, sowohl von Marxisten-Leninisten als auch von Revisionisten benutzt werden. Entscheidend ist nicht die Bezeichnung, sondern das Wesen, nicht die Form, sondern der Inhalt. Heute bleibt in der Sowjetunion die Bezeichnung Sowjet, die Bezeichnung des Staates zwar unverändert, doch der Klasseninhalt ist ein völlig anderer. Der Sowjetstaat, in dem die sowjetrevisionistische Renegatenclique die Führung usurpiert hat, ist nicht mehr ein Werkzeug, mit dem das Proletariat die Bourgeoisie unterdrückt, sondern ist zu einem Werkzeug geworden, mit dem die wieder ans Ruder gekommene Bourgeoisie das Proletariat unterdrückt. Die sowjetrevisionistischen Renegaten haben aus der Sowjetunion das Paradies einer Handvoll bürokratischer Monopolkapitalisten neuen Typs und ein Zuchthaus für Millionenmassen Werktätiger gemacht. Das ist der gesamte Inhalt ihres sogenannten »sowjetischen sozialistischen Staates des ganzen Volkes« und ihrer angeblichen »sowjetischen Demokratie«. Hier handelt es sich überhaupt nicht darum, daß der »Staat des ganzen Volkes eine unmittelbare Fortsetzung des Staates unter der Diktatur des Proletariats«[4] sein soll, sondern darum, daß die Breshnewsche Linie die »unmittelbare Fortsetzung« der Chruschtschowschen Linie ist. Eben darin liegt die wesentliche Ursache, warum sich Breshnew und Konsorten heute verzweifelt an die Losung »Staat des ganzen Volkes« klammern.

Der Verrat der sowjetrevisionistischen Renegatenclique an den revolutionären Prinzipien der Pariser Kommune findet seinen konzentrierten Ausdruck auch in ihrem wahnwitzigen Auftreten gegen eine gewaltsame Revolution des Proletariats. Breshnew und Konsorten erheben lautes Geschrei: »Die Führer des Proletariats müssen in jeder Etappe des Kampfes die Gewalt auf ein Minimum reduzieren«, »eine mildere Zwangsform anwenden«; »bewaffneter Kampf und Bürgerkrieg bringen ungeheure Opfer und Leiden der Volksmassen mit sich und verursachen die Zerstörung der Produktivkräfte und die Vernichtung hervorragender revolutionärer Kader«. Um einen Vorwand für ihre absurde Behauptung vom »friedlichen Übergang« zu finden, ging diese Horde von Renegaten sogar so weit, willkürlich die Geschichte zu entstellen, indem sie faselte, die Pariser Kommune wäre eine Revolution gewesen, in der »anfangs« »fast gar kein Blut vergossen wurde«[5].

Die Revolution der Pariser Kommune war von Anfang bis Ende ein Ringen zwischen Proletariat und Bourgeoisie auf Leben und Tod, war ein gewaltsamer Kampf zwischen Revolution und Konterrevolution. Vor dem Pariser Kommuneaufstand hatten die Pariser Volksmassen in weniger als einem halben Jahr zwei bewaffnete Aufstände durchgeführt, die beide von den Reaktionären blutig niedergeschlagen wurden. Und in den Gefahren nach dem Beginn des Pariser Kommuneaufstandes gaben weitere Zehntausende Arbeiter und andere Werktätige ihr Leben hin. Wie kann man diese Revolution als eine Revolution bezeichnen, in der »anfangs« »fast gar kein Blut vergossen wurde«? Marx hat festgestellt: »Das Paris der Arbeiter, mit seiner Kommune, wird ewig gefeiert werden als der ruhmvolle Vorbote einer neuen Gesellschaft. Seine Märtyrer sind eingeschreint in dem großen Herzen der Arbeiterklasse. Seine Vertilger hat die Geschichte schon jetzt an jenen Schandpfahl genagelt, von dem sie zu erlösen alle Gebete ihrer Pfaffen ohnmächtig sind.«[6] Nun aber tritt die sowjetrevisionistische Renegatenclique offen auf den Plan und gibt sich zum Pfaffen her, der für die Vertilger betet. Das ist für die Märtyrer der Pariser Kommune eine äußerst schwere Beleidigung!

Die sowjetrevisionistischen Renegaten verfechten mit allen Mitteln die konterrevolutionäre Gewalt, verfluchen aber zähneknirschend die revolutionäre Gewalt. Unter der Gewaltherrschaft des Imperialismus und der Reaktionäre sind die Werktätigen jeden Tag und jede Stunde endlosem Leiden ausgesetzt und sterben in Massen. Die unterdrückten Volksmassen führen gewaltsame Revolution, eben um mit dem menschenfressenden System Schluß zu machen und sich von der Unterjochung und Ausbeutung zu befreien. Die sowjetrevisionistischen Renegaten überschütten die revolutionären Streitkräfte und revolutionären Kriege sogar mit vielen Beschuldigungen wie, diese würden »dem Volk Leiden« verursachen, »Kader vernichten«, »die Produktivkräfte zerstören« usw. usf. Heißt es nach dieser Logik der sowjetrevisionistischen Renegaten etwa nicht, daß der Imperialismus und die Reaktionäre das naturgegebene Recht haben, die Volksmassen zu unterdrücken und sie zu massakrieren, während die revolutionären Volksmassen ein ungeheuerliches Verbrechen begehen würden, wenn sie zu den Waffen greifen und sich zum Widerstand erheben?

Die sowjetrevisionistischen Renegaten fordern die Völker aller Länder auf, die revolutionäre Gewalt »auf ein Minimum zu reduzieren«, während sie selber die konterrevolutionäre Gewalt unablässig auf das Maximum steigern. Ohne Rücksicht auf das Leben des Sowjetvolkes betreiben Breshnew und Konsorten fieberhaft den Militarismus und das Wettrüsten und haben so viele Rubel dafür ausgegeben, um derart viele Flugzeuge, Geschütze, Kriegsschiffe, Lenkraketen und Kernwaffen herzustellen. Mit eben dieser ungeheuren Maschinerie der Gewalt unterdrücken sie im Inland die breiten Volksmassen, erhalten im Ausland die Kolonialherrschaft der neuen Zaren aufrecht und versuchen auf jede erdenkliche Weise, eine Anzahl von Ländern unter ihre Kontrolle zu bringen. Sie benutzen eben diese Maschinerie der Gewalt als Kapital, um mit dem USA-Imperialismus zu feilschen, Machtpolitik zu betreiben und mit ihm Einflußsphären aufzuteilen.

Die sowjetrevisionistischen Renegaten fordern die revolutionären Völker auf, der Konterrevolution gegenüber eine »milde Zwangsform« anzuwenden, sie selber jedoch wenden die barbarischsten und brutalsten Mittel gegen revolutionäre Völker an.

Man möchte fragen:

Ihr habt in eurem Lande zur Unterdrückung der Volksmassen verschiedener Nationalitäten massiv bewaffnete Soldaten und Polizisten eingesetzt. Ist das etwa eine »milde« Form?

Ihr habt in einigen osteuropäischen Ländern und in der Mongolischen Volksrepublik große Truppenkontigente stationiert, haltet diese Länder unter eurer strengen Kontrolle und habt sogar Panzer nach Prag rollen lassen zur militärischen Okkupation der Tschechoslowakei. Bedeutet all das etwa eine »milde« Form?

Ihr geht überall mit militärischer Expansion vor, unternehmt hinterlistige Subversionsakte aller Art gegen andere Länder. Soll auch das zu den »milden« Formen zählen?

Die Handlungsweise der sowjetrevisionistischen Renegaten hat vollauf bewiesen, daß sie nicht nur gegen gewaltsame Revolution auftreten, sondern auch mit Gewalt gegen die Revolution vorgehen. Sie tun so, als hätten sie ein mitleidiges Herz, in der Tat aber sind sie »die schlimmsten Feinde der Arbeiter, Wölfe im Schafspelz«[7]. . . .

Chruschtschow, der Repräsentant Nr. 1 des modernen Revisionismus, ist schon längst auf den Müllhaufen der Geschichte geworfen worden. Novotny und Gomulka, die im Kielwasser der revisionistischen Linie Chruschtschows segelten, mußten auch einer nach dem anderen abtreten. Es steht fest, daß alle jene, die dem Gesetz der Geschichte zuwiderhandeln, die revolutionären Prinzipien der Pariser Kommune, die proletarische Revolution und die Diktatur des Proletariats verraten, kein gutes Ende nehmen werden.

VI. Die Revolution unter der Diktatur des Proletariats beharrlich weiterführen und noch größere Siege erringen

Die historischen Erfahrungen seit der Pariser Kommune, vor allem seit der Oktoberrevolution, beweisen: Wenn das Proletariat die politische Macht ergriffen hat, so bedeutet das nicht das Ende der sozialistischen Revolution, sondern ihren Beginn. Will man die Diktatur des Proletariats festigen und eine Restauration des Kapitalismus verhüten, so muß man die sozialistische Revolution zu Ende führen.

Die proletarische revolutionäre Weltbewegung ist im Zickzack, voller Windungen und Wendungen, verlaufen. Als es in der Heimat der Oktoberrevolution zur Restauration des Kapitalismus kam, schien es eine Zeitlang in Frage gestellt zu werden, ob die revolutionären Prinzipien der Pariser Kommune, die Oktoberrevolution und die Diktatur des Proletariats noch Gültigkeit hätten. Die Imperialisten und die Reaktionäre waren vor Freude außer sich. Sie dachten: Wenn in der Sowjetunion eine »friedliche Evolution« möglich ist, warum ist es dann nicht möglich, die Diktatur des Proletariats in China auf demselben Wege zu stürzen? Aber die Geschützsalven der von Vorsitzendem Mao persönlich eingeleiteten und geführten Großen Proletarischen Kulturrevolution haben das bürgerliche Hauptquartier mit dem Renegaten, versteckten Kollaborateur und Arbeiterverräter Liu Schao-tschi an der Spitze zerschmettert und den Wunschtraum des Imperialismus und des modernen Revisionismus von einer Restauration des Kapitalismus in China zerstört.

Vorsitzender Mao hat die positiven und negativen historischen Erfahrungen der Diktatur des Proletariats allseitig zusammengefaßt, die marxistisch-leninistische Theorie über die proletarische Revolution und die Diktatur des Proletariats als Erbe übernommen, sie verteidigt und weiterentwickelt, die große Lehre von der Weiterführung der Revolution unter der Diktatur des Proletariats aufgestellt, theoretisch wie praktisch das allerwichtigste Problem unserer Zeit – Festigung der Diktatur des Proletariats und Verhütung einer Restauration des Kapitalismus – gelöst und somit zum Marxismus-Leninismus einen großen neuen Beitrag geleistet und uns den siegreichen Kurs, auf dem die proletarische Revolution zu Ende geführt werden wird, eröffnet. Im Zuge der Großen Proletarischen Kulturrevolution in China werden die Maotsetungideen und die revolutionäre Linie des Vorsitzenden Mao immer tiefer mit der revolutionären Praxis der Hunderte Millionen aus den Volksmassen verbunden, was zu der größten Kraft für die Festigung der Diktatur des Proletariats wird.

Die sozialistische Gesellschaft umfaßt eine ziemlich lange geschichtliche Periode. Diese ganze Geschichtsperiode hindurch existieren Klassen, Klassenwidersprüche und Klassenkämpfe. Und im Mittelpunkt des Kampfes steht immer noch die Frage der politischen Macht. Die geschlagene Klasse wird immer noch verzweifelt kämpfen. Diese Leute leben noch, diese Klasse existiert noch. Um den Kapitalismus zu restaurieren, suchen sie stets innerhalb der kommunistischen Partei ihre Agenten. Daher muß das Proletariat nicht nur davor wachsam bleiben, daß Feinde wie Thiers und Bismarck durch Waffengewalt die revolutionäre Staatsmacht stürzen, sondern muß auch besonders davor wachsam sein, daß Karrieristen und Verschwörer wie Chruschtschow und Breshnew die Führung in der Partei und im Staat von innen her usurpieren. Um die Diktatur des Proletariats zu festigen und eine Restauration des Kapitalismus zu verhüten, muß das Proletariat die sozialistische Revolution nicht nur an der wirtschaftlichen Front, sondern auch an der politischen Front und an der ideologischen und kulturellen Front durchführen und im Bereich des Überbaus einschließlich aller Sektoren der Kultur eine umfassende Diktatur über die Bourgeoisie ausüben. Der Marxismus-Leninismus, diese schärfste Waffe, muß von den Mitgliedern der Partei, den Kadern und den breiten Massen beherrscht werden, damit sie unterscheiden können, was die korrekte Linie und was die falsche, was der echte Marxismus und was der falsche, was der Materialismus und was der Idealismus ist, um zu gewährleisten, daß unsere Partei und unser Staat immer gemäß der proletarischen revolutionären Linie des Vorsitzenden Mao vorwärtsschreiten.

(›Peking Rundschau‹ 1971/12, S. 10–13)

Anmerkungen

1 ›Die Pariser Kommune und die Gegenwart‹, Artikel im sowjetrevisionistischen ›Kommunist‹, Nr. 2, 1971.

2 Bericht von N. S. Chruschtschow über das ›Programm der KPdSU‹ auf dem sowjetrevisionistischen »XXII. Parteitag«, 18. Oktober 1961.

3 Bericht von L. I. Breshnew auf der Versammlung zum »Gedenken« an den 100. Geburtstag Lenins, 21. April 1970.

4 ›Der Staat des ganzen Volkes und Demokratie‹, Artikel in der sowjetrevisionistischen ›Prawda‹, 7. Juni 1970.

5 Das schwarze chinafeindliche Machwerk, kompiliert von F. Konstantinow und anderen, russische Ausgabe, »Mysl«-Verlag, UdSSR, herausgegeben im August 1970, S. 119–120.

6 Marx, ›Der Bürgerkrieg in Frankreich‹, ›Marx und Engels, Werke‹, chinesische Ausgabe, Bd. 17, S. 384.

7 Engels, ›Vorwort zur zweiten deutschen Auflage (1892) der ‚Lage der arbeitenden Klasse in England'‹, ›Marx und Engels, Werke‹, chinesische Ausgabe, Bd. 22, S. 373.

13 Ost-Berlin gegen Peking

Ost-Berlins Haltung zu Peking kommt sehr deutlich in einem nicht gezeichneten und damit als besonders wichtig erkennbaren Aufsatz im ›Neuen Deutschland‹ zum Ausdruck, der – die entsprechende Kritik der Moskauer ›Prawda‹ vom 22. März weit übersteigend – die Erklärung Pekings zum hundertsten Jahrestag der Pariser Kommune (Dokument Nr. 12) als »Schändung des Andenkens der Kommune« und »neuen antikommunistischen Exzeß« bezeichnet. Peking befindet sich, laut Ost-Berlin, nicht auf der Seite der Pariser Kommune, sondern »auf der anderen Seite der Barrikade«. Während »Regierung und Bundestag der BRD rechtswidrige und provokatorische Handlungen in der selbständigen politischen Einheit Berlin unternehmen«, greife Peking die UdSSR an, »das Herz und das Bollwerk des Weltsozialismus«. Das Blatt schreibt weiter:

Es ist schon nahezu gesetzmäßig, daß die chinesische Führung immer dann, wenn es auf Grund aggressiver und provokatorischer Handlungen der Imperialisten zu einer Verschärfung der internationalen Lage kommt, ihre antisowjetische und gegen die gesamte sozialistische Staatengemeinschaft gerichtete Politik besonders deutlich demonstriert.

Zur gleichen Zeit, da im Frühjahr 1969 die NATO und der westdeutsche Imperialismus mit solchen Provokationen wie der Wahl des Bundespräsidenten der BRD in West-Berlin die Lage in Europa zuspitzten, fielen die Schüsse am Ussuri, fanden die bewaffneten Provokationen der Mao-Tse-tung-Gruppe gegen das Land Lenins im Fernen Osten statt.

Zur gleichen Zeit, da im Frühjahr 1970 der USA-Imperialismus mit dem Einfall in Kambodscha den Weg zur Ausweitung seiner Aggression auf ganz Indochina beschritt, nahmen die chinesischen Führer den 100. Geburtstag Lenins zum Anlaß, um die Partei Lenins auf das übelste zu verleumden.

Die Aktionen der chinesischen Führer können daher nicht anders verstanden werden als eine direkte Ermunterung der aggressivsten imperialistischen Kräfte.

Die Mao-Tse-tung-Gruppe signalisiert damit, daß sich ihr Hauptstoß nicht gegen den Imperialismus richtet, wie sie wiederholt in wortreichen Erklärungen versichert, sondern gegen die Sowjetunion, gegen die sozialistische Staatengemeinschaft, gegen alle revolutionären, fortschrittlichen Kräfte in der Welt.

Die chinesische Führung, deren gesamte Politik von Großmachtstreben geprägt wird, versucht jetzt mit ihrer These vom »Kampf gegen die zwei Supermächte« der Weltöffentlichkeit Sand in die Augen zu streuen. So wird in dem Artikel vom 18. März 1971 behauptet, daß »der Kampf gegen die Doktrin der Hegemonie der zwei Supermächte« immer stärker werde. Die chinesische Führung versteht darunter die Sowjetunion und die USA, wobei sie verleumderisch und böswillig die stärkste Macht des Friedens und des Sozialismus, die Sowjetunion, mit den USA, dem größten imperialistischen Räuber, gleichstellt. ...

Wenn man in dem Pekinger Artikel den Satz liest »Revolution ist die Haupttendenz in der heutigen Welt«, könnte man zunächst meinen, seine Verfasser haben den Kampf der Arbeiterklasse und der unterdrückten Völker gegen das verhaßte imperialistische System im Auge. Das ist jedoch weit gefehlt. Das wird an einer anderen Stelle ihres Artikels deutlich, wo sie unverhohlen die Völker der Sowjetunion und der sozialistischen Bruderländer Europas zur Konterrevolution, zur Zerschlagung ihrer marxistisch-leninistischen Parteien und zur Beseitigung der Arbeiter-und-Bauern-Macht aufrufen. Dieser Aufruf zur Konterrevolution wird verleumderisch in die Aufforderung zur Durchführung einer »zweiten Oktoberrevolution« gekleidet. Wo ist hier eigentlich der Unterschied zur Politik der aggressiven Kreise der NATO, der USA und der BRD und deren Agenturen für sogenannte psychologische und verdeckte Kriegführung? Ein erklärtes Ziel des Weltimperialismus ist bekanntlich die Zersetzung der sozialistischen Länder Europas von innen, nachdem seine Frontalangriffe (1953 gegen die DDR, 1956 gegen die UVR, 1968 gegen die ČSSR) gescheitert sind und er gezwungen ist, sich dem veränderten Kräfteverhältnis anzupassen. Man könnte fast meinen, die Verfasser des Pekinger Artikels beziehen ihre Ideen aus den Publikationen der Herren Brzezinski, Kahn, Kissinger und Mehnert!

(›Neues Deutschland‹, Ost-Berlin, 26. 3. 1971, S. 6)

14 Preislieder

Von den Opern und Balletten abgesehen, sind es zwei Lieder, die man in China ununterbrochen hört – über Lautsprecher aller Art und von Kolonnen gesungen. Das dritte, das ich seltener hörte, wird als »eines der beliebtesten revolutionären Lieder zum Ruhme unseres großen Führers« bezeichnet.

Der Osten ist rot

Der Osten ist rot.
Die Sonne geht auf.
China hat einen Mao Tse-tung hervorgebracht.
Er arbeitet für des Volkes Glück,
Huerhaijo!
  [entspricht etwa unserem Halli-hallo!]
Er ist des Volkes großer Retter.

Der Vorsitzende Mao
Liebt das Volk.
Er ist unser Führer.
Ein neues China zu schaffen,
Huerhaijo!
Führt er uns vorwärts.

Die Kommunistische Partei
Ist der Sonne gleich,
Wo sie scheint, wird es hell.
Wo es eine Kommunistische Partei gibt,
Huerhaijo!
Gewinnt das Volk die Freiheit.

Das Lied vom Steuermann

Für die Seefahrt
Braucht man den Steuermann,
Leben und Wachstum
Bedürfen der Sonne.
Regen und Tau
Nähren die Frucht,
Um Revolution zu machen,
Braucht man die Ideen Mao Tse-tungs.
Fische können nicht ohne Wasser leben,
Die Melone nicht ohne Wurzel,

Die revolutionären Massen
Nicht ohne die Kommunistische Partei.
Mao Tse-tungs Ideen sind die Sonne,
Die ewig scheint.

Du bist die Sonne

Leuchtende Sonne erhebt sich im Osten; ihre Strahlen überall.
Ostwind streicht über das Land; Blumen blühen;
Rote Fahnen wehen, wogen wie ein riesiges Meer.
Großer Lehrer, großer Führer, hochverehrter und geliebter Vorsitzender Mao!
Du bist die Sonne in den Herzen aller Revolutionäre, die rote Sonne in ihren Herzen!
Die Nebel sind gewichen, die dunklen Wolken vorübergezogen; der Himmel ist hell geworden.
Das Schiff der Revolution, Wind und Wellen trotzend, läuft einer hellen Zukunft entgegen!
Großer Oberbefehlshaber, großer Steuermann, hochverehrter und geliebter Vorsitzender Mao!
Dich zum Führer, verlieren die revolutionären Volksmassen niemals die Richtung.
Sturm jagt über die fünf Erdteile und vier Meere, bringt Freiheit und Befreiung.
Die üble Gesellschaft werde vernichtet, es bleibe kein Platz den finst'ren Gestalten, sich zu verbergen.
Für glänzende Zukunft, für Glück, für Vorsitzenden Mao!
Die revolutionären Volksmassen folgen Dir vorwärts, zum Ziele des Kommunismus!
Ein langes Leben Dir, Vorsitzender Mao!
Ein langes Leben Dir, Vorsitzender Mao!
Vorsitzender Mao lebe lang, lang, lang!
Vorsitzender Mao lebe lang, lang, lang!

(›Peking Rundschau‹ 1968/18, S. 19)

Außer den 426 Zitaten im ›Roten Büchlein‹ werden noch etwa hundertfünfzig Mao-Sprüche häufig zitiert. Sie erscheinen entweder als ›Jüngste Weisungen‹ bzw. als ›Worte des Vorsitzenden Mao Tse-tung‹ in Zeitungen und Zeitschriften oder – stets durch Fettdruck als Mao-Zitate kenntlich gemacht – im Text von Aufsätzen und gedruckten Reden, meist ohne Angabe einer genauen Fundstelle. Auf den folgenden Seiten werden diejenigen Zitate wiedergegeben, die ich in China besonders häufig zu hören bekam und die zum Verständnis Chinas nach der Kulturrevolution beitragen. Die Überschriften stammen durchweg von mir, ebenso die Hervorhebungen. Eine Zahl zu Beginn der Klammer gibt das Jahr des Ausspruchs an, soweit dieses bekannt ist. RB ist die Abkürzung für ›Rotes Büchlein‹, PRu für ›Peking Rundschau‹, PRe für ›Peking Review‹.

Gegen das Entstehen einer Neuen Klasse

Ein in den Massenbewegungen tätiger Kommunist muß ein Freund der Volksmassen sein und darf sich *nicht als ihr Vorgesetzter* aufspielen; er muß als ihr unermüdlicher Lehrer auftreten, *nicht aber als ihr bürokratischer Politiker*. (1938. RB S. 321)

Jede spezielle Fachausbildung kann dazu führen, daß man sich *über andere erhaben dünkt* und sie mißachtet. (1944. RB S. 282f.)

Gegenwärtig macht sich unter vielen unserer Funktionäre immer mehr eine gefährliche Tendenz bemerkbar, die darin zum Ausdruck kommt, daß sie nicht gewillt sind, mit den Massen Wohl und Wehe zu teilen, daß sie auf *persönlichen Ruhm und Vorteil* aus sind. Das ist sehr schlecht. (1957. RB S. 223)

Mit dem Siege können gewisse Stimmungen in der Partei aufkommen – *Arroganz*, die *Allüren* eines selbsternannten Helden, *Schlaffheit*, *Trägheit*, *Vergnügungssucht* und *Abneigung gegen andauernd harte Lebensumstände*. (PRe 1967/43 S. 25)

Das System, nach dem die Funktionäre an der kollektiven Produktionsarbeit teilnehmen, muß unbedingt beibehalten werden. Die Funktionäre unserer Partei und unseres Staates sind gewöhnliche Arbeitsmenschen und *keine Herren*, die *auf dem Rücken des Volkes reiten*. (1964. PRu 1968/47 S. 2)

Wer anderen den Mund verbietet und sich *für so unberührbar hält* wie das Hinterteil eines Tigers, wird durchfallen. Die Leute werden sich den Mund nicht verbieten lassen. Ist das Hinterteil eines Tigers wirklich unberührbar? Man wird es berühren! (1962. Jerome Chen, ›Mao Papers‹, London–New York–Toronto 1970, S. 38)

Gleichgewicht ist eine *vorübergehende*, relative Einheit der Gegensätze. (1957. Über die richtige Lösung von Widersprüchen im Volk, 1. Kapitel) Wenn er [ein junger Mensch] sich mit den Arbeitern und Bauern verbinden will und das tatsächlich tut, ist er revolutionär; andernfalls ist er nicht revolutionär oder *konterrevolutionär.* Wenn er sich heute mit den Massen der Arbeiter und Bauern verbindet, ist er heute ein Revolutionär. Wenn er aber morgen nicht mit ihnen verbunden ist oder umgekehrt das einfache Volk unterdrückt, wird er ein Nicht-Revolutionär oder ein *Konterrevolutionär* sein (1939. RB S. 344)

Wenn unsere Kader durch die Finger schauen, viele von ihnen sogar keine Trennungslinie zwischen uns und dem Feind ziehen, sich mit dem Feind zusammentun, von ihm *korrumpiert, zersetzt und demoralisiert* werden, und wenn dann unsere Funktionäre ins *feindliche Lager* hineingezogen sind und sich die Feinde in unsere Reihen eingeschlichen haben, ja sogar viele Arbeiter, Bauern und Intellektuelle der bald weichen, bald harten Taktik des Feindes erliegen, dann wird unvermeidlich in nicht langer Zeit – in einigen Jahren oder in einem Dutzend Jahren, höchstens in einigen Jahrzehnten – die *konterrevolutionäre Restauration* das ganze Land erfassen, die marxistisch-leninistische Partei wird sich in eine *revisionistische*, in eine *faschistische* Partei verwandeln, und ganz China wird die Farbe wechseln. (1963. RB S. 50f.)

Die Revisionisten verwischen den Unterschied zwischen dem Sozialismus und dem Kapitalismus, den Unterschied zwischen der proletarischen und der *bürgerlichen Diktatur*. Das, wofür sie eintreten, ist in Wirklichkeit nicht die sozialistische Linie, sondern die *kapitalistische*. (1957. RB S. 25)

Man muß die Wachsamkeit erhöhen und die sozialistische Erziehung durchführen. Man muß die Probleme der *Klassenwidersprüche und Klassenkämpfe* richtig begreifen und behandeln, die Widersprüche zwischen uns und dem Feind und die im Volk richtig voneinander unterscheiden und behandeln. Andernfalls wird sich ein sozialistischer Staat wie unserer *in sein Gegenteil verwandeln*, er wird *entarten*, und es wird zu einer *Restauration* kommen. Von nun an müssen wir *jährlich, monatlich, ja täglich darüber sprechen.* (Zitiert von Lin Piao auf dem IX. Parteitag, 1969)

Die Repräsentanten der Bourgeoisie, die sich in die Partei, in die Regierung, in die Armee und in die verschiedenen Bereiche der Kultur eingeschlichen haben, sind ein Häuflein von *konterrevolutionären Revisionisten*; sie werden, sobald die Zeit dafür reif ist, die politische Macht an sich reißen und die Diktatur des Proletariats in die *Diktatur der Bourgeoisie* umwandeln. Manche dieser Leute haben wir bereits durchschaut; es gibt aber noch welche, die wir nicht durchschaut haben; *manche erfreuen sich immer noch unseres Vertrauens und werden zu unseren Nachfolgern ausgebildet.* (Zitiert von Lin Piao auf dem IX. Parteitag, 1969)

Wechsel in der Führung

Wenn sich ein großer Kampf entfaltet, soll und kann während seines gesamten Verlaufs, d. h. in der Anfangs-, der Mittel- und der Endetappe, die Zusammensetzung der führenden Gruppe meistens nicht ganz dieselbe sein; man muß die Aktivisten, die im Laufe des Kampfes gewachsen sind, unaufhörlich fördern und durch sie jene *Teilnehmer der führenden Gruppe ersetzen*, die ihnen gegenüber weniger geeignet sind oder aus der Art schlagen. (1938. RB S. 337f.)

Der Mensch hat Schlagadern und Venen, und sein Herz bewirkt den Blutkreislauf; außerdem atmet der Mensch durch die Lunge, wobei er Kohlendioxyd ausatmet und frischen Sauerstoff einatmet – das bedeutet *den Abfall abstoßen und Frisches aufnehmen*. Eine proletarische Partei muß ebenfalls den Abfall abstoßen und Frisches aufnehmen, nur dann kann sie mit schwungvoller Lebenskraft erfüllt bleiben. Ohne die *Schlacken zu entfernen*, ohne *frisches Blut aufzunehmen*, hat die Partei keine Lebenskraft. (PRu 1968/42 S. 2)

Ohne Widersprüche – kein Leben

Ohne Widersprüche *gäbe es die Welt nicht*. (1956. Schram, ›China Quarterly‹ 46, April–Juni 1971, S. 237)

Gäbe es in der Partei keine *Widersprüche* und keine ideologischen Kämpfe zur Lösung dieser Widersprüche, dann würde das Leben der Partei aufhören. (1937. PRu 1969/39 S. 4)

Die beiden Wege

Die sozialistische Gesellschaft umfaßt eine ziemlich *lange geschichtliche Periode*. Diese ganze Geschichtsperiode hindurch existieren Klassen, *Klassenwidersprüche und Klassenkämpfe*, existiert der Kampf zwischen den *beiden Wegen*, dem des Sozialismus und dem des Kapitalismus, existiert die Gefahr einer *Restauration des Kapitalismus*, . . . Solche Widersprüche können nur durch die marxistische Theorie über die *Weiterführung der Revolution* . . . gelöst werden. (Parteisatzung von 1969, Kapitel 1)

Der fundamentale, in der großen proletarischen Kulturrevolution zu lösende Widerspruch ist der Widerspruch zwischen den beiden Klassen, dem Proletariat und der Bourgeoisie, und zwischen den *beiden Wegen*, dem sozialistischen und dem kapitalistischen. Das Hauptangriffsziel der gegenwärtigen Bewegung bilden diejenigen *Machthaber in der Partei*, die den kapitalistischen Weg gehen. (PRu 1969/39 S. 7)

Der Glaube an die Massen

Wenn man tagein, tagaus von der »Weckung der Volksmassen« redet, dann aber *in Todesangst gerät, sobald die Massen wirklich erwachen*, so ist das genau dasselbe wie die Geschichte von der Liebe des Ehrwürdigen Sche zu den Drachen [der Drachen-Abbildungen liebte, aber vor einem wahren Drachen zu Tode erschrak]. (1927. ›Ausgewählte Werke‹ I, 59f.)

Die *wahren Helden sind die Massen*, wir selbst aber sind oft naiv bis zur Lächerlichkeit. (1941. RB S. 140)

Das Volk und *nur das Volk* ist die Triebkraft, die die Weltgeschichte macht. (1945. RB S. 140)

Den Volksmassen wohnt eine *unbegrenzte Schöpferkraft* inne. (1955. RB S. 141)

Aus eigener Kraft

Worauf soll unsere Politik beruhen? Auf unseren *eigenen Kräften*, und das heißt, sich aus *eigener Kraft* emporarbeiten. . . . Wir legen Nachdruck auf das Schaffen aus *eigener Kraft*. (1945. RB S. 228)

Unabhängigkeit und Selbständigkeit, Vertrauen auf die *eigene Kraft*. (Zitiert von Lin Piao auf dem IX. Parteitag, 1969)

Geist und Materie

Wir erkennen an, daß im Gesamtverlauf der historischen Entwicklung das Geistige vom Materiellen, das gesellschaftliche Bewußtsein vom gesellschaftlichen Sein bestimmt wird; doch gleichzeitig erkennen wir an und müssen wir anerkennen, daß das *Geistige auf das Materielle*, das gesellschaftliche Bewußtsein auf das gesellschaftliche Sein, der *Überbau auf die ökonomische Basis zurückwirkt*. (1937. RB S. 261)

Entscheidend: die Praxis

Praxis – Erkenntnis, wieder *Praxis* – und wieder Erkenntnis – diese Form ist in ihrer zyklischen Wiederholung unendlich, wobei der Inhalt der Zyklen der Praxis und der Erkenntnis mit jedem Mal eine höhere Stufe erreicht. (PRu 1968/10 S. 10)

Meistens ist es so, daß man nicht zuerst lernt, um dann zu handeln, sondern *zuerst handelt* und dabei lernt. Handeln heißt eben schon lernen. (1936. RB S. 365)

China – ein unbeschriebenes Blatt

Außer anderen Besonderheiten hat die sechshundertmillionenköpfige Bevölkerung Chinas eine augenfällige Besonderheit: sie ist *einmal arm*, *zum andern weiß* wie ein unbeschriebenes Blatt. Das scheint eine schlechte Sache zu sein, ist aber in Wirklichkeit eine gute Sache. Armut drängt zur Änderung, zur Tat, zur Revolution. Ein *weißes Blatt Papier ist durch nichts beschwert*, auf ihm lassen sich die neuesten und schönsten Schriftzeichen schreiben, die neuesten und schönsten Bilder malen. (1958. RB S. 44f.)

Die Kulturrevolution

Diese große proletarische Kulturrevolution ist absolut notwendig und wird genau zur rechten Zeit durchgeführt, um die Diktatur des Proletariats zu festigen, die *Restauration des Kapitalismus zu verhüten* und den Sozialismus aufzubauen. (PRu 1969/39 S. 9)

Die große politische Kulturrevolution ist ihrem Wesen nach eine große politische Revolution, die das Proletariat *unter den Bedingungen des Sozialismus gegen die Bourgeoisie* und alle anderen Ausbeuterklassen durchführt, . . . eine *Fortsetzung des Klassenkampfes*. (PRu 1969/39 S. 8f.)

Das große Banner der proletarischen Kulturrevolution hochhalten, den bürgerlichen reaktionären Standpunkt jener parteifeindlichen, antisozialistischen sogenannten »*akademischen Autoritäten*« schonungslos aufzeigen, an den bürgerlichen reaktionären Ideen in akademischen Kreisen, Erziehungswesen, Journalistik, Literatur, Kunst und Publizistik gründliche Kritik üben, sie verurteilen und die Führung auf diesen Sektoren der Kultur erobern. (1966. PRu 1969/39 S. 7)

Ohne Niederreißen kann es keinen Aufbau geben. *Niederreißen* bedeutet Kritik und Verurteilung, *bedeutet Revolution*. (1966, PRe 1967/21 S. 8)

Die Wahrheit des Marxismus mag Tausende von Prinzipien enthalten, aber letzten Endes können sie in einem Satz zusammengefaßt werden: »*Rebellion ist berechtigt.*« (1939. PRu 1969/39 S. 8)

Schule und Hochschule

Die Dauer der *Schul- und Studienzeit muß verkürzt*, das Erziehungswesen revolutioniert werden. Die Erscheinung, daß bürgerliche Intellektuelle über unsere Schulen herrschen, darf auf keinen Fall fortbestehen. (1966. Brief an Lin Piao vom 7. Mai 1966)

Die *Arbeiterpropagandatrupps* sollen lange Zeit in den Lehranstalten verbleiben, sie sollen sich an allen Aufgaben von »Kampf –

Kritik – Umgestaltung« an den Lehranstalten beteiligen und *für immer* die Lehranstalten leiten. Auf dem Lande sollen die verläßlichsten Verbündeten der Arbeiterklasse – die armen Bauern und die unteren Mittelbauern – die Schulen verwalten. (Zitiert von Lin Piao auf dem IX. Parteitag, 1969)

Zur Durchführung der proletarischen Revolution im Erziehungswesen muß die *Arbeiterklasse die Führung* innehaben, müssen die Arbeitermassen daran beteiligt sein und durch Mitwirkung von Kämpfern der *Befreiungsarmee* mit den Aktivisten unter den Schülern und Studenten, Lehrern und Arbeitern von den jeweiligen Lehranstalten, die entschlossen sind, die proletarische Revolution im Erziehungswesen zu Ende zu führen, die revolutionäre Dreierverbindung [= Drei in eins-Allianz] schaffen. (PRu 1969/39 S. 10)

Nicht im Schneckentempo!

Wir können bei der Entwicklung der Technik nicht den ausgetretenen Weg einschlagen, der von verschiedenen Ländern der Welt begangen wurde, und im *Schneckentempo* hinter den anderen *dreinkriechen.* Wir müssen uns vom Herkömmlichen losreißen und alles tun, die fortgeschrittene Technik anzuwenden, um unser Land in einer nicht allzulangen geschichtlichen Periode zu einem *mächtigen, modernen sozialistischen* Staat aufzubauen. (PRu 1969/25 S. 2)

USA und UdSSR – unter einer Decke

Der Sowjetrevisionismus und der USA-Imperialismus, die *unter einer Decke* stecken, haben so viel üble und berüchtigte Taten begangen, daß die revolutionären Völker der ganzen Welt sie nicht unbestraft entkommen lassen werden. Die Völker aller Länder erheben sich. Eine neue Geschichtsperiode des Kampfes *gegen den USA-Imperialismus und gegen den Sowjetrevisionismus* hat bereits begonnen. (PRu 1969/30 S. 2)

Krieg und Gewalt

Die zentrale Aufgabe und die höchste Form der Revolution ist die bewaffnete Machtergreifung, ist die *Lösung des Problems durch den Krieg.* (1938. RB S. 74)

Wir Kommunisten sind gegen alle den Fortschritt behindernden, ungerechten Kriege, jedoch nicht gegen fortschrittliche, gerechte Kriege. Was letztere betrifft, sind wir Kommunisten nicht nur nicht gegen sie, sondern *nehmen auch aktiv an ihnen teil.* (1938. RB S. 72)

Die politische Macht kommt aus den *Gewehrläufen.* (1938. RB S. 74)

Man kann mit Bestimmtheit voraussagen: Sollten die Imperialisten dennoch einen *Dritten Weltkrieg* entfesseln, werden im Ergebnis des Krieges unausbleiblich weitere Hunderte Millionen Menschen auf die Seite des Sozialismus treten, und dem Imperialismus wird nicht viel Raum mehr bleiben; es kann auch dazu kommen, daß das gesamte imperialistische System völlig zusammenbricht. (1957. RB S. 81f.)

Die *Atombombe ist ein Papiertiger* . . . Sie sieht fürchterlich aus, aber in Wirklichkeit ist sie es nicht. Natürlich ist die Atombombe eine Massenvernichtungswaffe. Aber über den Ausgang eines Krieges entscheidet das Volk, nicht eine oder zwei neue Arten von Waffen. (1946. RB S. 166)

Ich diskutierte diese Frage [eines Dritten Weltkrieges] mit einem ausländischen Staatsmann. Er glaubte, daß im Falle eines Atomkrieges die ganze Menschheit vernichtet würde. Ich sagte ihm, daß *im schlimmsten Fall die Hälfte der Menschheit sterben*, die andere am Leben bleiben, der Imperialismus aber vernichtet und die *ganze Welt sozialistisch* werden würde. In ein paar Jahren würde es wieder 2700 Millionen Menschen und noch mehr geben. (1957, in Moskau. PRe 1963/36 S. 10)

Was die Frage eines Weltkrieges betrifft, gibt es nur zwei Möglichkeiten: Die eine ist, daß *der Krieg die Revolution hervorruft*, die andere ist, daß die Revolution den Krieg verhindert. (Zitiert von Lin Piao auf dem IX. Parteitag, 1969)

Trefft *Vorbereitungen auf einen Kriegsfall*, trefft Vorbereitungen auf Naturkatastrophen, tut alles für das Volk. (Zitiert von Lin Piao auf dem IX. Parteitag, 1969)

Keine Furcht vor dem Tod

Ich stimme der Parole zu: erstens, keine Furcht vor Not, zweitens, keine Furcht vor Tod. (PRe 1969/32 S. 3)

Mao zu Edgar Snow, am 18. Dezember 1970

Während der Kulturrevolution entwickelte sich der Konflikt zu einem Kampf zwischen politischen Gruppierungen [factions] – erst mit Speeren, dann mit Gewehren, dann mit Granatwerfern. Als Ausländer berichteten, daß sich *China in einem großen Chaos* befand, logen sie nicht. Es war die Wahrheit.

Er sei höchst unglücklich über die Mißhandlungen von »Gefangenen« [während der Kulturrevolution] – Parteimitglieder und anderen Leuten, die aus ihren Ämtern entfernt und umerzogen wurden. . . . Die *Mißhandlung von Gefangenen* habe den Wiederaufbau und die Umwandlung der Partei verlangsamt.

Er sei, sagte er, nur ein *einsamer Mönch*, der durch die Welt zieht mit einem undichten Regenschirm. (›Life‹, 30. 4. 1971)

Namen- und Sachregister

Die Stichworte Mao, Mao-Zitate, Mao-Bilder, Kommunismus, Kommunistische Partei, Peking (als Regierung), Volksrepublik China, Ideologie, Kulturrevolution sind in das Register nicht aufgenommen, weil sie so häufig vorkommen und so eng mit dem Inhalt des Buches zusammenhängen, daß eine besondere Nachweisung überflüssig ist. Kursive Ziffern verweisen auf ausführlichere Behandlung des Stichwortes.